被發明的昨日

人類五萬年歷史的衝突與連結

The Invention of Yesterday

A 50,000-Year History of Human Culture, Conflict, and Connection

塔米・安薩里 著
廖素珊 譯

Tamim Ansary

好評推薦

「正是我們現在需要的全球史。」

——琳・亨特（Lynn Hunt），新文化史大家

「有別於傳統學術著作，大學世界史與高中歷史課的新選擇。」

——《紐約書籍雜誌》（*New York Journal of Books*）

「一本文筆優美的世界史，探討不同文明各自都有的『我們是誰』的故事。在今日如此殊異的世界裡，我們能建立一個足夠包羅萬象、足夠全球化，且能夠鼓勵世界攜手合作的新敘述，建立人類更美好的未來嗎？」

——大衛・克里斯欽（David Christian），「大歷史」學派的開創者

「寫給資訊爆炸的人類文明，解釋了昨日之我如何成為今日之我們。」

——法里巴・納娃（Fariba Nawa），美國自由記者

「安薩里是文明交會的迷人導遊，帶我們認識這世界永恆又充滿希望的改變之力。」

——**拉傑・帕特爾**（Raj Patel），《廉價的真相》作者

「安薩里將多元複雜的人類經驗編織成一個個說服性十足的故事線，以他著名的腳踏實地和博學多聞，將我們帶入動人的『眾多敘述形成的全球大敘述』。根據他個人的跨文化經歷、數十年的關鍵研究與反思，本書與我們密切相關，更是我們時代一個重要而獨特的聲音。」

——**查爾斯・韋勒**（R. Charles Weller），研究伊斯蘭世界的歷史學家

「我們都活在以各文明為中心的敘事中，用不同的故事建構出想像的共同體或歧視鏈。然而，拜科學和史學蓬勃發展所賜，現代社會終於有了更完整、全面的知識，能夠穿越上百萬年的時空，來仰望整個人類歷史的星空。安薩里這位卓有見地的導師，在這本書用生動活潑、幽默風趣的方式，讓我們愉快地見識到各文明中心之間如何形成不斷變動的星座——帝國、國家和民族互相深刻影響、唇齒相依，並且也相信我們全人類可以創造出彼此共榮共好的敘事。」

——**黃貞祥**，清華大學生命科學系助理教授

導讀

怎樣閱讀新款的世界史？

周樑楷　東海大學歷史學系客座教授

鬆綁「後現代」、「新文化史」、「全球化」的彩帶

打從一九八〇年代以來，許多作品喜歡以「被發明的」、「想像的」或是「虛構的」當作標題關鍵詞。影響所及，連一向高舉「客觀的」、「真實的」、「中立的」專業史家，也免不了跟進。

這種學風基本上受到「後現代」、「全球化」或「新文化史」等學說的影響。我猜想，有些人第一眼掃到《被發明的昨日》（*The Invention of Yesterday*）的封面，不管接受或排斥這些學說，大概也會如此聯想。

在此，我們首先避開「後現代」之類的話語。理由是：

一、本書的作者並非專業史家。他寫書的目的，似乎不是為了在學術界爭一席之地，我們大可不必擺出一副學院派的架勢。

二、「後現代」、「新文化史」和「全球化」等學說剛問世時，在知識理論的基礎上，都各有所本，而且自成典範。然而幾十年來，這些學說輾轉相傳，人們往往不假思索，斷章取義，任意連結混合。結果隨波逐流者完全離譜，不解這些學說的原意。我撰寫這篇導讀，礙於篇幅，沒辦法協助初學者說明這些學說的來龍去脈。因此，索性鬆綁這些五顏六色、眩人耳目的彩帶，免得愈理愈亂，徒增困擾。

《被發明的昨日》有個副書名「人類五萬年歷史的衝突與連結」，可見這是單本成冊的世界史著作。如果我們以高標準來衡量，近二、三十年來出版的世界史，有不少推陳出新者，但鮮少成就大格局、可以為典範者。不過，如果我們反方向思考，近幾十年正值世事多變，處處擾攘不安，舊典範的地位動搖，以至於新款的世界史都還在摸索和嘗試中。我個人建議，這個年頭閱讀史書，與其依賴作者告知我們「歷史上發生什麼？」「世界演變的趨勢及原因是什麼？」不如換個角度，多想一想：「作者採用什麼史觀？什麼思維方法？」這篇導讀，只略盡薄力，分別從三個層面，剖析自從第二次世界大戰結束以後，「人們的歷史思維有哪些重要改變？」「新的思維怎樣影響世界史的寫作？」希望藉此能幫忙初學者理解這本書。

從「正典」與「分析」到「觀點」與「敘事」

一九六〇年代就讀大學歷史系的時候，教授們常引導我們邁進這門專業的學科時，應該本著理性「分析」的原則，探索「正典」、「真實」的知識。

然而，大約從一九九〇年代以來，學術風氣明顯改變了。人們日漸同意歷史應該採取「敘事」，同時也認為，史書之間的立場分歧是正常的，彼此都屬於多元的「觀點」。

打開《被發明的昨日》，不難察覺「敘事」這個名詞反覆出現。例如，作者說：「到頭來，歷史其實就是指敘事的樣貌。」又說：「在任何一個民族的案例裡，無數敘事線會編織在一起，直到它們形成某個巨大的單一整體，你可以稱呼它為『大敘事』(master narrative)，它是複雜的故事和思想星座組合在一起，進而形成某種連貫的整體。」

剛開始，也許讀者會覺得本書的造詞新鮮有趣；不過，接著連章節的標題也使用「敘事」一詞，例如「復興敘事」和「進步敘事」。最後，讀者可能因為意象紛亂，心生困惑。其實，書裡所謂的「敘事」有三種不同的指涉意義。

一、「敘事」，等於一般人常識中的「說故事」，有時間、地點、人物及情節。這種「敘事」，是近百年來一向強調「分析的」、「正典的」專業史學所忌諱的。然而，當今歷史作品已經趨向「分析中，夾敘（事）夾議（論）」。臺灣的讀者只要讀一讀史景遷（Jonathan Spence, 1936- ）的史書，就可以一目瞭然。只是《被發明的昨日》的寫作風格，比史景遷有過之而無不及。

二、本書一再使用「敘事」，的確挑釁歷史知識對「真相」和「真實」的預設。我們可以肯定，作者在某些程度上已接受了「後現代」的主張。所以他用這樣的口吻說：「我們建構故事時，便是在發明自己。」讀者閱讀本書，如果為了擺脫「後現代」等學說的糾纏，不妨把書中屬於這個層次的「敘事」一詞，改讀為「觀點」、「參與」或「反思」。或直接大而化之，把「敘事」理解成「觀點」。如今時代趨勢已容許人人都有各自的觀點，至於寬容會導致怎樣的正負效應，那又是另外的議題，值得深思！

三、就本書的整體內容來說，「敘事」有大小長短的差別。在第五章裡，作者提出每個文化社會都會凝聚「信仰系統」（belief system）。作者所謂的「信仰系統」，並非一般人所理解的宗教，而是指在大型的文化社會裡人們集體意識中的「世界模型」（world model）。換句話說，「信仰系統」就是在某個大時段及大空間中，人們共享的一套「大敘事」或「世界觀」。例如，書上所說的「復興敘事」和「進步敘事」，似乎令人昏眩。但說白了，其實是指「文藝復興時代的史觀／世界觀」以及「近五百年來的進步史觀」。

本書為我們提供一套「大敘事」，基本上無可厚非。然而有趣的是，最先使用「後現代」

一詞的理論家李歐塔（Jean-François Lyotard, 1924-1998），早在一九八〇年代中期就開始撻伐「大敘事」。由此可見，本書某方面似乎很「後現代」，但在另方面卻又表述一套「大敘事」，與「後現代」背道而馳。這種反差現象並非特例。種種事實說明「後現代」、「新文化史」、「全球化」到了二十一世紀，已經隨君所欲，可以不斷被混合，形成各式各樣的「花式大拼盤」。

歷史書寫的單位：從「國家」到「歷史單子」

本書作者使用了一些自創的名詞。例如，從哲學家萊布尼茲（Gottfried Leibniz, 1646-1716）的思想中援引「單子」（monad）這個概念，而有「歷史單子」（historical monads）之說。基本上，我們應該多多鼓勵和讚賞別人的創意，即使美中不足，有些缺失，也應該同情瞭解作者的苦心。當我第一眼看見「歷史單子」這個新詞的時候，曾經精神為之一振，準備迎接當今歷史書寫的一項核心問題。

書寫歷史需要有基本「單位」。這就好比從前臺灣人買米以「斗」為單位，買少許時說「半斗」，買多點說要「兩斗」。後來時代變遷，白米分袋包裝，於是有「一公斤」、「半公斤」的分別。自古以來，歷史書寫也都有「單位」。「單位」不同，史觀自然迥異，反之亦然。近兩百年來，由於「民族國家」（nation-state）興起，具有現代性的史家漸漸採用「國家」或「民族國家」為「歷史單位」。於是乎國別史、國史這類的名詞應運而生。史家若為了個人研究的需要，可以把國史細分成斷代史、地方史或專史等。同樣地，也可以放大，而有東亞史、歐洲史或世界史等。一九六〇年代前後，歷史著作以及歷史系所開的課程，大概都本著「以國家為歷史的單位」。

不過，從一九八〇年代起，民族主義或國族主義（nationalism）逐漸成為議題，不斷被質疑和挑戰。因此跳脫「以國家為歷史單位」也成為時代趨勢。這類作品一般人喜歡通稱為全球史。

有意改變「歷史單位」，原則上無可厚非，問題在下一步：怎樣落實？應當採取哪種新單位呢？例如，早在二十世紀中葉，英國史家湯恩比（Arnold Toynbee, 1889-1975）曾經以英文大寫的「文明」（Civilization）指稱整體的世界史。然而，在「大寫文明」之下，必須有「歷史單位」。他採用英文小寫的「文明」（civilization），總共舉了二十一種「小寫文明」。湯恩比的宏觀鉅著在當時引起廣泛迴響。然而事後從今天的角度來評量，他的「歷史單位」的確削足適履，不切實際。

《被發明的昨日》縱觀古今歷史五萬年，視野遠超過昔日湯恩比的《歷史的研究》（*A Study of History*）。這本新款的世界史認為，每個「世界史單子」本身都是「連結合一的」（coherent），同時也是個「內觀的小宇宙」（inward-looking universe）。而整個世界，不外乎由諸多「世界史單子」組合而成。例如，公元八〇〇年之際，中國、印度、西歐、伊斯蘭都是「世界史單子」。而且這些「世界史單子」都受到自身「世界觀的大敘事」的浸潤。大部分的單子知道其他單子，但卻將其他單子定位在自身所在的邊緣地區，也就是視為自己的周邊地帶。因此，單子之間彼此的關係，有衝突，也有連結。

這篇導讀無意評點作者的見解是否正確，如此可以留點空間讓大家自己判斷。我所以突顯「歷史單子」之說，目的在引導讀者思考：擺脫人們心中各種的中心論已成為當今主流的歷史意識；不過，在多元文化的思維風氣下，「歷史單位」這個議題反而更關鍵，值得集思廣益。就此而言，本書的作者已經難能可貴，付出心力了。

從「線性」到「非線性」的歷史思維

從前學歷史、講歷史，多半習慣順著時間，凡事必有始末，前後有因有果，順理成章。所以，「歷史長河」、「大江東去」成為大家最熟悉的隱喻。這種以時間為主軸的思維方法，可以稱做「線性的歷史思維或解釋」。當然，在「線性」的結構裡，又可以更複雜變化，形成不同的層次。例如，法國史家布勞代爾（Fernand Braudel, 1902-1985）把歷史的「線性」時間分為三個層次：有長波（the long waves）、中程時段的連結（conjunctures）和短暫的種種事件（the events of history）。

近三十年來，因為數位資訊普及，再加上各種交流頻繁快速，人們逐漸感覺人、事、物的關係呈現共時性和網絡化。因此「歷史長河」不再合乎事實；「單軌」和「線性」的思維也難以駕馭既有的現象。人們不得不改弦易轍，從「時間思維」轉向「空間思維」；或者，從「線性」改為「非線性」的歷史思維。

《被發明的昨日》是個例子。本書的前三部分中，敘述一個星球有許多世界。世界彼此之間，必然有或大或小的重疊。重疊的領域裡未必交融合一，內部的傾軋有如作者自創的新名詞：網合（bleshing）。本書最津津樂道的，莫過於這些世界及其重疊裡的橫向連結與衝突。換句話說，作者以提升「空間」與「非線性」的歷史思維當作第一優先。這也是為什麼整本書裡全是歷史地圖，而沒有任何年表或圖像。

所幸作者並沒有偏向極端，完全抹滅「時間」及「線性」的思維。本書總共有六個部分，如果細心閱讀，每個部分其實都依照時段分期，而且先後排序，甚至於每個章節的標題旁，都清楚標誌年代時間。值得留意的是，書中六個部分分別所涵蓋的時段，其起迄的年代並非一刀兩斷、整齊劃一，而是保持伸縮彈性。然而儘管如此，「線性」時間思維已經讓位，被調整為次要。趁著閱讀本書之便，我順手綜合六大部分裡每個章節所敘事的年代，製作一張年表，結果證實作者在追求「橫通」之餘，仍然不忘「直通」的必要。建議讀者不妨也動手試試看！

結語

本篇導讀首先鬆綁「後現代」、「新文化史」及「全球化」等眩人耳目的彩帶，進而從三個層面說明近幾十年來歷史思維的演變。《被發明的昨日》是這些文化脈絡中的實例。最後，我和作者心有戚戚焉，都希望讀者舉一反三，累積閱讀經驗，在這個沒有典範的時代裡，知道怎樣閱讀新款的世界史。

目次

第二部　一顆星球，許多世界

第三部　局勢改變

第四部　歷史的關鍵

第五部　機械登場

謹將此書獻給我在長年來旅經的許多世界裡的友人。

序言

幾年前，當我在同時閱讀三本看似不相關的歷史書時，萌生了寫這本書的念頭。其中一本是講中國的秦始皇，他勞役上百萬農民修建長城。另一本是蒙古征服前幾個世紀的中亞游牧生活。第三本則是講在羅馬帝國晚期襲擊羅馬的蠻族，例如匈人阿提拉（Attila the Hun）[1]。

由於同時在讀這三本書，使我觀察到原本可能不會注意到的關聯：中國建立長城和羅馬帝國衰亡似乎有些因果關係。這想法深具啟發性。中國和羅馬是兩個截然不同的世界，在那時彼此幾乎不知道對方的存在。雙方之間是一大片中亞草原，游牧民族如匈人就由此策馬奔馳而出，四處侵略。當中國發生大事時，如興建阻擋游牧民族入侵的長城，其所引發的漣漪

1 外號「上帝之鞭」的阿提拉逝於公元四五三年，是匈人最為人熟知的領袖，曾多次入侵東羅馬和西羅馬帝國，在他的帶領下，匈人帝國的領土擴張到極致。（本書的注釋如未另加說明，則均為譯注）。

效應就穿越游牧民族世界，最終抵達羅馬。當然，在羅馬發生的大事也從反方向傳送漣漪效應。

吸引我的不是羅馬與中國本身，而是人類在歷史上相互聯繫的現象。我著手尋找其他例證，而它們竟然唾手可得。先知穆罕默德規定的宗教實踐原來和歐洲人得到磁羅盤有些關聯；塞爾柱土耳其人在十二世紀征服耶路撒冷，而這行動的根源可微妙地追溯到幾世紀前斯堪地那維亞的穀物歉收；中國明朝的政策間接導致美國革命；十九世紀，軋棉機在美國的發明摧毀了撒哈拉沙漠南部非洲的家庭生活。這張表還可以不斷地列下去。

即使在幾萬年前，當我們還是各自獨立的狩獵採集群體，對漫遊在地球上的其他群體渾然不知時，我們似乎就已經形成某種單一、遙遠、分布極廣且彼此之間互有關聯的網絡。我們今日糾纏不清的全球化現象，至少可追溯至四萬年前，也許甚至可推至六萬年前，全球化現象只不過是這個源遠流長的故事之最新篇章。

這本書將「相互關聯」(interconnectedness)視為貫穿世界歷史的主題之一，但也承認這個故事的另一面：隨著我們的交流變得更加緊密，我們卻更為堅決地保留自身群體的獨特性。我們住在同一個地球上，但卻活在許多不同的世界裡。無論所謂的「我們」是誰，我們所看到的世界，其實不過是我們自身視角所詮釋的世界。而我們所熟知的世界史，實際上也是由社會建構出某種中心的世界歷史敘事，例如歐洲中心敘事，伊斯蘭中心敘事，中國中心敘事，以及其他更多種敘事。要想知道究竟有多少種中心敘事，端看地球上有多少支自視為有別於「他者」的「我們」所形成的群體。任兩個世界歷史敘事都有可能是在描述相同歷史事件，但呈現出的故事卻如此不同，因為敘事的樣貌取決於敘事者。若要假設在這麼多種中心的世界歷史裡，有一個才是真正的世界歷史，那就像在說下列這張世界地圖中，只有一張才真正描繪出世界的模樣。

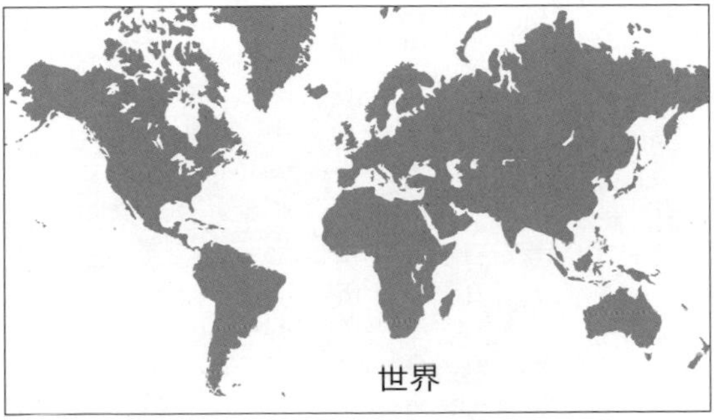

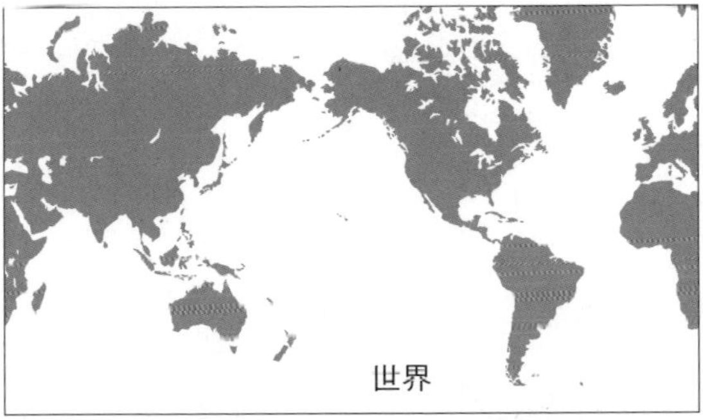

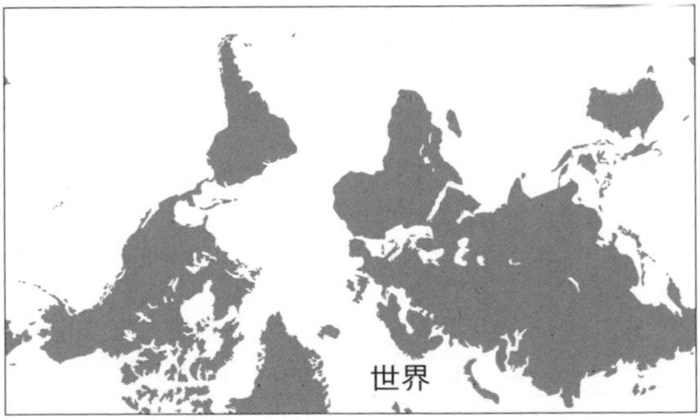

到頭來，歷史其實就是指敘事的樣貌。歷史處理的當然是事實，但在歷史上，這些事實

基本上是在為敘事服務。我們建構故事時，便是在發明自己。很久很久以前，我們在洞穴裡就是在做這樣的事。我們圍在營火周遭，將我們對祖父輩的記憶傳承給小孩，彼此分享改變生命的冒險，爭論誰才是真正殺了熊的那個人，並透過穹蒼中的群星找出生命的意義。當古人抬頭仰望夜空，他們瞧見的並不只是星星，而是星座。他們說：「那裡有一頭熊。」然後又說：「嘿，瞧，還有一個強大的獵人。」他們的同伴會點點頭，而只要在團體裡的每個人都看見熊和強大的獵人，那麼熊和獵人就都存在。

身為現代人，我們很輕易便會對星座之說嗤之以鼻，貶斥它們並不真的存在。是的，那些星座的確只存在於觀星者的心靈裡。但若進一步推論，那麼我們作為人類所見所知的每件事，在某種程度上都是星座：因為我們看到，它們才會存在。人以星座般的形式存在。我們浸淫在思想的星座裡。我們住在星座構成的宇宙裡，而星座本身又包含其他星座。在社會宇宙中，星座真實無比。

社會星座（social constellations）形成意圖（intentions），並設定歷史議題：國家、家族、帝國、民族、氏族、公司、部落、俱樂部、政黨、協會、社區團體、社會運動、暴民、文明和高中小圈子——它們全都是某種星座。它們並不存在於文化之外。只要靠近審視，強大的獵人就會化成無數隨機的個體小星星。社會星座也可如此類比。氏族、國家、運動、群眾——只要湊近一看，你看到的就只是人類個體和他們的思想。

「文化」這個世界就是我們的發明，且至今仍在持續發明。沒有我們，這個世界就會消失無蹤。社會星座並不像河流或岩石，它不存在於物質宇宙，但它們的存在卻真實如洪水氾濫或土石流。它們必須如此，因為它們能在物質世界裡大展身手：建造橋樑、製造戰爭、發明汽車，送火箭上月球。任何隸屬於這類星座的人類個體就算掉頭離開，星座也不會跟著熄滅消逝。社會整體裡的所有個體都能被其他人所取代，但星座並不會就此失去其認同和延續性。活在一百五十年前的美國人都已然死去，但美國仍舊在發揮影響力。活在一九〇〇年的穆斯林現在都已歸真，但伊斯蘭實體仍舊在影響真實事件，且其力道清晰可感。我們提到歷史時，我們講述的是只在文化宇宙發生過的事件。而在那個宇宙中，社會星座不斷搬演大戲。它們是戲裡的角色，昂首闊步走過舞臺。

四萬年前，這類社會星座透過人類小型群體的想像而存在。他們彼此熟識，他們的共同所見就構成自身的身分認同。但我們不再是聚集在洞穴裡的那五十個人而已，我們現在是廣布全球的八十億名人類。沒有人能擁有全部八十億人的觀點。我們每個人都從屬於某個較小的社會世界，局限於我們自己的世界視角。我們看見的不是相同的星星，就算我們取得共識，我們也不會看到相同的星座。我們抬頭仰望時，看到的星空反映出我們在地球上的身分；而在地球上，我們可不是一個單一團體。由於我們並非一體，歷史才會不斷發生。

高中時，我曾讀到一個字，defenestration。我得去查字典才知道這個古怪的字意味著「將某人拋出窗外」。我當時百思不得其解，納悶這樣的字竟然會存在，畢竟世界上並沒有專門字眼來描述將某人丟出陽臺、門口或移動中的車輛，所以為何需要描述「將某人拋出窗外」？

我後來發現，答案要追溯到四世紀前發生在中歐的某個歷史事件。一六一八年，在某個天氣晴朗的好日子，一群天主教領主來到布拉格城，那裡的人大部分是路德教徒。天主教領主來此傳達神聖羅馬帝國皇帝的敕令。皇帝說，路德教徒必須停止在皇家土地上興建教堂。路德教徒聽了後，氣沖沖地將其中兩位天主教領主拖到窗戶旁，猛然把他們丟出去。他們開會的地點在建築物的三樓，距離地面七十英尺。這就是著名的「布拉格拋窗事件」（Defenestration of Prague）。

令人驚異的是，兩位領主都大難不死。接著，各種詮釋紛紛上場角力。他們逃過一劫意味著什麼？這個嘛，那要看你是誰。天主教徒大讚此事件是個奇蹟，證明上帝站在他們那邊。路德教徒則專注探討那兩個領主僥倖未死的原因：因為他們降落在一層堆得很高的糞便上。天主教徒和路德教徒都是基督徒，但他們相遇時，看到的可不是基督教同胞或德國同胞（或任何同胞）。他們雖看到同一個歷史事件，卻得到不同的意義。即使他們是坐在同一個房間裡，他們卻住在不同的世界，而那些世界只存在於文化中。

不是只有天主教徒和路德教徒才會如此。那時的歐洲充斥著各式各樣的基督教團體，他們認為自己是「我們」，而其他歐洲基督教徒則是「他們」。路德教徒和喀爾文教徒都是新教，但新教本身包含了許多相互排斥的團體，每個都緊抱著自己的世界觀。「我們」和「他們」形成緊繃的危險局勢，而那可是十七世紀的歐洲。布拉格拋窗事件後來引爆三十年戰爭，在這場可怕的爭鬥中，大約八百萬人因戰爭或饑荒而死，其中許多人是平民百姓。但說到底，爭奪權力的不是個體，而是社會星座。

捲入如此野蠻凶殘行徑的各團體有可能和解嗎？他們的子孫彼此對看時，難道只能看到他者嗎？在四百年前，想要超脫這種框架似乎是強人所難。但今天，在美國明尼蘇達的某個小鎮裡，德國裔路德教派家庭可能就住在蘇格蘭裔長老教會家庭隔壁，而且兩者不必然知道他們的鄰居是哪種基督徒，也根本不會在乎。天主教徒和新教徒可能還會參加同一個讀書俱樂部，不僅絲毫不用擔心會被對方拋出窗外，彼此還能進行活潑生動的對話，完全不提到宗教。

這並不是說這些團體之間的差異已經消失。他們的教義和以往一樣殊異。無論如何，隨著時間推演，他們已經成為同一個文化的不同部分，隸屬於某個單一、無固定形狀的更大群體，分享著「我們」的一切。這類例子在每個文明中多不勝數。小世界有時的確會融合成大世界，或者小世界會相互結合，變成單一大世界的獨立部分。這到底是如何發生的呢？這個謎題，只能在文化宇宙裡解開。也許，某天，住在同一條街道上的兩個家庭會將小孩送去同一所幼稚園，但不知道或不在乎他們的鄰居究竟是路德教徒或瓦哈比穆斯林[2]。

或者我們不該如此樂觀。沒錯，儘管我們的互動是愈來愈頻繁，但千萬別忽略我們互動方式的本質：透過無情和殘酷行徑，不懈地兼併其他社會族群和星座。思想和資訊可不只是

2 瓦哈比（Wahhabi）派興起於十八世紀，為伊斯蘭遜尼宗基本教義派，屬於極端保守的右派。

在人海中如漣漪般輕撫而過，它們還在文化間傳播，且當它們穿越文化邊界時，部分內容亦隨之改變。有時邊界變得模糊，較大的文化群體於是逐漸融合成形，吸納兩邊文化的一部分，而在這個大文化群體裡，早期較小文化的鬼魂仍舊悠悠蕩蕩，吸吐如常。

讓我舉一個小例子。今日西洋棋風靡全球，但六世紀時只有印度人在玩。印度是它的發源地。根據傳說，當時有位國王熱情地篤信自由意志。擲骰子遊戲令他惱火，因此他想要一個玩家能控制自己命運的遊戲。一位叫席沙（Sissa）的僕人欣然接受挑戰，發明了一款完全仰賴策略思考的遊戲，那種思考方式能讓人在戰爭中得勝。國王龍心大悅，提議要用金子獎賞發明人，但謙卑的席沙只想要小麥作為報酬：棋盤上的第一個底格給他一粒小麥，下一個給兩粒，再下一個給四粒，以此類推。這遊戲的棋盤分成六十四格，而當國王試圖滿足席沙的要求時，他發現小麥數量隨著六十四格每格倍增，最後加起來超過王國一年所有的收穫——席沙一定早就心中有數，他可是個數學家，而那時印度的文化瑰寶之一就是數學。

席沙的發明在很多方面都反映他大大小小的文化背景。起初它是個四人遊戲，每個人都有八顆棋子。一顆代表國王，一顆代表他的將軍。其餘棋子則代表印度軍隊當時的四種典型分隊：戰車、騎兵、大象，當然還有步兵。那遊戲稱做泰盧固象棋（chaturanga），字面上的意義是「四柱或四肢」。在政治上小國分立的印度，四個參戰者之間同時交戰的點子頗能引發共鳴。

然後這棋戲從印度流傳到波斯，波斯是個一統的龐大社會，正在與文化上同樣單一龐大的羅馬陷入一場壯烈戰爭中。在當時的波斯，以現實中兩種極端作為基礎的世界觀蔚為風尚：光明對上黑暗，黑夜對上白天，良善對上邪惡，生命對上死亡。波斯人說，那是世界運轉的原理，而他們所思考的世界只存在於由社會建構出的文化中。

想當然耳，泰盧固象棋在波斯變成只有兩名玩家的遊戲，每個人都有十六顆棋子。棋盤經過重新設計，底格突顯光明和黑暗交替的特色。遊戲也包納無數地方色彩。泰盧固這個名稱遂轉變成聲音類似的波斯字，沙特蘭茲（satranj），意味著「百種擔憂」。將軍變成維齊爾（vizier），他是波斯君主身邊的首席政治顧問。戰爭中已不再使用戰車，因此印度棋戲裡的戰車變成大鵬，即波斯民間傳說中一種凶殘的巨大鳥類。

到了中古時期，這棋戲從西班牙傳入西歐。看看在那發生了什麼事：維齊爾變成皇后，騎兵變成騎士，大象變成主教。歐洲的民間傳說裡沒有像波斯大鵬那種鳥類，但大鵬（rukh）聽起來很像法文裡的石頭（roq），因此原先是大鵬的棋子現在搖身變成石砌城堡。

但就算表面的特色逐漸轉變，棋戲的內在結構仍舊延續下來。從各個構件之間的秩序，到整個範本概念，都流傳下來了。棋子的數量不變，仍舊以相同的方式移動。大象現在是主教，依舊有兩個，也只能以對角方向移動。戰車變成城堡，但原本的戰車能移動，因此城堡也能移動。國王仍舊是棋盤上最重要的棋子，整個棋戲仍舊是要保護這個幾乎什麼事都不做的傢伙。將軍仍舊是將軍，將死（check）還是將死。兵卒仍舊是兵卒，因為每個社會顯然都有很多這種炮灰。在印度運作良好的策略換到波斯和歐洲也同樣暢行無阻。席沙已經死去很久了（在試圖求取整個王國一年的小麥收穫量後，可能慘遭砍頭），但六世紀的印度數學概念原則，在今日人類知識架構中依舊屹立不搖。

發生在西洋棋上的事，也發生在人類文化中的許多事件上。我們同屬一個人類族群，但我們從未停止製造排外的漩渦。我們互動時，漣漪效應從一個人傳遞到另一個人身上，在此過程中有些事情會改變，有些則否。而有時候，新事物會成形，通常是變成更大的事物。

四萬年前，我們是無數個狩獵採集自治小群體，遍布荒野，漫遊徘徊在一個幾乎完全沒被我們的存在所改變的世界裡。人們很少碰上自己不認識的陌生人，除了剛誕生的那一刻。但在那時，我們並不知道全體人類之間的相互關聯。今日，人類住滿了每一寸可居住的土地，地球上沒有地方尚未遭到我們的活動改變。在大量交流的人類活動中，沒有生命能在孑然獨立中展開，任何地方的任何人類行動都會對任何另一人造成後果。但儘管我們之間有相互關聯，我們仍舊是由許多紛雜且經由社會建構的小世界組成，一個可被認知的整體世界依舊不存在。

鳥瞰全景，我們也許可將人類歷史視為這些小世界在文化領域中擴張，以及小世界之間彼此交會與重疊時，所產生的故事——這類互動衍生出各種事件，從心理混亂、社會混亂、戰爭，到文化發展、宗教覺醒，以及智識突破等，不一而足。無論如何，最重要的是，即便是在征服和奴役、強暴和謀殺之中，思想都會相互融合，直到更全面的嶄新概念框架浮現。我們在社會和經濟發展，在戰爭，在科技和發明，在宗教、藝術、哲學，以及科學中都可觀察到此現象。我們也在帝國興衰和思想傳播中看到這個趨勢。而當一個全球典範偶爾被另一個推翻時，更是如此。

人類網絡歷經數萬年後變得更為厚實，未來顯然也會繼續如此。在一年、十年、百年後，如果我們還健在，我們的生命會變得更為相互交織，緊密結合。這是趨勢，無情的趨勢。似乎有某種單一的人類活動（human enterprise）正在發生，但它的範圍太大，我們無法管窺真相。或者退一步說，我們目前還看不出來，就像古代中國人怎麼樣也看不出他們正在影響古羅馬，反之亦然。我們都渴望屬於某個比我們本身更大的團體，但較大的團體從來沒能成為人類整體。世界的運行軌道看起來似乎正從繁複移向單一，但這軌道本身卻無法告訴我們，故事是否真的在朝那個方向移去，尤其我們的確還不是一個快樂大家庭——或某個會變成快樂大家庭的東西。

為了得到前方路徑的任何預兆或跡象，我們必須回頭看看身後延伸的來時路。我們如何從過去抵達現在？如果一直增加的相互關聯性是故事主線，那到目前為止，敘事的概況是什麼？它的主題和轉捩點是什麼？什麼是它的章節、舞臺和關鍵事件？簡而言之，倘若歷史是我們告訴彼此的故事，它的情節是什麼？

這就是我在那麼多年前，發現中國崛起和羅馬殞落息息相關時，著手尋找的故事。而這本書就是我找到的故事。

第一部

工具、語言和環境

在地球的生物中，只有我們人類使用工具和語言，並以團體方式有效地應付周遭環境。語言使故事成為可能，而神話故事將人類團體編織在一起。在人類的最早期，我們的神話敘事衍生自地理。我們與身旁環境裡的人們形成意義網絡。我們的身分由居住的地點來界定。透過不斷的相互交流，我們建立起對深層問題的共同假設，如時間和空間，生命和死亡，良善和邪惡。我們在由自身思想編織而成的象徵地景（symbolic landscapes）裡生老病死，而就我們所知，那些地景就是世界本身。而值此之際，在某些其他環境中，也許只隔幾百英里遠，人們聚集在其他重大地理現實周遭，齊心協力從那個環境中抽取養分。他們住在不同的象徵地景裡，那些地景也是由他們自身所集體建立。

公元前一百五十億至公元前五萬年前

第一章
認識物理舞臺

一九四〇年秋天的某一日，四位法國青少年在位於法國西南部住家附近的森林裡玩耍遊蕩，尋找傳說中埋藏的寶藏。他們的狗，羅伯，突然飛奔衝進一個因樹被連根拔起所形成的淺坑，用爪子扒著什麼。青少年們滿抱希望地跑過去，但不對，那不是古老的寶藏箱；那只不過是地面上一個小小的黝黑洞口。

因此，他們就做了青少年會做的事，換做我可能也會這麼做：他們擠過洞口，想看看它通往何方。他們帶了手電筒，這真是件好事，因為那個洞往下延伸得很遠，最後連接到一個洞穴般的房間。拿著手電筒左搖右晃，他們驚訝不已地看到，在牆壁上，甚至在離頭頂十五或二十英尺高的天花板上，都畫著令人歎為觀止的水牛、鹿和其他動物的繪畫。這些繪畫以優雅又寫實的筆觸構成，渲染黑、紅、土黃和黃色顏料。他們發現了世界上最壯觀的舊石器時代藝術畫廊：拉斯科洞窟壁畫（Lascaux cave）。

壯觀是壯觀，但絕非獨一無二。從一八六八年至今，人們在世界各地陸續發現像這樣的洞窟壁畫，地點多達數百個，從西班牙、利比亞到印尼都有。在許多案例中，一個洞窟中的壁畫會歷經數千年的繪製；人們代代來到此地繪畫。最古老的壁畫大概繪製於四萬年前，但奇怪的是，那些最早的壁畫已經呈現很複雜的手法。我們至今仍未發現過渡時期的畫作。石器時代的畫家並沒有花幾百個世代學習如何塗鴉，再花幾百個世代繪製形狀有點像動物的模糊斑點，最後才想通如何讓馬和獵人的圖像清晰可辨；相反地，似乎在大約三萬五千至四萬五千年前，人類突然開始創作出成熟複雜的藝術，且範圍還不僅限於繪畫。在小亞細亞，古人類學家挖掘出精緻的珠寶，製作時間大概與洞窟壁畫同時。在非洲南部，他們發現打磨得發亮的裝飾性石刀，其優雅程度至今無人能及。在德國，護身符大小的骨製女性雕像有著細長的手臂和腿，但胸部、臀部和外陰部則豐滿碩大。

人類為何突然在藝術上展現如此長才？在我們的智人祖先活躍的同期，還有其他會製造工具的靈長類動物，牠們也製造大致同樣性質的工具，但牠們的工具在數千年間卻沒多大改變，反觀我們人類就陡然有戲劇性的突飛猛進。四萬五千年前，一定發生了某件事，但那件事是什麼？它有可能是什麼？

纏繞在答案裡的千絲萬縷，就是我們的人類故事。

每個故事都有背景，而在我們的例子中，那背景就是物質宇宙，所以讓我們由此說起。

物理學家告訴我們，物質宇宙在一百三十三億兩千萬年前誕生，那聽起來可能很久，很遙遠，但若你把那些年頭換算成美元，那些錢還不夠建造三艘現代航空母艦。所以從許多方面來說，就連物理學家都認為，宇宙還很年輕。

物理學家說，一切全是從一個沒有維度的點的爆炸開始。巧合的是，許多宗教經典也描述過類似的事。大霹靂（big bang）前沒有空間，所以若說這個點很小是毫無意義的。再者，隨著爆炸，時間於焉誕生，所以任何以「就在大霹靂前」開場的句子也毫無意義。沒有之前，只有之後。

在大霹靂的餘波蕩漾中，簡單物質的擴張質量凝聚成單位以兆起跳、難以計數的恆星，它們各自移開，遠離彼此，儘管並未離開某個中心點。因為每樣東西，包括空間本身，都在擴張（至今仍舊是如此）。從我們的觀點看來，宇宙在大約四十五億四千萬年前開始變得有趣，那時地球形成，是在這個空間區域圍著一顆恆星而結合的八個星體塵朵之一。由於每個粒子之間存有引力，塵朵逐漸受到拉力而聚合，像滑冰者般旋轉，轉得愈來愈近，愈來愈緊密，直到變成密實的圓形自轉球體，並像它的七個姊妹星球一樣，繞著太陽公轉[1]。

我們親愛的地球在年輕時是個以熔岩組成的滾燙熱球。經過十億年左右，它的外層冷卻成岩殼。然後開始下雨，雨不斷下著，直到整個行星被水覆蓋。

和雨水混合的是幾個簡單分子，例如甲烷、二氧化碳和氨，那些分子在化學上常常相互連結，如果它們撞在一起就會合併。當這種事發生時，它們就形成更複雜的單位。的確，這類最初分子能夠隨機形成的新化合物數量有限，但一旦作為新化合物誕生後，下一批可能的化合物數量也隨即增加。多虧「相鄰可能」（adjacent possible）[2]的不斷擴展，物質宇宙在種類上才不斷增加，更趨複雜。最初幾個簡單分子相撞時，不可能有機會意外形成青蛙或鳥類。青蛙和鳥類不是相鄰可能。但若是相撞後形成較複雜的物質，比如：氨基酸？脂質？核苷酸？當然可能。而且不只是可能，還無可避免。

物理學家告訴我們，在任何封閉系統中，亂度傾向於增加。顯然那是個定律。被人們隨意擺放的書不會剛好以字母順序排列，那不是物理現實的預設方向。整體而言，水流總是往下坡流動，從較有秩序到較無秩序，直到沒有「下」可再去。這時，水流便匯聚起來成為池塘，水流本身不再存在。這叫做「熵」（entropy）。但物理定律也宣稱在封閉系統中，熵可能被遏止，甚至暫時逆轉——如果吸取了外在能量的話。水總是往下坡流，除非加進幫浦輔助。火總是會熄滅，除非加進木柴。整齊的房間會變得更髒亂，除非有人出點力氣整理。熵的遏止或逆轉在整個宇宙裡很可能不會發生。為什麼？因為，就定義上而言，宇宙之外沒有

---

1 作者注：巧合的是，我年輕時，人們老說有九大行星，但最外面的一顆在近年遭到降級。可憐的冥王星，在太陽系最冷、最黑暗的外圍，它甚至不再被視為一顆行星，充其量只是個矮行星，比小行星沒好上哪去！然而，在最近，天文學家認為他們偵測到一個又大又黑的物質冰球，在比冥王星更遠的地方，是我們地球的十倍大。它離太陽太遠，無法反射多少光線，所以花了這麼久才發現它。天文學家稱它為第九行星（請播放不祥的音樂）。

2 作者注：這術語採納自科學作家史提芬·強生（Steven Johnson）的書《偉大創新的誕生》（*Where Good Ideas Come From*）。

事物存在。在此我私自改寫一下二十世紀哲學家路德維希・維根斯坦（Ludwig Wittgenstein）的話語：「宇宙是所有發生的事物。」[3] 既然不存在「宇宙之外」，能量不可能由「宇宙之外」而來，熵的遏止就只能發生在位於大環境內的小封閉系統中。

大約四十億年前，這類小封閉系統開始出現在地球上。地球的核心持續熔化，熱氣從海床裂縫之處流出，這些區域便發展出小封閉系統。在此（或者也在其他處），分子如氨基酸、脂質和核苷酸相互連結，形成凝聚的環境（coherent environments），而熵定律不適用於此：在這個環境裡，水能（隱喻上來說）往上坡流，火可以（隱喻上來說）不斷燃燒。這些由分子連結而成的團塊，是首批簡單細胞的先驅，生命的基本單位。

因此，生命是存在於周遭環境中的一個封閉系統。它的各部分之間有內在秩序，將許多分子轉化為單一整體。這原理可應用於每種生命形式上。細胞，青蛙，人類。隨你舉例。

因此，生命就像星座，其中的星星是分子。星座不是其中的任何一顆星星，卻是所有星星之間的秩序。一個生命形式，或任何生命形式，必須消耗能量來維持其內在結構，而那能量必須來自外在世界。說得更直接一點，細胞得吃東西。如果它們沒有吸取足夠能量來維持連結，就會失去凝聚力。如果不凝聚的情況持續增加，星座就會消失。它的物質部分如分子仍然存在，但星座已然消失。生命讓位給死亡。

將近四十億年前，或許甚至更早，第一個生命跡象出現在全球的海洋。不管其時間範圍為何，有件事是確定的：生命幾乎和地球本身一樣古老。儘管生命作為個體注定消亡，作為整體卻能夠得到延續，並透過生殖擴張其能力，以抗拒走向熵的結局。簡單來說這就是生命的故事：個體活著，繁殖，死亡，但作為整體的生命則得以擴展，開枝散葉，獲得複雜性。至少到目前為止都是如此。

經過數十億年的演變，單細胞生物演化為無數不同的多細胞生物。在此同時，物理舞臺不斷改變轉移。陸地從海洋中升起，形成一塊大陸。那塊大陸又一分為二。兩塊大陸後來漂離彼此，進一步分裂，不斷漂浮，直到它們差不多達到今日的樣貌：這邊是廣袤的歐亞大陸，它的南方是巨大的非洲，東方是小小的澳洲，而在地球遙遠的另一端則是美洲，以及在最南方的南極洲，加上到處散布的島嶼，有些大到幾乎可以稱做大陸。當時地球上沒有人類，但為人類故事設置的物理舞臺在此時此刻就定位。

大約五千五百萬年前，一塊大到宛如大陸的島嶼撞上歐亞陸塊。我說「撞」，因為我還不習慣地質上的時間尺度。若用我們人類的時間尺度來看，這段時間並沒有什麼值得注意的事，除了一場偶然的地震，和也許每隔兩個世紀左右就發生的火山爆發。

但在地質上的時間尺度看來，這塊次大陸緩……緩……地撞進歐亞陸塊，導致地球在它們相撞的地方產生擠壓，而那地方就隆起成為喜馬拉雅山脈，世界最高峰。那些山脈的

3 維根斯坦原文是說：「世界是所有發生的事物。」作者在此將世界作宇宙解。

誕生對人類的故事意義重大，因為它們對這地區的氣候產生影響。風從海洋往內陸吹，遇上高山時濕氣下降，其所導致的大雨在東南亞和稱為印度的次大陸創造出濃密森林。喪失濕氣後，風不斷往南吹進非洲，一邊移動一邊變熱。溫暖乾燥的空氣改變非洲東北部的植被。在更為潮濕的時代，茂密的森林曾在那裡蓬勃發展；但現在乾燥的風吹進來，森林開始往後撤退。

非洲森林在那時有無數動物居住，包括許多種靈長類。有些靈長類隨著縮小的叢林撤退，選擇留在牠們最善於應付的環境裡。然而，其他種靈長類則在森林邊緣創造出新的生活方式。在那裡，變得稀疏的灌木之間多出許多空地。於是除了待在樹上，某些靈長類開始花上幾乎同樣多的時間在地面上生活。牠們可能有點像抓著攀爬架的小孩子一樣到處移動，若非抓著樹枝，就是沿著樹下走動。在此同時，灌木叢持續縮小範圍。森林中點綴著空地的情況後來變成了草野間點綴著樹叢的熱帶莽原。

工具

對我們而言，熱帶莽原是一切之始。那些棲住樹上（但已經大致發展成雙足步行）的猿猴就住在與莽原交界的森林裡，發展出不必握住樹枝就能用雙腿走動的能力。在牠們的生活環境中，這是個優秀的技巧，因為這意味著牠們能快速跑過開闊的草原，躲到最近的樹旁，然後在必要時，跑回森林的安全處。由於以雙足步行，牠們不再需要用前腿跑步，這些肢體就可以轉做他用。於是，前腿變成手臂，腳掌變成手掌，然後演化出能與其他手指相對運作的大拇指。再來是製作工具的靈巧能力，以及更大更聰明的腦，以供這些生物思考和創造新事物。

等等，熱帶莽原只是故事的一部分。經過證實，另一個因素也同樣對我們的出現至關緊要。非洲東北部在此時處於地質不穩定的狀態，導致極端的氣候變動。大約兩百或兩百五十萬年前左右，這地方開始變來變去，忽冷忽熱，一下乾燥一下濕潤。季風季節由長期乾旱取代，然後季風又再度吹起。草原變成沙漠，再變成沼澤。這些氣候變動發生在短短幾千年內，而不是漫長的數百萬年。幾千年並不長。演化成完全適合原本環境的生物這下子麻煩大了。氣候改變過於迅速，導致生物演化機制派不上用場。混亂的氣候使得通才可以生存，專家則被判出局，能夠主動適應又比被動適應來得有勝算。

在生物必須不斷改變生存策略的世界裡，大拇指、手掌、手臂和雙足步行是決定性的優勢。擁有這些特色的靈長類能發明工具以彌補生物缺陷，迂迴地達成生物適應。剛開始時，毋庸置疑，牠們僅是使用環境中的些許小物品作為工具：用沉重的石頭敲開堅果，用粗糙的石頭磨碎種子，用尖銳的石頭殺死獵物。但之後——意義重大——牠們開始用唾手可得的工具來製造工具；用石頭將其他石頭打製成刀子，用石頭將木棍削成矛。簡而言之，牠們開始發明。

但不是只有一種靈長類這樣做。在數百萬年間，地球上有好幾種以雙足步行的靈長類同時存在。牠們有些滅絕，有些演化為更有能力的新生物，而牠們的工具則不斷擴充。牠們學會生火、照護火和控制火（是的，火是一種工具）。牠們學會以同心協力的團體形式打獵，這使牠們成為可怕的掠食者，尤其因為牠們有矛、木棍和網子這些武器——簡言之，牠們有工具。牠們不只是殺死和食用其他動物；牠們還剝皮，穿上獸皮取暖。想像一下，對牠們的同代生物而言，牠們看起來會有多恐怖。

這類新型的雙足步行靈長類用精湛的走路技巧在整個非洲上漫步，還橫越歐亞大陸。不像其他動物，牠們能在各種環境中安身立命，因為牠們有工具。牠們深入森林、沙漠、沼澤、平原、山坡、河谷，無往不利，而各式各樣的環境形塑了牠們的身分和生活方式。如果歷史是個髮辮，環境就是主要的三縷髮絲之一。工具是密切相關的第二縷。後面還有第三縷，但它稍後才會登場。打從一開始，「我們是誰」和「我們曾是什麼」，就與我們去過的地方、製造過的工具，和面對那些自然環境所做的決策，有著錯綜複雜的關係。

那些於百萬年前漫遊在地球上的生物，沒有一種有資格稱為人類。要是牠們今日出現在購物商場，一定會引人側目。從生物學上來說，牠們尚不是人類。但在地球上，生命的演變不斷持續著，直到大約十萬年前，或者加減個數千年，某些雙足步行的靈長類在生理構造上已和現代人類難以區別。科學家稱這些生物為「智人」（*Homo sapiens sapiens*）——拉丁文意味著「聰明的智人」（仔細想想，這詞實在自大狂妄，由我們人類發明出來指稱自己）。

所以就這樣了嗎？十萬年前？舞臺的簾幕升起，人類的戲劇就要展開？我的看法是否定的，還沒那麼快。背景就定位，但角色還沒登上舞臺。這些早期智人仍缺乏一項我們現代人類視為理所當然的東西，而這就又把我們帶回本章的起點。大約在四萬五千年前左右，我們人類開始繪畫，吹笛跳舞。在爭奪吃好料的競賽中，我們開始痛毆現場的其他雙足步行靈長類。那時一定曾發生過什麼事，某個推動人類崛起進而主宰的大事件。但那是什麼呢？

答案似乎是：真正的語言誕生。

第二章

歷史始於語言

公元前五萬至公元前三萬年前

尼安德塔人擁有形成字詞的生理構造，但字詞不是語言。就像烏鴉對應環境的不同因素時會發出各種聲音——你也許可以說，牠們有「人」和「狗」這些字詞，甚至可以創造新的聲音來代表某個特定人類。牠們會發出呱呱聲告訴烏鴉同伴：「農夫布朗！」但那只是另外一個字詞，字詞不是語言。循著同樣邏輯，動物研究者曾教導一隻叫科科（Koko）的大猩猩手語，牠後來學會代表超過一千種具體事物的手語，比如冰淇淋。但科科只會單字。牠可以指稱某些東西，本質上只是用手指頭指來指去。但那還不夠。

真正的語言始於字詞能和其他字詞連接在一起，進而形成無限種類的意義組合。語言是根據文法和句法串成的詞彙。在真正的語言中，有些字詞的確和世界上的物品或事件有直接關聯，比如：

椅子

吃

殺死

——其他字詞則沒這麼有關聯，如：

不

盡然

如此

事實上，許多字詞的意義和物理世界中的事物並無關係，而是產生於它們和其他字詞的關係。發展語言意味著，我們在使用單字時，能把單字當作其所指稱之物的化身。字詞於是可以獨立存在於事物之外。一旦這種情況發生，一整個世界的單字就會形成，平行於物質世界，與物質世界相關，但又不與物質世界相同。兩位語言使用者可以進入那個世界，彼此在其中互動，彷彿它就是世界本身。

想像兩個人的對話。一個人說：「讓我們明天在科特蘭街上的那家塔可店一起吃午餐吧。」另一個人回答：「樂意之至。幾點？中午左右？」這兩個人所用的字詞毫無相對應的物理背景。明天？午餐？中午？他們指的是什麼？什麼也沒有。而這些還不是他們對話中最有語言學特色的地方。想想讓、在、那、左右吧：這些字詞並不指涉任何地方，或任何東西。它們只存在於和明天與午餐及中午共享的語言學宇宙裡。

當我們學得真正的語言時，我們便不僅止於製造出讓同伴逃跑、打鬥或流口水的聲音。我們提升標準，將出現於腦海中的想法付諸於聲音，並在我們人類同伴的想像裡，觸發整個世界的「擬像」(simulacrum)。當兩個人討論明天中午吃塔可餅時，他們不只是在各自想像的世界裡互動，他們還在想像同一個世界。若非如此，他們明天就不會在同時同地出現。這才是真正令人難以置信之處：他們是在想像著同一個世界。

我們在開始繪畫和吹笛前不久學會語言。那不是我們發明的東西。那是歷經演化發展的生物特徵，就像與其他手指相對的大拇指。我們不是像學煮義大利燉飯那樣「學會」語言。不管我們的團體說的是什麼，那就是我們開始說話的起點。嬰兒會竭盡所能地以各種方式和周遭的人互動：嚎啕大哭、大笑、手腳揮舞，直到他的互動方式逐漸展現意義。就在那一刻，小孩進入了群體所使用的那個象徵世界——你或許可說那是種覺醒，進入他的群體所創造和維護的現實。

在語言的象徵性互動模式裡，意義不是存在於每個人之內。意義是人類星座中的互動網絡。我們「並未擁有」透過語言傳送給對方的意義，而是「擁有」用來與網絡中其他人一起創造意義的語言。當兩個人安排一起吃午餐時，他們沒有發明塔可、明天或午餐這些字詞。

如果這兩個人今晚過世，字詞和概念將繼續存在於他們所屬的那個社會場域裡。星星會讓位給其他星星，而星座保持完整無缺。

在數萬年前的某個時刻，比起沒有語言的生物，擁有語言的生物得到關鍵優勢。演化會不斷篩選生理特徵，直到我們人類成為成熟的語言使用者：地球上的唯一。於是，我們勝過所有其他製造工具的雙足步行靈長類，而他們全部走向滅絕。語言是世界歷史中「三方辯證」（trialectic）（這是我創造的字詞）的第三縷[1]。

我得說清楚，我們不是唯一能以團體方式互助合作的動物。以一明顯例子為證：狼以群體方式出沒，共同捕獵。尼安德塔人的互助合作程度可能至少與狼群相當。但其他社會動物必須聚集在一起才能執行計畫。牠們彼此配合，來回傳送物質訊號。牠們的訊號引發彼此的回應。語言則賦予人類朝向單一目標努力的力量，即使處在不同的時間地點亦毫無阻礙。無數人類透過語言結合，彷彿作為一個社會生物般運作。即使在他們分散各地，無法彼此發送訊號，而且某些人得面對其他人不知曉的意外情況時，他們仍能維持同步。他們能這樣做，因為他們在一個與整個群體共享的想像世界裡運作。事實是，我們人類並不直接活在物質宇宙裡。我們住在透過語言集體創造、共同維持的世界模型中。當我們誕生時，那模型已經存

1 作者注：如果正反辯證（dialectic）是指兩個敵對方的拉扯，在過程中不斷產生新組合，那三方辯證也是歷經相同過程，只是互動力量變成三股。在人類歷史的案例中，則是環境、工具和語言。

在；我們僅是在成熟時進入那個模型。長大成人意味著得到和其他人想像相同世界的能力。

不管我們生於什麼樣的社會，飢餓時肚子都會咕嚕作響，但說到我們的社會自我（social selves）——啊，那可就是另外一回事。我們的社會自我由周遭人所決定。生物自我是軀體：它有大腦，骨架中包含神經細胞群。但社會自我則是個人：它有心靈、思想星座（constellation of ideas）、態度、想法、資訊，和從與其他人共享（和創造）的大雲朵中所抽取的信念。那個思想星座牢牢固定於大腦和軀體，但它卻位於身軀之外，存在於那個每一人都有如神經叢的社會網絡裡。而我們用語言所創造的意義網絡，將生物和歷史連結起來。人類群體以社會星座的方式存在，社會星座則與環境互動，彷彿人類群體是某個單一個體的細胞。一旦我們開始形成這類團體自我——個體和群體皆是星座，而意義網絡只存在於成員的心靈裡，而不是物質世界中——那就是人類故事真正開始的時刻。

然而，語言授予我們的可畏力量總是造成一個問題。將我們聚集在一起的世界模型必須和實際的外在世界完美契合。而外在世界是棘手的「他者」（otherness），是變化莫測的巨大未知。想要與它同步，我們就得在新資訊進來時不斷修改模式。然而，一個社會整體無法像一個生物般瞬間改變想法。儘管社會整體的舉止也許像一個有機體，但它沒有大腦，只能以成員間的象徵性互動網絡之樣態而存在。執行改變的是那些個體，但因為心電感應並不存在，因此眾多心靈無法同時突然改變。我們住在與其他人共享的想像世界裡，但我們是以個體方式進入那些世界，各自帶著由獨特的資訊、思想概念和信念組成的星座。

如果一個社會的某些成員改變他們的感知見解和信念，但其他人卻沒有，他們共享的模型便會開始失去凝聚力。倘若模型變得模糊不清，我們作為單一整體來處理環境的能力就會減弱。事實是，我們不能與物質世界不同步，但我們也不能與彼此不同步，而這兩項要務可能會相互矛盾——實際上也常常如此。「維持彼此間的聯繫」和「維持與外在世界的聯繫」兩者之間的緊張關係，從語言誕生的那一刻起就牢牢嵌入人類生活中。那份緊張關係不斷引發戲劇性事件，而這就是為何語言必須與環境和工具一致的原因，也是為何語言會成為人類歷史三方辯證中的第三方。

在我們擁有語言前，我們可能就是像其他高級靈長類那樣活著。我們像牠們一樣，以小群體方式漫遊在大環境中，尋找和採集植物，獵取動物來吃。像牠們一樣，我們匿居在水源附近，白天時分散開來，晚上再團聚在我們珍視無比的營火周遭。一個既定人類群體成員彼此間都有血親關係，罕少例外。毫無疑問地，其他高級靈長類也是如此。我們的確時不時就會在自己的地盤遇上親屬群體或物種，有時候，我們會和其他群體聚集，舉行儀式和慶典，而幾位女性會在此時懷孕，這更是毋庸置疑。在罕見的機會裡，在我們現在無法知曉的情況中，人類和尼安德塔人纏綿悱惻，進而懷孕：對，我們曾經如此親密。

然而，一旦我們擁有語言，我們便和其他靈長類分道揚鑣。也就是在那時，我們中的某些人勇於往下探勘洞穴，在牆壁和天花板上繪製壯麗壁畫，而那些藝術得在火把的火光閃爍之下才能看見。音樂誕生於那幾千年內——我們從某些洞穴裡發現的古老笛子得知這件事。我們那時一定也曾隨著音樂起舞，壁畫裡描繪的圖像可資證明。我們製造的珠寶顯示當時已有時尚概念，工具的複雜度也出現大幅提升。我們不再局限於石頭，也用骨頭、貝殼、鹿角或是木頭製造物品，儘管用木頭製造的物品沒能保存下來。我們不只製造研磨器具和劈刀，還有魚鉤和針。倘若我們有製造針，我們便有縫製衣服；如果我們在煮食物，我們一定有交換食譜。

一旦我們擁有語言，工具製造便會突飛猛進，因為我們不須再經由觀看某人親自示範如何製造東西後，才能有樣學樣。人們能描述他們做過的事，其他人則能複製那些步驟。畢竟，人們生活的世界裡有著許多自己未曾見過的事物。如果群體裡的某人見過某樣東西，那整個群體裡的每個人就算是看見了，因為這個人所屬群體裡的其他人，現在也住在同一個象徵世界裡。技巧和知識在那個象徵世界裡可以累積，每一代都在過去的已知上精益求精，製造明日的工具。

如果這個突如其來的繁盛發展涉及語言，那這或許就是「說故事」（storytelling）的開端。若是如此，那這可能就是人類首度具有歷史感的時刻，開始發明專屬於自己的昨日。宇宙誕生後的幾十億年間發生了不少事，但直到擁有「昨天」、「明天」、「當我年輕時」和「在我祖父的曾祖父時代」等概念時，你才會有敘事。「說故事」和「歷史」意味著所有神話根源都可追溯到這個時代。對我而言，語言開花結果，故事、藝術、宗教、科技緊跟其後，這想法讓我滿是雞皮疙瘩。我幾乎可以感覺到我就在那裡，簇擁在眾人之間，而我們每個人都互有關聯，都隸屬於某一整體。在那時，也從那時開始，人類的確立足於地球。他們穿著不同的服裝，也不像我們洗澡洗得那麼勤快，但他們是我們。確確實實是我們無誤。

第三章

文明始於地理

公元前三萬至公元前一千五百年

工具和語言。人類擁有這兩大優勢做後盾，在原先無法居住的環境裡開枝散葉。我們可以穿著自己殺死的動物的獸皮，用牠們的骨頭蓋起小窩，在裡面點燃營火，遠赴酷寒之境。四萬年前，我們從非洲遷徙入亞洲西南方，再從那兒去歐洲和東亞，然後進入天寒地凍的北方。我們去任何有好東西可吃的地方，而對獵人而言，北方的東西可好吃了，因為大型野獸如長毛象就是在那裡徘徊。

碰巧的是，我們發展殺戮優勢時，剛好遇上地球進入最後一個冰河時期，地球的溫度驟降。在那時，大量的水結成冰塊，導致海平面大幅下降。西伯利亞和北美洲間現在是開闊的海洋，但在那時可是乾燥的陸地，或是覆蓋著一層厚厚的冰，人們漫步過去時，甚至不知道自己是走在水上。某些人類跟隨肉類食物的腳步，走進美洲。然後天氣變暖，冰塊融化，海平面上升，大陸間的陸橋消失。沒走過去的人現在過不去，而走過去的人現在回不來。人類發生了大事——地球基本上分成兩半；但當然，那時的人類沒有察覺到這個全球事件。他們經歷的只是小個體生命交織下的戲劇，也就是他們的社會星座。

而在那時，至少有三波遷徙潮從亞洲進入美洲，一路擴散至新斯科舍（Nova Scotia）和火地群島（Tierra del Fuego）。人類在當時已經是使用語言幾千年之久的動物，所以，美洲人和在東半球的堂親無疑分享著許多共同的祖先神話和傳統。但在大陸分離後，人類文化在接下來的一萬一千年左右各自演化，這個分隔在未來還會產生深遠的影響和後果。

環境決定我們存活的手段，而後者又反過來決定我們群體的形成方式。環境差異因此產生影響深遠的文化差異。在世界最大的陸塊上，包括歐亞大陸和非洲，環境變異至少產生了三種不同的生活方式。大約一萬年前，某些人類放棄狩獵採集，在固定地點上定居下來，嘗試全職務農。小亞細亞（現在的土耳其）、黎凡特地區（現在的以色列、敘利亞、黎巴嫩等），和部分歐洲紛紛冒出小型村莊。這發生在（也只能發生在）土壤足夠肥沃、雨量足夠豐富的地方。環境孕育生活方式。

但即使在前述地點，某些人卻選擇了不同的存活策略。他們沒有定居下來、將生存機會賭在務農上，而是馴化獵來的動物，變成游牧民。農夫或牧人，定居者或游牧民——這是關鍵分歧。在游牧民與定居農夫緊密接觸的地方，他們可能形成共生關係。一方善於生產穀物、水果和蔬菜，另一方有肉類、皮革和乳製品。他們利用彼此的專長進行以物易物。

但有時候，游牧民會襲擊村莊，奪取他們想要的東西。在某些地區，這些部落甚至可以追溯到相同根源的祖先。他們的相異之處最後顯現在兩方反覆訴說的部落神話，成就了背叛和勝利的史詩故事。《舊約聖經》的該隱和亞伯故事就屬於這類神話。在這個故事出現之處，環境同時支撐著務農和放牧。而在這個地區，兩種生活方式勢必產生衝突。

最後，人們開始沿著湖泊和大海航行，在水域裡尋找食物。這不一定在近期才發展出來。船在人類出現前便已存在：我們早期的原始人科祖先就打造了第一批船隻。因此，人類打從一開始就發現，想靠打漁或務農或放牧為生，在任何地理上人類可及之處，其實是可行的。

大河文明

然後，大約在六千年前，有些人發現一種特別適合務農的環境，並得到驚人的生產成果：年年氾濫和會堆積一層新鮮肥沃土壤的河谷平原。史上也許曾經有過許多這類河流，但有四個河谷平原特別突出，因為第一批我們已知的重要城市文明即萌芽於此：尼羅河、底格里斯河和幼發拉底河（兩河）、印度河，以及黃河。它們分別產生了埃及、美索不達米亞、印度和中國文明。

如果環境孕育文明，為什麼這些全由河流哺育的文明顯得如此不同呢？答案很簡單：這四條河流沒有那麼相似。事實上，它們存在著重大地理差異，而在人類為適應這些不同河流所形塑的生命中，人們建構出習俗、傳統和概念的不同星座：換句話說，即不同的世界故事。

尼羅河

尼羅河是極為優良的雙向交通命脈，但只在最後六百英里左右的下游是如此。尼羅河總長超過四千英里，幾條源頭位於中非，頭三千多英里的上游流經峽谷、瀑布和急流。這些湍急水流的最後一段是一連串的大瀑布，是驚濤裂岸、狂風吹拂的巨石淺灘。在這段河流無法行舟，即使用步行也難以跋涉而過。然而，大瀑布後就是尼羅河平原，是文明的搖籃。在下游的最後一段，尼羅河變得寬廣，水深而平靜。河流穩定地朝北流，而在經過這些平穩的水域後，微風持續往南吹。人們將船放進河裡，想往南時便揚帆，想去下游的北方時就收帆。因此，人們沿著河流零散定居，而不是聚集在一起成為孤立的城鎮。一個單一文化從這種持續的南北互動中出現，彷彿整個河谷平原在某種意義上是個巨大的單一社會星座。

那是尼羅河流域的其中一個驚人特色。另一個則是它本身的地景形成天然屏障。掠奪者無法輕易從南方進入平原：他們得先穿越大瀑布。東方不存在巨大威脅：那裡岩石累累，過於乾燥，無法讓太多人居住。它也缺乏來自西方的巨大威脅：那裡是撒哈拉沙漠。埃及人只須防禦他們的帶狀世界，即河口三角洲。而在河谷平原的其餘部分，他們能將精力傾注於建立富饒。

這樣的環境滋養出文化同質性，使得人們齊心協力，建造管理河流的巨大基礎建設。尼羅河氾濫時，水位升高到兩側山丘。透過建造水壩、堤防和運河，農夫能在水位高時儲水，並在一整年中，透過測量慢慢放水，以此灌溉田地。這項工程需要相互協調，由此誕生了一種命令結構，好幾個層級的監工匯合起來，在頂端形成一位如神般存在的單一決策者。

尼羅河幾乎定期氾濫，但並非總是如此。在洪水轉弱的那些年，人們自然會納悶，是不是他們的錯？他們做了什麼事嗎？或沒有做什麼事？這個社會擁有強大的中央權力，而且十分在乎該如何理解和影響自然，因此創造出埃及文明的獨特人物，那就是法老。群眾相信這位統治者是神。

從表面上看來，法老顯然同意群眾的看法：他看著自己時，是看到一位神祇。我的現代感知不禁忖度，法老感冒時會作何感想？什麼樣的神在醒來時會覺得糟糕透頂？但我知道，當時任何一個埃及人的心中都不會閃過這種問題。社會鍛造個體心智，而埃及人需要相信，只有在法老的需求、希望和異想天開都得到滿足時，洪水才會在該來的時候來臨。然而，因為沒有人的每樣異想天開和希望都能得到滿足，法老與洪水的關聯就永遠不會遭到駁斥。埃及人需要這個「法老永遠必須得到滿足」的信念，才能執行必須動用數千人共同合作的浩大工程。懷疑論者會危害到每個人的安全。沒有人想當那個人——那個威脅每個人安全的傢伙。懷疑論會威脅社會星座的內在秩序，因此不為社會所容納。

建造、配置人手和維護灌溉系統使無數勞工在一整年的某些月份內忙碌不堪，其餘時間則閒散無事。但社會可不能讓他們無所事事，因為組織裡的閒置工人會焦慮不安，心浮氣躁。因此，龐大的勞動力需要有事可做，而神聖法老的希望必須被滿足。兩相加乘後，你想到什麼？

金字塔。召集龐大人力，確保一個人擁有愉快的死後經驗。你想到巨大的神廟和山丘大小的雕像。灌溉系統、法老、官僚體制、金字塔——所有這些古老埃及文明的特殊元素全產生自那個文明的脈動，尼羅河。

底格里斯河和幼發拉底河

底格里斯河和幼發拉底河注入波斯灣，大約在離尼羅河三角洲東方一千三百五十英里遠處。它們發源於土耳其山脈，大致以平均距離五十英里的平行狀態往南流，流經現在的伊拉克，直到即將抵達波斯灣時匯合。這個河流系統沒有清楚界分上下游的大瀑布。有些河段可以航行，有些則否。微風時有時無，下游地區是一片沼澤。和沿著河谷平原形成的單一延續文化相反，美索不達米亞出現許多個別村莊組合而成的網絡，各自擁有不同的神廟和祭司。

地理並未為這些人提供屏障，而他們亟需保護，因為儘管在靠近河流的地方務農成果豐碩，這類環境也很適合放牧。村民得隨時備戰，抵禦來自四面八方的掠奪者，因此他們建立了地理環境沒能提供的圍牆。在美索不達米亞出現的不僅是城鎮，而且是築有圍牆的城鎮，它們後來發展成強悍的小城邦，如烏魯克（Uruk）、阿卡德（Akkad）、拉格什（Lagash）和基什（Kish），每個都有自己的精良部隊。

埃及人發現，一旦擁有建築工人，就得讓他們有事做。美索不達米亞人則察覺，一旦擁有軍隊，他們就得和某人作戰。如果他們閒散下來，便會製造內亂；所以，當美索不達米亞的統治者沒在和侵略者作戰時，他們就讓軍隊挺進上游或下游去征服鄰國。埃及人建造金字塔，美索不達米亞人則打造帝國。成功的征服者統治各個城邦，取得更寬廣的資源，而資源需要更大的軍隊捍衛，因此導致更多軍事行動。大約在四千三百年前，基什國王，阿卡德的薩爾貢大帝（Sargon of Akkad）[1]，便征服了大部分的美索不達米亞城邦，建立史上第一個真正的帝國。

美索不達米亞的生活聽起來也許沉悶、殘酷和短暫，但事實上，它非常活潑，歡騰十足，而且很富創造性——對我而言，比平靜、內觀的尼羅河流域文明更勝一籌。埃及人建造巨大的雕像和墳墓時，美索不達米亞的蘇美人正忙得不可開交，製作物品、發明新物品、互動、達成協議、買賣、編纂法律、違抗法律、編寫歌曲、做愛、偷竊、聊八卦、吵架。美索不達米亞的小城邦林立現象孕育獨具企業精神的個人主義和相互較勁的多元主義，兩者後來都成為伊斯蘭和歐洲文明的特徵——考量到兩河地理的天然環境，它怎麼可能不這樣發展？

1 阿卡德帝國的創建者，在位期間公元前二三三四至前二三一五年。

印度河

印度河孕育地球上最初的偉大城市文明之一，但也是最晚被發掘出來的。二十世紀初，沒幾個人知道五千年前在這個河谷平原就已經有文明存在，而且在兩個現在已經消失的城市中達到鼎盛顛峰，那就是哈拉帕（Harappa）和磨亨佐—達羅（Mohenjo Daro）。十九世紀，英國人甚至用這些古人燒製的磚頭建造鐵路，從未懷疑這些磚頭有多古老。哈拉帕文明達到顛峰時，正值埃及金字塔紛紛興起，但前者的繁盛更勝一籌：當時印度河谷平原上有五百萬人居住，村莊有千餘個，散布面積廣達數千平方英里。

這個驚人現象的關鍵在於水。印度河有好幾個源頭，最後匯聚成五條河流，在離阿拉伯海北方僅幾英里處形成一條大河。整個地區河道交錯。灌溉不成問題，務農易如反掌。這份繁茂蔥鬱的富饒讓人們擁有許多閒暇時光：哈拉帕人享受藝術和工藝的奢華，並從事工程建造。他們最大的城市中心像現代都市般，採用棋盤格局。源源不絕的水並不特別珍貴，也未造成難題，而在沿岸城鎮中，澡堂、水管配置和污水系統多不勝數。

但這些河流會隔一段時間就改道，而且看不出明顯理由，這很令當時人困擾（如今我們知道流經鬆軟土壤的河流會頻繁改道，因為缺乏岩石和溝渠來引導流向）。在哈拉帕時代，印度河事實上不是五條河，而是六條。在遙遠過去的某個時候，最大的那條河消失殆盡。儘管肥沃河谷裡的生活安逸，但人們心中一定籠罩著深沉的無常感。

還有另一個地理特色也在這個文明身上留下印記。喜馬拉雅山脈的巨大尖峰就聳立在河谷平原旁，山的另一邊則是高高的草原，非常適合放牧。隨著時間，游牧民族三番兩次通過山隘衝下草原，闖進河谷。他們襲擊城鎮或與鎮民做生意，在可行之處設立據點。他們是不可忽視的力量，是此處持續發展中的故事的一部分。

大約三千五百年前，出現一波游牧民族的大遷移浪潮，此時正逢哈拉帕文明走向衰弱。新來者的世界觀是在廣袤乾燥的開闊草原上形成的。他們侵入人口稠密的河谷平原，而那裡的人的觀念、飲食、習俗和生活方式則是由充滿水的世界所塑造。

兩個族群難以融合。哈拉帕人是都市人，新來者則是鄉下人。哈拉帕人用大小一致的燒結磚建造大房舍和糧倉，新來者則以泥土、竹和草打造小屋。原居者長期大規模務農，新來者則是放牧者和小農。這些新來者騎馬、駕馭戰車，用鐵製工具和武器。他們火耕森林以騰出空間，使森林成為牧地和小農田。哈拉帕人崇拜繁殖神祇，其中許多是女性。新來者則膜拜可追溯到游牧過往的神祇，主要是體現大自然力量的男性神祇，如風、雷、太陽和火。

新來者的神話裡並沒有特定的族群起源地，因此他們沒有歸鄉的動力，只能一直前進。他們往東擴張，建造村莊，某些人則再到別處建造更多村莊，村莊模樣都很類似。他們抵達恆河流域後，持續移動到另一個更古老且可能已經滅絕的文明。考古學家偵測到這個文明的沉積土痕跡，它存在於稍後年代的灰色陶泥層上之下，是一層黃陶泥土。這些人說的也許是達羅毗荼語言（Dravidian languages），這種語言與印歐語系毫無關聯。達羅毗荼人可能源自非洲，行船抵達南印度，又散布至北方。

今日我們稱這些來自西北方的移民為「吠陀人」(Vedic people)，因為他們擁有一整套叫做《吠陀經》(*the Vedas*)的宗教聖歌，其中有幾千首流傳至現代。他們的祭司叫做婆羅門，婆羅門負責背誦那些聖歌，以字字口述的方式代代相傳。《吠陀經》呈現古代吠陀人多姿多采的豐富生活：比方從聖歌裡，我們知道有一種以蘇摩(soma)這種神祕飲品為中心的古代儀式，蘇摩則是由某種已不可考的植物製成。只有技巧純熟的婆羅門可以準備蘇摩和執行儀式，且由於他們認為這項儀式在他們的生活裡如此重要，因此蘇摩也是他們的主神之一。當這個文化與從南方擴展而來的文化相遇時，印度文明的種子遂開始發芽。

黃河

再往更東方走，我們就會遇上黃河，中國文明之母。「黃」這個字指的是黃土，這是一種細膩的黃色沙塵，覆蓋在這片流域上，形成表土——它比世界上任何一處的土壤都豐厚肥沃。沙塵來自遙遠的西方山脈，由風吹來此地。這地區乾旱，因此古代的農夫必須仰賴河流來灌溉。然而，山坡很陡，人們往往得在山坡上打造梯田來種植作物，也就是說，他們得重塑賴以為生的土地，那可是個浩大的工程。但此地的土壤很厚，肥沃到足以讓人們硬著頭皮在此定居下來。

這條河完全不能拿來當作水路。它根本沒有可以航行的河段，在湍急的河流上行駛小船無異於自殺。在可居住的土地上出現許多聚落，但這片流域上的農夫社群多半自成一格。人們無法利用河流與其他聚落持續互動，所以未能形成一個單一的同質文化。

人們全都住在持續不斷的危險中。黃河得名於水中的黃土，這些泥沙使黃河成為世界上最渾濁的河流。淤泥會堆積在河床上，使水位提高。居民得建造堤防來控制不斷上升的河水；但當河水氾濫成災，進而越過堤防時，可不算是好事。若洪水直接沖潰堤防，那就更糟。

簡而言之，傍黃河而居令人心驚膽顫。就像患有躁鬱症的父母，帶來一切豐饒的河流有時也會釋放突如其來的災難。村莊得隨時準備好做出回應。當堤防潰堤，或洪水沖往下游時，可沒有時間慢慢談判，爭論誰該服從誰。權力結構必須提前到位。而在黃河流域，考量到社區的緊密程度，生存所需的紀律、階級和服從是從家庭內開始強制執行，最年長的成員則最有權威。事實上，當最年長的成員過世時，他們並沒有就此退場。對這個流域的人而言，去世的長老會加入祖先行列，以神或鬼的方式徘徊在日常生活中。「家庭裡的權威結構」以及「整個社會皆以家庭作為核心」是黃河文明最主要的特色。

黃河流域裡的中國早期居民傾向於遵循同一種模式。一般來說，十八到二十個村莊會以市場為核心而建立，外圍則是田野。每個村莊都有幾十戶血緣相近的家庭，由父權制度下的領袖領導。村民住在農田附近，走路就可到中央市場，他們在那和鄰近村莊的人碰面、社交、消弭衝突和計畫大型工程。成功的聚落也許會擴張勢力範圍，直到其結構達到小王國的標準。許多這類王國可能在此形成，但中國神話將它們合併成一個由夏朝統治的單一帝國。

夏朝可能像英國亞瑟王的卡梅洛宮（Camelot）[2]一樣僅存在於傳說中：人們從未發現它的遺蹟。但這並不代表它就不曾存在。夏朝為商朝所取代，大家原本也覺得商朝只是神話，直到二十世紀初期，考古學家挖掘出商朝最後首都殷的遺蹟。考古學家在那發現數千項複雜的手工藝品，包括甲骨：那是經過燒烤又冷卻後出現裂縫的龜殼。甲骨顯然是用來占卜。人們提出問題，占卜師則從裂縫的紋路來獲得答案，就像茶葉算命師。歷史學家很幸運，古人占卜的問題和答案都以和現代中文很接近的文字銘刻在龜殼上，因此學者可以進行破譯，並藉此證實中國文明擁有可追溯到至少三千七百年前的連貫歷史。

游牧文明

但人類文化所採納的另一條路呢？游牧民族的發展呢？農耕生活在幾個優良地點繁榮興旺，取得驚人的成績，但游牧民族也是如此。某些環境非常適合發展放牧。游牧生活的主要發源地橫跨歐亞大陸北部草原。如果你從尼羅河三角洲畫一條線到黃河三角洲，在那條線以北的所有地方都是歷史上游牧生活的心臟地帶。

將農夫視為精明的贏家，而游牧民族為落後愚蠢的輸家，這種想法並不正確。游牧民族發展出一種完全契合環境的生活方式。從這層意義上來說，他們並不缺乏都市人的老練世故。他們也有自己的文明。

嚴格來說，「游牧文明」聽起來很矛盾。因為「文明」（civilization）一詞衍生自相同拉丁字根源的「城市」（city），但游牧民族卻是捨棄都市生活的人們。的確，在歷史上，游牧民族往往被視作野蠻人（barbarian，來自希臘文的「異邦」（foreign））。但為他們貼上這個標籤的正是都市人，「文明」和「野蠻」的意涵恰好反映他們的偏見。因此，我在此將借用文明這個詞彙來描述任何範圍廣闊、人口龐大的文化實體，儘管實體內的特定差異多不勝數，但它們仍舊分享著文化思想、美學和價值的廣泛架構。

因為游牧民族捨棄定居，他們並未形成王國或帝國。反之，他們不停地合併又衝突，分裂成流動性強的部落聯盟。他們的世界橫越中亞，綿延在裏海和烏拉山脈間，越過黑海北岸，翻過波羅的海地區的山巒，進入中歐平原，延伸數千英里。大河文明彼此因天然屏障而孑然獨立。游牧世界則是位於北方的單一巨大內部相互交流區，它還往南延伸到阿拉伯半島，越過非洲，直抵大西洋。游牧世界宛若某種淋巴液，形成於自河谷擴展而出的定居文明之間。

這並不是說，任何單一個人或部落曾千里迢迢從蒙古旅行到波蘭。但思想以漣漪效應的方式在相鄰部落間流動，慢慢流傳到遠方部落。當某些重大發展打攪了一部分的游牧民族生活，例如事件若發生在歐亞大陸中央地帶時，漣漪效應就會漸漸擴散到地區的兩端，也會滲

2 英國亞瑟王傳說中的城堡所在地。

透進整個南部周邊。

在早期，某些歷史關鍵技術突破是發生在游牧世界裡的。舉例來說，在烏克蘭和吉爾吉斯之間的游牧民族是最先馴化馬兒的人。我們通常不將馬兒視為工具，但我們的意識形態不該如此狹隘：馬兒就像石頭，是某種原先就存在於環境中，經過我們重新形塑（在此例中是透過馴化和訓練），來幫助我們應付環境的存在。發明馬蹬和馬鞍是游牧民族的重大成就。與此同時，游牧民族女性則發明了一些我們通常不視為發明的物品：可以讓腿分開的衣物，也就是長褲，稍後則是襯衫和袖子，這些發明讓游牧民

族得以在馬上馳騁。

游牧民族藉由騎馬可以旅行得更快更遠，放牧更大批的獸群，吃得更好，活得更為遼闊。馬兒不只是讓他們能旅行到遠處，也使他們有必要如此，因為馬兒消耗草的速度比牛快：任何擁有大批馬兒的群體會更快將牧草地消耗精光，因此得更常移動。

再者，生產力的增加意味著人口成長。但游牧族群的人口不能成長超過某個規模。樸素的後勤補給會無法應付：幾百個人要移動很簡單，幾千個人要移動就工程浩大。人口太龐大的族群注定要走向分裂，某些成員得離開族群去追尋自己的命運。在都市文明裡，人口增加意味著更大、更稠密的城市。但在游牧文化裡，這意味著更廣大的離散。

游牧民族有兩項關鍵性發明，以任何定義而言都是工具。一項是戰車，戰車是有兩個車輪、而非四個車輪的推車。車輪可能是在埃及或美索不達米亞發明的，推車也是。推車是搬動沉重石頭的最佳工具。但推車難以旋轉，遇上崎嶇不平的顛簸表面就窒礙難行。如果你有推車，你很快就會打造道路。一個技術突破導向另一個技術突破。

與推車相反，戰車有兩個輪子，不但能旋轉，也能迴轉。就像推車啟發了道路，戰車則啟發更精良的車輪。戰車車輪優化成一個輪輻圍著箍環收攏而成，既有彈性又輕盈。戰車對建造金字塔沒多大用處，最多也只能載兩、三個人，但一旦戰車接上馬兒，上面的人變成駕駛、弓箭手和甩斧手後，就立刻搖身變成可怕的戰爭工具。

這就得談到複合弓（composite bow），這是草原上發明的武器。老舊的弓是以單一彈性樹枝製成，和人等高。因為短樹枝製成的弓戰力太弱，必須拉長弓身。中亞草原的游牧民族則想出將等厚的幾片木條黏在一起，成為複合弓。他們能這樣做，是因為他們有黏性極強的膠。他們為何會有黏性極強的膠？因為他們是第一批馴化馬兒的人。他們用的膠是以馬蹄製成，這又是一個技術突破導向另一個技術突破的例子。複合弓雖然比早期的弓短很多，卻更為強大。騎馬的人可以將複合弓收進鞍袋，邊騎馬邊戰鬥。事實上，這些複合弓使得騎兵比戰車士兵更為危險。

游牧民族的機動性、內部交流的漫長網絡、往外大力擴散而非緊密聚集的傾向，以及他們在軍事上的超群能力，都對早期歷史造成若干衝擊。在四千到五千年前左右，以東歐大草原——裏海與黑海的中間及其北方——作為起始，一波文化影響往東和西擴散，最後向南延伸到游牧民族的廣袤家鄉。東歐大草原上的人們說著已失傳的語言，因為它是在旅行中生成，隨著人們開枝散葉而分開發展，也像其他語言般隨時間改變。這個祖語的後代包括梵文和印地語、拉丁語和義大利語、波斯語、俄羅斯語、日耳曼語、希臘語和英語。因為這個語系從印度延伸到西歐，使用此語系的人遂被稱為印歐人，這是個籠統方便的術語，但我們要謹記，印歐人既不是印度人，也不是歐洲人。他們是別種人，而且不必然（甚至可能不）是某種單一民族。儘管如此，這語言現象幾乎可確定是個從游牧世界心臟地帶發展而出的文化浪潮。

第四章

貿易編織網絡

公元前一千五百至公元前五百年

地理也產生人類文化髮辮的第三縷——文明的第三種特點，如果你願意這樣比喻的話。地球上資源分布不均，因此人們只要將某樣東西從一地搬到另一地，就能創造價值。他們將東西搬得愈遠，就愈有價值。一旦馱獸得到馴化，某些人就會出發，做起遠程貿易，並以此為生。

我們需要區分當地貿易和遠程貿易的差異。毫無疑問，在每個人類群體中，人們都會和同個群體內的其他人進行貿易。即便是農夫和本地游牧民族間也總是在進行貿易，這是從定居和游牧兩種生活方式誕生後就存在的景象。

然而，遠程貿易卻是另外一回事。它不是某個人的突破性點子，也不是從某個特定時地發展而來。一旦農耕、放牧和打漁出現，也就會發展遠程貿易。毋庸置疑的是，遠程貿易在游牧民族的日常生活中顯得特別重要。因為他們逐水草而居，他們知道在哪裡可取得哪些貨物。他們可以在東西便宜之處買進，然後在能賣到好價錢的地方賣出，如果確定有利可圖，有些人還可能會擺脫所有討厭的山羊，專心經營起貿易這一行。

游牧民族並非隨機到處遊蕩。獵人會去有獵物的地方。放牧者會去他們已知的牧草地。貿易商則從一個商業機會熱點旅行到另一個。四處流動的人會在目的地之間找到最有效率的路線，順著各據點來回規律旅行。最重要的是，地理決定路線。因此，在貿易昌盛之處，就可預期會形成道路和交通網絡。座落於這類貿易路線樞紐附近的村莊勢必繁榮起來，發展成城鎮，最後某些城鎮則變成都市，其主要生意便是為貿易商提供便利設施——熱食、溫暖的床、涼爽的旅店、讓人飄飄然的菸酒，也許還有一點性事——它們當然還為貿易商提供可以相互交流或爭執的地方，也就是市場和巴札（bazaars）[1]。

舉現今在約旦境內的佩特拉（Petra）為例。它位於一個對農耕而言過於嚴苛，甚至也不利於放牧的環境下。但佩特拉會成為如此富庶、活力充沛而廣富盛名的城市，就是因它建立在一個狹窄峽谷的岩石峭壁內，而來往於紅海、黎凡特海岸和波斯灣港口的貿易商，在旅行時都得經過這道峽谷，因此人潮熙來攘往，佩特拉逐漸發展成貿易城。

大片水域也滋養遠程貿易，因為從不同地方來的貨品最後會匯集到水域的邊緣。不論人們在何地打漁，他們可能也會順便從事遠程貿易。只要船能停靠，貿易城鎮就可能萌芽。船隻比馱獸有個更大優勢：它們不需要吃東西。

樞紐城市的數目逐漸增加時，貿易商的路線網絡也隨之拓展。到了公元前兩千年，幾個相互重疊的貿易網絡在歐亞大陸興起，每個都成為自己文化星座裡的銀河。

中央世界

古代最繁忙的一大貿易網絡，出現在我們或許可稱做「中央世界」（the Middle World）的地方：這地區西起小亞細亞，向東越過伊朗高原，往南延伸到現在的阿富汗。它就位於西方兩大河流文明（埃及和美索不達米亞）和東方兩大河流文明（印度和中國）之間。大部分的中央世界崎嶇不平，非常乾燥，但有無數河流流過。很早之前，由自給自足的農夫組成的村莊就沿著這些河流紛紛出現。游牧民族也遊蕩在這塊土地上。這種村民與游牧民族混居，而整個地區的兩側都具有大城市的形勢，正好利於發展遠程貿易。

中央世界不僅在其兩端擁有豐饒的城市社會，而且其邊緣都是海港，因為這地區環繞著大片可航行水域：阿姆河（烏滸水）、鹹海、裏海、黑海、馬摩拉海、愛琴海、地中海、紅海、波斯灣和印度河。如果你搭船往上游到印度河源頭一半處，你大概會回到原出發點。

古代，龐大商隊橫越中央世界，有時規模大到包含數百隻馱獸，但牠們不一定需要走完整段路。牠們不必如此。隨著貿易路線激增，貿易路線交錯所形成的樞紐也激增，在那

1 指南亞或中東的市集。

些城市裡，貿易商能彼此進行交易。比方說，有座後來被希臘人稱為赫卡通皮洛斯（Hecatompylos）的城市，就在中國和美索不達米亞（大約在現今德黑蘭所在地）市場的半路上。赫卡通皮洛斯在希臘文裡的意思是「百門之城」，饒富幻想地暗示了此處曾有多少道路匯集。赫卡通皮洛斯如今已消失，但它曾一度是強大的帕提亞帝國（Parthian Empire，即安息帝國）的首都。這裡有一連串興起又衰亡的帝國，帕提亞帝國是其中之一；以此地為核心，後來就發展出歷史上的波斯文明。

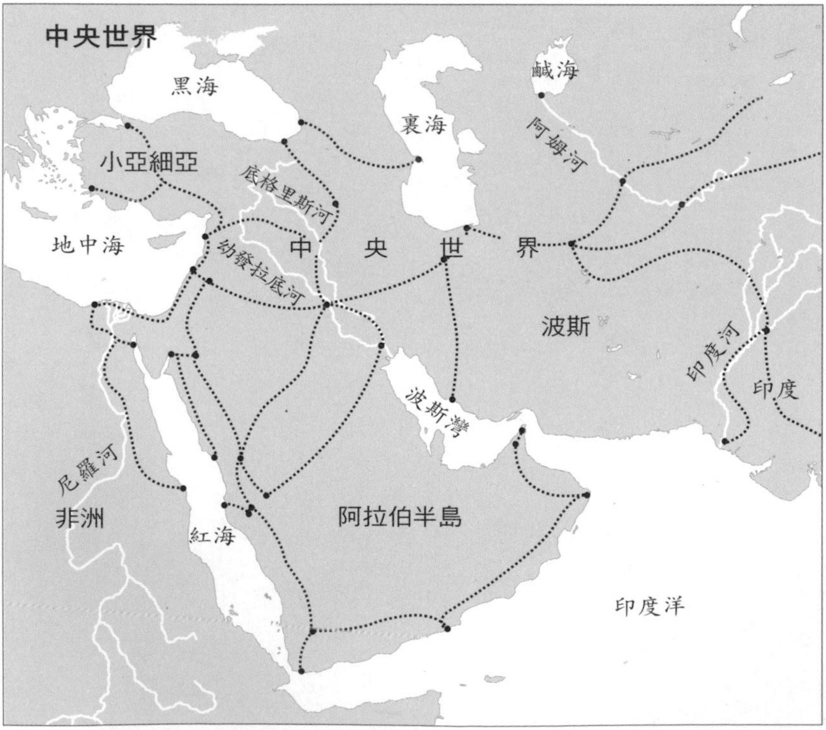

地中海世界

中央世界以西是另一個全球規模的貿易網絡，也是連接所有地中海周圍港口的海路網。地中海的水體如此龐大，幾乎媲美海洋。它有開口可連通黑海，與紅海也幾乎相連，這些海一起形成一個非常龐大的水域世界。從地中海的海港要航行到另一個海港輕而易舉，因為這海域對水手很友善：沒有大西洋的暴風，沒有許多河流會有的瀑布和沼澤，海域平靜無波，如果不起風，水手通常可以划槳上岸。

最棒的是，地中海完全屬於溫帶地區，這是世界上最適合居住的環境。地中海沿岸有許多不同地貌，因此它的海港湧入來自各種環境的產品。貿易商可以在埃及裝載穀物，在黎凡特海港帶上雪松，於非洲北部海岸買鹽，在南歐港口進琥珀，在最西端的伊比利半島港口買錫等等。

你可能會認為強大的埃及人從一開始就主宰這個貿易網絡，但事實並非如此：埃及有很多東西可賣，但卻沒什麼動機去做貿易。他們富得流油，因此是世界來到他們的跟前。事實上，第一個偉大的地中海文明出現在克里特島，地理優勢就是其關鍵資源：它不偏不倚地座落在地中海中央，擁有可航行到所有地中海東北部海港的優良海路。腓尼基人很快就變成海上霸權的競爭者，但他們有著不同的策略。腓尼基人從黎凡特家鄉跳島前進，沿著整個地中海南部海岸建立殖民地。

然後希臘人登場，他們擁有很難得的地理優勢。希臘是個半島，有數百座小島散布在地中海。希臘內陸乾燥崎嶇，岩石累累，除了葡萄和橄欖，不適合種植任何東西。因此，希臘人製作葡萄酒和橄欖油。不幸的是，人們無法光靠葡萄酒和橄欖油維生；幸運的是，沿著地中海，希臘人的土地上有著無數崎嶇峽谷，大部分是天然良港。海港是早期希臘人的主要資源。由於內陸如此高低不平，他們多半沿海岸而居，以海路而非陸路和鄰居互動。他們的生活不是以內陸腹地為導向，而是朝向開闊的水域，從那往外眺望外面的土地。

第一個希臘強權是邁錫尼人，最初根本就是群海盜。他們掠奪腓尼基船，撞沉克里特船，很快就擁有足夠商品可做生意。大約在公元前一千五百年左右，他們消滅克里特島上的米諾斯文明。在邁錫尼人的故事裡，這是他們與邪

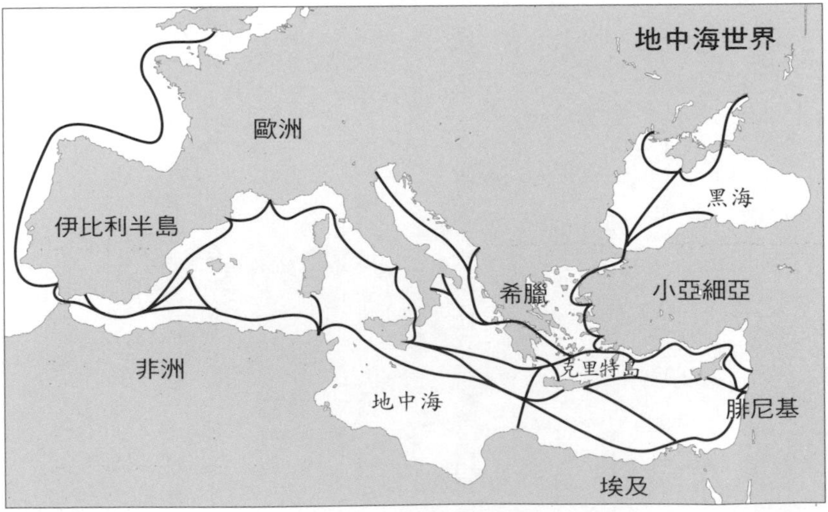

惡國王米諾斯（Minos）的戰爭。米諾斯不斷要求希臘人每年要進貢處女，直到最後才由偉大的希臘英雄賽修斯（Theseus）打敗那個混球，順便在傷口上灑鹽：帶著米諾斯的（處女）女兒跑了。克里特版本的故事可能會很不一樣，但我們永遠不得而知。

公元前一千兩百年左右，一波以海上民族（People of the Sea）聞名的粗暴海盜席捲地中海世界，在整個地區燒殺擄掠。邁錫尼基本上是在那個時間點消失的。來自北方、較為貧窮的希臘人搬進原屬於邁錫尼人的土地和城鎮：他們是多利安人（Dorians）。接下來的六個世紀是這個地區的黑暗時代。那段時期沒留下多少紀錄，但多利安人一定曾對邁錫尼人惺惺相惜，因為在多利安人的傳說裡，故事主角都是邁錫尼英雄，而對後來的希臘人而言，其中兩個傳說故事得到巨大威望和聲譽，地位堪與其他文化中的經典相比擬；那就是《伊里亞德》（*Iliad*）和《奧德賽》（*Odyssey*），這兩個故事描述希臘人和亞洲一座城市的長期戰爭中的大小插曲。當希臘文明再度登上歷史記載的舞臺時，希臘已由許多小型海岸城邦組成，而諸多史詩遂成為其神話記憶的一部分。

季風世界

地理因素還造就了第三個貿易文明。亞洲如此廣袤，整座大陸像個風箱般運作，創造出一種規模龐大的氣候模式。大陸的中心是草原、平原和針葉林，在冬季極為酷寒，但大部分地區在夏季時會變得非常炙熱。冷空氣沉重，因此在冬季它會下沉，強風吹過陸地，又向海洋吹去。然而，在夏季，大陸中心地帶開始變熱，熱空氣升起，創造出真空狀態，遂將外圍的風吸進來。從大陸向外吹的冬季風涼爽乾燥；從海洋向內吹的夏季風則溫暖潮濕。這就是季風。

喜馬拉雅山脈將季風一分為二，使得情況變得更加複雜。季風某部分吹拂過中國和太平洋，另一部分則掃過阿拉伯半島，橫越印度洋。太平洋和印度洋的季風在東南亞地區重疊。所以住在印度洋和太平洋沿岸的古人能跳上小船出海，在冬天順著風勢航行到東南亞。然後他

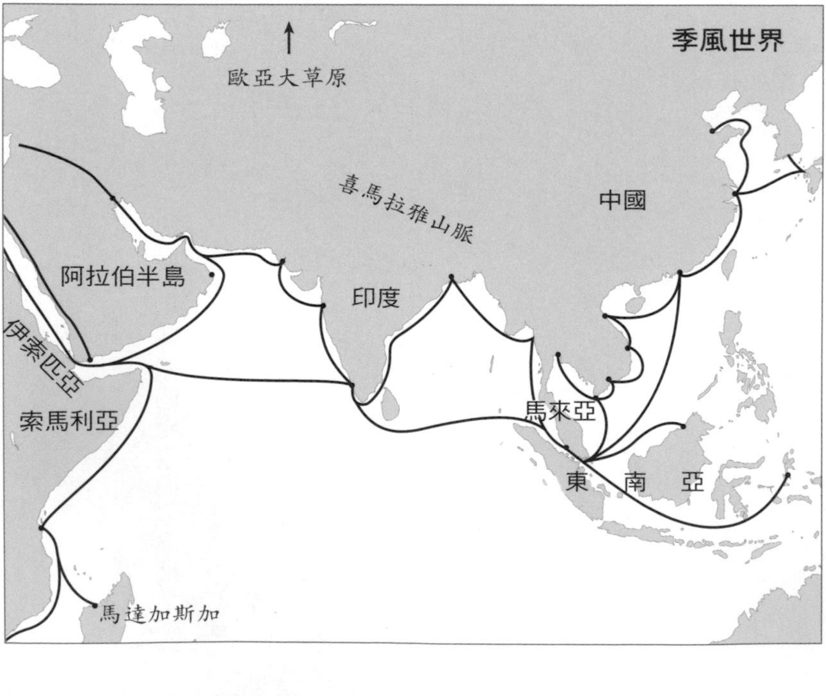

們得在那閒閒無事等上幾個月，靜待季風轉向，而季風總是不負重望地如期轉向。之後，水手可以航行回中國、印度、阿拉伯半島和非洲的家。

季風產生的海上貿易世界可與地中海和中央世界匹敵。這個龐大網絡將東非與阿拉伯半島、印度、馬來亞、印尼連接起來，並間接連至中國。這就是為什麼今日主要使用於印尼的語言，也可在馬達加斯加聽見；也是為什麼在幾千年前，中國市場上可以找得到非洲商品的背後因素。

季風使得東南亞成為世界各國水手在等待風向改變的數月裡，無所事事、摩肩擦踵地尋歡作樂的地方。東南亞因此變成世界文化大熔爐之一，來自印度、中國、東非和阿拉伯半島的文化元素攪拌在一起，形成錯綜複雜的文化融合體。

非洲撒哈拉沙漠以南

在公元前五百年，世界有五千萬人口，大部分住在歐亞大陸，其中大部分又住在從中國綿延到伊比利半島的帶狀地域上。人們旅行時，通常是往東或往西，而不是往北或往南，因為在相同的緯度上，氣溫大致相同。反之，若是沿著某個經度移動，旅行者最後會從熱得冒汗的赤道走到酷寒的兩個極點之一。再者，地球還有一個難以處理的棘手特色：撒哈拉沙漠橫貫非洲，將這塊世界上第二大的大陸劃分成南部和北部，導致文明在這兩地獨立發展。

地理環境致使非洲撒哈拉沙漠以南人口稀少。濃密的赤道原始森林造成大陸中心難以居住。在此，大雨會沖刷掉土壤裡的養分，導致務農變得極為辛苦，事倍功半。熱帶叢林也藏著兩種致命生物：蚊子和采采蠅。蚊子傳播瘧疾，采采蠅則導致嗜睡症。采采蠅特別偏好馬血，所以撒哈拉沙漠以南地區的歷史不見馬蹤。而愈往南走，在叢林帶下方前往海岸的路上，有另一個使人窒礙難行的沙漠，即喀拉哈里沙漠（Kalahari）。在早期，因為這些環境因素，非洲人大都沿著海岸定居。在公元前五百年，非洲人口僅占全球人口百分之六。

與今日不同，撒哈拉沙漠並非總是充滿障礙。若以行星的時間尺度計算，直到最近，也許僅在一萬年前，這個地區曾綠意盎然。隨著乾旱地帶開始出現，人們遂遷往植物更茂盛的氣候區。有些人往東與埃及人雜處，甚至可能變成埃及人。有些人往北加入地中海世界。其他人則沿著兩邊海岸往南遷徙。在撒哈拉沙漠形成無水荒漠後，人們已經大致在歷史上寫下自己的軌跡。

在蘇格拉底激怒雅典菁英的同時，一個複雜的文化誕生於西非，其位置在兩條最大河流之間，即現在的奈及利亞地區。歷史學家稱呼這些人為諾克人（Nok），因為他們存在的痕跡最初是發現於現代一座叫做諾克的城鎮附近。至於他們自稱什麼，現在沒有人能確定。諾克人在與村莊比鄰的田地裡耕犁，將家畜養在郊外。他們自己研發出冶銅技巧，未受北方文化影響。在大約公元前一千年，他們進入所謂的鐵器時代。到了公元前五百年，他們製作非常傳神的陶製動物和人物雕像，雕像則穿戴各式服裝和裝飾，暗示其社會和政治已臻複雜，但如今我們對其細節已不可考。

無法得到解答是因為諾克人沒留下多少遺蹟。他們沒有文字。他們以木頭和其他來自植物的材料興建住屋和公共建築，它們不能像石頭和以太陽烤乾的「考伯」般遺留下來（「考伯」〔cob〕是黏土、沙和稻草的混合體）。甚至連至目前為止所挖掘出來的諾克雕像在出土時就是破碎的，得經過重組。

然而，稍後的非洲文化模式暗示，在諾克的世界裡，生活的單位是村莊，長老握有中央權力，村莊居民來自大型氏族。村莊網絡構成大型政治結構。諾克社會不像吠陀文化那般階級分明，但極為重視群體。同村的人們甚至可與遠親形成緊密的家庭連結。較老和較年輕的人可以形成雙親與子女關係，就算彼此在遺傳學上算是六等親。村莊便是大家庭。

根據稍後文化所做的推論也顯示，諾克有個想像中的光明神（god of light），它是自然萬物神靈的具現，其中也包含諾克人的祖先。神靈世界和人們每日的生活並沒有清晰的界線或區隔。透過音樂和豐富的表達動作，人們能與神靈實際溝通。吠陀人也透過聲音尋求和超自然溝通，但他們的神聖聲音以聖歌的形式表達，由宗教專家準確複誦和執行。而對諾克人而言，和超自然聯繫的媒介是音樂，儀式則是集體儀式：每個人都要參與呼喚回應和合唱等儀式。在希臘世界裡，神祕宗教的要旨是達到恍惚狀態，人們認為這會開啟與神靈溝通的管道，但只有身為社會核心的神之使者或祭司能達到出神狀態。反之，在西非文化中，出神的狂喜狀態似乎可由集體達成，集體的狂喜狀態開啟了整個親屬群體和隱形神靈世界之間的交流互動。就文化上來說，在諾克時代，西非撒哈拉沙漠以南地區也許曾是個大型社會星座，但組合成它的個體星星現在已不可得知。

在公元前五百年後的某個時刻，諾克人自歷史舞臺上消失。沒有人知道確切的原因。也許和環境的改變有關。這地區也許變得太潮濕、太乾燥、太熱或太過什麼。或者，也許這地區的人們只是達成某種技術優勢，使得他們能移居到先前被認為不適合居住的地方。不管理由為何，人們開始遷離今日的喀麥隆、奈及利亞和西非貝南（Benin）地區。我們對這些遷徙的瞭解大致上和對印歐人的遷徙一樣：所知甚少。所有非洲撒哈拉沙漠以南地區的語言都屬於同一個語系：班圖語系（the Bantu family）。這表示曾有個單一古代祖語，隨著說班圖語言的人們擴散而演變成許多語言。

說班圖語的人能夠橫越赤道原始森林，因為他們使用鐵製工具劈砍樹木和灌木叢，耕作樹根交錯的土壤。揮舞著鐵製武器的他們，排擠掉已散居在這些土地上的原始狩獵採集部落。就像印度的原住民，班圖人來時，早期部落被趕入叢林深處。

班圖遷徙不是心血來潮的大型運動。說班圖語的人也許花了一千年才抵達非洲東岸。他們遷徙得緩慢，因為遷徙只是環境變化下未曾預料的結果。在這個熱帶氣候中，大雨使土壤養分盡失，加上沒有年度氾濫補充養分，農夫只得採用火耕的方式來種植農作物：他們放火燒樹林來製造一層能肥沃土壤的灰燼。一旦樹林化為灰燼，當地就沒有樹林再供燃燒。而灰燼能使土壤肥沃個幾年，但在此之後，人們就得移往新的灌木地帶重施故技。沒有一個世代

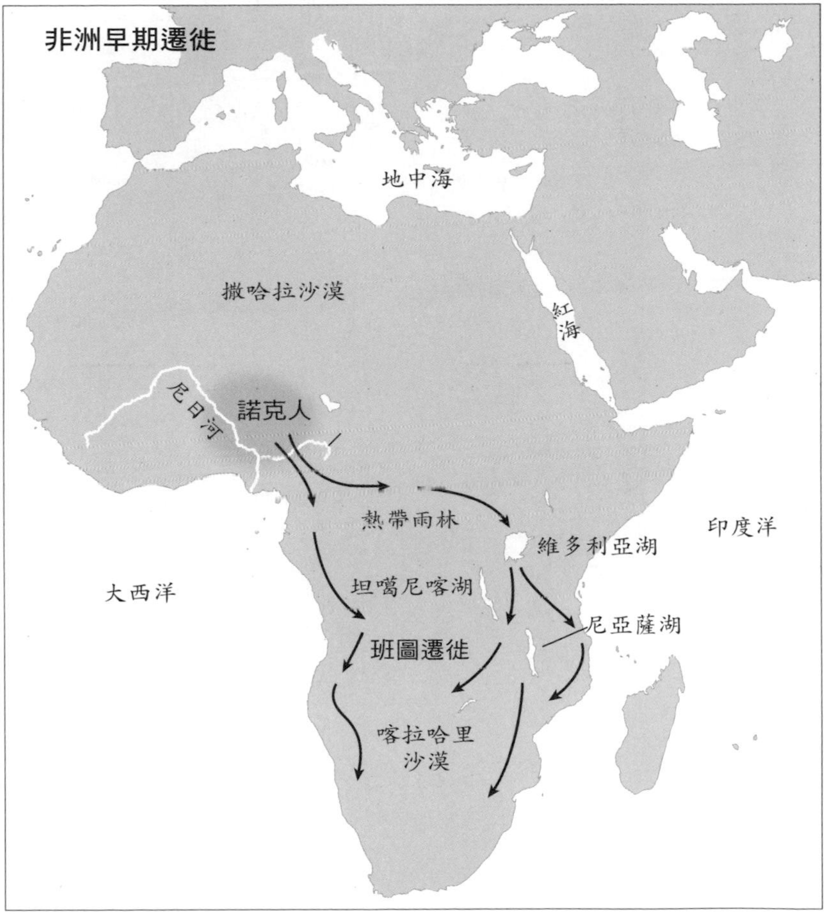
非洲早期遷徙
地中海
撒哈拉沙漠
紅海
尼日河
諾克人
熱帶雨林
印度洋
維多利亞湖
大西洋
坦噶尼喀湖
尼亞薩湖
班圖遷徙
喀拉哈里
沙漠

會認為自己正在遷徙。他們只是在務農，但他們的務農方式確保他們會逐漸移動到從未去過的地方。

緩慢的遷徙最後將說班圖語的人帶到印度洋沿岸。在那裡，許多人定居在河流或湖泊周邊，務農和放牧外也打打漁。其他人則往南繼續遷徙，最後與從西岸南下的移民會合。他們都帶著自己的祖先村莊文化，兩路人馬融合後，貿易網絡於是逐漸在村莊間形成，相互交流的村莊則變成更大的社會網絡，某些部落長老獲得國王般的地位。

在東非，說班圖語的人與從海岸南下或從海洋另一側來的貿易商互動。非洲人變成季風網絡的一部分，而阿拉伯人在其中扮演要角。在東非，幾百萬人說著斯瓦希里語（Swahili），一種混合了阿拉伯文的班圖語，是現今非洲最多人使用的語言。斯瓦希里這名稱來自阿拉伯文的「邊界」(sabel)。斯瓦希里語誕生於班圖人與阿拉伯海盜、貿易商互動的地區。而在兩種文化交疊之處，漣漪效應必定曾經輕撫而過。

第五章

信仰系統的誕生

公元前一千至三百五十年

人們普遍認為，地球上任兩個人之間一定會有某種關聯，且彼此之間最多只隔了六個相識的人，這就是「六度分隔理論」(six degrees of separation)。因此我們能假設，你我都認識某個認識某個認識（重複四次）教宗、演員凱文・貝肯（Kevin Bacon），或任何正在積極犯案的連續殺人犯的人。我想這個理論很有說服力。然而，人類其實還有另一種根深蒂固的互動模式，甚至超越了六度分隔現象。就稱呼它為「派系效應」(clique effect) 好了：住在同一個環境中的人們傾向於更常彼此互動，勝於和其他環境的人。

例如，在古代，住在同一流域、共同為某件偉大基礎建設工程效力的人們，往往也隸屬於同一個溝通網絡，可說自成一個「內部交流區」(intercommunicative zone)。他們訴說的故事在整個區裡流傳。他們不需要和網絡裡的其他人交談，也不須認識大部分的人，但他們就是能間接認識那些吃得開的人。故八卦流傳得很快。

新聞當然也來自其他地方。遠程貿易商帶來各種八卦，冒險家不時出現，旅客也不遑多讓，但從其他地方傳來的資訊總是斷斷續續。而在一個內部交流區循環的故事有持久不衰和自我強化的特色。它們深化為神話，且每個人重複訴說故事時，往往會忽略掉自己覺得不重要的部分，並強調自己覺得有力的部分。四大古代流域是這類內部交流區的明顯例證，但大型貿易網絡也稱得上是內部交流區，因為人們在交錯的道路上跋涉而過時會彼此相遇，而在任何既定貿易網絡的交叉點，如赫卡通皮洛斯、佩特拉、米諾斯和迦太基等城市，他們會與來自各種文化的老練旅客交換八卦。因此，中央世界發展出自己的獨特神話，地中海世界也是如此。每個神話都變成由無數敘事線編織而成的巨大社會星座。

在任何一個民族的案例裡，無數敘事線會編織在一起，直到它們形成某個巨大單一整體——你可以稱呼它為「大敘事」（master narrative），它是複雜的故事和思想星座組合在一起，進而形成某種連貫的整體。大敘事不僅僅是一系列事件。要引發共鳴，一個故事必須在感覺起來真實可信的世界中開展。因此，大敘事包含時間感和空間觀、歷史中的重要角色、人生重要事件、歷史如何開啟、宇宙的過去和未來等議題。我所謂的大敘事實際上是個「世界模型」（world model），即我們集體建造和個人居住的想像整體。若少了它的話，我們無法以人類的身分面對環境，因為我們基本上是以社會星座的方式存在，而不只是個人。

人類的原始大敘事產生自特定環境的土壤，由「地理」這一棘手的因素形塑而成。但一旦大敘事完成雛形，便能脫離地理環境，自行發展，因為它會篩選出何謂真實，何謂虛假，何者則毫不相干。若新資訊更契合我們所熟知的一切，就會比感覺起來真實更有優勢。就像故事會深化為神話，大敘事在發展時也會獲得定義。分享這類敘事的人們，抗拒著會破壞敘事架構的思想和資訊，並敞臂歡迎能夠增添敘事豐富度和確認真實性的資料。敘事因此變得更牢固，更明確。它變成一種讓個人覺得人生過得有意義的結構。但那些過著有意義人生的人，卻渾然不覺大敘事其實是一套機制，讓社會星座本身得以延續長存。

大約兩千五百年前，幾位深具領袖魅力的個人從各自社會脈絡形成的大敘事中，汲取出具體的信仰系統（belief system）。我說信仰系統，因為我對在此使用「宗教」（religion）一詞有疑慮。宗教對我們大部分人而言，意味著非常明確的事物，導致我們在瞭解其他宗教時，較容易受限在自己的思想框架裡。但因為每種宗教都是一種參考架構，若用一種架構來思考另一種架構，兩者注定都會遭到扭曲。因此，我偏好採用信仰系統這個詞，儘管它是種泛稱。

中國

中國人似乎在歷史早期就認為世界類似於一種同心圓，而歷史則是循環不已、周而復始的。帝國是世界的中心，四周環繞著藩屬：這些謙卑的國家景仰帝國，尋求保護。藩屬國再往外則是野蠻人，而野蠻人之外呢，則是過於遙遠的世界，不值得描述。

帝國由王朝世系統治，王朝會歷經可預測的循環。起初，王朝取得天命，「天」是個龐大且非個人的超自然力量。當王朝擁有天命時，舉世和諧，「天下」太平。但隨著時間推演，王朝犯錯，耗盡天命，帝國就會分崩離析。然後混亂取代秩序，直到另一個人取得天命來統治天下。他會建立新的統治王朝，於是世界進入新的秩序與和諧時期。如此循環不已。

讀者需要瞭解的是，在前述這套邏輯裡，帝國並沒有「我們的帝國」與「其他帝國」之分。帝國不是諸多帝國之一，而是唯一，代表世界的形而上事實。野蠻人總是試圖入侵帝國，而有時候他們的確進犯成功，但那只是因為帝國正好進入分崩離析的時期。真正的問題從來不是野蠻人，而是來自內部。野蠻人的勝利和乾旱、饑荒、洪水、叛亂、街頭犯罪等動亂一樣，都只是王朝正在失去天命的徵兆。這些動盪表示天下出了某種大錯，是熵得勢的結果。

王朝會喪失天命，因為它沒有執行維持天下和諧的必要儀式和行為。以這個觀點來看，物質世界擁有一種潛在的秩序來連接所有存在的可見事實。物質現實裡交織著隱藏的對應：顏色、季節、數字、星期、方向、食物、情緒等等。巧合被認為有其意義：好運不是隨機降臨的。連接和對應交織而成的物質生命，形成一種只有專家才能分辨的模式。生活若符合隱藏的模式，就能帶來好運；反其道而行則會帶來麻煩——就像走過地雷區，如果你擁有標註地雷的地圖，會比較安全；盲目莽撞地衝過地雷區，你會被炸得粉身碎骨。

帝國是凡人和天的中介。「天」則是包羅萬象的超自然現實。儘管這術語常被翻譯成「天堂」（heaven），天並不是好人死後的去處。它根本不是一個地方。它也不是中國字的「神」，因為它不是超自然意志，也根本不是一個意志的體現：中國人沒有興趣創造「祂」的形象來將天擬人化。沒有「祂」這種概念。天反映一個不具人格的模式，單純只是狀若混亂的宇宙其無所不在的實際現實。

公元前五百年左右，一位名為孔夫子（或大家較熟悉的孔子）的人將中國文化的儀式和禮儀轉化為信仰系統，儀式和禮儀就此成為人生的解釋之道和行為規範。孔子沒有自稱先知，他只是位學者。他研讀古代占卜文本和其他中國經典，只是想要正確傳達它們的道理。他的學說主要集中在每日行為上，尤其是在家庭內。他指出家庭成員有不同的角色要扮演，因此必須符合不同的標準。孩童服從長輩；長輩必須給孩童溫暖的愛。全家都必須服從父親；父親則有責任照顧全家。每個人都有責任和義務。人生是社會義務構成的網絡。

孔子的弟子將他的語錄編纂成《論語》，包括孔子言簡意賅的評論，以及他每日行徑的細節。比方說，弟子們注意到，老師總是在坐下前將坐墊拉直。這聽起來很瑣碎，但其意義只有在你從整體著眼時才會突顯。孔子強調禮節和社會儀式，但並不是為了規矩而規矩。他教導人們，在各種特定情況下做出優雅舉止，可以發展出道德直覺，而他則為這類舉止提供指示。透過與社會和諧共處，人們能活得富有意義和目的。這些建議總和起來就是孔子對理想社會的處方。在這樣的社會裡，帝國和家庭互為表裡。父親是家庭內的君主，稱為天子的君主則是帝國內的父親。當每件事按照應有的軌道運作時，帝國和家庭便連成一體。

孔子沒有提到神，但他的思想體系具有宗教的力量。甚至連那些有別於儒家系統的其他思想家（這類思想家為數不少），其學說的論辯都是在孔子的框架內進行。一個特殊的例外是老子，《道德經》的作者。他的學說不以與孔子爭辯出發，而是展開了另一套對話：他像孔子一樣，從相同的大敘事中建立另一套平行的思想系統。老子不是公眾人物，所以沒人知道他的生卒年月日，只知道他的著作在公元前三百年時廣為流傳。他將中國的潛在思想模式與宇宙連結，稱之為「道」。老子認為人類意圖是所有混亂的根源。他建議人們放棄反抗逆境，無為而治，隨波逐流。只有放手才符合「道」的精神。

印度

在中國西南方的兩千英里外，形成了另一套非常不同的大敘事。在此，世界並未被視為單一核心，因為當地歷史不支持此類觀點。印度是個橫亙廣闊地貌、由村莊所組成的世界。王國林立，但沒有一個具有形而上的意義。對居住在此地的人而言，世界並非一個同心圓，世界是由階級構成。每個村莊都有四個階級，而階級的原始概念來自職業——印度人稱之為瓦爾那（varnas），即後來的種姓階級（castes）。有稱為婆羅門的祭司，有戰士和國王，有農夫和貿易商，最後還有手工藝匠和勞工。在這些階級之下還有賤民，從事洗屍體等所有人都不碰的工作。

這些階級不是以人作為劃分。階級橫跨政治邊界，忽視地理因素。好比說，來自不同階級的兩人想要結婚？即使他們住在同一個村莊裡，這仍是個大問題。若是來自不同村莊的兩人想要結婚？只要他們屬於同一階級，那一切就沒問題。城市成形在這片次大陸上，但階級同時顯現在城市和村莊裡。

對印度人而言，時間並非周而復始，時間是虛幻的。事情發生，然後更多事情發生，最後，萬事都很類似。人生在表面上很不同，但所有人生都得經歷相同的四個階段（再次反映出世界有好幾個層次）：誕生、成長、衰老、死亡。乞丐得如此，國王也不例外。社會裡不管發生什麼大事，最重要的戲劇卻是個人得單獨面對的大戲，也就是誕生、成長、衰老、死亡。

印度有無數神祇，但他們不是藏身於什麼模式背後的非人格化抽象概念。祂們是不斷變化且精力充沛的力量，有臉、身體和自己的故事，祂們也存在於許多階層。有些是位階較高的神明化身於較低階層。有些神則化身為物質現實，有時暫時被視為人類。最可感知的物質世界是最虛幻的。往愈高層級去就愈真實，直到最後在某個高於所有層級的地方，多樣性分解為單一、不具形象的永恆現實。

公元前九百年左右，一連串社會熟知的思想家以苦行僧之姿出現在恆河流域一帶。這些人捨棄家庭和職業，隱遁到森林裡冥想。他們從吠陀大敘事中吸取後吠陀信仰系統的種子，那個系統現在稱做印度教（Hinduism）。《奧義書》（*Upanishads*）的聖歌定調其世界觀：世界是虛幻的，現實則是單一連續的整體。他們唱誦著人們沒有靈魂，而是靈魂本身。他們唱誦著所有靈魂都想昇華，但大部分都辦不到，因為靈魂被困在軀體內。當軀體死亡時，靈魂得承受轉世輪迴之苦，再次化身為新軀體。

《奧義書》引入「業」（karma）的概念，作為宇宙鐵律：每個行為都有相應的回報。善有善報，惡有惡報。它不必然在此生此世發生。業會跟著靈魂輪迴，在下次誕生時，靈魂會根據業報在階級裡上下移動。有些靈魂在這個層次分明的宇宙中經歷多次輪迴，其功德累積至圓滿，最終便可逃離這個以歡快出生為起始、陰鬱衰亡為終結的無盡輪迴故事，從而獲得解脫。

一如在中國，某些印度思想家從相同的大敘事汲取出略微不同的思想體系。耆那教（Jainism）的創立者摩訶毗羅（Mahavira）宣稱，人們能以禁欲、反暴力和不擁有任何物質來逃脫不斷輪迴的命運。另一位開創性思想家是喬達摩・悉達多（Siddhartha Gautama），大家都稱其為佛陀（「覺者」），他提供的不是哲學，而是種實踐方式，來擺脫生的無盡循環之苦。佛陀沒有建議追隨者棄絕世界或睡在針床上；他教導他們在世上謹言慎行，實踐中庸之道，履行冥想的特定技巧。這個實踐方式能使人掙脫欲望的枷鎖（欲望是所有苦難的根源），進而使人們進入涅槃（nirvana）和般若（enlightenment）的境界——也就是解脫和自由。就像孔子，佛陀並未談及神祇。當學生問及超自然事物時，他回答說，那個問題對般若沒有貢獻。他將自己視為醫生：世界正在受苦受難，他則提供藥方。

波斯

在哈拉帕文明抵達顛峰時，阿姆河北方草原裡住著牧人部落和小農夫，這片土地以「河中地區」(Transoxiana)聞名。這些部落自稱雅利安人(the Aryans),在他們的語言中意指「高貴的人」。大約四千年前,人們開始從河中地區往南和西遷徙。往南的人進入印度河流域。他們吸收了剩餘的哈拉帕文明,成為吠陀人。往西的人遷徙進入伊朗。伊朗是雅利安的同源詞。吠陀人和伊朗人在地理上分道揚鑣時,他們的文化也出現分歧。這批人的原始語言在南方變成梵文,在西方則變成阿維斯陀語(Avestan)。他們唱的聖歌在印度變成吠陀經,在伊朗變成波斯古經《阿維斯陀》(*Avesta*)[1]。吠陀人在儀式裡用到一種現在已經不可考、叫做蘇摩的植物。阿維斯陀人也有類似儀式,也用到一種已不可考的植物,叫郝瑪(haoma)。在吠陀人之間,由一群稱做婆羅門的宗教專家執行儀式。而在阿維斯陀人之間,則由一群稱做賢士(Magi)的宗教專家主持儀式[2]。

吠陀的眾多神祇包括兩大團體:提婆和阿修羅。提婆(devas)是天使,阿修羅(asuras)則是魔鬼。阿維斯陀人也認可兩大團體的神祇。他們的神祇稱為德弗(daevas)和阿胡拉(ahuras)。想當然耳,祂們在剛開始時都是相同的神祇。然而,說也奇怪,阿維斯陀文化後來將這兩大群神祇的身分互相對調。在伊朗,德弗變成魔鬼,阿胡拉變成天使。

往南的雅利安人遷徙入自然資源豐沛而青蔥茂密的環境。他們的神祇分化為幾千個獨特

1 作者注:現今只有極少數阿維斯陀聖歌流傳下來,但可在史浩瀚的吠陀經文中找到一模一樣的詩篇。

2 作者注:從「賢士」衍生出 magician 此字。在基督教敘事中,那三位帶禮物給嬰兒耶穌的東方三博士是阿維斯陀祭司。

的個體，與印度思想的眾多細微奧妙相互對應。如果得挑一個詞來描述印度的眾神，或許可以用「多樣性」。

但在伊朗則正好相反。最初的雅利安神祇彼此相互結盟，形成簡單明瞭的團體，直到最後變成對立的兩極陣營。每一位神祇不是阿胡拉就是德弗，因此每個神祇不是天使就是魔鬼。伊朗人環顧周遭世界時，看不見多樣性，而是看見兩極化。他們的世界是光明與黑暗、生與死、真與偽、善與惡的對抗。

某些古代雅利安神祇在印度失去重要性，但在伊朗卻變得強大，有時甚至擁有重要地位。例如，阿耆尼（Agni）是雅利安火神，祂變成阿維斯陀的創造神阿胡拉．馬茲達（Ahura Mazda），即光明和生命之神。然後還有密特拉（Mitra）。在吠陀人之間，祂幾乎連小神都算不上；但在伊朗，祂發展成密特拉，在權力和力量上，僅次於阿胡拉．馬茲達。

但密特拉是什麼樣的神祇呢？祂是契約守護神。乍看之下，這可能很奇怪。契約的位階怎麼會和創造與毀滅並列，成為同樣重要的宇宙原則？我想答案在時代背景裡。繁殖神祇對農耕世界來說很重要，而契約神祇在以遠程貿易為重心的世界裡則同等重要。在伊朗高原上這片由來往商隊交織而成的都市樞紐網裡，社會是建立在陌生人的協議上。人們不斷和可能再也見不到的人進行交易。當雙方都講真話並信守諾言時，一切都會很順遂。謊言和背信則會威脅宇宙的秩序，就像農耕世界裡的乾旱和歉收一樣。難怪此地會發展出掌管說真話和重然諾的神祇，並躋身最偉大的神祇之一。

阿維斯陀神祇慢慢分成二元對立陣營，從這個解釋世界的社會星座中，宇宙觀的故事逐漸浮現。在這個故事裡，德弗是父母神。祂們產下阿胡拉，但之後覺得遭受自己小孩威脅，因此試圖殺害他們。阿胡拉反擊，於是開展了史詩般的掙扎。人生的意義就從那份掙扎產生。世界不是某種平靜無血腥的同心圓，也不是多層次的階級。世界基本上有如戲劇般起伏。世界是個舞臺，而某種單一天啟式的戲劇正在上面開演。時間既不循環，也不虛幻，時間是直線性的。就像每個故事，它有開頭、中間鋪陳和結局。現在，我們在故事的中間，但結局即將來臨。是的，結局即將來臨。

一位叫瑣羅亞斯德（Zoroaster）的先知將這些主題濃縮成一個思想系統，就像孔子整理中國敘事，或苦行僧在印度的所做所為那樣。沒人確切知道瑣羅亞斯德的生卒年代。他的年代最早可能是公元前一千兩百年，或晚至公元前六百年。根據傳說，他在三十歲前是個鞋匠，但也有可能是個鐵匠，沒人說得準。然後，有一天他接受超自然召喚，爬上某座山，聆聽火和創造之神的神喻。在那裡，阿胡拉·馬茲達給瑣羅亞斯德一道訊息，要他傳達給人類。他必須告訴每個人，阿胡拉·馬茲達的地位比任何神明都要高，因此只有祂值得膜拜。然而，祂和同樣強大的阿里曼（Ahriman）——即黑暗之神——陷入苦戰中。在這個善與惡的宇宙之戰中，人類也陷入混戰。每個人的每個行徑都決定他站在善或惡那邊。每個決定都牽動宇宙。

儘管如此，最重要的是，人類有自由意志。他們可以做出道德選擇，生命的意義就在這些選擇中成形。在時間結束時，也就是當阿胡拉．馬茲達得到最後勝利時，站在祂那邊的人會前去座落於花園裡的永恆來生，那片花園綠意盎然，外有圍牆，長得就如同那些點綴著中央世界的花園。花園在這片乾旱的土地上非常受重視，彌足珍貴。阿維斯陀語中用來指這類花園的詞彙是pairidaeza（意味著「圍牆或花園」）。衍生自此字的現代波斯字是firdaws。對於這個字，人們較熟悉的英文發音是paradise（天堂）。

肥沃月灣

歷史學家提及肥沃月灣時，通常指的是從美索不達米亞到埃及，從尼羅河流域到底格里斯河和幼發拉底河，世界兩大最古老城市文明之間的弧狀地域。農耕和游牧生活同時並存於這兩大內部交流區之間的土地上，因此肥沃月灣的交通繁忙，緊密的貿易路線自然在地區內發展起來。尼羅河流域和美索不達米亞都有自己的大敘事，但肥沃月灣忙碌的交流也產生了第三個敘事框架，分別吸納兩大文明的主題。

美索不達米亞

我們前文曾討論過，美索不達米亞是個以圍牆城邦構成的世界，彼此間不斷競爭。王國興起衰亡，帝國成立瓦解，游牧民族入侵城市，奪取政權，他們變成城市人，又被新一波的游牧部落征服。在此，印度的宇宙永恆不變概念怎麼可能使人信服？世界隨時都在上演關鍵性改變！幾乎每個人都能背誦那些故事。許多人自身就陷於動盪之中。

各種說閃語的美索不達米亞流域居民，包括蘇美人、阿卡德人、亞述人、迦勒底人（Chaldeans）等，在商朝於中國建立第一個首都的一千年前就已在彼此征戰不休。在此同時，來自小亞細亞和東部高原，不說閃語的族群不斷進入這片已然擁擠的地域：他們有西臺人（Hittites）、胡里安人（Hurrians）、米坦尼人（Mittani）、加喜特人（Kassites）、埃蘭人（Elamites）。

新帝國總是在形成，一個比一個強大，但它們不是中國那種不斷形成又瓦解的同一個帝國，或者至少沒有人那樣想。在美索不達米亞，表面上權力的所在地不斷變換。現在這些人掌權，然後又是那些人。在這片吵吵鬧鬧的城市和部落爭戰中，人們堅決信奉單一主神：他們相信許多神祇，但只信奉一位主神。每座城市都有保護神，這些神祇都具有人的容顏：祂們有軀體、任性的意圖、怪癖和主張。每座城市都有男神或女神實際居住的中央神廟，以雕像或象徵之物的姿態出現。祭司為神奉上食物，替祂梳洗或討其歡心，在重要節日時，還帶著神祇繞境，和人民接觸。

在此，歷史的本質也是戲劇，但這個世俗之境的瑣碎戲劇僅是超自然戲劇的倒影。互相敵對的神祇才是這齣超自然戲劇的主角。當一座城市征服另一座城市時，實際上是一位城市守護神打敗另一位城市守護神。

而人類在這些混戰中的角色為何？那還用說，就是僕人啊。神祇創造人類以供養食物和服侍自己。人類個體透過完成這些角色來達到生命的意義和目的，而那可不是在人類自己繁瑣的世俗戲劇裡發生，而是在神祇的大戲裡。人們因此需要摸清神祇的需要和願望，這樣人才能扮演好自己的角色。某些城市被其他城市掌管並不會否定眾多神祇的存在。政治現實甚至不會讓人懷疑自己的神祇。政權轉移僅是顯露某些神祇比其他神祇更強大，或人們因做了或沒做什麼事，而導致失去自己的守護神。

埃及

我們前文討論過，在肥沃月灣的另一端，環境造就了某種程度上同質的世界，人們藉著尼羅河最後幾百英里的河段相互聯繫。尼羅河人認為世界上有眾多神祇，各自掌管不同的力量和概念，而這些神祇彼此之間存有血緣關係，形成一個（功能失調的）大家庭。

這個世界架構包含搬演再三的嚴峻家庭戲碼。父母神在遙遠的某處，永遠在付出努力，不讓混亂得逞。那對父母的兩對兒子和女兒相互成婚，一對代表善，一對代表惡。善良的兒子冥王歐西里斯（Osiris）掌管世界，直到他邪惡的兄弟戰爭和混亂之神賽特（Set）殺害他，將他碎屍萬段，到處丟棄。但歐西里斯的妻子兼姊妹，生命女神伊西斯（Isis）將他的屍體收集拼湊起來，然後受孕。他們的孩子荷魯斯（Horus）以神一般的法老之姿出現，維持賦予生命的尼羅河奔流不息。每年，就像尼羅河的不斷氾濫和消退，這戲劇也再度上演。

對埃及人而言，死亡不是終點。死亡是兩個境域之間的那扇門。他們相信只有少數人，非常少數人才能進入來生。死後的來生比之前的人生更為甜美。人們在此生有副軀體，在來生仍舊有副軀體，但埃及敘事還包含一種以鳥為形的實體概念，它稱做「卡」（ka）。卡活在肉體內。缺乏健康的卡，人們就無法克服此生和來生之間的眾多難題。卡讓許多現代人聯想到靈魂的概念。也許在這時，幾個概念開始讓我們覺得耳熟。

單一神祇的概念首度出現在這個單一文化中，這會是個巧合嗎？公元前一千三百五十年左右，阿蒙霍特普（Amenhotep）這位法老決定，他所膜拜的太陽神阿頓（Aten）是唯一神祇。法老將自己的名字改為阿肯那頓（Akhenaten），意思是「阿頓的支持者」，並關閉其他所有的神廟。這使得許多祭司頓失經濟依靠，而等阿肯那頓一死，埃及宗教體制就恢復傳統體系，並壓迫阿肯那頓的派別和異端之說。

希伯來人

第三個具有文明規模的敘事出現在尼羅河和美索不達米亞兩大河流文明之間，並從兩者吸取養分。希伯來人（後來的以色列人）剛開始是出現在美索不達米亞南部，由族長亞伯拉罕帶領遷往南方。他們朝這些河流的源頭邁進，然後轉西，抵達地中海沿岸，再往南沿著黎凡特海岸而下，在迦南過了一陣子農耕生活，最後則住在埃及。就歷史的角度來看，這或許並非什麼絕無僅有、驚天動地的旅程，而只是某個半游牧民族的一系列遷徙。

希伯來人從一開始就完全參與了美索不達米亞的敘事。他們有個部落神祇叫做耶和華（Yahweh），被視為火和繁殖之神。祂是他們的守護神，就像摩洛（Moloch）是巴比倫的守護神一樣。希伯來人的家庭裡也有各自的家庭守護神，形式則為神聖的石頭。身為半游牧民族，以色列人沒有神廟，而是用可攜式容器（約櫃）隨身帶著神祇。然而，不像其他美索不達米亞神祇，他們看不見耶和華，也不可能看見耶和華，因為祂沒有形體。

如同城市裡的美索不達米亞人，希伯來人認為自己是由神所創造，目的是滿足神的需要。艱困歲月將他們驅趕至埃及尋找工作，但就像歷史上的許多貧窮移民團體，他們最後淪為奴工。希伯來人抵達埃及時，阿肯那頓那驚人的阿頓崇拜導致的混亂與歷史性創傷還不到一百年。一神概念可能仍舊在文化氛圍裡悠悠蕩蕩。然而，根據亞伯拉罕部落子孫的故事，他們逃出埃及時，領袖摩西爬上西奈山覲見神祇，一如瑣羅亞斯德。耶和華告訴摩西，世上只有一個神，並宣布自己並不像那些偽神般，要子民提供血祭和感官愉悅。祂想從人民那邊得到的是道德行徑。摩西從山頂下來時帶著簡潔的規範列表，也就是十誡。

希伯來人住在黎凡特時，曾建立兩個強悍的小王國：以色列和猶大國。在猶大國的首都耶路撒冷，他們終於建立一座自己的神廟。然而，身處兩個強大帝國的夾縫之間，生存難求。

在公元前五八七年，巴比倫人征服猶大國，將耶路撒冷的神廟夷為平地，還把大部分的猶大人押到巴比倫，他們遂在那沉寂了大約五十年。

那五十年後來證實至為重要。在巴比倫，希伯來俘虜的心靈依靠只有傳統、記憶和卷軸。字詞因此取代神廟。從此之後，希伯來人、猶大人和以色列人（以及他們的子孫）可稱為猶太人。先知如以西結和以賽亞，闡述了解釋民族苦難的敘事，將苦難歸因於沒有信守與耶和華的戒律。

也是在那時，於充斥著千種異教神廟的巴比倫城，這個小型俘虜部落孕育出世界上第一個完全成熟且持續的一神教。猶太人宣稱，他們的神不僅是最棒的神，還是唯一的神。祂不在神廟裡，因為祂無所不在。祂沒有形體，也不和任何形體合併。而試圖創造祂的形象，任何形象，都是種褻瀆。

以自身部落歷史為出發點，猶太人形塑一種不僅能容納過去，還能容納現在（以及未來）歷史事件的宗教敘事。在這個敘事裡，上帝與亞伯拉罕有個協定：部落放棄膜拜其他神祇後，就能獲得自己的土地。在出埃及時，上帝重新頒布祂給摩西的十誡。此後，猶太人認可自己在這場協議中應擔負起人類的責任，意即遵守先知傳達給人類的道德行徑（透過經書的界定）。知識淵博的學者稱做拉比，能詮釋法律，他們逐漸變成可與祭司相抗衡（最後取代之）的社群領袖。

猶太敘事完美地契合此地區的直線時間觀特色，它也反映瑣羅亞斯德教徒的天啟願景。

猶太人在巴比倫當俘虜時，瑣羅亞斯德教徒的觀點在巴比倫十分盛行。根據猶太敘事，世界始於上帝的創造，也將會以審判日結束。瑣羅亞斯德主張兩個對立的神，善和惡。猶太人則堅持神的單一性。惡的觀念最後以撒但的形態延續下來，但祂降級為神的創造物之一。儘管如此，撒但的確發揮關鍵作用。祂的角色是誘惑正義人士走上邪惡之道。人們唯有抗拒撒但的誘惑才能上天堂。沒有撒但的話，上天堂就會像（如羅伯特．佛洛斯特〔Robert Frost〕[3]在自由詩中所言）打一場沒有網子的網球賽。

希臘

希臘人與東歐大草原頗有淵源。他們說某種印歐語言，膜拜類似伊朗和早期吠陀人的神祇：有暴風神、天空神、土地女神等諸神。在希臘，這些神祇發展成故事裡的角色，每個都有獨特個性。但希臘人並不將世界視為從大霹靂開始直到末日結局的單一故事。對希臘人而言，世界看起來更像是無數大小故事的總匯。

再者，希臘神祇分別誕生於各種有形的時間和地點。舉太陽神阿波羅為例，祂出生在德爾菲（Delph）。神祇儘管強大，卻不是無所不能。有一股模糊而龐大的力量牽制著祂們。宙斯是神中之王，但祂也拿三位神祕的命運女神無可奈何。

世界故事要從頭說起。在這點上，希臘人與伊朗人相仿：父母神產下兒女神，卻愚蠢地試圖殺害祂們，導致子女反擊。但這些故事並非現正熱映中，故事早告終止：父母輸了戰爭。勝利的年輕神祇是奧林帕斯山的男神和女神。是的，對希臘人來說，神祇的總部就在人們所居住的相同世界的某處。人們可以健行到奧林帕斯山山麓，抬頭仰望祂們的住處。希臘神祇非常類似戲劇裡的角色，希臘人總是津津有味地想像著祂們的長相，就像某位愛讀小說的人，沉溺於想像飾演各角色的演員。事實上，希臘人幾乎難以抑制創造神祇雕像和肖像的衝動，而且神祇都長得非常像人類。

簡而言之，希臘人將男神和女神視為比人類強大得多的平行種族，但居住在和人類相同的世界裡。祂們和我們一樣，有同樣的動機和情緒：愛、欲望、嫉妒、貪婪、憐憫等等。祂們和我們的不同點在於祂們擁有不朽的生命與非常強大的神力。神祇在很大程度上陷於彼此的戲本裡，但既然祂們和我們住在同一個世界裡（世界擠滿神祇，這可不怎麼吉利），祂們無情地侵犯人類的生活。祂們如此強大，我們如此卑微，因此祂們能毀滅我們，如同我們踩死微不足道的螞蟻一樣。儘管祂們根本不在乎我們發生的事，祂們卻會異想天開，操控人類的戲劇，就像小孩會用娃娃演出想像中的故事以娛樂自己。

神祇不特別好，也不特別壞，祂們跟人一樣複雜。祂們沒有對人類頒布必須遵從的道德法典——祂們其實也不大在乎。人類能像與另一位人類一般，和神建立個人關係，但卻不能

3 一八七四至一九六三年，美國名詩人。

質疑神的優越性，必須保有崇敬之心。有時（老實說也沒有那麼不頻繁），神祇會和人類發生肌膚之親，生出半神半人的子嗣。人們藉由培養與各種神的關係，可以最大化與特定神祇發展友誼的機會，但這裡面不會牽扯到魔法：神祇不是某種機械或機制，而是恣意而行的存在，就像人類。人類得很小心，不能偏袒任何神祇，因為神祇動輒得咎，很容易受到冒犯，這也有點像人類。在希臘，一神教沒有吸引力。正好相反：一神教感覺像褻瀆。

希臘的大敘事假設人類和神祇共存於世，暗示存在一個更大於神的框架，一個與神無關的自然世界。在這點上，希臘人奠下類似於其他文明宗教觀的世俗世界觀基石。我們人類或許可以採取行動來得到某位神祇的協助，但基本上我們只能靠自己，神也一樣。國王因強悍和聰明等內在特質而獲得權力，而不是藉由某種天命。人類的最高美德是優秀，不管你擅長的是什麼。比方說吧，詩人的優秀就不同於戰士的優秀。人們必須對容易遭冒犯的神祇保持消息靈通，但如果他們想繁榮昌盛地生存下去，人們也需要關照人神共居的自然世界。

對希臘人而言，世界不僅戲劇性十足，它還是種特別的戲劇：是個悲劇。最高美德是優秀，但最高罪行卻是過於優秀，將自己與神祇混為一談。希臘人處理人類生命無常的方式是採取主動，設定目標，嘗試完成它們，儘管知道最後一切可能都是徒勞，因為人不是神。如果人類逾越人神之間的界線，只會徹底失敗——但若不逾越那條界線的話，又算什麼大成就？希臘人接受命運之必然性的同時，還需要敢於努力：這些就是人生有目的和意義的關鍵。印度人發展出的儀式旨在賦予人體驗永恆和無我，希臘人則發展儀式化的戲劇以滌淨感情——那不是規避痛苦，反而是擁抱苦難，並視其為高貴的根源。苦難能讓人超越悲劇性人生。

在世俗異教觀點所設置的舞臺上，希臘哲學的概念系統緩緩浮現，這趨勢相當於東方世界所出現的宗教。希臘哲學家可以和孔子、瑣羅亞斯德、印度苦行僧，及猶太先知相提並論。最早的一批哲學家之一是米利都的泰利斯（Thales of Miletus）。他出生於公元前六二五年左右，與孔子大致同時。我們知道他人生中的一個驚人細節：人們不斷問他，如果他真那麼聰明，他為何沒辦法發大財。泰利斯於是用榨取橄欖油的知識壟斷了橄欖油市場，變成百萬富翁，這下人們無話可說。然後他又回頭繼續苦讀。就像瑣羅亞斯德和其他哲學家，泰利斯無疑是在希臘社會的大敘事所形成的概念之海裡游泳。他的想法讓同代人產生共鳴，因為他們無疑也是優游於相同的一片海洋裡。

泰利斯非常重要，因為他曾經提出一個劃時代的問題：萬物是由什麼物質所構成呢？他認為是水，因為他注意到每樣事物不是固態、液態，就是氣態，而水擁有這三種形態。許多在他之後的哲學家不同意他的看法，但他們認同泰利斯所提出的問題：構成所有事物的單一物質是什麼？古希臘哲學家阿那克西曼德（Anaximander）說是空氣，古希臘自然派哲學家德謨克利特（Democritus）認為是物質不可分割的最小部分，畢達哥拉斯則主張是數學關係式。後人提供許多答案，但那問題產生於泰利斯和其學派所設立的框架中。直至今日，理論物理學家仍對這問題相當在意。

最後，還有一支遭到過度詆毀的辯士學派（Sophists），他們專精於教導人們如何贏得辯論。一位辯士學派的主要批評者（許多人認為他自己也是詭辯家）是位醜陋而讓人頭痛的傢伙。他叫蘇格拉底，愛在雅典街上遊蕩，追著人問讓人不自在的問題，然後對答案進行辯論。蘇格拉底主張，人能透過思考和對話分辨出善惡，而不須透過神的仲裁。我們只能從他學生和仰慕者所寫的記載裡得知他的教誨，但在這方面，他和佛陀、瑣羅亞斯德及許多其他人無異。到了蘇格拉底的學生柏拉圖，和柏拉圖的學生亞里斯多德完成作品時，希臘哲學家已經建立起一套知識概念體系，主張人是宇宙的中心，生命則是透過理性和經驗來追求善良和真理。

希臘哲學家從他們身處的完形中汲取出一套概念系統，而那套概念系統則反映出這個文明規模的「完形」（gestalt）[4]。蘇格拉底和他的想法在中國不會得到重視。同理，孔子思想系統不會在希臘出現，佛陀也不會在美索不達米亞達到涅槃，諸如此類。大敘事是一個統一整體，它的每一部分都在強化其餘部分。背景脈絡就是一切。

4 作者注：完形這個術語來自二十世紀早期的一支研究感知閾值的德國心理學派。他們提出一種令人興奮的發現：一旦人類認同由許多部分組合而成的一種結構後，我們就會停止對其部分的感知，而只是感受其整體。這個整體遂變成物自身（a thing in itself），學派為此取的術語是完形。給人們看排成圓圈的一百個點，人們會看到一個圓形。拿掉幾個點，人們仍舊會看到圓形。完形有自己的認同和持續性，或者，正如心理學家科特．考夫卡（Kurt Koffka）所說：「整體異於部分的總和。」（不是「大於」，那是個無關痛癢的斷言；原文是「異於」。）完形現象解釋了為何我們能學會某些事物和忘記某些事物，但仍能維持相同的社會自我：加和減不會改變作為個人自我的完形。這也解釋了，在相反資訊或不相容的信仰前，人們為何會經歷認知失調，而他們也會覺得自己被迫要減低這種不舒適感。人需要成為一個單一整體。這觀點也解釋了為何社會有過濾與主要敘事相互矛盾的概念，及擁抱相容思想的傾向：它們是掙扎著要變成自己的社會星座。

第二部
一顆星球，許多世界

工具拓展我們的能力，使我們的世界變得更大。車輪、戰車、道路、書寫文字等等工具出現，使得愈來愈多人能和愈來愈遠方的事物相互交流聯繫。網絡拓展時可能互相重疊，從而形成人群、故事、意義和概念上的更大網絡。最後，政治控制取代純粹地理因素，決定誰與誰交流。帝國在以金錢辦事、以軍隊維護秩序的架構裡成形。地方敘事合併成為大敘事，大敘事將無數人編織在一起，人們成為包羅萬象的社會整體裡的成員，而社會整體反過來變得大於任何地理現實，比任何部落、王國或帝國的範圍更長更久。最後，具有世界規模的整體文明誕生，而在這龐大、內觀的網絡中，人們視自己為人類故事的中心。各類世界間有無數聯繫，世界知道彼此的存在，但每個世界都將他者視為宇宙戲劇的配角。在世界重疊之處，相互衝突的敘事有時會隨時間融合，產生容納某些早期敘事元素的新敘事，同時摒棄某些元素以維持新的連貫性。

第六章

金錢、數學、訊息傳遞、管理和軍事力量

公元前兩千至公元前五百年

文明是沒有中心或邊界的概念集合，就像概念的雲朵。它們過於龐大，過於模糊，無法形成意圖，也無法執行計畫。另一方面，氏族等親屬族群則規模太小，無法承擔如管理尼羅河或在黃河流域蓋梯田的龐大工程。想要解決那般規模的環境挑戰，人們需要建立介於兩者之間的社會統治形式。為彌補這道鴻溝，作為政治實體的國家（political states）於是興起。

國家會強化派系效應，並將社會從雲朵般的模糊概念轉化為某種更像細胞的存在：就像細胞有細胞核和細胞膜，國家也有統治當局和邊界——雖然也許僅是模糊的邊界，但仍舊是透過某種邊緣地區劃分出裡外世界。國家也需要某種物質機制來進行有效操作。例如，國家最初就是仰賴「訊息傳遞」等物質機制才能凝聚而成。訊息傳遞指的就是人與人之間為了溝通思想、願望和意圖時所做的每件事。國家的影響力和大小則受限於成員交換訊息的速度和效率。

在每個人都是狩獵採集的小群體成員的時候，人們會當面交換所需的訊息。群體可能在白天分散開來，但大家都會在晚上回來集合。如果你需要告訴某人某件事，你可以在下次相遇時告訴他們，這通常會在下一次太陽升起之前發生。

但隨著社會網絡擴張，整個群體大到無法讓每個人都互相認識——沒有人能直接認識住在尼羅河流域裡的每一個人。將國家編織在一起的訊息，也得先經過一連串的傳遞。一個人將訊息傳遞給另一個人，這個人再傳遞給他人。

因此，要規劃和執行如尼羅河灌溉系統這樣的工程，就需要數千人相互協調，付出勞力。每個人都得將自己的小小勞力投注到一個大型計畫裡。如果這類小型組織不彼此配合，大型計畫必然失敗。既然有數千人同時在進行工程，一定得有負責來回溝通的某種中央決策者。這數千人必須像擁有單一決策大腦的肢體般運作。當規模達到那種程度時，就不能單純只靠人們口耳轉述。一個人得告訴許多人，每個人再轉告更多人。只有在這樣的情況下，從中央來源——法老、國王、酋長、祭司長、長老議會，或不論是什麼——發出的訊息才能傳達到擁有共同目標的數千人那裡。無怪乎許多早期文明會打造金字塔：埃及人興建金字塔作為貴族的陵墓，美索不達米亞人打造金字塔作為神祇的神廟，馬雅人則建築宗教儀式的高臺。但我敢說當時的人們會被金字塔這種形式吸引，部分是因為金字塔擁有一種隱喻力量：它體現了某種人類文明賴以存在的基礎。

當中央權威的溝通對象散布於廣大空間中時，速度就成了關鍵考量。倘若一道訊息必須花費兩天才能抵達，那表示得再花至少兩天才能得到回應。那可是四天的延遲，四天內能發生的事可多了。當統治者的下個命令抵達時，命令可能已經不再符合當時的情況。訊息傳遞的速度，決定了當局所能統治的地域範圍大小。

在公元前二〇〇〇年時，局勢不像今日這般變化迅速。兩天前發出的命令在兩天後可能仍舊適用。但即使在那個改變緩慢的時代，當訊息的傳遞超過某個時間差後，來自中央的命令仍會徹底過時，無法反映周邊地區的真實情況。而那個時間限制是多久呢？三天？四天？為了便於討論，我們假設是七天好了：住在訊息時間差七天之外的人們不受中央統治當局控制，不管那個當局是誰。當地如果出現緊急事態，人們可不能等待命令。較接近現場的某人必須就地做決定。

在這種情況下，工具開始造成關鍵差異。狩獵採集時代幾乎不存在訊息傳遞技術，訊息只能傳遞至人類一天內所能行走的距離。一個身強體健的人也許可將訊息傳遞到八十英里外，並在一週內帶回答案，但那是假設信差每天每小時都能維持穩定步調。若信差必須翻山越嶺、趕走野獸，或與強盜打鬥，便很難及時完成任務。在史前時代，即使是最偉大的領袖，其控制半徑最多也不會超過三十英里。

人類馴化馬兒後，就導致人類的政治生活出現革命性變化。馬兒一小時約可跑八英里，平均一天六十四英里，使得控制半徑擴展到四百三十英里。當然，就算是騎馬，古代旅客仍舊得翻山越嶺等等，所以讓我們把標準下修，只保守估計為三百五十英里——這應該是當時政治國家能達到的最大規模了。

但不要忘記，一旦遠程貿易繁盛起來，人們打造道路和橋樑，就能排除樹林、河流等障礙，還能控制當地環境，降低野獸與強盜襲擊的風險。基礎建設的發展，也漸漸提升騎馬信差的速度，政治國家的潛在規模因而得以擴張。

在美索不達米亞，歷史紀錄上最早的政治單位是城邦，最早出現在大約五千五百年前的烏魯克。這座城市是由吉爾伽美什（Gilgamesh）[1]統治，他是世界首篇文字史詩的傳奇主角。吉爾伽美什可能是以真實國王為本，而烏魯克則被六英里長的圍牆環繞，這意味著他直接統治大概三平方英里的範圍。但烏魯克統治者的控制力超越城市本身，還延伸到周遭眾多地區。事實上，烏魯克的控制力最後從北到南綿延大概一百五十英里，從東到西則大概是五十英里——那大約是當時科技的極限。

但科技會隨著時間推演而進步。在吉爾伽美什統治的一千年後，另一位美索不達米亞統治者，阿卡德的薩爾貢，建立起一個橫跨東南至西北、長達一千英里的帝國，幅員大概是三十萬八千平方英里。八百年後的古埃及新王國時期，法老控制的疆域比薩爾貢還大上百分之三十。再過八百年後，由亞述人和之後的巴比倫人所統治的帝國更是將近薩爾貢的兩倍大。帝國範圍的擴張和信差傳遞速度的增加息息相關，而這也反過來反映科技和基礎建設的

1 烏魯克第五任國王，統治期大約在公元前二六〇〇年，為《吉爾伽美什史詩》的主角。

發展。

然而，速度只是一個因素，我們還要考慮另一個因素：訊息扭曲。口耳相傳的訊息會在不知不覺中改變。就以「傳話遊戲」(Telephone)為例，圍成圓圈裡的一個人會對下一個人低聲傳話，他再低聲傳給下一個人，以此類推。最後一個人會告訴大家他聽到的訊息，而那總是不可避免地和原始訊息出入很大，甚至變得好笑。傳遞鏈的環節愈多，訊息扭曲的程度愈大。

背誦在古代很重要，但它通常僅限於神聖文本。若想在複雜的社會裡記錄日常互動，背誦並不實際。從語言衍生而來的書寫文字因此誕生。

到了公元前二〇〇〇年，美索不達米亞人開始用「楔形文字」(cuneifrom)來傳送和接收訊息。楔形文字包含筆畫和符號，刻寫在泥板上，一旦泥板變乾後便可以保存下來。這文字可能是由貿易中產生。我們從商人之間互送的箱子中發現最早的銘文，用來確認箱中的貨品種類、價錢和數量。這類訊息使收貨的人知道自己是否收到正確內容。兩方都需要此類確認，貿易才能完善運作。如果箱子寫明「十二顆珍珠」，運送它的僕人不能宣稱他的主人是送一打葡萄。早期的楔形文字包括麵包、穀物、啤酒等這地區常見貨品的符號。

楔形文字可能源自物品的圖畫，但等到它被大量使用時，書寫符號已經演化到不像原先所代表的物品——因為這並非必要。在貿易網絡中，貨物頻繁來回運送，只有一定種類的貨品需要代表符號。參與其中的每個人都知道有哪些貨品，並能記下代表貨品的符號。文字會長成這種形狀，不是來自符號和感官的對應，而是符號能有多容易記憶，能有多快寫成。考量到楔形文字是用手寫筆在泥板上刻寫，線條和楔形因此勝出，獲得保存。

於此同時，埃及正逐漸形成「聖書體」(hieroglyphics，一種象形文字)的書寫系統。這些象形些符號最初源於宗教。最初的聖書體符號是神廟和高官顯貴墳墓牆壁上的圖畫，記錄真實或神話事件，是種無字的說故事方式，就像今日饒富創意的圖像小說。然後圖畫逐漸簡化和格式化，演變成「圖像字形」(glyph)，成為代表整個事物類別的符號。這些圖像字形仍舊和其所代表的物品很相似，一般觀察者光用看的就可揣測出其意義。太陽的圖像字形看起來像太陽，人的圖像字形看起來像人。

接著出現概念大躍進的是腓尼基人，他們是不斷與不同語言的民族做生意的海上貿易商。他們發展出一種與物品形象無關，但和人類發聲有關的音標書寫文字。世界上的物品有數十億種，但人類能發出的聲音僅有數十種。有了這種工具，腓尼基人能記錄下陌生土地的人如何說哈囉，而在他們下一次拜訪時，他們就能以當地語言說哈囉，開啟良好互動。

腓尼基書寫系統的優點在於簡易。運用相同的幾個音位——也就是人類語言能分辨的最小聲音單位——人們其實就能創造無限數量的單字。一旦這個系統出現，人們不但能記下陌生土地上的人如何說哈囉，還能寫下他們在那一刻的所思所想，即使他們以前從未有過這個特別想法。只要他們能將想法大聲說出，就能被記錄下來，而如果他們的筆跡沒比我的鬼畫符潦草，他們和其他人日後就能讀出紀錄。從黎凡特到伊比利半島，腓尼基書寫系統啟發了地中海周遭世界的相關書寫系統。

事實上，這種音標系統的力量如此強大，它背後的邏輯還傳播到這地區的其他書寫系統。舉埃及的聖書體為例，它很適合用在宗教上，但若要運用在繁忙的埃及官僚社會與應付日常的訊息傳遞需求，則又太過繁複。埃及因此演變出一種簡化圖像字形的平行系統，稱做「僧侶體」（hieratic）。神聖的文本仍然使用聖書體，但信件、合約和政府文件等則以快速簡易的僧侶體書寫。然後，僧侶體開始被以類似畫謎（rebus）[2]的方式使用。讀者也許知道，在畫謎中，代表太陽（sun）的符號也可以用來代表兒子（son）。一個叫卡森（Carson）的人可以用車子（car）的符號加上太陽（sun）的符號來寫自己的名字。一旦簡化的物品符號變成象徵後，符號之間就能對應其發音再彼此組合，表形文字就開始演化成字母發音拼讀。

僧侶體寫起來比聖書體快，但符號仍舊維持圖像字形，所以有數千個符號，使得這系統學起來很困難。因此，僧侶體逐漸變成神聖文本的書寫文字選擇，而一種甚至更簡單、更貼近口說語音的文字為記錄每日用途而出現，叫做世俗體（demotic）。到了羅馬在公元前三〇年征服埃及時，世俗體已經發展成完全的語音字母書寫文字，就像腓尼基語一樣。而腓尼基字母是這個系統的先驅。

值此之際，中國則出現一整套完全不同的書寫文字，而且這套文字並沒有朝字母拼音發展。正好相反。就像聖書體，中國文字剛開始時是「表形文字」（pictograms，另一種象形文字），每個符號都長得像是它所代表的事物，例如樹的書寫文字就是小樹的圖像。這類系統在黃河流域上下游那些截然不同的社群裡有相當大的用處。那裡的社群彼此孤立，口說語言的分歧很大。

在中國，表形文字後來演化為「表意文字」（ideograms），因此既定的符號也許不只是代表世界上的某種物品，也代表概念，如愛或正義。這些表意文字可拿來和數學符號相較。當兩個人看見「3」或「7432」時，他們可能以不同的語言說它，例如一個用法文，另一個用俄文，但他們都從數字上得到相同的意義。概念獨立存在於聲音之外。

隨著這種文字發展，要在書寫時表達在口語裡實際上無法表達的意義遂變為可能。也就是說，書寫文字自身變成一種語言。獨立於既定口語之外的書寫文字有其優勢。這意味著政府當局透過文件，統治說著許多不同語言的人民。這在中國歷史上造成深遠影響。

出於貿易商和官僚的需要，書寫文字因此誕生，也導致數學符號（即數字）的出現。當一位商人在箱子裡裝了十二顆珍珠時，銘文不能只提到珍珠，還得標明數量。楔形文字原本沒有區分數學和語意資訊。如果一捆大麥的圖像表示「大麥」，三個這類符號就代表「三捆大麥」。但比如說，當你要處理五十六捆大麥時，這樣寫就變得太過繁瑣。數字因此獨立發展成一套新的符號，數學也因此變成某種非常特別的語言，能跨越文化邊界而不會改變其意義。

2　畫謎（rebus）是以圖畫來表示部分音節或字面意思的猜謎遊戲。

如果我們把訊息傳遞比擬為有機體的神經系統，那麼書寫紀錄就是它的記憶細胞。然而，並不是只有單一決策者傳送訊息給數千名下屬，才是在維繫社會有機體的一致性。社會星座一如人類大腦，中心並不在某一處或某一個人身上，而是存在於整體之間。在運作流暢的社會有機體裡，流通的不僅是訊息，還有物質。不管多麼原始，每個社會都會有一套系統用於讓人們互通有無，以及為了自身利益而運用他人專長。

十八世紀的蘇格蘭哲學家亞當斯密（Adam Smith）曾經樂觀認為最早的人類社群存在著以物易物經濟：一個人整天打漁，另一個人整天製鞋，當第一個人需要鞋子時，他便拿一條魚去給製鞋匠，反之亦然。根據亞當斯密的理論，由於這類交易變得過於繁重，人們才發明了貨幣。但一個人怎麼會一整天啥事不做，只製鞋呢？另一個人又怎麼會整天只打漁呢？亞當斯密並沒有解釋這點。

對亞當斯密的理論來說相當不幸的是，沒有任何已知社會以他所描述的以物易物方法運作，因為貨幣並非一項新發明。貨幣就像語言，是人類互動下的自發性產物。貨幣也不是一種物品，而是個抽象概念。沒人會因為想要一枚錢幣就拿母牛去換，而是賣掉母牛換得錢幣後，再拿錢幣去買馬車。貨幣只是將母牛換成馬車的一種方式。貨幣有價，其價值則獨立於其他有價物品之外；如同數學符號產生「量」的概念，而「量」則獨立於所有被量化的事物之外。

在人類群體裡，當所有事物都能以測量的單一單位量化時，不同種類的物品都能彼此互換。如果訊息傳遞是社會有機體的神經系統，那麼貨幣就是它的循環系統：它創造出連結網絡，使價值能在其間流通。某地的物品能以完全不同的物品形態出現在另一個地方，而只有貨幣能讓此成為可能。

有貿易存在的社群就會有貨幣——意思是說，貨幣存在於每個社群裡。即便在通常不會有現金的監獄裡，香菸也會自動成為流通貨幣。它們被用於精準衡量其它事物的價格，取代了原先作為可抽菸物品的價值。

美索不達米亞一份有五千年歷史的文字紀錄顯示，每個社群核心的神廟官僚都會保留人們對神廟所做服務的細節紀錄。他們會以蒲式耳（bushel）[3]為單位的大麥，來表示支付的報酬。但當工人來領取薪資時，他們不必然會拿到大麥，有時候是拿到一定數量的某種物品，其價值等同於某個數量的大麥。現金沒有涉入這類交易中，只有信貸（credit）——神廟欠某人多少的紀錄。信貸因此早於現金誕生。貨幣出現後並沒有取代以物易物，而是取代信貸和債務的循環。

當古代國王囤積大量黃金時，他們並不會直接用它出門買東西。他們將黃金當成衡量自身淨值的方式。當這些國王想執行需要許多人參與的大型計畫時，流通貨幣於焉誕生。

3 一蒲式耳約等於三十六點四公升。

戰爭是個簡單明瞭的例子，如同大衛・格雷伯（David Graeber）在他的書《債的歷史：從文明的初始到全球負債時代》（*Debt: The First 5000 Years*）裡解釋的那般：有大軍的國王能使任何人在他的意志前屈服，但國王得給士兵提供吃穿住。一個人怎麼辦得到這些？如果他雇用大量雇員來負責，他又要怎麼提供所有雇員吃穿住？這是個後勤難題，但卻有個簡單明瞭的解決方式。國王可以支付他的士兵（和雇員）黃金，同時對子民課稅，並規定只能以黃金繳稅。國王的子民就得將他們的物品和服務賣給士兵，才能得到繳交國王稅務的黃金，這迫使特定國王治下的個人得運用他們的創意巧思和資源，來養活那群用來統治他們的軍隊。因此，國王就只需要收稅，付錢給士兵，而他的淨值從不會貶值，因為他付給士兵的黃金會不斷流回國庫。

只要國王認可某物可用來繳稅，那樣物品就會變成流通貨幣，但使交易成為可能的金錢力量則超越任何親屬群體、語言群體或世界觀。早在公元前二〇〇〇年，像印度和小亞細亞這樣相距甚遠的地方就已經有了貨物貿易的流通。為了使這類交易得以進行，某地流通的貨幣單位必須要能兌換成另一地方流通的貨幣單位。流通貨幣的相對價值必須變得可以計算。計算在此是最大公約數。沒有數學的話，金錢不可能誕生，而數學與書寫文字的同時出現，則來自於訊息傳遞的急迫性。在以遠程貿易為中介的世界裡，不同地方的人們之間的交易互動對彼此有利——廣義說來，在這個社會宇宙裡，每件事都有相互關聯性。

訊息傳遞、金錢、數學、管理系統、軍事科技，以及大敘事（沒錯，大敘事）臻至成熟時，政治國家的疆土大小也同時成長。阿卡德比烏魯克大，亞述比阿卡德大。但改變卻不是穩定地循序漸進的。波斯阿契美尼德王朝（Achaemenid dynasty）[4]的帝國控制力超過八百萬平方英里，比亞述人的帝國大上五倍有餘，而前者領土規模的增加是突然發生的，只在半個世紀之間。一定是發生了什麼，才促進了這類驚人發展，而且一定是在許多地方都發生，因為隨著波斯阿契美尼德王朝的出現，超級國家（superstate），也就是大帝國（megaempire）的時代就此展開。波斯並非獨一無二，它只是最早的一批大帝國。緊隨在其後的是規模相仿，以希臘、印度、羅馬和中國為中心的帝國。波斯在公元前五三三年面臨關鍵轉捩點，朝巨大帝國擴張邁進，那時它征服當時最大、最複雜的美索不達米亞帝國，即迦勒底人的新巴比倫帝國。但為何是此時？為何是波斯？為何隨後又有那麼多大帝國紛紛出現？

4　公元前五五〇至前三三〇年，由阿契美尼德創立，是古波斯第一個橫跨歐亞非三洲的帝國。

第七章

大帝國登上歷史舞臺

公元前五百年至公元一百年

今日，巴比倫是「腐敗的污水坑」的同義詞。但在那個年代，巴比倫被該地區的人視為諸神之城。它擁有超過千座神廟，因此對美索不達米亞人來說有著某種光環，就像數世紀以來麥加之於穆斯林，或是梵諦岡之於天主教徒。巴比倫是學習和圖書館、藝術、優雅和文化，輝煌建築和美麗花園之都。但這些光芒都被下列事實所遮掩：巴比倫也是個無情的帝國勢力，它殘忍地掠劫城市，強迫其居民流亡，並把許多倒楣的可憐人拖回首都囚禁起來。在這些被俘擄的民族中有猶大人（Judeans），他們在囚禁期間成為猶太人（Jews），寫下了使巴比倫與殘忍腐敗同義的書，並在長遠後證明，筆鋒比刀鋒更有力量。

猶太傳統訴說一個故事：巴比倫伯沙撒王子（Belshazzar）[1]為大約千名密友主辦了一場宴會。杯觥交錯，熱鬧歡騰。突然間，在廣大房間燭光幽暗的角落，出現了一隻無形的手指，在牆壁上用火寫著：Mene Mene Tekkel Upharsan，意思是：「數著。數著。衡量。分裂。波斯人。」反正，橫看豎看，那都像是胡言亂語，但伯沙撒知道，可不能將無形手指以火寫就的字等閒視之。所以他將猶太解夢人但以理叫到跟前來解讀這個訊息。但以理說那些字的意思是：「你的日子屈指可數。你的行徑會被衡量，發現有很多缺失。波斯人會來瓜分你的王國。[2]」

但以理是對的。就在此刻，古列國王（King Kourosh）正帶領著波斯軍隊衝下山坡，他就是西方史學家所知的居魯士大帝（Cyrus the Great）。波斯人是一支伊朗部落，而居魯士出身於波斯王族，即阿契美尼德家族。他一繼承父親的王位，就削弱其他伊朗部落的勢力，將他們化為勢力較小的夥伴，並率兵遠征里底亞（Lydia）國王克羅伊斯（Croesus）。里底亞是當時最富有的王國——它畢竟是發明造幣的地方。

克羅伊斯擁有堅強的聯盟，準備等戰爭季節一旦開始，就要粉碎居魯士，但每個人都知道，那要等到春天——我是說，每個人都知道，除了居魯士以外。他的思考跳脫框架。他在隆冬時節朝里底亞首都出征——誰會那麼做？——輕而易舉就奪下毫不設防的城市。居魯士

1 新巴比倫王國的最後一位統治者，死於公元前五三九年。

2 根據《和合本聖經》：「神已經數算你國的年日到此完畢。你被稱在天平裡，顯出你的虧欠。你的國分裂，歸與瑪代人和波斯人。」

繼續征服雙眼所能及的每個山丘和河谷，直到他的統治延伸到美索不達米亞的邊界[3]。

公元前五三九年，巴比倫人並不擔心波斯人。他們的城市由三道同心圓城牆環繞，都有四十英尺高。巴比倫堅不可摧。但歷史證實，再堅不可摧的城池還是會被攻陷。巴比倫的水源來自幼發拉底河，河水透過城牆下的涵洞引導進城。居魯士截斷某些流速快的運河，等到涵洞乾涸，他的軍隊就爬過涵洞進入城市。

居魯士並未按慣例大肆處決被征服王朝的子民，也未將巴比倫人賣為奴隸，反而讓巴比倫人重新恢復他們的神廟，並允許他們的俘虜返回故鄉。猶太人就是在此時回到以色列，並在他們的宗教敘事中納入居魯士，將他變成好國王。居魯士的兒子繼承父親大業征服埃及，而下一位帝王大流士（Darius）則鞏固這些征服成果。在他的治下，阿契美尼德家族的波斯帝國達到其餘政治國家攀不上的高峰：它的疆域從現今阿富汗東部邊緣延伸至現在的蘇丹北部邊界。等大流士征服完畢時，他的巨大帝國便像精心調整好的引擎般運作。

波斯人是怎麼辦到的？

答案又回到前章所提的四個M：管理（management）、訊息傳遞（messaging）、金錢（money）和軍事力量（military might）。首先就拿管理來說吧。收編被征服的民族是居魯士和其後繼者的一種政治策略，但他們也實施嚴格管理：將整個帝國分成二十三個省，由帝王直接指派的總督治理，總督必須直接對帝王負責。毋庸置疑的是，阿契美尼德波斯有單一的決策權威。這就是管理。

這單一權威能管理龐大疆域，因為阿契美尼德波斯發展了最複雜的訊息傳遞基礎建設。他們建立由夯土鋪成的道路網絡，遍布整個帝國。這條系統的主幹是長達一千五百英里的皇家大道，它從首都延伸至帝國西部邊界，路面平穩，馬兒和戰車能以最高速奔馳。次要道路則如同脊髓的神經，從交通樞紐分支出去。

這條道路上，每隔固定距離便有政府興建的旅舍，旅人可在此休息、進食或過夜。這項基礎建設就定位後，波斯人就能營運馬兒快遞，由政府支薪的信差兵團騎馬沿著政府興建的道路，從一個驛站奔馳到另一個。在每個驛站，信差將他的郵包交棒給下一組活力充沛的信差與馬。如此一來，信差可停下來休息，而郵包則是無止歇地運送。信差移動的速度飛快，因為他們不必擔心野獸、食物、飲水等事情，國家早就打理好一切。他們可以將全副精神貢獻在工作上，而他們的工作就是維持訊息傳遞。多虧這套體系，訊息可以在七天左右橫越帝國。如果七是個魔幻數字，阿契美尼德波斯人就是在施展魔法。

那麼要如何阻止遠方的總督鞏固自身勢力，最後自立為王呢？阿契美尼德人用「國王的耳目」解決這個問題，他們是巡迴帝國的皇家督察，替大帝留意任何麻煩的跡象。基本上，這個波斯機制是個複雜的間諜網絡。訊息傳遞這第二個M，就講到此為止。

3 作者注：在征服里底亞後，居魯士採納一個罕見步驟：沒有實施征服者殺害敵人的權力，反而讓克羅伊斯成為他治理里底亞的顧問。

接著是金錢。波斯帝國的疆域包含無數以各自獨特方式致富的地區：埃及生產穀物，北方草原的斯基泰人（Scythians）養馬，阿富汗人有黃金和珠寶礦產。合理的稅賦制度將這些豐饒產地統籌起來。得勝的國王長久以來就要求被征服的人納貢，但納貢和稅賦之間有所差別。被征服的人繳納征服者貢物，這是讓征服者富裕，也是維持被征服者降服的一種方式。如果貢物讓附庸國貧窮衰弱，那就表示這招有效。而合理的稅賦系統則剛好相反：它徵收一個地區所能提供的稅賦，而又不至於繁重到使它喪失生產力。一個地區愈富庶，統治者能榨取的稅就愈多。當納稅人在經濟上愈加繁榮，就表示稅賦系統運作良好。

第三位波斯國王，大流士大帝，遵循由里底亞作為先驅的系統（里底亞現在只是他帝國裡的一個省），即鑄造兩種貨幣：一種是黃金鑄造的大利克（daric），另一種是叫做西克利（siglos）的銀幣。帝國政府用這兩種貨幣支付龐大的基礎建設工程和軍隊開銷，政府也令總督負責徵收他們自己轄下地區的稅賦，當然是以國王的貨幣來繳付。帝國政府支付貨幣給工人，工人將它們花在想要的東西上，這便使得貨幣流通。一旦標準貨幣大量流通，大帝的子民就會用它們來買賣帝國裡的任何東西。只要在國王的貨幣有信用的地方，貨物就會流通。

如果任何一個地區能匯集波斯帝國出產的所有黃金、穀物、馬兒、寶石和其他產品，它就會變得富裕無比。標準化貨幣使得阿契美尼德波斯境內任兩地之間的貨幣流通變得便利，因此在某種意義上來說，帝國正是所有這些產品的交會之地。

國王的貨幣流通得比金子和銀子好，因為它們的重量絕對固定，合金比例絕對標準。這又將我們帶回數學：一大利克值二十西克利。就是這樣，國王的貨幣代表金錢、數學和貿易這三領域的豐碩交會點。你可以確定某些狡猾的中間商不會偷偷削掉大利克的邊緣，因為上面鑄有弓箭手的肖像，你也可以確定它不是鍍金的銅板，因為偽造國王貨幣是種罪行，而國王的耳目則到處都是。波斯國王儘管有寬容的好聲譽，他們可不是好好先生。最後，要使金錢和稅務通力合作，後面還要有軍事力量撐腰。

而波斯人可不缺軍事力量。他們可以從廣袤的疆域裡徵召士兵，而為國家提供士兵、戰馬和軍事物資是每位總督的責任之一。波斯人因此能維持龐大的常備軍。這支軍隊有一萬名菁英戰士，以長生軍（the Immortals）之名享有盛譽。他們以訓練有素的單位戰鬥，穿戴特殊可辨識的制服，如此一來，任何在戰場上與他們狹路相逢的人就會知道自己面對的敵人是何來頭。長生軍總是有和前線士兵穿得一模一樣的後備軍隊。如果前線士兵倒了下來，後備軍就會立即補上。對敵手而言，長生軍看起來就像能在心臟挨上一劍後又馬上起死回生。叫這些軍隊長生軍的可不是波斯人，而是那些在戰場面對他們的人。

我之所以花這麼多篇幅講阿契美尼德帝國，不是因為波斯獨一無二，而是恰好相反。在許多地方，金錢、數學、訊息傳遞、管理策略和軍事科技都取得進展，六世紀的波斯僅是這些發展首次匯聚之處。波斯當時擁有一套從楔形文字衍生而來的表音書寫文字、先進郵遞系統、世界級間諜網絡、政府發行的貨幣、合理的稅賦系統，和由菁英戰士作先鋒的常備軍。這些因素就是波斯帝國的成因。皇家大道、大利克和西克利、總督和長生軍——無數的人們既獨立卻又相互關聯，組合起來造就了波斯星座。

讓我們在這幾項M上面再加上一個：大敘事（master narrative），它也是個要素。波斯疆域的凝聚核心衍生自瑣羅亞斯德世界觀，這套世界觀在此地流傳廣泛。居魯士及其後繼者的確讓子民們隨心所欲地崇拜神祇，但也給予這套宗教官方偏袒，而瑣羅亞斯德世界觀視世界為一個舞臺，歷史則是光明和黑暗競爭的宇宙。這個信仰系統被織入伊朗高原的社會結構，與肥沃月灣的大敘事頗能兼容並蓄。波斯帝國的政治擴張力恰好符合這些敘事滲透之地，可能不是巧合。波斯人將金錢、軍事力量及其餘事物帶進來，但大敘事使這些要素成為單一整體，使得波斯人有能夠征服和維護的東西。畢竟，抓起一塊石頭比抓起一堆碎石更容易。

隨著波斯帝國崛起而臻於顛峰的發展，在世界其他地方也可得見。在中國、美索不達米亞和西歐，興建道路的科技也取得進展。亞述帝國擁有間諜網絡和初級驛站系統。愈來愈多的社會採納某種形式的書寫文字。數學知識成為文化要素，如疾病般傳播開來。里底亞人剛好發明了鑄幣，但其他社會也正在摸索某種將硬金屬標準化成可用貨幣的方式。

當然還有軍事科技，它在每個層面上都在進步。到了公元前一千年，鐵取代青銅，後來又改良成鋼鐵。投石器和圍城機械問世，在戰車輪子上加上利刃則是此時的常規。像波斯這樣的帝國遲早會誕生，當然波斯帝國的出現還是因為居魯士。居魯士擁有令人驚歎的個性，可是令人驚歎的個性並不罕見。有些人之所以登上歷史舞臺，像居魯士，是因為他們抓住時代的潮流。其他人沒沒無聞地死去，只是因為他們生不逢時。巧婦難為無米之炊。

波斯成長到凝聚它的大敘事和其擁有的科技所能達到的極限，最後與從不同中心延伸而來的另一個社會現實重疊。當波斯人試圖征服希臘人時，由於他們的疆域已經過度拓展，導致文化和物質資源無法擊敗就在自家家鄉戰鬥的希臘民族的團結向心力。

希臘人常被視為勇敢的小城邦，只管自己家裡的事，直到波斯這個惡霸來到門前，但其實這些希臘人可不是省油的燈。數世紀以來，他們在自己的世界裡都是主要的海上強權，勢力範圍從義大利的殖民地延伸到黑海貿易港。希臘人的確沒有單一統治者，但單一統治者並非唯一重要的力量來源。沒錯，希臘人以無數自治體的方式運作，是自主統治的城邦，有各自的法律，但這些城邦的人民共享同一個思想網絡。他們分享語言、價值觀與共同的歷史感。他們知曉並尊敬相同的詩人，認可相同的神祇，

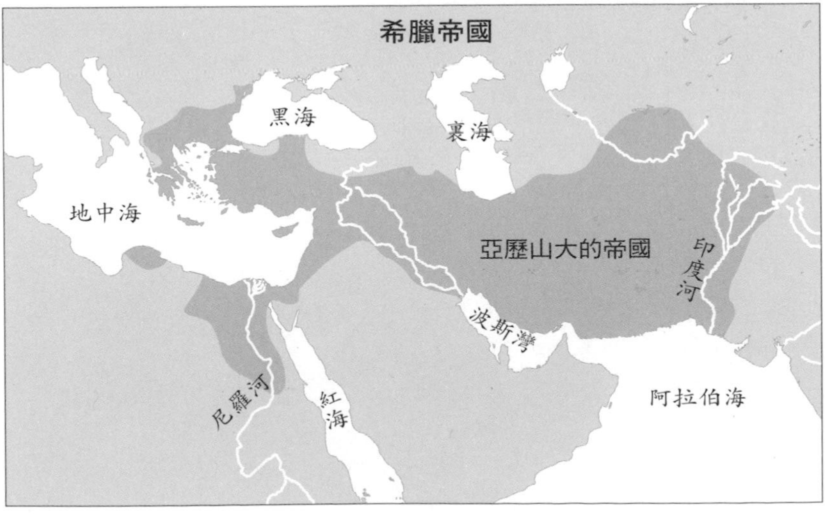

也造訪彼此的神廟尋求建議。他們有很多共同的制度：例如奧林匹克大賽，這時它已有三百年歷史。希臘人不是一批隨意分散在島嶼和半島上的人民，他們的自我意識組成社會星座，因此活在集體建構的自我認同裡，而這份認同的特色也包括他們自認「不是波斯人」。我要在此澄清，希臘人也不是中國人，但「不是中國人」卻不是希臘認同的一部分。

公元前四九〇年，大流士大帝派軍隊去侵略希臘，卻被雅典人在馬拉松戰役擊敗。雅典人是在離家二十五英里遠的地方打仗，波斯人可是離家有一千八百英里遠。離家這麼遠，又超過波斯敘事的範圍，大流士就沒那麼吃得開了。十年後，大流士的兒子薛西斯（Xerxes）率領著開天闢地以來最大的軍隊入侵希臘，燒毀雅典。但希臘人卻在薩拉米斯戰役（Battle of Salamis）中殲滅他的整支海軍，薛西斯在敗戰

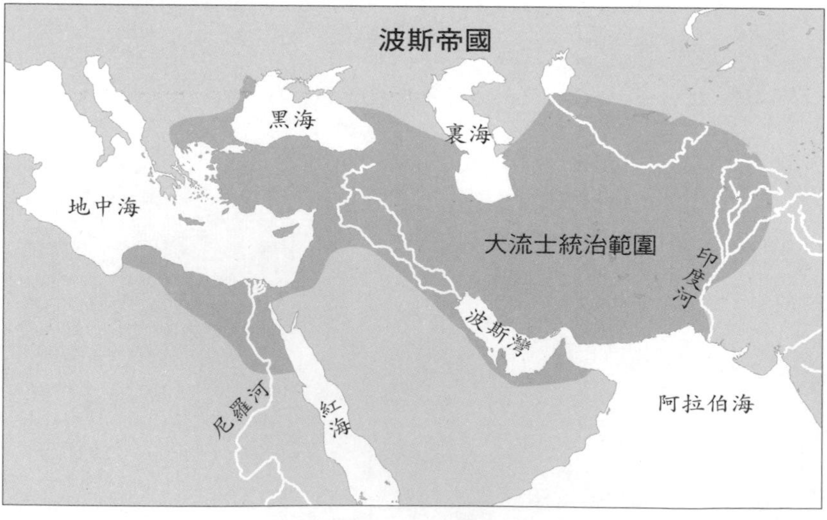

中夾著尾巴溜回老家。

波斯的侵略失敗，導致了常會伴隨這類失敗發生的後果：它惹火希臘人，激起他們的自豪感，刺激出一個黃金時代。希臘人在知識上的蓬勃發展，已有悠久歷史。兩個世紀前泰利斯提出了開創性的問題，一個半世紀前畢德哥拉斯也突出了著名的定理。現在，於希臘與波斯戰爭的餘暉中，希臘劇作家前仆後繼地創作出偉大的戲劇，雕塑家雕刻出不朽的藝術作品，而哲學家如柏拉圖則創立開創性的思想學派。此時的希臘人絕不可能安於成為波斯星座周遭的黯淡小星星，他們的自尊心太強，不會將自己視為任何人的周邊。他們團結自我，自成格局。他們不僅將波斯人趕走，還將仗打到波斯。這個發展勢在必行。

亞歷山大大帝並沒有那麼重的希臘味。他的父親統治馬其頓，那是個省級王國，位於希臘文化邊緣。對馬其頓人而言，希臘人是老練世故的大都市人；而對希臘人而言，馬其頓人則是鄉巴佬。馬其頓的腓力國王聘請偉大的雅典哲學家亞里斯多德來當他兒子亞歷山大的家教，但高階雅典貴族絕不會想要聘用某位馬其頓人來教導他的孩子。

儘管如此，當腓力國王征服希臘城邦時，他的王國也認同自己是希臘城邦。當他兒子亞歷山大繼位時，他往東方看去，以希臘人的眼光看到波斯，而希臘人和波斯人宿仇未解。我們常常聽人家說，在接下來的十年內，亞歷山大大帝將會「征服世界」。如果你將他的帝國版圖與大流士的帝國版圖做個比較，你可以看到他征服的其實是波斯世界。

但就像波斯人在入侵希臘時超越了自己的凝聚力極限，希臘人在跨越印度河時也超越了自己的極限。當時亞歷山大的士兵已經陪他征戰了幾乎三千英里，幾乎可以這麼說，當他們跨越印度河時就已成為異鄉異客。他們進入印度，而印度有自己的種姓階級和擁有許多手臂的女神，以及其對大批吠陀馬兒獻祭的殘存記憶、靜止的時間觀與認為世界是虛幻的概念——身處異地的感覺想必如排山倒海而來，讓浸淫在希臘化中央世界文化的軍隊無法招架。他們不再身處自己所能想像和瞭解的世界現實的最東邊，而成了別人所能理解的現實的最西邊。他們不再是主角，對從另一個遙遠中心延伸出來的世界歷史故事中，他們不過是跑龍套的。

事實是，當亞歷山大在亞洲橫衝直撞時，印度正在形成一個巨大帝國。在此，曾孕育波斯帝國的相同條件達到成熟高峰。印度的巨人，這個世界的居魯士和亞歷山大也已經出現。他是旃陀羅笈多（Chandragupta Maurya，又稱月護王），出身商人階級的窮苦孤兒，父母很年輕時就過世。傳說旃陀羅笈多年少時曾在一棵樹下睡著，醒來時發現一隻老虎在舔他的臉。當時他就知道自己注定會闖出一番偉大事業。

等到亞歷山大的軍隊跨越印度河時，旃陀羅笈多已經併吞摩揭陀（Magadha），即他出生的王國。希臘軍隊撤退時，旃陀羅笈多的軍隊填補權力真空，建立了孔雀王朝（Maurya Empire）[4]。這個帝國最後比波斯帝國還大，甚至比亞歷山大征服的土地還大：從印度頂端延伸至開伯爾山口（Khyber Pass）之外。

皇帝如何控制這麼大的疆域？我們就又回到那幾個M：管理、訊息傳遞、金錢、數學、軍事力量和大敘事。孔雀王朝就像波斯，建立了道路和休息站網絡，用來補充印度無數河流組成的水路。他們建立了一套很像波斯的驛站系統。他們標準化度量衡，發行自己的貨幣。他們成立波斯式行政結構，省之下有區，區之下有分區，分區之下有村莊，而總督則直接向皇帝報告。就像波斯人，孔雀王朝的皇帝擁有龐大的情報網絡。任何人，從商人到婆羅門祭司到妓女，都可能是間諜，將帝國一隅的情報送往中央。

更有甚者，旃陀羅笈多的世界浸淫在如今已完全成熟的大敘事裡。這裡不由瑣羅亞斯德教當道，而是印度教、佛教與耆那教的綜合體。儘管彼此間有些微不同，這些思想體系卻安然並存，成為同一個大敘事的精華。宗教產生一種凝聚力，允許一位國王將統治全境視為理所當然，因為存在一個「全境」供他統治。[5]

波斯人、希臘人和孔雀王朝在相近的幾個世紀裡興起、壯大與輝煌。緊跟在他們之後，兩個更大的帝國形成，分別位於世界人口最稠密地帶的兩端，即東方的中華帝國和西方的羅

4　公元前三二二至前一八五年，以佛教為國教。

5　作者注：孔雀王朝第三位大帝阿育王在一次特別血腥的戰役後，戲劇性地轉而皈依佛教。他讓佛教成為國教。阿育王的臣民仍舊隨心所欲地信仰和進行宗教實踐，但國家支持佛教導師和傳道僧侶，並將佛教教義雕刻在帝國全境內的石頭和柱子上。阿育王自己放棄狩獵，轉而投入冥想，發展自己的法的教義，法是導向善良人生的行為準則。他今日以本身的成就為佛教護法身分而為人們所知。

馬帝國。它們是最早的巨型國家中歷史最悠久的，因此值得我們更仔細來審視。

中國人長期以來就認為普世帝國與自己同義，但過去已知的帝國並未實際涵蓋太多領域。直到公元前第三世紀，中國神話想像中的帝國突然來臨，並在物質世界中完整成形。

這過程有兩個階段，始於戰國時代的白熱化時期。公元前二四九年，七個與中原文化同源的國家競逐黃河和長江流域間的霸權。其中一個是秦國，那是個軍國主義國家，擁有勇猛的統治者。當秦王死時，他留下十三歲的兒子作為繼承人。其他幾國的國王舔著嘴唇，磨利他們的劍：秦看起來唾手可得。但他們低估了那個男孩。他率先出擊，而且是用力出擊，展開二十八年的漫長戰爭。當腥風血雨停止時，對手王國全成為秦國麾下的一省，他給自己一個浮誇的頭銜：始皇帝。

冠上這個頭銜後，他將自己放進中國歷史神話中的歷史代表人物之列：首先有三皇，他們將日月定於軌道上；然後是五帝，他們發明農業、文字和蠶絲；現在則是始皇帝，他的朝代將統治中國千秋萬世——至少皇帝自己是這麼宣稱的，而誰又會和他爭論呢？

秦始皇迅速而殘忍地深化其統治。為了擋住北方游牧民族，他徵召大約三百萬人，將往昔各國興建的防禦城牆銜接起來，成為綿延超過三千英里的萬里長城。一百萬人因興建長城而死，但長城建立起來了，中國高枕無憂。秦始皇採納法家這套反儒家哲學作為國家的官方教義。儒家思想有多溫和與符合直覺，法家思想就有多嚴厲武斷。法家規定人民必須遵守的確切法律，並明確列出違逆時必須施加的懲罰：沒有灰色地帶，沒有模糊界線。

秦始皇也將重要工業如煉鐵、鹽滷收歸國有，鑄造半兩方孔圓錢為官方貨幣，標準化度量衡，強加稅賦和授田制的嚴格系統，明確規定每個農家在自己分得的土地上應種植哪些穀物。就像其他的第一代帝國，秦始皇的中國不久便擁有值得自豪的道路、客棧、龐大的驛站系統和無所不在的間諜網絡。至於中國人是否從其他世界得到這些發展的點子（例如波斯），或者是自己想出來的，則不得而知。這其實也無關緊要，因為兩者都在同時發生：漣漪效應從一個世界擴散至另一個世界，但同時各地的人們也忙著為自己尋找好處。不管點子來自哪裡，只要可行就會扎根成長。對秦始皇而言，在波斯運行得如此良好的行政機制，在此地也運作良善。

然後秦始皇駕崩，強烈反抗爆發，他的兒子被潮水般的燒殺擄掠給滅頂。這看起來像是中國史家描述的歷史循環的另一面，他們認為分裂和統一是平等且對立的力量。然而，這一次，第二個令人驚愕的人物突然登場：聰明狡猾的農民劉邦。他擁有令人心寒的決心，乘亂而起，先成為搶匪領袖，然後是軍閥，最後成為爭天下的兩強之一。當他最後的競爭者項羽俘擄他的老父親，並威脅要將老頭活活煮死時，劉邦回信寫道：「分我一杯羹。」項羽最後自盡，劉邦於是在公元前二〇二年宣布自己是統一中國的皇帝，也是漢朝這一新王朝的創立者。

楚漢相爭的分裂時期只延續七年，幾乎短得不能稱做「時期」。劉邦基本上恢復秦朝，只是換了名字，換成了漢朝。秦始皇已經做盡了所有骯髒事，將分裂動盪的世界統一成井然有序的社會。當漢朝崛起時，他們不用犧牲百萬條生命來穩固中國北方邊界，因為長城已經修築好了；他們也不用將中國人編制到個人單位，因為法家官僚已經將此事辦理妥當。反之，漢朝可以用減稅來討好人民。在邊界境內繼承無可質疑的軍事優勢後，他們可以鬆綁秦朝的全面徵兵制。簡而言之，漢朝可以落落大方地管理秦始皇用鮮血掙來的一切。他們建立的管理體系延續（中間只有一個短暫間斷）大約四個世紀，這個開花結果期形成了歷史上所知的中國，這個星座步入成熟期。

漢朝皇帝獨尊儒術，而儒家這個信仰系統在中國大敘事裡扎根最深。秦始皇和他的大臣焚燒古代典籍，希望以自己的形象創造新世界，但他們沒有燒掉所有的書。倖存下來的書籍紛紛從藏匿處出籠，在全境流布複抄，直到社會再度充斥著世代累積而來的智慧、傳統和過往的儒家精神。這些典籍變成龐大官僚國家的糧食、燃料以及命脈，而這個國家南起南中國海，北至蒙古邊界。

為了管理龐大帝國，漢朝建立了中國獨有的機制，那就是文官體系，裡面充斥著飽讀詩書、學富五車的文人。在其他地方，國王將權力指派給親友，後者再將權勢轉授給他們的親友，他們再如此一路授權下去。從某個意義上來說，那些地方每個層級的每個人都被國王般的人物統治。反之，在中國，親戚關係不必然讓你在政府中找到工作——是有幫助，但你也得飽讀詩書。理論上，在中國，每個層級的每個人都是由士大夫統治。多虧中國的表意文字，相距遙遠、語言相異的官吏能靠信件通力合作。他們從書寫文本得到相同意義，不管大聲朗讀出來時聽起來是怎樣。

但學習中國文字得耗費心力，因此士大夫勢必形成中國社會特有的知識菁英與政治菁英。伴隨許多其他要素，這群學者賦予中國的政治凝聚力一種獨特的風格。一位中立的觀察者不會把這個星座和印度或中央世界的星座搞混。中國的文化因素最後形成了具有某種一致性的整體。

羅馬

值此之際，在歐亞大陸最密集人口帶狀地帶的另一端，一個地中海超級國家形成。在馬其頓希臘人揮軍橫掃亞洲的同時，羅馬正在凝聚力量。希臘的衰微和羅馬的興起不完全是相連續的事件，只是彼此有點重疊。但當希臘作為文化和軍事強權達到顛峰時，羅馬就像是粗暴吵鬧的青少年，還在尋找自我。在柏拉圖、亞里斯多德、黃金時代的雅典將軍伯里克里斯（Pericles the Great）和所有那些希臘不朽劇作家的時代，羅馬只是個好鬥又不吸引人的小城市，強悍但還不是帝國。

羅馬在公元前五〇九年推翻國王後，開始歷經重大轉變，逐漸形成他們的終極身分認同。從那時開始，羅馬便擁有一套那個時代獨特的政治系統，也就是由幾百個男人組成的元老院。這些人是選舉出來的——但投票權只限於羅馬地主菁英貴族。每年元老院選出兩位首席執政官，這些人取代國王的功能，但執政官永遠有兩位，不會只有一位，而且任期只有一年。一年後，兩位執政官都得下臺，再選出新的兩人替代：羅馬人真的不信任王權。

在希臘黃金時代的顛峰，羅馬內權力鬥爭風起雲湧，地主對上農民，地方官對上平民，貴族對上普通百姓。經由協調，兩個社會階級取得共同協議而得以和解，方法是新增一位由平民單獨選舉出的行政長官。這些所謂的「護民官」（Tribune）不僅有權力，而且權力強大。他們可以對元老院說不，否決元老院提出的任何事物。從表面上看來，這套系統似乎不容易在面對危機時流暢運作。

羅馬人也起草一套稱為「十二銅表法」的法條，這不是十誡那種神祇指示，而是以社會整體來運作的人民團體所認可的明確世俗條約。沒人說這些法律來自神祇，每個人都視這些法律奠基於理性和傳統。它們從理論設定基本原則，自此衍生出各種特定法規。有些是程序規範，比方像債務人有多少天的期限能夠償還你放出的債務，否則他就會變成你的奴隸。有些規範相當具體，例如若有人唱歌詆毀另一個人，他得被杖笞致死。有些法令是社會規範，像女人永遠無法成為成年人，必須永遠像小孩般被守護。

十二銅表法在今日看來似乎可怕而原始，但重點是，羅馬人的確將抽象觀念視作境內最高權威來尊奉，它比元老院、執政官或任何人都還要崇高。在羅馬，理論上，沒有人凌駕於法律之上。當然在實踐上，這些規矩特別著眼於違反而非遵從（在此引述莎士比亞）。儘管如此，羅馬人的確將「法律至高無上」的概念帶進世界，就像中國引介「菁英領導體制」

（meritocracy）的概念[6]。

北方強大的伊特魯里亞人（Etruscans）決定恢復被羅馬罷黜的國王時，羅馬又歷經一次重大轉變。羅馬人和伊特魯里亞人為此發動戰爭。戰爭結束時，伊特魯里亞成為羅馬的一部分。公元前三八七年，高盧的游牧部落入侵義大利，攻擊羅馬，而且城市還真的失守。羅馬人浴血抗戰，將他們擊退，就此真的開始自命不凡。後來強大的馬其頓國王皮洛士（Pyrrhus）前來，他是眾所周知的軍事天才。他率領大軍入侵義大利，贏得一連串代價昂貴的勝利，直到最後他發現自己深陷義大利內陸，沒有軍隊在側，孤立無援。這下慘了。皮洛士就此完蛋。

之後，羅馬人有和地中海世界最可怕的海上強權開戰，即迦太基的腓尼基人，地點在義大利正對面的非洲海岸。迦太基將軍漢尼拔是世人讚頌的軍事天才，名流青史的最偉大將領之一。他帶著數十頭大象翻越阿爾卑斯山脈，從北方攻擊羅馬！羅馬人沒有類似的軍事天才可派，只有笨拙的統治體系，幾百名男人在每年更替的執政官引導下做出決定。後代沒有人記得這個機構派了哪些平凡將領去和漢尼拔打仗，他們一個比另一個更無趣，而每場戰役似乎都在烘托漢尼拔的優秀。但不知怎地，戰爭還是以羅馬奪取迦太基，追捕漢尼拔，追趕他走到自盡絕路，最後徹底摧毀迦太基，以及殺害或奴役所有居民而告終。等到羅馬玩夠後，迦太基已經不再存在。隨你怎麼說，但羅馬系統似乎更為優異。

6 又譯作「才德制」。

羅馬是個超級軍事化的社會：所有適齡男子都得服役。他們的軍隊是由訓練精良的士兵組成，組成每一個運作單位，就像由司令官操縱的棋子。他們能以驚人的速度挖掘護城河，阻斷補給以孤立敵軍。他們所向披靡。

如果波斯的成功關鍵是物質基礎建設，那麼羅馬人在幅員、力量和國祚持久上勝過阿契美尼德波斯人就不令人吃驚。羅馬人發明了混凝土，它在潮濕時會變得更堅固。挾著這類驚奇發明，他們能在任何河流上建築橋樑，而水道能將淡水從幾百英里外運送過來，所以他們能在任何地點建立城市。羅馬擁有優秀的攻城機械和傑出的工程才能，可以拿下任何還不屬於他們的城市。羅馬人以無可比擬的鋪石公路網絡包圍地中海地區，而且比波斯人的路耐用。他們建造了史無前例（往的一千年也未見）的優良公路，全長幾近三萬英里，這些公路使得他們能在反抗者還來不及反應時，就趕到事發地點。

愛國熱忱對羅馬人而言就像宗教，使他們活在羅馬自身的史詩故事裡。就連最貧窮的公民，顯然都能由此得到認同和自豪感。而整個社會由來自希臘的異教世俗人道主義所滲透，並得到羅馬法律的強化。羅馬史詩的源頭可追溯到特洛伊戰爭。羅馬人不是只把一大票希臘男神女神換上拉丁名後照單全收，還以和希臘人同樣的框架來審視這些神祇，將其看作一個人神共處的「自然」世界。簡而言之，羅馬是比較不細膩的希臘。沒有哲學家，但有得是工程師——以及混凝土。

羅馬人在共和時期就完成大規模的征服行動。在共和時期，元老院實際統治，執政官真的只是首席行政官，而（有些）羅馬公民真的選出他們的領袖。第一位羅馬皇帝奧古斯都直到公元前二十七年才完全掌握大權，他沒有封自己為皇帝，而是遮遮掩掩地給自己「第一公民」(princeps)的頭銜。在之後的兩個半世紀內，地中海世界成為單一政治上的超級國家的一部分，由單一公路網絡聯繫起來，統一在一套貨幣系統和一套法律之下。這些因素使得巨大疆域內的貨品流通達到前所未有的境界。在羅馬帝國境內，從一端到另一端的物質文化並無多大差異。

公元時代開始時（也就是公元元年），每十個人中就有八位住在歐洲大西洋海岸和南中國海岸之間的歐亞大陸上。他們大都住在某個政治國家的邊界之內，大部分是在幾個超級國家或其殘餘之內。有些人住在羅馬帝國，有些人住在此時稱為帕提亞帝國的波斯帝國，有些人住在孔雀王朝後的印度教和佛教繼任王國，而有些人則住在漢代中國。在這個地帶裡，龐大土地由大敘事、訊息傳遞網絡、金錢系統、成文法和有組織的政府軍事力量聯繫起來。

這不是說國王和皇帝常常出現在子民的日常生活中。每個地方的政府權力結構就像俄羅斯娃娃：人們首先被納入家庭和家族的網絡，其形狀和結構依社會而有所不同，大部分直接由信仰、宗教或概念系統，以及歷史習俗或傳統的當地機構所統籌管理。婚姻、三餐、育兒、教育、娛樂、人們從事性事的方式和對象、孩童們該玩什麼玩具、他們訴說什麼故事、什麼讓他們大笑或哭泣——這些不是由政府或政治機制直接形塑，而是在日常生活中，與相同文化或社群中的其他人互動的結果。女人在所有已知社會的日常生活結構裡扮演要角，從最基層傳達真實生活的感受，但關於她們的影響力，我們現在無法得知細節，因為歷史學家和其他作家大部分是男人，多半只對男人之間演的那些事有興趣。

在此同時，這些幾無例外都由男人控制的政治國家和超級國家，創造出一張無形的網格（grids），覆蓋了所有人。在這些網格之下，生命根據衍生自習俗、傳統和生物學衝動而流轉。沒有人能減緩由上強加而來的網格所帶來的影響，或假裝這些網格並不存在。國家直接侵犯每日生活的領域，多與稅賦、軍隊，以及公共工程計畫有關。稅賦很重要，因為每個人都得繳稅。軍隊很重要，因為有權有勢的男人總是試圖擴大可收稅的領土。旁觀者在戰役中慘遭殺害，野心勃勃的男人則加入軍隊，分享狂暴行徑成功後的報酬。

公共工程也很重要，因為當國家力量直接被導向建築龐大建物，無論是紀念碑、陵墓、公共建築、水壩、橋樑、公路、宮殿等諸如此類的東西時，有些人從中得到賺錢的機會，另外有些人不情不願地被徵召去工作，但政府不用這種手段的話就什麼都蓋不出來。在這兩個例子裡，其結果都影響到人們生命的每個層面。

第八章

兩者之間的土地

公元前兩百年至公元七百年

就像政治國家擁有區分內、外的邊界，文明也有邊境地區。在這個地區，一個大敘事的凝聚力逐漸消散，而另一個權力結構的影響力逐漸升高。邊界處處有漏洞，而邊境則顯得模糊不清。歷史上的人們穿越邊境地區，穿梭在兩個世界文明之間。商人、旅客、冒險家、土匪、軍隊、移民、逃犯——所有人身上都帶著小飾品、貨品、遊戲、玩笑、食譜、謎題、歌曲、故事、判斷、謠言、意見，以及其他無數種手工藝品、概念、衝動和習慣。人類的文化會凝聚成不同的星座，但各種連結卻將不同的星座永遠交織在一起。

因此，住在文明邊境土地上的人們，總是在人類漸增的交流上扮演關鍵角色。只要這些中間地帶還有人居，文化就不需要特定個人負責傳遞。鄰居彼此影響，然後又影響更遠的鄰居。影響宛如無形漣漪，也一如波濤般拂過不同社會的疆界；水分子除了跟著上下擺盪之外，並沒有跟著移動多遠。這種文化漣漪甚至不需要透過和平接觸，彼此交戰的社群也能交換物品和概念——更別提基因。

漢朝統治中國大約四百年（公元前二〇六至公元二二〇年），不斷和北方鄰居作戰，也就是歐亞草原的游牧民族。中國人稱呼這些游牧民族為匈奴。中國與羅馬相距甚遠，但兩者之間的土地上漫遊著游牧民族的部落，部落之間有著自己的互動網絡。匈奴後裔和親屬部落後來橫掃西歐，由一個叫阿提拉的男人帶領，連續好幾次蹂躪羅馬。這些游牧入侵者以「匈人」聞名歐洲。在東方，他們是中國歷史的一部分，而在西方，則為歐洲歷史的一部分；但他們可不是其他民族歷史的附屬物。他們就和其他民族一樣，屬於社會星座組成的龐大銀河，擁有自己的故事。

絲路

從中國人的觀點看來，匈奴是原始的麻煩製造者，是「永遠」在洗劫中國村莊的野蠻人。他們說阿爾泰語，和任何中國方言都毫不相干。他們遵循的生活方式對中國建造的公路、成文法和驛站系統的官僚結構造成威脅。他們是早期中原各國在北方邊界建築好幾段城牆的原因，還是後來秦始皇即便犧牲百萬性命，也要將這幾段城牆連接成一道萬里長城的原因（但他也沒能將匈奴擋在境外）。在中國分裂成好幾個王國相互交戰時，這些王國就像為家族土地內訌的堂兄弟——他們都覺得自己屬於同個帝國。但當中國人與匈奴相爭時，他們不是在兄弟鬩牆，而是在抵抗絕對的他者。

公元前第二世紀，中國皇帝和他的大臣找到了對這群野蠻人施壓的妙招。他們聯絡住在更西南方的另一個草原游牧聯盟：月氏部落。月氏不斷和匈奴起衝突，可能是因為兩者都是游牧民族，草場地盤重疊。漢朝的策士認為他們也許可以引誘月氏和中國形成軍事聯盟，挑起游牧民族內部的戰爭，這對中國大有用處。

但匈奴早就洞察先機。公元前一七六年，他們發動一場先發制人的致命攻勢。月氏擠出十萬兵力，匈奴卻有三十萬大軍，結果就是場屠殺。月氏被徹底擊垮，他們遂逃離此地，隨後消失無蹤。

但他們上哪去了呢？災難發生

三十八年後，中國政府派出遠征軍去找他們。他們認為這場遠征過於危險，不值得顯貴冒險，所以他們指派一位小官吏負責，他就是張騫。可憐的張騫沒有走多遠，就被匈奴人俘擄，一羈押就是十年——說起來匈奴人待他不薄，讓他娶了一位匈奴少女，還生了幾個孩子。張騫隨匈奴部落旅行，融入他們之中。直到有天他逮到機會，立即趁機逃走。然而，逃脫之路並未通往中國。張騫如今置身於游牧民族牧草地之外的廣大未知世界，置身於「沒有文明人」曾踏足之地。

但他在這個同心圓世界的最外圍，這個異國情調地帶發現了什麼？有人臉的蝙蝠？龍？吃人肉的野蠻人？都不是。他發現和中國一樣城市化、文明化的王國。這裡市容昌盛，寬廣的鋪石街道兩旁大型公共建築櫛比鱗次。這裡有雕像、廟宇、圖書館和學校。這裡有嘈雜喧嚷的市場，商人摩肩擦踵，叫賣著從無數遙遠地域來的貨品。

這些城市的巴札市集離中原如此遙遠，遠到張騫花了十年才抵達，中間還得算進他與匈奴相處的艱難歲月。這位無畏的中國探險家在此發現四川製造的布料和竹藤，而四川位於中華帝國內陸深處，甚至連匈奴人都從未聽聞過。貨物從帝國的遙遠角落一路旅行過來，越過長城和匈奴土地，抵達這些充滿異國情調的城市。至於完成這整趟旅程的人，張騫可能是第一個。

貨品走得多遠，概念就走得多遠，因為貿易牽扯到交談、估算、某種金錢與相對價值的概念、合約交涉方式的概念、經得起時間考驗的關係、神和宇宙和人類命運的觀念、男人和女人應該如何舉止、與陌生人調情是否可行，以及小孩該用什麼態度和長者說話。

張騫誤打誤撞進入的是巴克特里亞（大夏）城市，它們當初是亞歷山大打下的江山，後來由希臘將領所繼承。但希臘人現在正要退場，因為由中國人掀起的歷史之力正將他們沖走。是什麼力量呢？這個嘛，月氏在中國挑撥離間下，從那場災難性的戰役逃走後，遷徙至印度河流域，並在那重新集結。月氏聯盟的五個部族放棄游牧生活，改採農耕和貿易。其中一個部族崛起，主宰了其他部族。從白沙瓦（Peshwar）和喀布爾等首都，貴霜（Kushan）部族主掌一個向北、西和東三面延伸的帝國。僅僅在幾代內，他們就不再是在凶猛游牧戰士手下落荒而逃的落水狗，而是強悍的定居勢力，擁有自己裝備精良、組織嚴謹的軍隊。

然而，他們沒有興趣和中國形成軍事聯盟。或許他們還記得稍早的歷史教訓。何況，他們現在與匈奴擁有良好的貿易關係，而且想要維持下去。事實上，即使在他們逃離草原前，即使在月氏和匈奴人彼此征伐殺戮前，這兩個族群就在互相做生意。說來奇怪，匈奴向月氏換來的一項主要貨品是絲綢，是月氏從中國人那裡拿到的。也就是說，即使當匈奴人卯足全力和中國人作戰時，他們也同時在發展對敵人製造的絲綢的品味。

在中國，絲綢多到連農夫都穿得起，但在匈奴人之間，絲綢如此罕見，只有貴族才負擔得了。匈奴部落的貴族男性讓女眷穿著絲綢來彰顯地位。他們辦宴會時，為了向客人表示其高人一等，端出來的美食也會用中國人精製的青銅盤子裝載（有時盤子上放著月氏人的頭顱，剝皮後磨亮成酒杯）。

在此同時，中國和匈奴之間的征戰從未減緩。在這些戰役中，匈奴人有個顯著優勢：他們有馬。中國土地不適合養這些野獸，但當他們需要馬兒來和游牧民族作戰時，要上哪找馬呢？這個嘛，他們可以從匈奴那得到一些——用匈奴人渴望的絲綢、玉和青銅工藝品交換。簡而言之，中國人善用其生產和商業技能，向匈奴換馬來打匈奴。我懂，人生可真是複雜。

中國之所以建造萬里長城，就是要將匈奴擋在外頭，但隨著時間演變，長城卻逐漸成為貿易區，中國人和游牧民族在此進行貿易。別搞錯我的意思：劫掠和反擊從未停止。這兩大敵手從未變成朋友，但他們之間的貿易不斷升溫，因為中國人發現，游牧民族能提供中國人的不只是馬。匈奴的疆域就像地中海，以許多不同環境為界。這些游牧部落具有高度機動性，可以將廣袤邊疆上眾多地點的貨物運送到長城來。他們從中國邊境市場以北遙遠的森林地帶，帶來蜂蜜、蠟、皮毛和具有香氣的木頭。他們從西方帶來充滿異國情調的水果以及葡萄酒，後者是中國除了米酒外另一種受歡迎的選擇。絲綢很棒，但棉布也同樣受歡迎，而在那時候，棉主要產於印度。

漢代中國無法將帝國擴張到草原，因為游牧民族對環境適應得太好；在草原，游牧民族總能取得全面的勝利。但中國人可以、也的確修建了帶狀要塞，沿著長城從西方蜿蜒而來。他們興建這些堡壘以保護從中國進出的貿易。

最後，中華帝國的這片狹長土地觸及另一片領土：貴霜帝國[1]。貨品走了這麼遠，還能安全地輸入東南方的印度或西方的波斯。波斯土地上的貿易商能將這些貨物帶進沿地中海林立的王國，那裡由亞歷山大的將領的繼承人統治。商品可以從那邊再運抵羅馬。

這個橫越歐亞草原中央的路線網絡後來稱做絲路，因為在其上運輸的許多產品中，以絲綢最為有名。但在當時沒人叫它絲路，因為沒人察覺到應該用單一貨品來為此網絡命名；絲路也不只是一條路，而是很多條路，沒有人曾真正走過全程和其所覆蓋的範圍。人們替當地支線取名字，買賣任何經過這些地點的商品。對習慣游牧模式的人來說，他們不知道，也不需要知道這些商品產自何處，或當地市場如何安身立命。

從公元前第一世紀起，貴霜帝國開始併吞周邊國家，最後其疆域從印度河一路延伸到鹹海。它包括現今伊朗的一部分，現今中亞突厥國家的帶狀地區，阿富汗和巴基斯坦全境，以及今日印度的一部分。當貴霜人勢力衰微，逐漸退出歷史舞臺時，大大小小的王國在這塊地區交相崛起。這片土地跨越絲路，包括某些關鍵樞紐，許多道路交會又分歧而出，因此總是由某些國度所統轄。

貴霜人在取代亞歷山大扶植的中亞王國時，吸納某些殘餘的希臘文化。而在推翻印度北部的印度教和佛教王國後，貴霜人也融合了各自文化的部分殘餘。他們將帝國往西擴張時，遇上波斯世界。而在東邊，他們與中國延伸而來的鬚蔓正面交鋒。這個貴霜帝國（和它的繼承者）與古代世界的四個主要內部交流區發生重疊。因此，我們能透過貴霜帝國，看到不同

1 中亞古代帝國，約公元一世紀至三世紀。其融合希臘和佛教風格文化稱為犍陀羅文化。

文化的碎片像循環系統的血球般在四個世界間流動。

然而，當不同文化碎片在新脈絡底下相互撞擊時，奇怪的事情就發生了。概念不會像塵埃般四處飄蕩，反而會連成某種整體結構，也就是概念的星座。當這些概念成為更大結構的一部分而緊緊相依後，就抗拒分裂。但當這類星座跨越文化界線時，可能還是得稍微調整才能融入當地。有些概念可能在過程中鬆動，如單獨的塵埃般四處漂浮。源自不同文化的星座可能在中間地帶相互碰撞，形成新的思想星座。這些思想星座包括了不同來源的元素，並排除掉不適合的因子。

貴霜帝國屬於這類典型的中間地帶，此地佛教的發展就是這種混合現象的良好範例。貴霜人倡導佛教，因此有許多佛教僧侶從印度湧入貴霜帝國。原先佛教徒對貴霜工

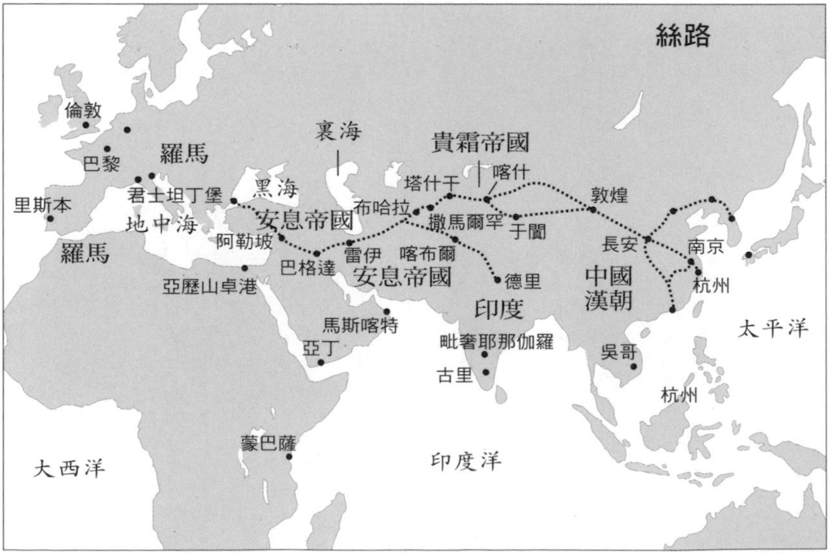

匠雕塑藝術的表達方式不以為然，因為他們認為你不需要知道佛陀長什麼樣子。但在貴霜世界裡，佛教徒從亞歷山大留下來的希臘文化吸取養分。希臘人總是將神祇雕塑視為一種體驗祂們神髓的方式，而佛教徒在這個環境下也開始雕塑佛陀雕像，並透過祂的五官和姿勢來表達他們尋求的精神寧靜——想不到吧，這些佛教雕像甚至看起來有點……希臘。

貴霜帝國也與波斯世界重疊，後者是瑣羅亞斯德教敘事的家鄉。這是個從阿維斯陀時代演變而來的思想星座所充斥的世界，其中一個就是密特拉教派。密特拉衍生自雅利安人的合約與實話之神；隨著時間推衍，祂逐漸變成人類母親和神祇父親所誕生的超自然存在，這使祂落在永恆和轉瞬即逝之間。人神共體的祂可以讓人類脫離死亡，朝永恆生命邁進。祂是救世主。

而在貴霜世界這裡，佛教徒常常遇上密特拉的信徒。在思想衝擊下，一種佛教新概念於焉誕生：某些崇高的精神人物已功德圓滿，臻至涅槃邊緣，但他們沒有跨越界線進入極樂世界，反而是停在那條線上，回過身來幫助別人。他們是救世主。就像密特拉，他們跨立在那條線上——在此則是在虛幻的物質世界和永恆的真實之間。這些人被稱為菩薩，其中最偉大的一位（即將來臨的一位）——不，不是密特拉（Mithra），但很接近了——是人們所知的彌勒菩薩（Maitreya）。

除了偏袒佛教外，貴霜人也喜歡並且扶持遠程貿易商。其結果是，商人也川流不息地經過他們的帝國，走過和僧侶相同的所有路徑。人們無可避免地相會交談，兩股潮流於是結合。

在中亞，四處旅行的商人開始皈依佛教，使得佛教變得更富有商業氣息。

佛教往商業傾斜的傾向與某些有趣的發展同時發生：圍繞著菩薩概念而建立的新版信仰出現了，人稱大乘佛教。這個學派主張，信眾不一定得孤獨而艱辛地自己走完涅槃之路。涅槃是由菩薩領導的眾人事業，菩薩會掌管小船的舵，上面則承載許多平常百姓。

大乘佛教開啟了一道法門：每個人不必然得過著律己的生活，執行達到涅槃所需要的嚴厲冥想。少數傑出的皈依者可以去當僧侶，為許多人積功德。這些少數人可以將努力達到涅槃當成他們的全職工作。而過著日常生活的尋常百姓，只要靠著資助僧侶就可以更接近終極目標。

大乘佛教因此催生了許多僧院，那裡不僅是僧侶的住處，也是信徒善款的儲藏庫——那些信徒雖相信佛教，卻無法（或無法強迫自己）拋棄日常工作。這類僧院最後擁有許多金子和土地。但財富無法進入消費鏈，因為佛教不支持奢侈的消費；因此，僧院轉而將他們的資金挹注到宏大事業，其所需要的錢往往是任何個人都負擔不起的。

在當時的時空背景下，「宏大事業」通常是指（由動物和人所組成的）大型商隊的貿易遠征，伴隨著驛站和中途休息站，以及使交易變得更簡單順暢的金融體制。隨著愈來愈多遠程貿易商成為佛教徒，也有愈來愈多佛教徒變成貿易商，兩者完美契合。一般佛教徒因此可以透過僧院，既將自身財富間接投資在貿易，同時也是直接投資在靈魂的救贖。

在貴霜世界裡，商品既由東傳向西，也由西向東。然而，佛教卻只往東傳。為什麼呢？

這個嘛，往西走的旅行者發現那裡的文化土壤較不利於佛教。伊朗和美索不達米亞的大敘事將宇宙視為有始有終的末日戲劇，其中神祇是主角，而凡人只是祂們的附屬品。佛教徒則認為宇宙是個沒有形體的場域，在其間的事件和物質並不真的存在，而每個個體的靈魂都朝著永恆、無形、非人格的涅槃邁進。這兩種思考框架無法相容，也沒有更大的框架可以融合佛陀和瑣羅亞斯德的概念，或融合佛陀與猶太教先知，或說至少這類融合很不容易達成。佛教作為這地區的初來乍到者，終究無法興盛。

迫於形勢，佛教思想便往東，發現更肥沃的土壤。這並不是說中國的主流典範能夠輕易接受佛教。佛陀和孔子就像油和水，提供內在一致但彼此之間完全不同的概念完形。佛陀專注於個體靈魂的旅程，孔子則是主張個人的社會脈絡；佛陀重視宇宙，孔子則強調家庭和帝國；佛陀主張自物質世界抽離，孔子則提倡在物質世界中個人合乎禮數的行徑；佛陀要人們與永恆結合，孔子則著重人們在現世如何舉止合宜。

雖然如此，在中國，還有另一套傳布甚久的概念體系，那就是賢者老子的哲學。老子哲學在文化理念與傳統上，與孔子學說萌發於相同場域，但卻是針對不大相同的問題而發。老子專注於個人如何與世界上的混亂和艱困共處。他說，不要陷於你能控制任何事的幻覺，你只能選擇緊緊攀附或是放手。受老子思想啟發的個人傾向於在自然中獨處，尋找內心的平靜。他們以實踐觀察和冥想為美德，並看重「靜」的價值。道家思想就和孔子思想一樣，是中國文化的本土思想，也同樣觸碰到由土地衍生而來的中國世界觀。當佛教徒進入中國並遇上道教徒時，他們（多多少少）覺得自己找到了精神上的近親。

更有甚者，不像西方世界，中國人沒有崇拜充滿妒意、要求專一的神祇的傳統。在中國，人們可以同時實踐道教儀式，遵守儒家價值，焚香膜拜某個住在特定地方的小神祇：他們不必做選擇。在漢朝的黃金時代，儒家思想有國家的全力背書，但道教在民間極為興盛。漢朝官吏研讀儒家經典，期許能藉此在不斷擴張的官僚體系中扮演一角；但道教也跟著成熟，成為田間農夫和城鎮勞工所擁抱的宗教。由於儒家鄙視商業，商人的社會階級遂和農夫及勞工一樣低。此時商人成了皈依佛教的主要族群，道教徒和佛教徒因此呼吸著相同的空氣。

只要漢朝皇帝能夠持續掌握社會的脈動，佛教在中國便只能有極為緩慢的進展。但在公元第三世紀，根據古代中國賢者的看法，漢朝做了每個朝代最後都會做的事：不守規矩，直到失去天命，帝國分崩離析。四百年的大一統中國由相互征戰超過三世紀的魏晉南北朝所取代。在這三百年內，百姓永遠不知道誰在掌權，或明天會是什麼光景。道教就在這種背景下獲得愈來愈多的信徒，而佛教也就在道教興盛下獲得了新的文化空間。

值此之際，密特拉宗派持續在波斯世界傳布開來。在羅馬人往東擴張的同時，帕提亞帝國的統治者也在向西推進。小亞細亞成為兩者之間混戰的場域。在這個前線地區，羅馬士兵遇上密特拉宗派。

密特拉教有類似神祕宗教的特質，這在希臘與羅馬世界實屬常見。這類神祕宗教圍繞著祕密知識體系而生，信徒一開始是什麼都不知道的新手，但在吸收祕密知識後愈來愈靠近中心，直到最後抵達密教核心。他們或代替他們運作的先知可以在那裡直接和超自然接觸。由於密特拉教和這些主題相互呼應，因此引發羅馬士兵的共鳴，而經過重組的密特拉宗教信仰則在羅馬以新興神祕宗教之姿出現。

密特拉神祕宗教的中心人物誕生自叫做阿娜希德（Anahhid）的聖母處女，一位生下神祇的人類。誕生日在冬至前後，也就是十二月二十五日左右。在祂於人間布道時，密特拉擁有對應於黃道十二宮的十二位追隨者。處女生了，人類救世主，出生於十二月二十五日，再加上十二位門徒——聽起來有沒有很耳熟？

密特拉教在基督教來臨前不久曾在羅馬帝國盛極一時。在早期，這兩股宗教運動旗鼓相當，為爭取拯救希臘與羅馬世界的靈魂而激烈競爭。到了第四世紀，基督教最後勝出，密特拉教則消聲匿跡，但已經在後來的基督教敘事裡埋下自己的學說。

香料之路

在南印度，絲路網絡與另一個重要的循環系統重疊：一個部分因季風而誕生的世界體系。這個體系的其中一個主要樞紐是阿拉伯半島，該地廣袤的沙漠三面環海，綠洲點綴其間。圍繞在阿拉伯半島周邊的則是非洲之角、伊朗高原、黎凡特平原邊緣等幾個半乾旱地貌。這些土地上住著各種民族，彼此說著相關的語言：希伯來語、阿拉伯語、古腓尼基語、蘇美語、阿卡德語、納巴泰語——全部屬於閃族語系。這些語言在地中海和波斯灣之間十分盛行，使得這地區的古老民族不論原始出身為何，長期以來都在歷史上緊密交織[2]。從這片乾旱地區，發展出古代世界中既輝煌又神祕的香料之路。

今人所謂的「香料」，指的是給食物添加獨特風味的各類調味品，但我們在此說的並不完全是這些。古代的香料商人的確買賣番紅花、胡椒、肉桂等等，但他們也買賣末藥、沉香木、香、珠寶、精油、染料、藥物、異國情調的鳥羽毛、膏藥、化妝品、春藥、魔法配方、神祕藥水等你不會加到食物裡的東西。在這個脈絡下，香料只是一種統稱，泛指罕見、體積小又輕盈、容易運輸、具有市場價值且大致而言耐久放的商品，甚至連鑽石都算在內。一般來說，香料並非必需品，而是奢侈品，讓人類放縱對歡愉、奢華、娛樂、狂喜和高潮的衝動。從更寬廣的角度來看，「香料」從幾千年前開始就是左右全球經濟的主要因素，今日也不例外（想想毒品貿易吧）。

阿拉伯半島和周遭地區生產某些最早的香料。那些沙漠只有不到萬分之一的土地適合農耕，該地區心臟地帶的植被是如此稀少，以至於人們也無法以放牧為生。然而說巧不巧，有一種強壯的樹就剛好生長在「福地阿拉伯」（Arabia Felix，羅馬博學家老普林尼所稱的「幸運阿拉伯」）[3]。只要能將它稀疏的樹葉乾燥搗粉，與油脂混合後再乾燥，便能切成塊狀香料賣出，這就是乳香。

但沙漠居民可以向誰兜售乳香呢？賣給彼此嗎？這可行不通，因為你得先餵飽肚子才能放縱地享受香料，而原始必需品又只能從河谷平原的城市與農耕文明那裡取得，外加透過他們之間的貿易貨物集散地。所以沙漠居民就帶著他們的仙丹妙藥遠赴有錢人住的地方。

人類在大約三千五百年前馴化了駱駝，牠們的出現加快了香料貿易的腳步，因為這些「沙漠之舟」是橫越荒地的交通工具。駱駝可以好幾天不喝水，能適應極端溫度。駱駝能在一週內，從高達華氏一百一十度[4]的戈壁沙漠出發，翻過皚皚白雪終年不化的高山隘口。駱駝能比馬或騾子運載更重的東西，最重要的是牠們愛撒嬌又脾氣良好——好吧，我承認最後一句話是在開玩笑。我小時候，駱駝就停在離我家兩個街區外，相信我，牠們長滿疥癬，是髒兮兮又脾氣暴躁的動物。但知曉動物性情的人能應付牠們，而香料商人可是這類知識的專家。

這些香料商人多半是中間商，買賣他們從別處得來的產品。他們擔心消費者和生產者會直接進行貿易，所以傾向於避免生產者和消費者接觸，並且小心翼翼地保守產品來源、運送

2　作者注：說相同語言的人不必然分享相同的種族或遺傳根源。鄰近群體、被征服群體，甚至征服群體，有時會放棄他們自己的語言，偏好其他人的。抵達美洲的移民最終大部分說英語，不管他們的原始語言為何。然而，這類轉移從未在族群沒有真實融合互動的情況下發生。

3　指南阿拉伯，現在的葉門。

4　約為攝氏四十三度。

路線和目的地的祕密。他們編造天方夜譚，誇說取得乳香是多麼艱辛危險的事。希臘歷史學家希羅多德記載，乳香會如此珍貴，部分是因為飛蛇就住在產這寶藏的樹上。人們為了取得乳香，就得燃燒某種樹脂，靠著煙將蛇燻得暫時爬下來，並趁蛇回來大開殺戒前盡可能採集夠多的乳香。為了把這香料送上市場，一定有好多好人喪命！難怪它這麼貴！希羅多德肯定有個香料貿易商作為他的可靠消息來源。

因為香料貿易的商品大都既輕盈且珍貴，能被商人攜帶進行長途旅行，尤其是當沙漠路線與東部季風路線、西部地中海網絡聯繫上之後。由於生活漂浮不定，香料商人遂發展出了與其貿易對象的定居民族截然不同的文化風格。他們偏好較能彰顯宗教概念而非實際地域的神祇，因為他們得攜帶神祇

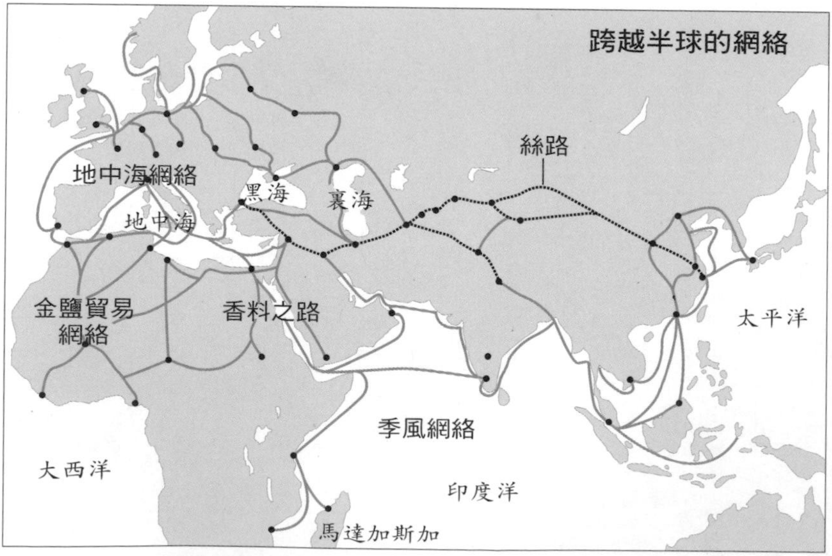

四處移動。香料商人偏好多語言主義，發展出四海一家的觀念，並組織跨越文化和政治邊界的同業公會和網絡。這些是存在於社會空間而非地理空間的星座，有其內在連貫性。它們就像自成一個宇宙的影子國家，跨越了政治國家那明晰可辨的宇宙。

即使是原本大相逕庭的文化之海，其影響力和觀念仍會透過香料之路和絲路這類毛細管，從一座海洋流向另一座海洋，穿越彼此重疊的內部交流區，穿越思想星座既碰撞又融合的地區，並在進行各類交流後以一種全新的思想星座之姿登場。

第九章

當世界彼此重疊

公元元年至六五〇年

數千年來，人們的相互交流愈來愈緊密，但這並非像糖融入沙子般的平穩過程。從歷史的角度來看，這過程斷斷續續。社會星座形成、擴張，最後重疊，而那些重疊之處產生摩擦、創傷和混亂，直到從每一組星座延伸出足夠的線和主題彼此交織，形成一個更大的單一整體，一個嶄新的「完形」——而在這個過程中，有些新的線和主題會被納進來，而有些則因為不再契合而遭到棄置。

西奧多．斯特金（Theodore Sturgeon）在一九五三年出版了小說《超人類》（*More Than Human*），他將「混合」（blending）和「結網」（meshing）兩字相結合，創造出「網合」（bleshing）這個新詞。書中用它來描述故事裡的六個角色：這六名功能失調的個體發生衝突爭吵，直到發現他們能藉由其怪異的能力彼此整合，因為他們其實各自都是單一新型超級生命體的一部分，也就是「人類完形」（Homo Gestalt）。「網合」一詞正適合用來指稱龐大的星座彼此重疊、大敘事合併成一整套新世界歷史故事的現象。那是公元頭八百年左右，一整套新的網合橫掃過全世界。

羅馬

比如說，試著想像一下羅馬帝國吧。歷史學家往往將這帝國的式微和衰亡描述為歷史上一大關鍵事件，通常將衰亡的日期定在公元五世紀。羅馬在這段時期歷經數次重擊，最後一位官方皇帝更遭「野蠻人」罷黜。羅馬「亡於」四一〇年、四五五年、四五六年，或四九二年，端看你認為哪次打擊才是死因。也許是羅馬帝國正式分裂成兩部分的三九五年？甚或早在三七八年，當時哥德蠻族的大軍首次完敗羅馬，在戰場上殺害皇帝本人？

不管你選哪個日期，如果你贊同愛德華．吉朋（Edward Gibbons）的說法，你就會怪罪基督教——這位英國歷史學家發明了「式微和衰亡」(decline and fall）一詞。然而，你不妨考慮一下近幾十年來形成的另一種說法。

羅馬是在共和時期，擴張過小亞細亞，向南直抵地中海東部海岸，穿過埃及，橫越北非，同時往東北拓展至多瑙河，往北進入現今的法國，往西抵達大西洋。那是很大的疆域擴張，而這過程大部分發生在公元前五百年和公元初始之間。

如果我們把國家比作細胞，則國家的邊界就像是細胞膜，區隔內外。在細胞內的資訊流動，會比在兩個細胞間要來得頻繁。國家也是如此。一旦羅馬征服肥沃月灣，所有那些肥沃月灣的敘事——從美索不達米亞的眾多廟宇神祇，到希伯來的單一上帝，到埃及神祇的動物頭類家族——所有那些信仰系統現在都被納入了羅馬這個國家之內，在流經希臘與羅馬世界的許多潮流的周遭晃動著。

其中一種思想體系就是猶太教。它與其他美索不達米亞宗派相仿，都有部落神祇的概念，也有著「我的神比你的神好」的思想，但最終只有猶太教形成單一神祇觀。

羅馬征服此地後，流經羅馬帝國的資訊也流過猶太人居住的村莊和社群，這導致猶太人在日常生活基礎上，遭逢希臘與羅馬世界的「世俗—異教」概念

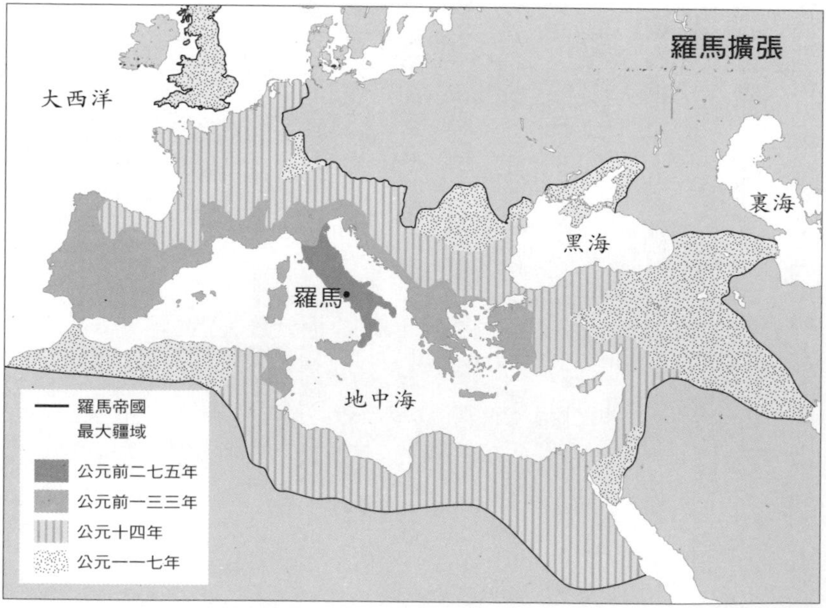

的衝擊。這也意味著猶太想法滲透進帝國的血管，流向其他由羅馬統治的土地，包括世俗—異教敘事當道的地方。

猶太思想不單只是消融進這些潮流中，因為猶太敘事有抗拒分解的凝聚力——比較像古印度的吠陀文化。猶太人自認是一支遭受帝國奴役的民族，並藉由部族國族主義來傳達自身的信仰。這份信仰要求猶太人為獨立國家的概念振奮起來，因為猶太教並不認可將上帝的旨意和人類事務分隔開來。上帝的法律就是關於人類的彼此互動，而如果上帝的法律涵蓋的事務通常由政府來規範，如合約、遺產、犯罪行為和犯罪懲罰，那麼這個使部落結合成民族的宗教，便會要求子民透過自己的政府來規範，而不是羅馬的政府。

因此，自從土地被羅馬征服後，猶太人就開始焦躁起來。他們的宗教敘事裡出現彌賽亞的概念，這位領袖魅力十足的人物將得到上帝的賦權，領導猶太人恢復自由之身。在彌賽亞思想發酵的此時，猶太世界很快就滿是激情的煽動者，他們群起攻詰羅馬，像往昔的先知般傳播宗教復興。對猶太人來說，任何一位煽動者都可能是救世主。

其中一位特別突出的煽動者是約翰，透過所謂的「洗禮」(baptism)儀式，引導追隨者進入他的小圈子。施洗者約翰是位猶太人，但這種入會儀式在當時希臘與羅馬世界的密教裡是很常見的特色：密特拉密教、厄琉息斯密教[1]、俄耳甫斯密教[2]等密教都擁有某種入會儀

1 古希臘密教，可追溯至邁錫尼文明。

式，將入會者從圈外人變為圈內人。這些密教一貫地承諾圈內人，他們會有管道取得祕密知識，而這些知識能提升他們的精神領域，帶來幸福的未來，甚至是不朽的生命（當然，也只有圈外人能看出這些密教之間具有某些共通點，儘管每個密教必然都認為自己為獨特的）。

公元二十九年左右（也許稍早或稍晚），有一位木匠之子遇到約翰並接受洗禮，他就是耶穌（Jesus）。耶穌是猶太國家運動的可能救世主中，最富領袖魅力的一位。結果他遭到當地羅馬官員逮捕，而官員只問了他一個問題：「你是救世主嗎？」對羅馬官員而言，那個問題其實意味著：「你是領導叛亂羅馬的領袖嗎？」當耶穌說「是」的時候，羅馬當局便將他釘上十字架，因為那就是羅馬對付反叛者的手法。這可不是私人恩怨，只是政策：數以千計的叛亂者在耶穌之前被釘上十字架，在他之後也還會有數千名。大部分的羅馬人根本不知道耶穌這號人物，也不知道他已經死亡。但耶穌有不少信徒，其中幾位在他被釘上十字架後，開始低語說他沒有死，說曾在某處瞥見他的身影，就像你我般還活得好好的。這些說法流傳開來後，耶穌的信徒激增，而這個耶穌運動很快就偏離猶太教主流。

猶太教本身難以遍及羅馬世界，因為它的信仰系統和特定民族綁在一起。它堅持上帝和亞伯拉罕的後裔之間的聖約。假使你不是亞伯拉罕的後裔，那你就不是聖約的一部分。耶穌的信徒後來改變了這套教義，傳道者保羅首開先聲。保羅不曾見過耶穌，但他有天在去大馬士革的路上戲劇性地皈依基督教。根據保羅的說法，耶穌提倡的不是上帝與任何特定民族之間的聖約，而是上帝與所有人類的聖約。帝國境內的任何男女都可以認為自己屬於那個聖約。

保羅自己是猶太人，認可《妥拉》（*Torah*）為經典，因為基督的信徒在那個年代沒有其他經典，記載耶穌言行的《福音》（*Gospels*）是後來才出現的。到那時，基督徒將《妥拉》重新塑造為《舊約》。但對猶太人而言，《妥拉》從未變成《舊約》，《妥拉》就是《妥拉》。

主流猶太人繼續等待他們的救世主，基督徒則相信他已經來臨。然而，他們口中的彌賽亞和猶太人的並不相同。主流猶太人認為，宣稱在這個世上某個以人類之姿走來走去的人是上帝，簡直是最糟糕的褻瀆。但對基督徒而言，這反而變成信仰的主軸。根據基督徒的說法，上帝的確許諾他的子民一個王國，但那不是像人世間的某種不動產，而是天國，基督徒在死後的永遠居所，有點像古埃及人想像的死後世界。要想被猶太聖約包納，你得是猶太父母所生，遵照猶太律法過活，男人得接受割禮（想了就痛）。但要被耶穌運動包納，你只要接受洗禮並相信耶穌就好，任何人都能加入。

在羅馬世界裡，「上帝也是人」的概念並不需要太大的觀念跳躍。世俗—異教世界裡滿滿都是這類人物。比如，大力士赫拉克勒斯（Hercules）和古希臘第一勇士阿基里斯（Achilles）就有超自然天賦，因為他們是受孕於神的人類母親所生[3]。在耶穌基督要被釘上十字架的那個時候，羅馬菁英宣布奧古斯都大帝已經成神。因此，基督教和希臘羅馬文化之間並沒有那

2 古希臘與希臘化時代色雷斯人的信仰。

3 在阿基里斯的案例中應該是反過來，父親人類，母親則是神。

麼對立，而是在與該文化的各種體現競爭。拒絕基督教的羅馬人同意人可以成神，但拒絕接受世上只有一個神。拒絕基督教的猶太人同意世上只有一個神，但拒絕接受基督（或任何人）就是上帝。

基督教就在這兩個明顯矛盾的敘事重疊之處崛起，它綜合兩種敘事，從中擷取某些主題，摒棄掉那些不契合的。新運動在公元七十四年的事件後明確轉向，當時大約九百名猶太叛軍在馬薩達（Masada）堡壘裡遭到圍城，他們寧願集體自殺，也不願向羅馬統治者投降。

此時，只剩下一小部分基督徒生來就是猶太人，愈來愈多的人則是異教徒改宗者。猶太人反叛羅馬，是為了替自己的部落建立國家，但新基督教皈依者對此漠不關心。他們已經因為身為基督徒而得罪羅馬當局，何必再自找苦吃，也去忍受羅馬人對猶太人的報復？更何況他們並非猶太人，也永遠不會是。正是在此一背景下，「讓凱撒的歸於凱撒」這句耶穌基督對基督徒的建議有了新的意義：更強調基督徒和猶太人之間愈來愈明顯的區別。對信奉希臘與羅馬異教的人文主義者來說，將世俗世界和天上世界區分開來的概念，聽起來其實相當熟悉。然而，對黎凡特的猶太教而言，「歸於凱撒」這種說法毫無意義。沒有東西歸於凱撒，萬事萬物皆歸於上帝。

因此，在羅馬世界的社會星座銀河裡，猶太教就是在堅守自己的社交泡泡。反之，基督教就像葛藤般蔓延開來。它能如此神通廣大有兩個理由。首先，它契合希臘與羅馬概念，也就是承認世俗領域和神的領域兩者都存在，但卻存在於不同的地方。其次，基督教能打動大批聽眾，因為它直接訴諸於帝國大部分居民真正過的生活和人生。當我們想到羅馬的雄偉之處，我們想到的是浴場、宴會和好幾碗剝皮葡萄——但那些葡萄可不會自己剝好皮。所有古代社會都將奴隸看成正常現象，但羅馬人比大部分的社會還更加仰賴奴隸制度。在這個帝國裡，奴隸不只是僕人和性奴，還是生產工具。他們挖鹽礦，敲石頭，划帆船，在廣袤的農地上耕田。羅馬自由人擁有的奴隸若少於四位，就會被視為生活在貧窮線之下，而富有之人的奴隸可多達五萬名。奴隸制度是羅馬軍國主義無可避免的副產品，因為羅馬人在共和國時代不斷東征西討，征服新的領地，拖回數以萬計的俘虜。等耶穌基督被釘上十字架時，帝國裡的奴隸人口已經超過百分之二十五。

再者，如果你是位想謀生的羅馬自由人，考量到你能從事的工作大部分都能被免費的奴隸取代時，你能有什麼樣的待遇？這導致在羅馬帝國裡，大部分的人不是悲慘的奴隸或窮苦的佃農，就是失業或住在貧民窟裡。對於後者，國家提供免費娛樂和僅夠溫飽的麵包，好讓他們安於現狀。

對活在共和國黃金歲月裡的羅馬菁英來說，異教徒框架真實無比，因為這解釋了他們每日周遭所見。羅馬菁英們會舉辦儀式或述說故事，然後就勝利不斷，興建城市，富者愈富。這很容易讓他們相信窮人會窮是有理由的，而身為奴隸是失敗者活該承受的後果。

但對所有的奴隸和乞丐來說當然並非如此。對他們而言，從公元元年開始的這種異教徒敘事所描述的世界簡直毫無意義。直到基督教出現，基督教告訴他們：今世只是死後世界的試煉，而最窮苦、最溫順和最受壓迫之人會通過這項試煉，能夠永遠住在幸福的天國裡；羅馬菁英會是最失敗的一群人，因為對他們而言，進入天堂會比駱駝穿過針眼還難。一切在基督教敘事的框架下都顯得合情合理了。啊哈！這就是敘事的力量。

異教國家蓋起舞臺，以獅子撕碎基督徒作為公眾娛樂，試圖撲滅基督教。這事可能並不常發生，但它畢竟發生過好幾次。無助之人被獅子吞噬的景象必會點燃野火般的故事。這種公眾娛樂是國家恐怖主義的展現，也是恐怖主義運作的方式：恐怖的不是肉身毀滅，而是故事和報導所傳達的恐慌情緒。這同樣也是敘事力量的展現。

在角鬥士的競技場上，有兩股敘事正在角力。一股是挾帶暴力的羅馬國家威脅：「我們能以最可怕的方式殺害你。」另一股則是基督教殉教者，他們在面對死亡前的可怕平靜裡訴說著：「對基督徒而言，死亡不過是通往永生的門。」國家可以傳播可怕的故事，但卻無法控制人們聽到這些故事時的反應。當基督教殉教者在被吞噬時還高聲讚美基督，那只會使基督教敘事更顯真實。政府讓恐怖加劇，卻使得基督徒的結局更為迴腸盪氣，令人緬懷不已。羅馬國家對消滅基督教所採取的措施反倒促使其成長。這兩股敘事所競爭的並不是誰擁有打敗對方的武力，而是在比較催生意義的能力。

當羅馬社會的奴隸制度與不平等現象愈來愈惡化，其官僚機制就開始失去內在一致性。與此同時，基督教網絡則不斷發展茁壯。基督徒自成一格，照顧自己人，與自己人之間有效溝通，在需要時聚集起來以化解社群危機。為了自己的子民，基督教網絡逐漸發展出某些政府功能。在異教羅馬的生命力從內在腐化時，基督教開始由外而內遍布這個國家。

到了第四世紀，基督教已經變成世人眼中的影子國家，與世俗羅馬國家相對。在世俗國家裡，羅馬皇帝統治整片國土。國土劃分為行省，每個行省有自己的總督，每個總督下轄管理分區的行政官員。在所有行省境內，官員遵循單一官方成文法運作，這些法律界定了人們的行為舉止和互動方式。

在基督教的領域內，也出現像行省這樣的劃分單位，基督教其稱為教區，每個教區皆由主教管轄。大都市的主教稱做都主教，他們比鄉下的主教擁有更大的權威，鄉下主教則有規模較小、較為分散的信眾。這些主教全遵照衍生自《福音》的教會法運作，而這套成文法後來逐漸擴充，就像羅馬法也衍生自十二銅表法的原則一樣。在所有的主教中，有一位的權威高於其他人，那就是羅馬主教（不然還會有誰呢）。稍後這人會繼承大祭司的頭銜，就是前基督教時代，羅馬異教儀式中最高行政官的頭銜。也是在後來，這位基督教羅馬的最高官員會被稱為教宗。

在第四世紀，羅馬皇帝君士坦丁大帝（Constantine the Great）最後屈服於現實，承認基督徒建立的行政機構會比古代羅馬殘留下來的腐敗體系更能有效管理遼闊的帝國。公元三二〇年的某場關鍵戰役前夕，君士坦丁大帝聲稱在天空中看見十字架。他受這個徵兆所啟發，因而揮舞著基督教旗幟上戰場。大獲全勝後，他宣布基督教合法化，並將首都遷至君士坦丁堡，開始將帝國轉化為基督教帝國。失去官方支持後，異教徒敘事開始衰微。公元三九五年，皇帝狄奧多西一世（Emperor Theodosius）更完成了最後一里路：禁止異教信仰。他讓基督教成為羅馬帝國的官方宗教，也就是唯一得到國家背書的宗教[4]。繼承希臘的羅馬敘事現在與繼承黎凡特的猶太敘事兩相網合。

君士坦丁大帝在皈依基督教後，不僅將基督教網絡轉化為他自己的羅馬官僚體制，也使他自己成為基督教教會領袖。三二五年，當教義爭論威脅全球基督教社群的團結時，皇帝本人召開主教會議，要主教們決定基督徒該相信什麼。那個教會會議誕生了《尼西亞信經》（*Nicene Creed*），建立三位一體的信條。羅馬基督徒擁抱的核心信條是：上帝是單一的神，但也是聖父、聖子和聖靈組成的三位一體。三位本質相同，都是單一上帝，是三位一體，也是唯一。

值此之際，相互重疊的敘事也在帝國其他地方產生摩擦。羅馬以北住著大批日耳曼部落，羅馬自凱撒時代開始就在和他們交戰。順便一提，他們沒有人自稱是日耳曼人。他們以特定名稱稱呼自己，如哥德、汪達爾（Vandal），或蘇維匯人（Suevi）。每個族群都說著自己的部落語言，儘管類似但不必然和鄰近部落的語言相同。日耳曼語在那時還不存在。

實際上，日耳曼是這些部落的羅馬名稱，它的意思比較接近「老是製造麻煩的北方流氓幫派」。對羅馬人而言，他們就像中國人眼中的匈奴。然而，日耳曼人並非游牧民族，他們是生活在茂密森林裡的農夫。那些森林土地堅硬潮濕，難以耕作，日耳曼人則試圖以此為生——對那些沒有鋼鐵犁的農夫而言，日子特別艱辛。草原的游牧民族發展出與環境完美契合的生活方式，也就是放牧。而北歐的日耳曼部落不完全是游牧民，但也不是定居民族，而是無法安居、焦躁不安的窮苦農夫，無休止地移動，以求取更好的土地和更好的環境。這份追尋逼得他們持續往南。

每當日耳曼人侵擾羅馬人時，兩個不相容的世界歷史敘事就會彼此摩擦。日耳曼人沒有城市，對城鎮生活一無所知。他們的社會由戰爭酋長掌管，從森林密布的山頂堡壘統治一小塊土地。堡壘裡不只住著親族，還有他們的家臣，這幫人藉由對彼此宣誓效忠而結盟在一塊。日耳曼人非常看重這些誓言。

老百姓住在堡壘周遭的村莊，他們在本地戰爭酋長的統治下從事繁重勞動的農務。這個世界裡的另一個重要人物是法官，他仲裁不同貴族領地之間的糾紛。法官　職並非靠人指定或遴選，而是靠長年累月累積崇高尊敬，使其他人敬重他們的判斷。因為這些部落沒有書寫文字，法官不會以成文法審判，而是基於部落傳統做出判決，充其量只能按照前例：如果一個裁決在過去是這樣，那它現在也應該是這樣。法官得擁有豐富的人生經驗、天才般的記憶能力，以及對自己人民的深刻認識。

法官的權威無法世襲給兒子，兒子們必須自己贏得這個地位。領主也不一定會將侍從遺

4 作者注：猶太教仍舊合法，但法律也壓迫猶太人。比如從這時開始，帝國中的猶太人不得再合法擁有土地。

贈給兒子，因為忠誠誓言僅限於發誓的人之間。當一方死去，誓言便失效，兒子們得要重新贏得他人敬重。日耳曼人的世界建立在個人人脈和網絡，以及個人交易和承諾上。

大約在公元第二世紀，日耳曼人加快了遷徙腳步。在邊疆的部落積極挺進羅馬領土。他們會向前挺進是因為他們被逼得如此：中亞出現了新的遷徙潮。羅馬人稱那些新移民為斯基泰人，但那其實只是羅馬人對「不是日耳曼人、但又會製造麻煩的野蠻人」的簡稱。

斯基泰人是始於遠東最西端邊界的移民。他們的根源可追溯到匈族游牧民，後者從遠古以來就在掠劫中國。一旦長城興建完畢，偉大的漢朝統一，中國人就能阻止這些部落掠劫他們的世界。但草原游牧民族靠放牧與掠劫為生，如果不能掠劫中國，他們就會轉而掠劫別人。誰是下一個倒楣鬼呢？亞洲草原充斥著游牧民族，但劫掠其他游牧民族搶不到什麼好東西。事實上，其他部落的年輕男子多半會在他們掠劫的路上加入他們，而不是和他們對戰。游牧民族掠劫者需要的是可以掠劫的城市。其中一支游牧民族——嚈噠人（Hephthalite Huns）——往東和南前進，朝印度而去。他們在往南的路上碰上貴霜王朝，將他們消滅，奪走他們的城市。這些游牧民族自己很快便成為定居的城市居民。

其他草原游牧民族則往西，但往那個方向的掠劫者得走很遠，才能遇上可以洗劫的大都市。他們的掠劫小族群因而有時間壯大為雜牌軍。等到這批掠劫者出現在歐洲時，他們已經是成為一支凶猛的部落，也就是羅馬人口中的斯基泰人。斯基泰人的士兵來自一路上各地民族加入的混雜人等，因此我們不能在他們身上套用任何單一種族或語言標籤。甚至連領導這批暴民的匈人都是雜牌軍，但他們的核心團體說著類似蒙古語的阿爾泰語，類似現代土耳其人，以及曾一度侵擾中國的匈奴人所說的那種。事實上，匈人（the Huns）就是匈奴。他們開始向歐洲挺進，使已經在那裡的移民生活情況更加惡化，這群移民就是日耳曼人。這就是中國的長城在阻擋草原掠劫者後，如何導致羅馬挫敗的真相。

雖然如此，我們不需要將它稱做羅馬的「衰亡」。這個詞引人聯想各種畫面：尖叫的野蠻人攻打城牆，終於攻破後兵臨一個偉大優雅的城市，大肆掠劫和強暴蹂躪。事實並未這麼誇張。首先，不像中國，羅馬沒有長城（除了不列顛的那幾英里哈德良石牆外）。羅馬有的大部分只是到處駐守的衛戍部隊，試圖阻止日耳曼人闖進羅馬領土定居下來。羅馬軍隊在前線和日耳曼部落時有衝突和小規模戰鬥，但不是整天都在打仗。大部分時間，他們僅是彼此在遠處點點頭，在靠近時相互大叫辱罵，用一點肉類換一點麵包，和彼此的女性調情，或在不打架時一起痛飲啤酒。

隨著時間推演，住在邊界模糊地帶的日耳曼人學了一點拉丁語，因此必要時能和羅馬軍隊討價還價。如果他們能弄到一些羅馬服裝更好，因為羅馬服裝比他們自己的要好。有時候，被俘擄的羅馬人會淪為日耳曼人的奴隸，和他們日夜相處，或是日耳曼人被羅馬人俘擄，在帝國中以奴隸的身分過活，然後逃回家，帶回一點高傲的文化態度。

有位被同化的哥德人叫做烏爾菲拉（Ulfilas），他跨立在兩個世界之間。他以基督徒的身分長大，並成為主教。公元三五〇年左右，烏爾菲拉主教將《聖經》翻譯成哥德語，使用的是他自己發明的字母。但哥德語無法完全對應拉丁語或希臘語的所有字。哥德單字出現的背景，與在聖地的早期基督徒的情況非常不同。當烏爾菲拉用哥德字來表達基督教概念時，他寫出了一本些微不同於羅馬和君士坦丁堡教會所使用的《聖經》。雖然如此，一旦有哥德語《聖經》出現，日耳曼部落就開始改宗——改信他們的新種基督教。

烏爾菲拉拒絕三位一體的《尼西亞信經》，採納北非一位頗具爭議的亞流主教（Bishop Arius）的主張，他教導信眾世上只有一個上帝，也就是一位聖父。耶穌基督外表像上帝，但本質上並非上帝，而是上帝的創造物之一（雖然是其中最光輝耀眼的）。日耳曼人較受亞流而非尼西亞信吸引，也許是因為在他們的世界裡，當兒子的成就堪比父親的成就時，就會產生權力鬥爭，混亂便逼近；也許亞流教條讓人感覺比較貼近現實。話雖如此，不論新派別的基督教對信條做出何種修正，此舉仍使日耳曼和羅馬的區別變得更加模糊。在基督教這個大星座裡，這兩個衝突的概念體系變成兩顆不同的星星。

然後網合開始了。與對東部邊界波斯人的態度不同，羅馬人並未將日耳曼人視為嚴重禍害，而把他們看作流氓，其野蠻行徑威脅到文明秩序。但當羅馬人招募新兵時，他們想要的是最強悍的人，粗暴吵嚷的日耳曼人正好合乎他們的要求。而對身無分文的日耳曼人而言，羅馬軍隊意味著三餐溫飽，有地方可以睡覺。日耳曼人開始大批進入羅馬軍隊當兵，他們並不認為這是種背叛，因為他們並不自視為「日耳曼人」。他們是有和羅馬人打仗，但和其他「野蠻」部落打的仗可也沒有少過。

羅馬軍隊傳統規定，將軍要和軍隊分享戰利品。在前線上，羅馬將領（有時是日耳曼人）打敗掠劫部落（大部分是日耳曼人），將搶來的戰利品分給士兵（往往也是日耳曼人）。由於首都如此遙遠，中央政府因此有理由採納「任命前線將領為民政當局」和「讓前線將領主持其所在地的羅馬統治秩序」這兩項政策。這些將領被稱為「最高軍事指揮」（comes），後來演變成「伯爵」（count）。有時候，日耳曼酋長會侵入羅馬領土，並成功奪取幾塊地；而對羅馬而言，既然他已經控制那些地方又要求錢財，那何不乾脆把錢財當作他的薪餉，再封他為該地的總督？於是這些迷你國王就成了「統帥」（duces），後來演變成「公爵」（duke）。

你可以看出後來會如何發展了：羅馬和日耳曼世界混雜在一起。愈來愈多羅馬化的日耳曼人，變成愈來愈日耳曼化的羅馬世界的人力資本。日耳曼人不是在試圖毀滅羅馬，他們是在試圖變成羅馬人。

對圈外人而言，想在勢利的羅馬社會裡攀上晉升的階梯可謂難如登天，但若是在羅馬軍隊裡晉升呢？這就是大有可為的升遷管道。一位真正精良的戰士可能成為羅馬禁衛軍，那是負責保護皇帝的護衛部隊。這些保鏢因此得到罷黜和扶植皇帝的權勢。最後，他們大部分都變成日耳曼人。而有時候，他們會擁護自己人登上王座。

第四世紀，羅馬帝國陷入一場史詩掙扎，與一位叫亞拉里克（Alaric）的優秀哥德國王對決。羅馬有自己的優秀總司令斯提里科（Stilicho），他和亞拉里克戰至難分難解，救了帝國好幾次。但最後斯提里科殞落，兩年後（四一〇年），亞拉里克就攻陷羅馬。歷史學家有時說這才是羅馬的衰亡之年。

啊，但還別這麼快就下定論：亞拉里克的父親也是位哥德國王，他曾和羅馬簽訂友好合約。亞拉里克八歲時被送去君士坦丁堡作為人質。他在東部首都長大，酷愛羅馬的生活方式。他受羅馬式教育，會讀會寫，能說流暢的拉丁語和希臘語——一點也不符合「拿著斧頭的尖叫野蠻人」這個形象。

而斯提里科這位羅馬將領呢？這個嘛，他的父親是位汪達爾人。汪達爾人是另一個源自遙遠北方的日耳曼部落。斯提里科年輕時加入羅馬騎兵，在軍中升遷，直到爬到足以和羅馬貴族女性結婚的高位。他可不符合堅忍剛毅的羅馬貴族形象。事實上，亞拉里克和斯提里科年輕時曾在羅馬軍隊中共事。他們那時是戰友——幾乎算是朋友！

在亞拉里克之後一代，匈人蹂躪羅馬世界邊境。在可怕的阿提拉帶領下，他們往羅馬出征，而羅馬卻人無法阻止他們。這是羅馬衰亡的時候嗎？不，阿提拉在匈人抵達羅馬前死去，而沒有阿提拉的領導，他的軍隊便土崩瓦解了。

不久後，汪達爾人掠劫羅馬（因此使他們的名字與粗暴毀滅[5]同義）。那是羅馬的真正衰亡嗎？還不是。汪達爾人洗劫羅馬三天三夜，但遵守與教宗的承諾，沒有四處殺人和破壞建築。三天後，他們返回迦太基的老家，那是重建後的羅馬城市。以那個首都為中心，汪達爾人以大致上算是羅馬的方式，統治一個北非王國，即汪達爾王國。他們維持羅馬稅賦，活得像羅馬人：他們贊助戲院和競技場，開放圖書館，喜歡歌手和啞劇表演，在整治良好的公園裡散步，無疑還懶洋洋地躺在香噴噴的浴池裡，吃著剝好皮的葡萄，縱情於色欲。

事實是，羅馬從未衰亡。它一開始是個拉丁世界，擴張時沉浸在希臘的旋律裡。這個希臘羅馬混合體後來基督教化。最後，基督教化的希臘與羅馬世界又再日耳曼化。活過羅馬陷落的人們不知道羅馬正在衰亡，他們只是以為羅馬正在改變。日耳曼人從圈外人變為圈內人，當他們滲入西方世界時，也瓦解了古代帝國的結構，將它變成半獨立堡壘和村莊的綜合體，小國王和更小的公爵和甚至更小的伯爵林立。活過這些改變的人們看到的不必然是衰微。畢竟，他們中有很多人是日耳曼後裔，他們的部落在好幾個艱困的世紀以來都渴望找到能耕作的肥沃土壤，現在他們終於得到了。這怎麼會是衰微？

回到遙遠的四世紀，羅馬皇帝戴克里先（Diocletian）下令，自由農民不能離開他們的土地或改變工作。這類法律將歐洲農民變成農奴（serf）。農奴不是嚴格定義下的奴隸。他們是資產，與土地不可分割，就像樹木和溪流，礦物和野禽。得到土地的人也會得到農奴。日耳曼人沒有把農奴制引進歐洲，而是從過去的羅馬繼承這個制度。但他們對其毫不排斥，因為這個制度恰恰符合他們正在創造的世界，也就是由領主統治的自給自足的農業單位。這全都在一個以基督教為中心的框架裡發生，而這個框架可追溯到古羅馬的政治結構。

5「故意破壞」（Vandalism）此字詞即源自汪達爾（Vandal）。

再往東去，國家仍維持一統。羅馬演變成拜占庭帝國（它仍舊自稱羅馬[6]）。東方的教會繼續要求國家的保護——至少他們還有國家可以要求。東方基督教因而變成國家之內的教會。

然而在西方，國家卻開始消失，留下羅馬主教自己捍衛人民。他得承擔起傳統上由政府處理的責任。他從自己的地產上分發糧食，免得羅馬人民餓死。他有時會雇用軍隊來維持秩序。他承擔起替許多小國王和公爵調停的責任，那些人現在掌控物質生活。他與倫巴底王國[7]這類軍閥協議合約，後者是從北方下來的最後一支日耳曼入侵部落。

公元五九〇年，額我略（Gregory）成為教宗，他是羅馬元老院議員的兒子（對，到公元第七世紀時，羅馬世界仍舊有元老院）。額我略一世宣布自己的地位比其他主教都還要高。他不是在與主教們平起平坐的第一主教，而是整個基督教體制的領袖。西歐的地方主教乖乖聽命，讓出愈來愈多的精神和教義權威給這一位中心人物，即羅馬主教。等額我略死時，也就是六〇四年，他的地位幾乎等同於羅馬皇帝。希臘、羅馬、黎凡特和日耳曼世界的歷史敘事的網合現在完成了。

伊斯蘭世界

值此之際，離君士坦丁堡東南方大約兩千英里處——這裡離羅馬太遠，羅馬人對其漠不關心——另一個劃時代戲劇正在開展，而且非常不同於歐洲。在這個世界的中心有位穆罕默德（Muhammad ibn Abdullah），他幾乎算是額我略的同代人。教宗的生卒年是五四〇到六〇四年，穆罕默德則是五四〇到六三二年。公元六一〇年，穆罕默德已經邁入中年，他跑進阿拉伯沙漠裡的一個洞穴，出來時滿腦子都是啟示。他回到麥加的家鄉，那是個位於紅海沿岸、生氣蓬勃的貿易小城鎮，然後開始傳道。他不只是發表演講，還滔滔不絕地結合抒情般的語言和咒語般的風格講道，其語言和平常人們說的話迥然不同。他說他傳遞的是真主的訊息。

如果你今天看見一個男人在街上這樣，你可能會認為他發瘋了。但在穆罕默德的文化環境裡，沒有人會這樣看他。他的行為恰恰吻合他的時空背景。就像耶穌在他的時代曾被視為許多傳播革命性復興訊息的猶太領袖之一，穆罕默德也隸屬於這個古老的傳統。前伊斯蘭時代的異教信仰特色就是擁有詭異能力的神祕先知，他們能以常人難以理解的語言和眾神溝通。先知會進入恍惚狀態，發出神祕的聲音，然後清醒過來，告訴人們剛剛神祇說了什麼[8]。

穆罕默德的同代人也有其他人自稱是神的使者。當穆罕默德開始傳道時，人們瞭解他所自稱的人物為何。他們以前就看過這種人。他們僅會懷疑這個人物的真實性。他真的能和超

6 後人亦稱東羅馬帝國。

7 作者注：倫巴底人相信主神沃登（Wodin）喜歡留長鬍子的男人。根據他們的故事，他們有次騙沃登幫他們打贏一場戰役，方法是讓女人穿得像男人，將頭髮綁在臉前，活像罕見的長鬍。在勝利後，這部落便以倫巴底人（Langobards）著稱，意味著「長鬍」（long beards），後來演變成Lombards。

8 作者注：使徒保羅在他開始「胡言亂語」時，充分利用這個相同傳統。

自然溝通嗎？畢竟任何人都能假裝是先知。麥加人發現穆罕默德的核心精神啟人疑竇地華而不實，認為他也許只是為了追逐私利。穆罕默德宣稱只有一位真主，而他是這位真主的唯一使者，這位真主是唯一的神。在十年的傳道中，使者穆罕默德只得到少數信徒。然後他領導信徒沿著海岸北上到一個叫雅士里布（Yathrib）的城市，後來很快便重新命名為麥地那（先知之城）。在那裡，穆罕默德建立起自己的領袖身分，並將他的信徒逐漸打造成勢力龐大的教派。

典型的伊斯蘭故事往往將穆罕默德描述成一個純樸簡單、目不識丁的牧民，住在世界上不起眼的角落。穆斯林和非穆斯林都努力栽培這個形象，因為這強化了穆罕默德的奇蹟生涯。事實上，穆罕默德所在的阿拉伯半島是遙遠香料貿易網絡的中心，在第七世紀時便已歷史悠久。穆罕默德不是牧民，而是一位總裁，掌管他妻子所擁有的成功貿易公司。阿拉伯半島的駱駝商隊在所有古老城市文明之間川流不息，載著從埃及來的貨物到美索不達米亞，從黎凡特到漢志（Hijaz），從地中海到印度洋，從紅海到波斯灣。可千萬別搞錯，這些人暴露在廣大世界的影響和資訊之下，可謂見多識廣。

猶太教和基督教就像父子，因為基督教是猶太教的分支。另一方面，猶太教和伊斯蘭教比較像堂兄弟，彼此不是分支。但兩者都可以追溯到相同根源：亞伯拉罕一神教。它們在精神上相仿，但兩者卻都和基督教沒那麼相似。猶太先知不認為宗教和世俗之間有所區別，穆罕默德也同意這點。對猶太部落而言，遵照上帝的法規和他們作為一個民族如何在歷史中自處息息相關。穆罕默德的概念體系遵循相同邏輯。再者，穆罕默德以社群取代部落的概念——而這個社群可不是任何社群，而是唯一的社群。部落是你與生俱來的，但伊斯蘭社群的部落則是後天的，任何人只要擁抱核心教義就可以加入。真主只有一個，而穆罕默德是祂真正的使者。伊斯蘭教甚至沒有基督教洗禮般那種入會儀式。如果你想入教，你只須說出清真言。

對阿拉伯半島的穆斯林而言，如果猶太人像堂兄弟，基督徒就像遠親。對，他們也有個偉大的先知，但基督的追隨者誤讀了神的訊息，掉入某種異教理論，因為如果神能有個兒子，為何祂不能有父母、叔伯、姪子和嬸嬸阿姨？對穆斯林來說，聖父聖子聽起來太像宙斯爸爸和兒子柏修斯（Perseus）。對他們而言，一如猶太人，一神教是你不能隨意擺弄的原則：唯一的神是核心真理。

從一開始，穆斯林對他們宗教的體驗便是政治性的。伊斯蘭教是個社群，伊斯蘭教便是這個社群的政府，也是社群的法律。當穆罕默德帶著信徒遷徙到麥地那時，他就像是終於找到交響樂團的指揮家。如果真主的命令真的是理想社群的建立根本，唯一能證明的方式是由神的使者來管理一個社群。如果真主真的是透過他來傳遞訊息，社群就會繁盛昌榮。這個主張和任何科學實驗一樣具體，而實驗結果似乎戲劇性地確認這個假說，因為在這名使者的一生中，其社群拓展到整個阿拉伯半島，吸納所有長期爭鬥的阿拉伯部落，形成一個統一的社會政治框架。在短短三代間，這個社群和其思想星座從直布羅陀巨巖擴展到喜馬拉雅山山麓。它由哈里發（khalifa或caliph）統治——這個頭銜意謂此人既不是以國王也不是以先知的身分，而是以神的管理者的身分治理，根據使者所給的指示來管理社群。在實踐上，哈里發國迅速分裂為兩個哈里發國，然後變成三個，每個都宣稱自己是唯一的哈里發國。因此，單一普世的伊斯蘭國家愈來愈變成空論。但當單一國家消失時，「伊斯蘭世界」（Dar-ul-Islam）這個詞卻變得愈來愈有重要，暗示著即使伊斯蘭不是單一政治國家，它絕對仍舊是某種單一事物。

使者死後，他的信徒根據其波瀾的人生範例萃取出一套正式教義，最終可總結為「五功」：一、你得作證真主的單一性和認可穆罕默德是祂的使者。二、每天祈禱五次。三、捐贈收入的百分之一給慈善機構。四、在每年的特定月份中齋戒。五、如果負擔得起（若不行也會獲得原諒），一生中至少到麥加朝聖一次。任何達成五功的人都能成為社群一員，就這麼簡單。

但那個簡單的核心很快便變成一套規則複雜的上層結構，這是由五功的第一項衍生出來的。因為如果你接受穆罕默德是真主的使者，那麼你的行為可能就得完全遵照使者的指示和範例，甚至包括那些被其他社會視為世俗事務的面向。因為那些指示是來自真主。

穆斯林將其宗教社群視為政治實體，意味著一股腦地征服鄰居不會引發困難的道德質疑。伊斯蘭是個國家，而征服鄰國就是國家會做的事：亞述、波斯、羅馬、埃及全都這麼做了。穆斯林認為他們的軍事行動和其他人不同，因為他們有高貴的目標：鞏固遵循伊斯蘭法律的社群存活，因而確保真主的意志會延續並在世上彰顯，提供模範，吸引其他人皈依光明。穆斯林掌管政府後，穆斯林的生活方式就不會受阻，啟發就不會受到掩蓋。這份使命感確保穆斯林社群的興盛，並以此來擴張其政治邊界。

基督教是透過強大帝國裡的奴隸和窮人信奉而發跡，而伊斯蘭教則是作為獨立自治小團體之宗教而崛起。基督教以接管其所在國家的體制來取得政治力量，伊斯蘭教則是以征服鄰國和鄰國的鄰國來取得政治力量。兩者殊途同歸，都變得既龐大又強而有力。

伊斯蘭教拓展的同時，政治控制迅速轉化成在穆斯林統治下的文化伊斯蘭化。儘管那些住在穆斯林統治地區的人絕對不會被迫改宗伊斯蘭教，因為使者曾說「對於宗教，絕無強迫」，但對任何住在這類領土上的人來說，成為社群的成員有其好處，而如果你皈依，你就能得到那些好處。假設你不肯皈依，那是你的損失。而你也真的有損失：你得付非穆斯林的人頭稅。

許多北非基督徒是曾經擁抱亞流信條的日耳曼部落後裔。穆斯林神學說世上只有一個神，一個神不是三位一體，先知只是神的創造物之一。而那差不多就是亞流主教的理論。因此，從亞流基督教改宗伊斯蘭教不是很大的轉變。另一方面，君士坦丁堡教會譴責亞流信仰。只要北非基督徒仍舊被拜占庭人統治，他們就得遵守《尼西亞信經》。反之，在穆斯林統治的地區，北非基督徒就能隨心所欲地實踐基督教義，政府不在乎他們擁抱哪種形式的錯誤理論。穆斯林的確強徵人頭稅，但話說回來，拜占庭人也要求北非人繳稅。北非基督徒沒什麼理由寧願讓拜占庭統治，而不給穆斯林統治。

北非人也沒對阿拉伯文化霸權進行多少抵抗。幾世紀以來，許多民族橫掃過北非，留下某種文化大雜燴。古代腓尼基、羅馬和古希臘的遺蹟仍然星散在日耳曼、羅馬天主教和拜占庭的遺蹟旁。當阿拉伯穆斯林出現時，他們很快便將這個大雜燴吸納進他們單一連貫的世界故事。伊斯蘭敘事將混亂的世界梳理得意義分明。阿拉伯語取代了從前通行的各種語言，貿易商開始模仿阿拉伯的商業形式。服飾、藝術和建築都呈現阿拉伯風味。

第一批阿拉伯征服者駐守在地方城鎮外的要塞，以避開異教徒信仰；但人們會受到發財的機會吸引，而那就是有生意頭腦的阿拉伯人造成的效果。老舊城鎮不斷拓展，市集包圍了要塞，新城鎮也沿著海岸出現。在穆斯林統治下，北非的城市生活加快腳步。阿拉伯文化和所有早期文化的痕跡網合，成為新的綜合體。

在此同時，沿著撒哈拉沙漠南邊，由東到西縱橫整個非洲，說著班圖語[9]的人開始和北方的阿拉伯化穆斯林互動。穆斯林騎著駱駝橫越沙漠尋找黃金，但駱駝無法南下進入金礦所在的赤道叢林。為了取得黃金，阿拉伯人得和當地人做交易。幸運的是，他們有某種和黃金一樣珍貴的東西可以交易，至少對悶熱南方的人來說是如此：那就是鹽。

這樣的貿易結構，使得撒哈拉和叢林之間的草原部落成為活絡的中間商。生意盎然的城市在這個帶狀地帶冒出，一系列富饒的帝國紛紛出現，就在現今的塞內加爾、馬利和茅利塔尼亞等國所在地：先是迦納（Ghana），然後是馬利（Mali）[10]，再來是桑海帝國（Songhai

Empire）[11]，每一個都比前一個更大更強盛。迦納的源起可能早至公元四〇〇年，但它大概是在伊斯蘭崛起時變成地區強權。

金鹽交易把這些帝國的非洲人拉進由穆斯林管理的全球貿易網絡，使他們走上信仰伊斯蘭教之路。西起大西洋、東到印度洋，整個撒哈拉以南的帶狀草原地帶逐漸被納入伊斯蘭大敘事。改宗始於迦納帝國的黃金時代，而在馬利帝國時代加快腳步。首先是百姓皈依，然後是菁英。無論如何，早期純粹的非洲敘事線獲得收編和吸納：例如形同歷史記憶寶庫的口述故事傳統，和決定國王血統的母系系統進入伊斯蘭教，因而催生了獨特的非洲版伊斯蘭教。

對於從事金鹽貿易的非洲人而言，皈依伊斯蘭教意味著加入一個血濃於水且內觀的社群成員，他們一定感覺到這股伊斯蘭風潮正在席捲整個世界，尤其它的早期擴張是如此勢不可擋。最後，伊斯蘭教甚至拓展到東非，阿拉伯人在那長期以來是奴隸貿易商。阿拉伯人從沿岸非洲部落取得奴隸，以交換許多地方的產品——就像歐洲人很久以後在西非做的那樣。在這個奴隸貿易中，種族沒有造成差異。對東非沿海部落而言，內陸部落和阿拉伯人都跟自己的血緣關係很疏遠。然而，血緣與否並不能保證沿海民族不被阿拉伯人當成商品來俘擄與奴役——除非這些沿海民族也皈依伊斯蘭教，因為伊斯蘭教禁止穆斯林奴役穆斯林。因此，只

9 在非洲南部和中部普及的一種語系。
10 為西非中古伊斯蘭教帝國。
11 十五、十六世紀時的西非黑人原住民建立的帝國。

要是阿拉伯奴隸貿易商出沒的地方，該怎麼說呢，當地人就有改宗的強烈動機。

穆斯林大軍從阿拉伯半島向東進入波斯領土，他們也在這裡打了許多勝仗。一場瘟疫最近才橫掃此地，留下一片焦土。阿拉伯入侵者是強壯健康的沙漠居民，而和他們作戰的是掙扎著爬出病床的憔悴靈魂。更有甚者，統治波斯的薩珊王朝[12]古老腐敗，因陷入和拜占庭人的長期戰爭而日漸衰弱。波斯政府課徵重稅以資助這場戰爭，犧牲無數性命，結果什麼土地也沒得到。誰想

效忠這種統治者呢？當阿拉伯大軍抵達時，波斯菁英在戰場上迎戰，但老百姓卻打開城門，希望穆斯林會減少他們的稅賦，將政府趕走。

波斯帶給伊斯蘭的不是軍事挑戰，而是文化挑戰。網合在此比在北非困難，因為此地已有強大的大敘事。儘管最近衰頹，中央世界的心臟地帶仍有深厚的伊朗身分認同，這份認同可追溯至居魯士大帝和他之前的瑣羅亞斯德。

當然，此地對伊斯蘭敘事並非完全陌生。建立在神的指示上的神聖社群概念、善惡力量的對抗、今日所做所為將在最終審判日遭到判決、行善之人死後會永遠住進至福花園——這些都在瑣羅亞斯德世界裡得到一些共鳴。對波斯來說，伊斯蘭教的教義是可以接受的。伊朗人瞧不起的是從西邊荒地來的粗野沙漠居民的文化。任何阿拉伯文化較優越的想法都會惹惱他們：伊斯蘭教沒問題，阿拉伯文化則是想都別想。

然而，正如日耳曼人對基督教做出修改，伊朗人也擁抱自己的伊斯蘭教版本，進而在伊斯蘭世界中確保安身立命之所。在伊朗人的什葉主義（Shiism）版本中，穆罕默德死後，他的神聖任務立即被阿里（Ali）的敵手劫持，而阿里不僅是穆罕默德的女婿，也是穆罕默德指定的繼位者。接著，阿拉伯哈里發謀殺了阿里的指定繼位者，他的兒子哈桑（Hussein）。巧合的是，哈桑娶了一位波斯公主沙巴努（Shahrbanu）。她為哈桑生下的兒子因而擁有波斯

12 又稱波斯第三帝國，最後一個前伊斯蘭時期的波斯帝國，公元二二四至六五一年。

血統，並且是有資格取得穆罕默德權威的下一位神聖指定繼位者。以這個方式，波斯人和穆罕默德的後裔建立起血脈聯繫。哈桑戲劇性的殉教使他在什葉派伊斯蘭教中成為救世主般的人物：他被允許代表罪人向真主說情。什葉派紀念哈桑的忌日，那是他們日曆中最神聖的一天。什葉派源自阿拉伯半島，但他們在穆斯林社群裡是異議宗教少數，而波斯人也是蓬勃發展的伊斯蘭帝國中的異議文化團體。因此，兩股潮流交織成伊斯蘭這塊布料的另一條獨特的線。美索不達米亞、黎凡特、北非、希臘，以及波斯主題，如今網合成一個更龐大的新社會星座，自稱為伊斯蘭世界。

與此同時的中國

在第七世紀，正當伊斯蘭世界開始成形，歐洲陷入封建曙光時，中國也有大事發生。有位勇猛巨人從煙硝四起的王國爭戰動盪中崛起，那就是隋文帝。他幾乎算是先知穆罕默德和額我略教宗的同代人。

然而，隋文帝主導的改變並未產生像伊斯蘭世界或羅馬之後的歐洲那樣的結果。中國已經是自己的社會星座，其形狀和意義是由獨特的中國式大敘事所賦予。在這套敘事中，宇宙會循環不已，而新的循環正要開始。隋文帝就像秦始皇的神祕迴響，他就像那位早期巨擘，將彼此交戰的王國變成大一統帝國。等他完成時，「中國」(the Middle Kingdom）又重振威風。公元五八五年[13]，隋文帝宣布自己是隋朝的第一位皇帝，以此身分統治十九年。當他在公元六〇四年死去時（額我略教宗在同年死去，而這是在穆罕默德聲稱自己是神的使者的六年前），他的兒子煬帝繼位，而他是一個更魯莽無情、野心勃勃的巨人。煬帝在六一八年遭到暗殺，隋朝因而結束，那是在穆罕默德遷徙至麥地那兩年前；對穆斯林而言，那個時刻標誌著歷史的開端。中國的重生和伊斯蘭教的崛起基本上是同時發生的事件。

就像秦始皇，隋文帝在中國社會上強加一套官僚體制。秦始皇明確規定每個農家必須種什麼作物；文帝的均田制則宣稱所有的土地都屬於皇帝，而皇帝將以他覺得適合的方式分配土地。任何能在土地上創造價值的人都能得到耕田。能得到多少地則仰賴他們具有多大的生產力。土地會定期重新分配，因此就算出了問題，也可以靠重新分配來修正。

秦始皇興建了長城：它賠上超過百萬條勞工性命，但解決了自古以來關於游牧民族的問題。隋朝皇帝則興建大運河，它也賠上超過百萬條性命，但它解決另一個中國星座的關鍵難題。在隋朝皇帝之前，其實存在著兩個中國。北方中國有大部分的人口，南方中國則生產大部分的米。從南到北的貨物運輸大部分走海路，而善變的海流、暴風和海盜則讓貨物損失大半。糧食極少經由陸路運輸，因為南方到處是沼澤山丘，馱獸難以通行。

兩位隋朝皇帝以內陸水道連接南北，解決了這個問題。大運河至今仍在，仍起著興建時

13 應為公元五八一年。

的作用[14]。叫它運河，其實是有點小看它了。隋朝皇帝的成就是在地球表面刻畫出一條巨大的人工河流，聯繫兩條自然巨河，也就是黃河和長江。大運河提供安全、平靜、較易防禦和控制的水道，而載著穀物的駁船穿梭其間。大運河首開先例，將整個中國編織在一起：大部分的人口現在能輕易得到大部分的食糧。兩個中國網合，帝國蒸蒸日上。

而這不是唯一的網合。在某個時候，隋文帝碰到幾位佛教僧侶，喜歡上他們的學說。作為皇帝，他大興佛教。我們很難確定他究竟是否誠心皈依佛教，但這其實不大重要。就像君士坦丁大帝皈依基督教，隋文帝擁抱佛教也有其策略性考量。佛教徒低調地打造了一個巨大貿易網絡和貿易事業，隋文帝則以管理家族大田產的手法來經營帝國。但只靠農耕不會帶來真正的社會繁榮，這套系統還需要貿易才能成功。既然儒家士大夫積習難改，鄙視貿易，隋文帝便有強烈的動機，將佛教徒和僧院納入中國的星座。

即使隋朝的國祚沒比秦朝長多少，但在接下來兩個世紀內，有大批中國求道者川流不息地旅行到印度北部，拜訪佛教廟宇、學校和僧院。他們帶回佛教經典和聖書，並為中國讀者進行翻譯。然而，他們在這方面面臨顯著挑戰。原始作品以梵文寫成，而梵文是個有高度語尾變化的多音節語言，以拼音字母表示。反之，中文是個單一音節、沒有語尾變化的語言，文字的基礎是表意文字。梵文和其分支尤其善於表達高度抽象的事物，而這些抽象事物缺乏物質現實的參照。但奠基於真實世界可感知元素的中文，則傾向於以簡短可觀察的具體意象來描述抽象事物。梵文的世界若要以中文表達，須結合「山川大地」四個字。而中文對人類自我的翻譯則結合代表風、光，和人們出生地的字眼。

中國翻譯家得用中文裡現有的術語來翻譯佛教文本。這些術語都有既定的意義和意涵。那麼，對中國人而言，那些全新的概念該如何以中文表達？這是和烏爾菲拉主教為哥德讀者翻譯《聖經》時面臨的相同難題。中國翻譯家最後嚴重仰賴道教學者用來表達道教思想的中文字。比如，中國佛教徒用「道」這個字來表達印度佛教徒口中的「法」(dharma)。他們使用道教的「無為」來表達印度的「涅槃」的概念。

因此，中國佛教勢必吸取了某些道教特質，又回敬給道教許多不同的細微影響。從這種網合中出現了禪宗，這是起源於印度佛教的獨特中國版本。在禪宗裡，靈魂朝著超驗現實旅行的概念被冥想技巧所取代，而冥想技巧的目標是在人所處的當下即達成和諧。禪宗實踐者享受自然，偏好沉思隱遁。禪宗的精神生活交織著對特定風景的強烈欣賞。這種形式的佛教東傳至日本(最後傳至美國加州)，現在在那些地方仍舊稱做禪宗。在禪宗裡，涅槃(人們努力達到的永恆狀態)的概念占據最重要的地位，僅次於它的是稍許不同的「頓悟」(satori)，即在每個當下中的啟示性覺醒。

秦朝只持續了一代，隋朝則持續了一代半。儘管挾帶著鮮血和殘暴，秦始皇建立了第一個能夠管理中國的框架。隋朝皇帝做了幾乎相同的事。秦始皇之後是國祚漫長的漢朝，

14 隋朝修建的大運河僅剩遺址尚存，今天中國境內的大運河是後代修建與疏浚。

其四世紀的統治建立了中國文化的本質。而在兩位隋朝皇帝的變革之後則是唐朝，其三世紀的統治往往被視為中國黃金時代的重中之重，這份光輝燦爛在隨後的宋朝仍延續很久。漢朝繼承秦始皇建立的結構，唐朝則繼承隋朝建立的結構。這兩個朝代都不用面對前朝所引發的民怨。當唐朝取隋而代之時，中國的農業生產力正值顛峰，大運河運作良好，貿易網絡前所未有地將帝國結合起來。

唐朝皇帝的控制力從北方中國，沿著一塊狹長地帶，往西隨著絲路延伸，最後與伊斯蘭哈里發諸國接壤。政治力量強大的北方吸收長江流域的文化，融合為一種混合佛教、道教和儒家思想的獨特中國文化。強大的中央集權政府憑仗其文化優勢，直抵南中國海沿岸，此處也是中華帝國的極限。但這股緊密交織的文化力量還不斷往東和西擴

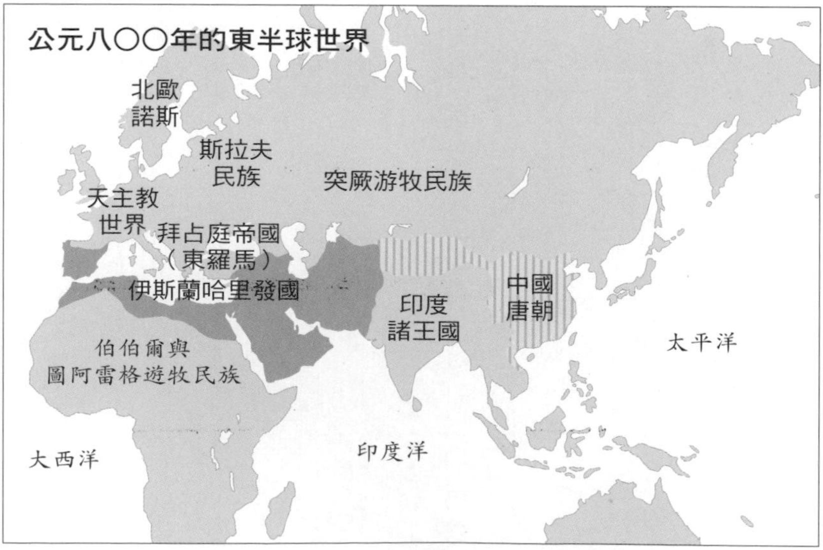

張，橫越海洋進入韓國和越南，更在某種程度上遠達日本。儒家精神進入韓國和越南文化，其影響至今仍可得見。佛教滲透到越南，也以經過轉化的形式進入日本，而那些影響至今也仍可見到。

最後，中國文化影響力如霧一般從歐亞草原邊緣延伸至東太平洋的群島。在這整塊地區，一個東亞文明形成單一龐大的社會銀河。當然，在其之內，早期社會星座仍各自以獨特的星雲之姿持續著。日本從來不是中國，它總是體現自己的特殊文化。韓國從中國吸收社會和美學，長久以來在中國朝代之下維持著既頑強又脆弱的獨立性。越南本身的湄公河文化深受中國影響，但它也保有炙熱潮濕的世界地理所形塑的文化，這文化特別仰賴米；而當佛教和儒家思想慢慢傳入時，越南人頑強地抵擋中國政治宰制長達千年。直至今日，越南、韓國、日本、寮國和柬埔寨都保留了自己的獨特文化特色。

但它們的確都隸屬於某個更大的文化星座。畢竟，我們無法否認越南和中國彼此之間的相似性，強過越南與挪威。我們的確會更傾向於將越南、中國和韓國歸納在一起，而非與安哥拉。這三個國家都比較像日本，而這四個國家也都沒那麼像古巴。這些社會之間的殊異的確非常真實，但它們也同時位於一個龐大的概念框架內，而這個框架是由相互聯繫的敘事所產生的眾多社會星座共同組合而成。

第十章

世界史單子

公元六五〇年至一一〇〇年

如果有一位無所不知的外星人在公元八〇〇年飛過地球這顆行星，我猜他大概會將人類歸納為幾個大致穩定的文明，每個文明都是自我連貫但內觀的小宇宙，都是一個「世界史單子」（容我在此創造一個新詞）。「單子」（monad）這個詞是我從德國哲學家萊布尼茲（Gottfried Liebniz）的「單子論」借來的，他定義「單子」為從單一觀點所觀看到的整個宇宙。對萊布尼茲而言，宇宙是由單子構成的，而既然每個單子都自成一個宇宙，那每個單子其實也都把「他者」包含了進來，作為自己的一部分。

「單子」的比喻對物理宇宙而言可能是個過於神祕的延伸定義，但作為社會宇宙的隱喻的話，我認為再貼切不過。每套世界史其實都是某種以自我為中心的故事：以大敘事為框架，將自己放在中心。在公元八〇〇年，中國就是這類世界史單子之一，伊斯蘭世界、印度也分別是一個，而西歐又是另一個。這些文明定錨於自身地理環境，都浸潤在自身世界觀的大敘事裡。大部分的單子知道其他單子，但卻將其他單子定位在自身所見世界的邊緣地區，也就是視為自己的周邊地帶。

當然，地球上並不是只有這些世界史單子。中美洲的內部交流區無疑也是一個。某種單子一定也曾沿著南美洲西北海岸發展，也可能曾經存在另一個覆蓋整個亞馬遜叢林的龐大世界史單子，儘管實際上我們現在對它毫無所知。世界上一定還曾有其他或大或小的單子——在俄羅斯北部、非洲南部，或任何發展出內部交流區的地方。但在東半球，這個百分之八十的人類居住之地，中國、印度、伊斯蘭和西歐是當時世界的主要單子。

中國

公元八〇〇年，正是中國活力四射的年代。在長約三個世紀的唐朝統治下，中國藝術文化達到顛峰。在此，全世界第一本文言小說（傳奇）問世。在此，畫家創造出精緻的山水畫，點綴著小小的人物肖像，是道教與佛教「網合」的極致表現。在此，唐玄宗設立中國第一個演藝和音樂學院，世界上第一個歌劇劇團（梨園）於焉誕生。我們還要記得，在此，漢朝曾招募浸淫在儒家經典中的學者任職官僚；現在，唐朝將此過程更往前推進一步，發展科舉制度，不僅測試準官員的儒家經典知識，還考驗其在法律、數學、政治、歷史、書法、繪畫和詩歌上的涵養——對，在中國的唐朝，如果你想成為坐擁權力的官員，你得擅長寫詩。

在唐朝皇帝的命令下，一行禪師打造了第一個機械鐘：水運渾天儀。它是一具三層樓高的裝置，由水輪推動。中國也發明了木刻板印刷術，這使印刷製成的書籍首度成為商品。現存最古老的印刷書籍是佛教經典《金剛般若波羅蜜經》的中譯本，出版於公元八六八年。

到此時，道教和佛教已經相當「網合」，但它們都沒有因融合而消失。兩種思想體系仍舊興盛。道教仍然是個充斥著道術的大眾信仰，但涉獵煉丹術的道教術士則變成科學家的原型。他們在尋找將賤金屬變成金子的過程中，發展出化學的萌芽基礎。在試圖精進預言能力時，他們將占星術推上更高一層，即天文學。在尋找神仙妙方時，他們編纂藥典，辨識出超過八百種草藥。諷刺的是，道教道士是在尋找長生不老的方法時，意外發明火藥。

唐朝末年，政府轉而反對佛教，因為佛教僧院幾世紀以來都不用繳稅，而到了第九世紀，他們已經擁有中國百分之四十的土地，完全不用納稅。公元八四三年，唐武宗滅佛，下令關閉所有僧院，沒收其土地，強迫大約二十五萬和尚與尼姑還俗，找工作養活自己。中國佛教從未恢復其作為獨立於政治勢力外的思想體系的地位，但佛教思想是如此全面深入中國美學，已變得隱微難察。

九世紀，唐朝「失去天命」，隨後是五代十國；然後宋朝崛起，他們就像唐朝的續集。中國文化繼續光輝燦爛，儘管它歷經微妙的風格轉變：變得較不抒情。社會焦點從藝術轉向科技。中國人曾有雕版印刷，現在則發明活字印刷。中國人曾有火藥，現在則開始拿火藥來填充大炮，而不只是拿來放煙火。在這個時期，中國人發明了磁羅盤。他們也發明了葉子戲[1]，而宋朝官僚還發現紙的另一項新奇用途——那就是紙鈔。其他地方無法有此發明，因為紙鈔會需要由完全掌控經濟活動的中央政府撐腰，而當時只有中國有這類體系。

在宋朝統治下，經濟如此活絡，許多家庭開始販賣原先只是拿來當作私人家庭用品的貨物——布料、衣服、熟食，諸如此類。家戶生產量逐漸提高到工業生產的規模。它變成地位的象徵，先前由妻兒完成的工作，現在則雇用勞工來完成，這類家庭取得更高地位。事實上，擁有無工作能力的女人在當時是地位象徵，能讓此家庭顯得高貴，而眾人都可看到這家族的成就有多大。中國上流社會裡愈來愈多家庭採納纏足習俗，將年輕女孩的腳丫包裹起來，在腳骨尚發育時弄斷它們。這些女孩長大後，腳丫病態地小，無法發揮正常功能，也就無法從事一般勞動。在宋朝，中國菁英階級的男人視三寸金蓮為美。這是文化力量和財富的黑暗面。

在這個時期，中國大多數時候都對世界罕常地開放。阿拉伯船停靠在中國海港，從波斯和阿富汗來的駱駝商隊沿著長城來到欣欣向榮的市場，從東南亞、伊斯蘭世界、印度和非洲來的商品川流不息地進出中國。

因此，難怪中國人會把他們的世界視為獨一無二的世界。所有這些藝術、商業和發明，都發生在一個凝聚力強的世界歷史框架中。中國人仍視現在為循環敘事的一部分，那是人類無法改變的歷史動力；他們也仍把世界視為在同心圓宇宙裡開展的故事。他們仍舊認為他們

1　宋代的紙牌遊戲，類似撲克牌。

的社會是中央之國，被垂涎三尺和心懷嫉妒的野蠻人所包圍。在好的時候（而此時的確是盛世），銜著天命的帝王世系統治全世界，因此世界處處和諧，無數錯綜複雜的生命之流完美交會，一如絲綢布匹的線。

但是，「開放」並不意味著「外向」。中國向全世界開放，但仍保有一個內觀的文明。阿拉伯船停靠在中國海港，但中國船並沒有停靠在阿拉伯海港。中國人認為那樣不合情理。因為應該是野蠻人帶著貢品來皇帝這，萬國來朝，而不是反過來。

印度次大陸

儘管擁有政府主導的創造力和生產力，中國仍舊不是世界上最富裕的社會。在公元八〇〇年，那份榮耀可能歸於印度。中國世界的特色是國家促成了內觀的單一性，並達到相當繁榮興盛的程度。但印度是透過多樣性而達成同等活躍的文化凝聚和創造力。

在印度，王國來來去去，沒有在社會結構上造成太大不同。半自治村莊在各地方仍舊是日常生活的基本單位。種姓制度持續貫穿政治邊界。這些因子曾界定了摩揭陀人（Mauryans）統治下的社會，它們也持續界定摩揭陀人滅亡後許多小帝國和王國林立下的生活。在中國，後摩揭陀世紀會被視為「戰國時期」。但在印度沒有這類觀念，因為政治分裂並不意味著文化分裂。公元頭幾個世紀是印度藝術、財富和貿易開花結果的年代，社會快速進步，智識達到高度成就。

在摩揭陀人離開舞臺大約五百年後，另一個帝國在相同的地點崛起。說也奇怪，儘管兩者之間沒有關聯，兩個帝國的建立者都叫旃陀羅笈多（Chandragupta）。這第二個帝國以創立者之名命名：它就是笈多王朝（Gupta Empire）[2]。

摩揭陀人偏好佛教，笈多人卻偏好印度教。但兩個王國都沒有授予其偏好的信仰官方地位，印度人就是不會這麼做。笈多人僅是創造對各種印度教派友善的環境，就像摩揭陀人對佛教做的。在笈多王朝統治的世紀裡，毗濕奴（Vishnu）崇拜在北方興盛，濕婆（Shiva）崇拜則盛行於南方，而在整片土地上，則是許多其他神祇的世界。這些無數神祇反映無數網合的社會群體。廟宇和僧院點綴地貌，而笈多人贊助它們，這也許是出於政治考量，但也是因為國王和宮廷官員真的很虔誠。

不管誰當國王，朝聖在印度教生活中都扮演關鍵角色。朝聖者旅行到遙遠的聖地，如恆河，去尋求淨化。如果他們不能去恆河，他們就去比較近的地方，他們還有許多選擇。就像當地人，朝聖者捐獻大量財富給自己偏好的廟宇，以表達誠敬。印度的陸路和水路支撐著密集的交通流量。財富在次大陸上到處移動——但它也在無數地方聚集起來，特別是在圍繞著

2 以恆河流域中下游為主的大帝國，印度的黃金時代，在文學、天文學和宗教、藝術等方面都有重要表現，國祚為三一九至五五〇年。

廟宇而建的貿易中心，一如北非的穆斯林要塞和歐亞草原的佛教僧院。

隨著時間過去，印度朝多樣性發展的速度也愈來愈快。大種姓制度又細分成更小的種姓（jatas），那是根據職業而再衍生成的團體分類。但它不必然僅限於此，任何職業都能變成這類社會團體分類。金匠、鐵匠，陶工、編織工——全都屬於他們自己的種姓。沒有政府來規定這個系統，也沒有權威人物來組織或控制它。文化本身產生這些相互交織的拼圖，其功能和稍後其他社會裡的同業公會大致相同。種姓制度維持住生產和交易的複雜系統，而在其協調下，彼此之間的摩擦減至最低。

在笈多王朝統治下，印度達到古典盛世。冶金和醫學取得很大進步，印度醫生習得如何燒灼傷口、進行手術，和從礦物、金屬以及蔬菜中萃取藥物。阿育吠陀醫學體系（Ayurvedic medicine）不斷成熟，而且不僅治療疾病，還旨在促進健康。印度數學家發明數學符號的十進位系統，開始制定三角學。耀眼奪目的廟宇和宮殿拔地而起，偉大的戲劇誕生。有「印度的莎士比亞」之稱的迦梨陀娑（Kalidasa）[3]，就是在此時進行創作。在數世紀的口頭傳述後，偉大的吠陀史詩《羅摩衍那》（*Ramayana*）和《摩訶波羅多》（*Mahabbarata*）終於被以文字記載下來。《摩訶波羅多》中包含《薄伽梵譚》（*Bhagabad Gita*），那是黑天神（Krishna）和一位叫阿周那（Arjuna）的王子的對話，這個文本在印度教世界裡有著崇高的經典地位。

在稍後的笈多時代，《摩奴法論》（*Laws of Manu*）取得權威。摩奴據說是古時一位偉大的賢者，或許該說他超越賢者，而是世界的創造者本人——印度境內有各式各樣的傳說版本。縱使有各種版本，他所傳達的訊息在本質上都一樣。我們就這麼說吧，摩奴是位嚴格的保守派。他的著作編纂了印度教生活的法則，明確指出該吃什麼、和誰吃、如何穿著、女人該不該有各種權利（摩奴認為不行）、不同種姓的人能不能結婚（摩奴認為不行），以及他們甚至能否同桌吃飯（摩奴認為不行）。這些規定和禁令可能長久以來就是印度教口述傳統的一部分，但現在它們被寫下來，因此轉而將種姓制度體制化。它們也奠下「薩蒂」（suttee）的基礎：如果女人的丈夫先死，寡婦就有義務自焚殉夫。這同樣也是興盛的文化力量和豐厚的財富背後的黑暗面。

笈多人開始失去控制權，喪失大塊帝國領土。等到穆罕默德於阿拉伯半島出生時，帝國已無立足之地，而印度再次分裂成許多王國。但一如前述，政治分裂並不意味著文化崩解。在這塊土地上，富裕、活躍、文化燦爛的社會繼續追求它們的命運。

但就在印度教敘事在次大陸逐漸開疆闢土的同時，佛教逐步淡出。佛教徒鄙視種姓區別，但種姓制度是如此深植於這個地區，難以輕易消散。婆羅門（Brahmins）和剎帝利（Kshatriyas）是兩個最高種姓，擁有土地，在村莊層級的政治權力中占據高位，他們自然會抗拒危害他們權力的思想系統。然而，印度教和佛教之間並未爆發大型戰爭。在理論上，兩者能夠和平並存。就像中國，印度沒有心懷嫉妒、要求排外性崇拜的神祇。在這種社會環境

3 知名梵文劇作家和詩人，在世期間大約在公元五世紀。

下，一個人能膜拜佛陀，相信濕婆，尊敬眾多小神祇。沒有人會將其視為異端，因為在由多樣性所定義的宇宙裡，異端沒有意義。

儘管如此，這個社會環境仍讓佛教的凝聚力處於劣勢。佛教敘事無法在吸收印度教混雜的教義後仍保持其本質。反之，印度教則呈現大而多樣、適應性強、開放且善於海納百川的包容力。與其說它是一種宗教，不如說它是一套具有宗教性質的信仰觀念。對印度教徒而言，尊敬佛陀的人能以自己的方式崇拜祂，並接納從鄰居那得來的各種儀式——如果他們想要的話。事實上，印度教徒後來逐漸吸納佛陀成為他們的神祇之一，佛陀變成高階神祇天神的化身，是值得尊敬的許多崇高神靈之一。就像人們深愛的黑天神，某些人相信祂也許是毗濕奴的化身。所以，崇拜儀式裡的佛教風格逐漸消逝。印度教沒有打敗或趕走佛教，而是吸收了它：非常印度式的「網合」。

這樣的佛教的確於印度南部盛行了一陣子，該處的佛教徒將其信仰稱為小乘佛教，意思是「長者的教義」。這表示他們保留了原本教義的真正精髓，不像那些北部那些採行修正主義的大乘佛教。在他們的觀點裡，佛陀的教導是：努力達成涅槃是種內在個人追尋，沒有人能代替別人達到此境界，每個人都得靠他自己的力量達到涅槃，不然就無法解脫。小乘佛教的實踐，就是圍繞著這個假設而形成的。小乘佛教從印度南端飄洋過海傳到斯里蘭卡，在那找到歸宿。

當中國在九世紀逐漸由唐朝進入到宋朝時，印度則是由遍布整片次大陸的村莊組合而成的密集網絡，藉著貿易，千絲萬縷地聯繫起來。富裕的城市成為要衝，而許多不同的國王在位掌權。數以千萬計的人們橫越大地，忙碌異常，從事農耕、手工藝品、虔誠儀式、商業、借貸和藝術工作。這個世界不僅如傳說中富裕，其財富還遍地流淌。任何途經此地的旅客都能看見它的雄厚本錢，而財富吸引了商人前來，就像蒼蠅飛向糖那樣。

許多人翻越西北崇山峻嶺的隘口而來，但往反方向的人流則很少。古代吠陀教義規定，往印度河北方走會讓一個人在儀式上變得不純淨。這個價值觀的殘餘仍持續到後吠陀時代，但它並沒有阻礙經濟。印度很大，形形色色，足以讓內部貿易保持商業活絡。

貿易商也從海路來到印度南部。次

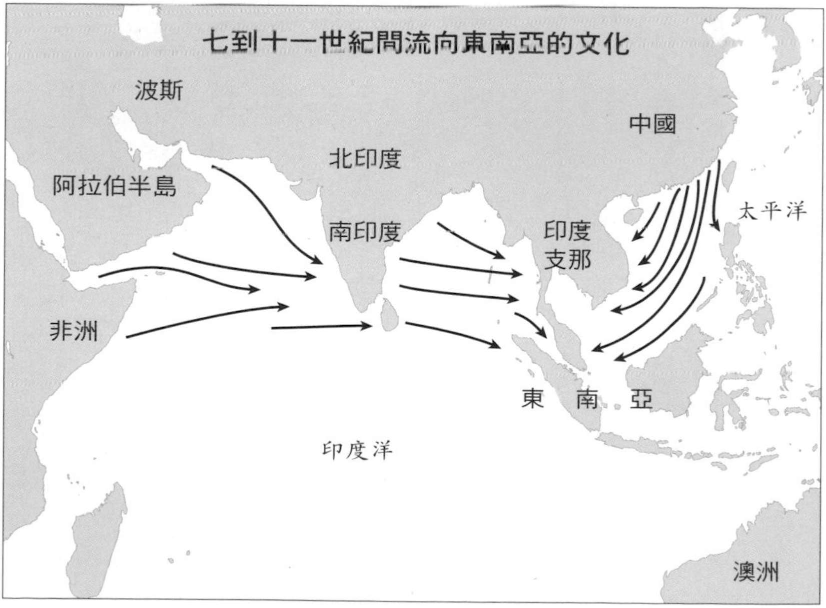

大陸的南方是蓊鬱的炙熱叢林，周圍是世界上最有利於通航的水道。然而，就像在北方一樣，印度貿易商在此也沒能向西走多遠，印度思想系統因而沒有傳播到阿拉伯半島，或在羅馬扎根。問題不是出在距離——南印度離阿拉伯半島還比北印度離黃河更近；而在於橫掃過地中海和中央世界的敘事抗拒著與次大陸的敘事「網合」，就像大草原的例子一樣。儘管如此，這兩套敘事在公元八〇〇年時並未彼此敵視。來自阿拉伯半島和波斯的商人雖然不和印度教徒及佛教徒「網合」，但他們與這些人和平互動。阿拉伯半島貿易商將馬賣給印度人，以交換香料和黃金。兩方在交易完成時都很滿意。

各種潮流不斷從印度流向東方。除了也往這個方向流動的穆斯林之外，印度教徒和佛教徒也帶著他們的思想到東南亞的半島和超過八萬三千個小島上。從印度掀起的文化浪潮最後與出自中國的文化影響相互衝擊和融合，最後在現在稱為「印度支那」（Indochina，不然還會叫什麼？）的半島疊合。

印度人容忍政治分裂，因為人稱「印度教」的龐大思想網絡（在後來）能賦予他們統一感。如同中國人，他們活在自己世界模式的中心。當他們的眼光投向邊界外時，他們看見的是自己內在模範的邊緣化表現。他們願意與來自其他氣候區的陌生人進行貿易，樂於不必忍受長途跋涉，就能得到異國情調的貨物（比如絲綢）。他們開心地接納訪客和其帶來的商品，但他們沒有好奇到跟著西方訪客回家。他們不需要，這裡就是他們的家。

中央世界

中央世界是指從小亞細亞延伸到喜馬拉雅山山脈間的土地，現在它是伊斯蘭世界，也具有某種內觀且自給自足的一致性。因為在其擴張過程中，伊斯蘭教證明自己不僅是一種宗教或宗教國家，還是一種文明。哈里發國讓位給許多世俗國家，而這些國家又對只存在於穆斯林想像中的哈里發阿諛奉承，但伊斯蘭文化傳播過邊界，而伊斯蘭世界繼續以某種統一社會整體而存在。

在所有由穆斯林統治的土地上，人們後來偏好一種衣著風格，其反映使者穆罕默德教導的生活方式。在這些土地上，獨特的伊斯蘭建築風格持續演進。哥多華（Cordoba）的清真寺在細節上也許與小亞細亞的有所不同，但兩者都表達相同美學概念。於伊斯蘭世界的每一處，對寫實藝術的懷疑逐漸演變成抽象、花朵和幾何設計，而不是繪製擬人化神祇和崇高的人類，而後兩種傾向則廣泛見於印度教、佛教、基督教和希臘文化。

就像印度教，伊斯蘭教為各式各樣的人們提供包羅萬象的概念框架，而他們不必然全部是穆斯林。基督徒和猶太人在早期伊斯蘭政府中占有顯要地位。許多波斯知識分子（儘管視自己為全心全意的穆斯林）與仍舊在他們土地上徘徊不去的瑣羅亞斯德教魂魄相互交融。雖然如此，所有人都居住在相同的世界史單子裡。

一如其他世界史單子，伊斯蘭世界也以自我為中心。但不知為什麼，在其專注於自我的同時，卻演變成一個外向的文明典範。首先，伊斯蘭社會銀河位於中央世界，與同時代的其他偉大世界史單子接壤。它延伸過草原直到中國北方，接觸到印度世界的最南與最北，還穿越東南亞抵達中國南岸，更在地中海東部與羅馬世界的希臘殘餘為鄰，延伸過北非與南部非洲伊斯蘭化黑人王國重疊。與此同時，它還在北方遇上崛起中的羅馬天主教世界。

穆斯林對商業的態度是一大關鍵因素，而這一要素又受到伊斯蘭世界的地理位置強化。當伊斯蘭教於阿拉伯半島出現時，打先鋒的是戰士部隊，緊隨在後的是好幾股商機。阿拉伯人在皈依伊斯蘭前打從骨子裡就是商人，這態度也被帶進伊斯蘭時代。阿拉的使者本人就是娶了女企業家的生意人，他熟知金錢、信貸和債務的運作。由於此等對商業的看重，伊斯蘭教占領到哪裡，商業就繁榮到哪裡。

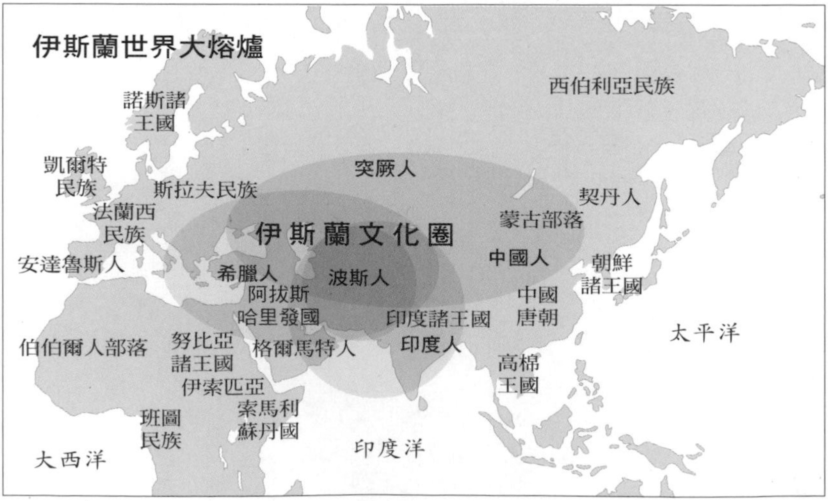

地理位置和貿易的需求，使「翻譯」成為伊斯蘭知識分子的核心課題。穆斯林從中國學得印刷術和造紙術後，便開始生產書籍。龐大的圖書館裝滿了來自其他文化思想著作的阿拉伯文和波斯文譯本，古典與當代兼備。西方歷史學家一貫傾向於藐視這個時期的伊斯蘭文化智識成就，他們說：穆斯林只是在翻譯其他人的創意和成就，沒有產生自己的文化突破。但如果逐漸增加的交流是歷史的重要主線，那對於翻譯就不能等閒視之。多虧這份熱情和他們的地理位置，穆斯林知識分子是第一批能夠直接比較中國、印度、希臘和波斯偉大思想的人。他們的獨特處境使其不得不開始問下一個問題：這些思想體系怎麼可能都是真的？

穆斯林哲學家暴露在許多思想體系下，念念不忘於百科全書的編纂，而這反映了「把任何知道這一主題的人，他們的所有知識全部放進一本書裡，這樣我們就能比較」的強烈欲望。例如穆斯林哲學家伊本．西那（Ibn Sina）[4]寫了一本醫典，後來變成權威教科書，不僅在伊斯蘭世界裡使用，晚至一六〇〇年代還作為歐洲醫學院的教科書。

相同的動機引導穆斯林思想家嘗試進行史宏人的哲學整合。就他們看來，如果真主是單一的，世界也必須顯示其單一性。他們在希臘哲學中聽見自己信條充滿誘惑的迴響。柏拉圖曾主張，可感知的世界只是純粹由概念組成的真實世界的影子，而新柏拉圖主義哲學家普羅提諾（Plotinus）將此發展成一套解釋終極絕對整體的激進教義。如果所有椅子都只是椅子這

4 中世紀波斯文學家、醫學家和哲學家，博學多才，生卒年為公元九八〇年至一〇三七年。

一概念的影子，如果所有圓圈都只是圓圈這一概念的影子（以此類推），那麼我們可以確定的是，所有事物一定是某個單一現實的影子，而這份單一性只會以概念的形式存在。普羅提諾稱呼這個終極現實為「太一」（the One）。對穆斯林而言，那聽起來很像阿拉（我覺得聽起來像最高層次的星座）。

因此，穆斯林在碰上亞里斯多德的邏輯學時，興奮得不得了，邏輯是一種經過理性論辯而建立真理的方法。他們想，也許可以使用亞里斯多德的邏輯來證明宗教信仰的基本原理！除了發展邏輯外，亞里斯多德還努力不懈地將物質世界分解成各種範疇，這樣就比較容易研究和解釋。跟隨他的腳步，穆斯林慢慢進入自然哲學的領域，那些在很久以後才被認可為科學。當中國人專注於羅盤、鐘、獨輪手推車等務實的科技創新時，穆斯林哲學家則對使物質世界生氣勃勃的基礎原則更感興趣。比如，當不同金屬熔化成單一合金時，究竟是怎麼回事？阿拉伯人將這種物質改變的研究稱為al-kimiya，衍生自希臘「合金」（kráma）這個字。西方人後來稱這門學科為煉金術（alchemy），我們現今則稱其為化學（chemistry）。

尋找抽象的基礎原則與對數學的興趣結合，因數學堪稱最純粹的抽象基礎原則。伊斯蘭思想家將印度的數學吸納入自身框架：數字、位質計算、其將零當成一個數字的優異概念。然後伊斯蘭數學家再添加一個概念，即一個代表「未知數」的符號，也就是今天用於指稱未知數的符號X。長期以來，人們其實已能根據已知數來猜測未知數的大略數值，但伊斯蘭世界的數學家問道，是否有一套系統方法，能將各式各樣的可能削減為單一必要數值？

「必要性」的阿拉伯字是jabr。波斯數學家花拉子米（Al-Khwarizmi，意思是「從花剌子模〔Khwarezm〕來的人」）編纂一個系統來達到這類計算，他稱其為al-Jabr，也就是今天我們所稱的代數（algebra）。花拉子米將一般計算的概念公式化，這個公式不僅能夠按照一系列有序的機械步驟進行，還必然導向一個正確結論。這後來被人稱為al-khwarizms，也就是我們今天所說的「演算法」（algorithms）。長除法是種演算法，大數的乘法也是。每個電腦軟體程式也可如此類推。許多以al字首開頭的英文字母（比如說酒精，alcohol）都暗藏著過往努力追求知識的幽魂——某些已遭遺忘的穆斯林知識分子的幽魂。每件事都相互關聯。

儘管穆斯林知識分子對其他人的成就和概念擁有旺盛的好奇心，伊斯蘭文明也和中國與印度一樣僅專注於自我，因為就像其他文明，伊斯蘭文明也是個世界史單子。當穆斯林看著自己世界之外的世界時，他們看見的是自身內在建構的伊斯蘭現實模型。在伊斯蘭的世界觀中，外面的人是還沒改弦易轍、但最終會信仰真主的人，就像孩童最後會長大成為成人。當穆斯林學者鑽研希臘思想時，他們不是想和希臘人達成妥協或交流，而是在研究希臘思想如何能幫助他們完成伊斯蘭的現實模型。對於那套模型，他們可是寸步不讓，因為就他們所知，自己的世界模型可不只是某種模型，而就是世界本身。那是每個人對自己模型的瞭解。

穆斯林對希臘和印度概念感興趣，只是為了補充自身世界史單子的一項社會工程：即建立永恆不變的律法架構，也就是大家所知的沙里亞（sharia，伊斯蘭律法）。這些律法使真主社群能依照真主的意圖運作。穆斯林對沙里亞的看法很像後來歐洲知識分子對科學的看法：

它是客觀存在，不能被發明，只能被發現。它有著如恆星般不移易的確定性。一旦讓適當的宗教專家挖掘出沙里亞的每一個細節，人類便能以社群方式生活，社群中的每個公民只要遵循沙里亞標誌的路徑，就能在天堂贏得永生。因此，完成這個龐大架構遂變成伊斯蘭文明的中心課題，就像科學後來成為西方文明的中心課題。

歐洲

當伊斯蘭教擴張正酣，伊斯蘭世界也愈來愈鞏固時，一個嶄新的西歐世界也正在成形。在教宗額我略之後的數世紀內，政治生活穩定下來，變成封建莊園體制，本質上是小王國。每座莊園生產其居民所需的一切，大致上自給自足。每座莊園都由封建領主統轄，這位領主是世俗事物上的立法者和法官。更大的結構僅靠小領主和大領主之間的忠誠承諾來界定。當日耳曼部落還是游牧民族時，他們的政治體系就是如此。當時他們覬覦羅馬，渴望土地；一旦土地到手，這就成了他們奉為圭臬的體系。

到了額我略的時代，基督徒已經將教會視為某種大於宗教建築、神聖經典和分享信仰之總和的存在。東方賢者長久以來將教會描繪成一個神祕整體，即基督在世上的化身。如果你是信眾的一分子，你也許可以進入天堂；如果你不是，那就門都沒有。

教會握穩教會組成分子的決定權。教會能開除任何特定人士的教籍，也就是說，將他們從信眾團體中驅逐而出，判處他們永遠下地獄。聖人能為罪人說情，但只有教會能決定誰是聖人，誰又是罪人。

即使信仰虔誠，也不保證能進入天堂。根據天主教思想星座的理論，光靠信仰還不夠。人們也需要「努力」來贏得信用。在這套脈絡下，努力並不意味著像童子軍般做好事，而是遵循教會制定的禮儀或儀式，如彌撒、告解和懺悔。只有教會能判定哪些儀式為必要，又該如何確切執行。一個人得先除所有罪惡才能進入天國。人生於世，難免犯下一些小罪行，但教會有定期免除人們這類污點的權力，並在人們死前給予其靈魂最後洗淨的機會。綜合起來，教會握有非常可畏的權力。

天主教會不是一個國家，而是西歐的另類國家：其思想星座的一致性使它擁有可和任何政府匹敵的統治權。教會在羅馬制定自己的教會法，從什一稅得到自己的歲收，在某些案例裡還有徵稅的權力。教會擁有的土地不斷增加，還擁有派任神職人員的獨立權力，而神職人員本身就能赦罪人們的罪。在額我略之後的幾個世紀裡，天主教神職人員變得更容易辨識，因為他們的衣著開始和一般大眾不同。他們也活在特定規則下：不能結婚生子，但擁有地位，因為他們能做他人所不能的事：打開通往天堂的門。

羅馬天主教會擴張的觸角持續深化，直到西歐每座村莊都有自己的教堂，每座教堂都有自己的神父。每一地都有自己的主教，每個人都認可羅馬教宗在屬靈事務上是最高權威。那可是件大事，因為對一般歐洲基督徒而言，「屬靈事務」就是絕大部分的重要大事。這很重要，因為在八世紀末，幾乎每個西歐人都是基督徒。唯一的例外是一小群居無定所的猶太人，以及遙遠北方的異教徒野蠻人。天主教會所提供的主要框架賦予西歐一種文化統一，這彌補了其政治上的分裂。

修道院是這個新世界史單子的關鍵元素。修道院在基督教早期誕生於非洲，不是以教會敵手，而是以教會盟友的身分傳遍西歐。在艱苦困頓的歲月裡，當時歐洲世界分裂成各個封建采邑，領地之間沒有保證公眾安全的權威。加入修道院或女修道院，以僧侶或修女的身分生活，獻身貞潔、宗教實踐、非暴力，以及在某些案例中的智識追求，就成為歐洲基督徒的一項選擇。

公元八〇〇年，基督歐洲的世俗領域和精神領域正式共結連理。那年聖誕節，教宗將皇冠放在一位顯赫的日耳曼國王頭上，他就是查理曼（Charlemagne），教宗宣布他是神聖羅馬帝國皇帝。這個帝國延續了幾個世紀，儘管在末期幾乎變成只存在於想像中的政體，有點像穆斯林的哈里發國。然而，從象徵意義上來說，神聖羅馬帝國標誌著歐洲作為某種單一事物的誕生，是截然不同於東方的世界史單子，不同於伊斯蘭世界、印度、中國、亞洲草原游牧世界，也不同於季風網絡的海上游牧民族。西歐後來稱自己為基督教世界（Christendom）。

如果伊斯蘭世界是向外看的文明典範，那麼基督教世界就正好相反。這個單子大部分市民的生活，從搖籃到墳墓，範圍都不會超過幾英里遠。他們的一生中幾乎哪兒也不去，大部分人也沒有理由到自己城鎮外的世界闖蕩，也不知道外面世界的存在。伊斯蘭教誕生後不久，西歐就被迫嚴陣以待，導致更加封閉。在西方，歐洲基督徒面對從非洲而來的穆斯林軍隊；而在東方，他們得抵擋一波又一波從歐亞草原來的新入侵者：阿瓦人（Avars）、馬札爾人（Magyars）、佩切涅格人（Pechenegs）[5]——這張清單可以一直列下去。北方則籠罩在恐怖又凶猛的北歐諾斯（Norse）海盜的陰影下。

歷史學家常說這個時期是黑暗時代，但若從全球觀點來看，其實並沒有這回事。光芒總會在某處閃爍，只是並非每個地方都有。然而，對西歐而言，在亞拉里克和阿提拉、汪達爾人和西哥德人之後的幾個世紀裡，這個世界的確變得較為貧困。現在就連最富裕的歐洲領主都活得比基督時代生活小康的羅馬人還粗野。科技水準下降，各種維修工程消失，基礎建設崩壞，更少人學會讀寫，書籍出版量也變少了。

此時歐洲的遠程貿易規模縮小到像涓涓細流，部分是因為基督教世界不信任金錢。金錢使得來自遠方的陌生人容易產生互動，但對黑暗時代恪守日耳曼部落傳統的歐洲基督徒來說，他們並不信任陌生人之間的互動。他們偏愛和熟識的人交易，仰賴誓言和榮譽心來確保公平結果。人們仍舊去地方市場交換貨物和服務，但從五世紀開始，歐洲愈來愈依賴以物易物的商業模式。以物易物比較誠實，物品可能比較能以等值交換。如果交換後有一邊變得較為富有，一邊變得較為貧窮，那表示一定發生了某種欺騙行為。任何靠貿易發大財的人都會啟人疑竇。誠實的富裕來自土地買賣，或由效忠地主的武裝家臣以戰鬥技巧獲得。這些價值

5 阿爾瓦人為草原游牧民族，馬札爾人為匈牙利人前身，佩切涅格人為西突厥通古斯人的一支。

衍生出對貿易的輕蔑，又神聖化了來自土地的收穫。

歐洲的衰微再度證明了，即使在那個時代，各個世界仍舊相互關聯。同一種態度和價值，伊斯蘭世界推崇之，日耳曼基督教世界則鄙視之，這對雙方都帶來了相應結果。就穆斯林來看，商人從事的工作和真主使者相同，所以貿易怎麼會是壞事？既然在伊斯蘭教所占據之處，貿易就會隨之興盛，強勢貨幣遂像水往低處流般流入穆斯林世界。

白銀的情況尤其如此。銀在金屬裡地位特殊，因在自然界的數量剛剛好。銀在鑄成錢幣後，就是完美的流通貨幣。因為銅的產量有點太多，人們能在不參與交易機制的情況下就得到它；金則太罕見，沒有任何社會擁有足夠的金子來促進占經濟多數的小交易。如果人們得用金子買襯衫、理髮、上餐館，那麼買襯衫、理髮或出門吃飯的人想必就不會太多。銀的產量適中，既具有商品價值，又可以作為完整（且複雜）社會裡的通用貨幣。

於是，銀無可避免地流入由貨幣推動經濟交易的地區。一地若沒有交易，銀流就會枯竭。這不是說銀有顆腦袋，銀不會自己產生交易的意圖，交易源於處理銀的人類。在九世紀，有銀子的人將銀子帶到他們可以用它買東西的地方。不然他們還能怎麼辦？任何從交易中獲得銀子的人，都會將銀子帶到他們能用它買東西的地方。為什麼不呢？

緊接在伊斯蘭教誕生後的幾個世紀裡，在伊斯蘭世界發生的交易量超過世界各地。因此，世界上大部分的銀從歐洲流出，像流水般流入伊斯蘭中央世界。這就像是循環：較少的強勢貨幣意味著較少的交易，而較少的交易意味著更多強勢貨幣流走。這種物質條件因此不斷強化伊斯蘭世界和其鄰居基督教世界各自的生活方式。前者的生活方式因此都與遠程互動有關，後者則與在地生活有關：當時的西歐社會幾乎都是以村民、當地神父、當地教堂、可能有個鄰近修道院，和「翡翠城」(Emerald City)，也就是遙遠的羅馬組成——羅馬城裡則住著一位在歐洲世界史單子中心的巫師：教宗。

美洲

至於在地球的另一邊，我們並不真的知道這整段時間內都發生了什麼，至少不知道細節。保守估計，在公元八〇〇年，全世界大約有百分之九十的人住在赤道以北、非洲和歐亞大陸的溫帶地區，另外百分之六則住在非洲撒哈拉沙漠以南，大都分布在大陸沿岸。美洲理應有大約百分之三的世界人口，儘管這數字純屬猜測，且充滿爭議。就算曾有文字紀錄，也沒有被流傳下來。但即便如此，西半球仍舊包含世界陸地的三分之一，而重大文明也曾在此繁盛，所以我們必須粗略討論一下我們所知的古代美洲。

少數人也許是從斯堪地那維亞來到美洲，有些可能是從玻里尼西亞橫渡太平洋而來，有些甚至可能是遠從西非抵達加勒比海——我是說可能而已啦。但大部分的美洲居民應該是在上一次冰河時期，從西伯利亞遷徙而來的狩獵採集部落的後裔。

相較於東半球，城市文明比較晚在美洲形成。也許在城市形成前，人口得先成長到一定的數量，而美洲剛開始時人煙過於稀少，無法形成都市。早期移民是大型獵物的獵人，而北美洲到處都是大型獵物。在南北美這兩塊大陸上，狩獵和採集可能運作良好，因此只要部落擴散開來，每個人就有很多東西可以吃。如此一來，他們就沒有必要犧牲自由刺激的游牧生活方式，換取折騰乏味的農耕生活。或者，也有可能美洲大陸的人口是後來才變多的。

就地理上來說，美洲多多少少對應了另一半球的大陸。兩者在赤道以北和以南都各自擁有溫帶地區，兩者的溫帶地區兩側都有大草原。在東半球是歐亞草原和南非平原，在西半球則是北美大草原和阿根廷的彭巴斯草原。在東半球的赤道兩側是中非赤道大叢林，而在西半球的赤道兩側則是幅員更遼闊的巴西亞馬遜叢林。

儘管有這些粗略的類似點，人類在這兩個半球採納了相當不同的文明取徑。當大都市文明在美洲形成時，它們沒有沿著明顯的大河興起。密西西比河沒有變成北美的尼羅河，俄亥俄河和密蘇里河也不是底格里斯河和幼發拉底河。說也奇怪，能與埃及和美索不達米亞文明較勁的美洲文明並不是出現在溫帶，而是在熱帶。它們在祕魯的高山山坡以及中美洲的叢林和沼澤地崛起。

在此，就像在地球的另一邊，人們從事巨大的基礎建設工程，這需要各種領域的人通力合作，因此促成官僚社會，興建輝煌的金字塔和產生精緻藝術，並在數學、天文學和其他領域有重大發現。但美洲的偉大集體工程並不是用來將珍貴水源用來進行有效灌溉。在美洲，人們通力合作來解決水太多（與平地太少）的難題。馬雅人挖掘運河，將沼澤排乾，用乾土興建可耕作的高原，而那些乾土來自他們稱之為家鄉的濕地。在南美洲，複雜的農耕社會將陡坡化為梯田，以創造由雨水和高山溪流灌溉的平地。

早期歐亞大陸的城市文明仰賴灌溉，而早期美洲文明則大部分仰賴降雨。人類的科技較善於處理不定期洪水，但對不定期降雨則較束手無策。工程師能使用工具儲存與管理河水，但工程師沒法讓雨降下或停止，也不能掌控氣候的變化。也許這就是為什麼美洲的高等文化遵循了某種重複的模式：它們興盛昌榮，又突然瓦解。

這種情況就發生在公元前一五〇〇年左右的奧爾梅克人（Olmecs）[6]身上。他們沿著墨西哥灣而居，被視為中美洲的母文化，因為其藝術與文化的符號和母題也在此地區較晚的文化中出現。公元前九〇〇年，奧爾梅克人在靠近現今聖洛倫佐市（San Lorenzo）的首都住有上千人。然後出於某種理由，城市遭到棄置。奧爾梅克人在現今墨西哥的拉文塔（La Venta）興建新首都。然後在公元前四〇〇年左右，新首都也瓦解，奧爾梅克人就此消失。沒人知道他們上哪去了。

在瓦哈卡（Oaxaca）[7]的薩波特克人（Zapotecs）[8]也從他們在阿爾班山（Monte Alban）的首都統治大片土地。他們繁盛了大約五百年，然後就拋棄了這座城市。為什麼？沒人確切

6 已知最古老的美洲文明之一，存在於公元前一二〇〇至公元前四〇〇年的中美洲。
7 位於現今的墨西哥。
8 前哥倫布時期的一個美洲原住民文明，受奧爾梅克文明影響。

知道。馬雅人（Maya）在現今瓜地馬拉崛起並達到顛峰，但他們的社會也在第二世紀瓦解。他們於是稍微往北部遷徙，在第六世紀興建了諸如烏斯馬爾（Uxmal）和提卡爾（Tikal）這類環繞著巨大金字塔而生的城市。但在第八世紀，他們又出於某種理由拋棄了這些偉大城市，往北移居到猶加敦半島。他們在那興建了奇琴伊察（Chichén Itzá），這是哥倫布到來以前最令人印象深刻的一座城市，但這座城市也在十二世紀傾頹成廢墟。墨西哥中部的阿茲特克人（Aztec）在西班牙人抵達的十六世紀時仍舊興盛，所以我們無從知道他們是不是也會在某一天拋棄城市。

在這些城市當中，最令人印象深刻的是墨西哥中部的特奧蒂瓦坎（Teotihuacan），它是美洲古老城市中規模最大的，大約誕生於公元前一世紀。到了公元四〇〇年，它足足有二十萬居民，可能算是當時世界上第五大城。特奧蒂瓦坎是貿易樞紐，這個貿易網絡向西延伸到太平洋，向東到墨西哥灣，向南到中美洲心臟地帶。它是和波斯一樣的帝國嗎？我們無從得知。它有像中國一樣的郵政系統和行政機關嗎？我們不知道。它的統治者是部落酋長嗎？還是國王或祭司？不知道，沒法知道。誰興建了城市？他們說什麼語言？他們究竟長什麼樣子？我們完全不得而知。

對於特奧蒂瓦坎，我們仍有少數幾件確定知道的事，其中之一就是它的名字其實不是特奧蒂瓦坎。這個名字意味著「神的城市」，而這是阿茲特克人於數世紀後碰到這片荒涼的廢墟時留下來的稱呼——因為就像眾多偉大中美洲城市中心，這城市繁盛昌榮後又突然瓦解。

在公元六〇〇到六五〇年的某時——是的，差不多就是伊斯蘭教誕生，隋朝皇帝重建中國，教宗額我略一世界定基督教世界的時候——特奧蒂瓦坎遭到燒毀。沒有人知道為什麼或是誰燒毀的，可能是因一場乾旱而起，或是隨後的饑荒引發革命、侵略和戰爭。普通百姓繼續在曾為城市的貧民窟和郊區住了一會兒，但最後他們也離開了。至少這是至今廣泛接受的理論。

中美洲的城市興起又衰亡，但文化令人驚艷地持續不斷。奧爾梅克人玩一種橡膠球的遊戲，輸的人會掉腦袋。馬雅人兩千年後在猶加敦半島也玩類似球戲，而那可是在數百英里以外。奧爾梅克藝術裡充斥著長羽毛的蛇，而長羽毛的蛇在一千五百年後托爾特克人（Toltecs）[9]的克察爾科亞特爾（Quezalcoatl）藝術中象徵神祇。奧爾梅克人將冥神想像成花豹，而花豹則出現在許多稍後的中美洲藝術中。這是因為環境中就到處可見花豹嗎？那不算好解釋，何況環境中還充滿著別種動物。為什麼唯獨花豹變得如此具有代表性？

不管最初緣由為何，人們很早就選了花豹，而這傳統也延續下去。這就是敘事的力量。一旦內核形成，新的內核就會依附其上；因為框架一旦形成，它就會形塑住在其內的人的判斷和價值。好比一旦「美麗」的標準建立起來，人們就會努力去塑造「眾所公認」的美麗，而不是「眾所公認」的醜陋，即使美麗和醜陋並非客觀存在，也獨立於人們的「認知」之外。文化框架成為篩選機制後，就會允許敘事繼續以自己的形象發明自身。此地文化的延續顯

9 公元八〇〇至一〇〇〇年間中美洲古文明。

示，中美洲整體以族群的移動和互動相互交織。它一定曾是個龐大的內部交流區——因此是由人群和概念組成的巨大星座。

在東半球，游牧民族和都市文明之間的摩擦衍生了某些歷史關鍵戲劇，美洲似乎沒有這類戲劇誕生。美洲人也有草原，但住在那的狩獵採集者從未發展出能與大都市勢力相抗衡的游牧文明。反之，他們繼續改進其狩獵採集生活方式。理由很簡單：北美洲沒有可馴化的動物。沒有綿羊、山羊、牛，沒有可放牧的動物。的確，數百萬頭野牛曾在大平原上徜徉，但出於某些原因，這些脾氣暴躁的動物無法馴化，而當你無法馴化一隻脾氣暴躁、重達兩噸的兩角動物時，你最好不要試圖擠牠的奶。美洲原住民發展出來的狩獵方式，是將這些野獸嚇得逃竄、摔落懸崖，然後人們蜂擁而上，宰殺牠們取肉，但那不是放牧，那是狩獵。

再者，美洲人缺乏東半球人們用來運輸自身和貨物的駝獸。這裡沒有馬，這造成巨大差距；這裡也沒有牛、驢、駱駝或騾子。安地斯山地區是有羊駝，羊駝雖然屬於騾科，但牠們細瘦的雙腿不適合馱物，也不適合拖沉重的東西。

在東半球，車輪變得愈來愈重要，因為車輪能安裝在手推車上，手推車能載物，又能繫在強而有力的動物身上移動。一旦輪子成為每日生活中的關鍵要素，人們就會進一步探索環形物品的其他用途。但在美洲，既然沒有動物來拉沉重的推車，那就沒有將輪子改善至完美的需求。我並不是說這裡沒有發明輪子。美洲人也創造出圓形物品，例如日曆和某些孩童玩具，但他們沒有發展環狀物作為機械零件的潛力。

資訊和概念會在人們相互交談時，逐漸擴散至整個社會網絡。然而，東半球和西半球自從白令陸橋消失後，就是兩個獨立的網絡。數千年或甚至數萬年來，文化漣漪效應能在每個網絡的內部徹底拓展，但無法讓東西半球彼此影響。大世界史單子無疑也存在於美洲，無疑也以無數方式影響了彼此，但東、西半球卻不知道彼此的存在。然而，這將在數個世紀後改變。而在那些世紀裡，東半球發生了某件大事：歐亞大陸的文化中心移位，從地中海東部的世界轉移到西方世界。理由很複雜，而結果則是一場災難。

第三部
局勢改變

到了公元一〇〇〇年，從地中海到中國太平洋岸的東亞文化，幾世紀來已累積出足堪回顧的文化影響力、創造力和財富。與此同時的歐洲雖然貧窮，但卻穩定而罕有動盪。然後，這種半衡改變，漣漪效應掃過歐亞大陸，直到這塊大陸的所有世界成為一個大故事之下的各種戲碼。在這個時代，游牧戰士從歐亞草原傾瀉而出，兩大世界歷史敘事開始角力，而瘟疫摧毀許多性命。在這場動盪中，思想、發明、科技和商品從東亞傾入西歐。西歐出現一個強而有力的新敘事，瓦解基督教的封建框架，促成科學興起，水手們貪婪地出海尋找他們得知存在於東亞的珍貴物品。值此之際的東方，卻有一個相反的敘事形成，促成一股極力恢復輝煌過去的動力。這股敘事造就沙俄、伊斯蘭的火藥帝國，以及中國的明朝。整個東半球現在相互連接，但這個半球仍舊對美洲毫無所知。在美洲，鼎盛的帝國曾經昌榮，新帝國則開始興起。而這些彼此交匯的潮流，正朝向一個天啟時刻邁進。

第十一章

離開北方

公元八五〇至一二〇〇年

在公元八〇〇年前後的幾百年間，歐洲依偎在天主教封建制度的黑暗溫暖懷抱中。每個人都認識他們的鄰居，人們很少看見陌生人。生活貧乏但穩定，長年以來代代更迭，世事沒多大改變。相較之下，同一時期的地中海東部諸世界則活在燦爛顛峰，爆發旺盛的活力，人們來往頻繁。在東方，思想、發明、成就、科技進展在幾世紀以來不斷累積。

然後……

然後某件事發生了。彷彿一張大桌子傾斜，思想、發明、藝術靈感和科技，更別提貨物和產品，開始從東方滑向西方，從中國、印度和伊斯蘭世界滑進西歐。為什麼會發生這件事？是什麼使得桌子傾斜，局勢改變？

沒有單一解答能夠解釋，歷史從來不能用單一答案來說明。但有件事頗有趣：如果你從中國的觀點看世界，會發現此時期對中國而言是一段不穩定的時期。中國人長期投注全國之力來對抗北方游牧民族，而在這個時期，游牧民族開始取得進展。如果你將焦點轉到印度，你就會知道，在這時期的某個時刻，伊斯蘭軍隊開始穿過阿富汗，南下挺進次大陸，推動兩大世界歷史敘事的戲劇性對抗，而這場對抗時至今日仍舊難分難解。如果你的世界史觀是歐洲中心，那你會察覺，在這個時代末期，歐洲基督教軍隊和控制黎凡特海岸的穆斯林突厥人之間爆發巨大衝突，導致難以收拾的後果。

乍看之下，這些是同時發生的巧合，彼此的劇情各自獨立。畢竟，它們是在不同的劇院中上演，彼此相距甚遠。中國、印度、小亞細亞、巴勒斯坦、法蘭西……，還有比這更不同的地點嗎？

從更寬廣的角度來看，前述這些發展並不僅是好幾件故事在不同世界裡各自開展。如果你將歷史看成僅是發生在城市文明的故事，你當然也只能看到如此光景。但倘若你將游牧民族看成人類大故事的一部分，那你就會發現這些劇情都發生在世界的某一個地區，都發生在廣袤歐亞大草原的邊緣上，演員也全都是源自那些草原游牧民族的部落。顯而易見，某件事正在那裡發生，是什麼呢？

雖然聽起來有些不可思議，但這個故事的根源要追溯至斯堪地那維亞，即異教徒諾斯人的家鄉。諾斯人與入侵羅馬的日耳曼部落是遠親，他們住在嚴苛的北方，因為他們是最後一批在歐洲定居的人，而最晚到的人只能得到最瘠劣的土地。諾斯人只好費盡力氣，靠狩獵、打漁和農耕換取生計。

在基督教世界於南方逐漸合併時，歐洲氣候經歷數個小型波動，當時氣溫升降了攝氏一兩度。雖然這些溫度起伏在南方不會造成明顯差異，但在遙遠的北方（那裡是人類居住地的極遠邊境），就連最輕微的溫度變化都會產生巨大效應：導致生活艱困的人變得更無以為繼。當溫度下降，農作物產量萎縮，而既然較老、較有權力的男人壟斷較好的農田，年輕男人成年時只能形成幫派，合力造船，出海到廣大的世界裡，以掠劫陌生人為生——大獲成功時還會在家鄉備受推崇。溫度稍微上升時也會造成麻煩，因為冰會融化，淹沒農田，並同樣導致精力無處發洩的年輕人有動機出海掠劫。從八到十一世紀，斯堪地那維亞的環境像風箱般變化不斷。環境使人口成長，接著又壓制生存空間，再用狂風吹出一艘又一艘豁出去的掠劫戰

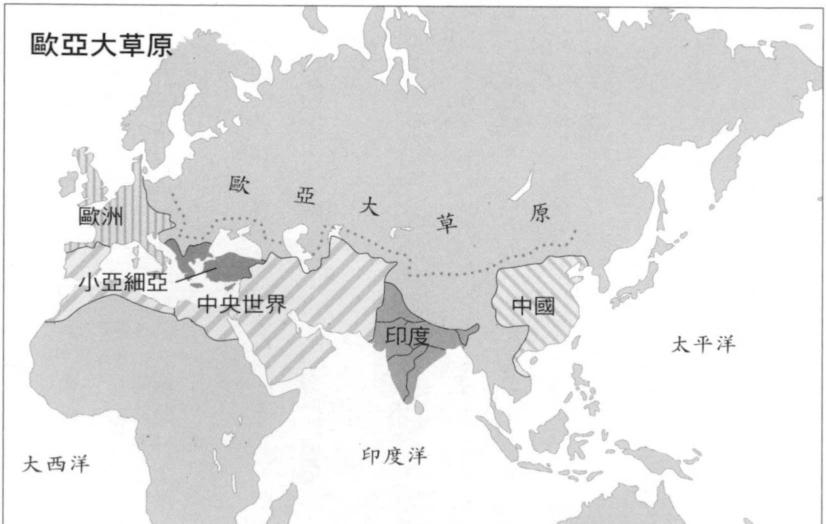

士。在幾個世紀裡，大約有二十萬人從這個地區蜂擁而出，每次大都以數十個人組成團體一起行動。有些朝西歐而去，有些向南去了黑海，然後在襲擊的空檔返回斯堪地那維亞。

蹂躪西歐的斯堪地那維亞人被稱做「維京人」（Vikings）。那個名字衍生自古諾斯字vik，意味著「峽灣」——他們是從北部峽灣來的人。他們襲擊英格蘭和法蘭西沿岸，划船順河流而上，洗劫城堡，搜刮修道院。英格蘭人叫他們丹人（Danes），法蘭西人則叫他們諾曼人（Normands，也就是「北方人」）。諾曼人後來定居在法蘭西海岸，這個地區從此就被稱做諾曼第（Normandy）。有些丹人在英倫三島上建立據點，住在當地的盎格魯─撒克遜人聚落之間。一〇六六年，征服者威廉帶領諾曼人入侵英格蘭，把自己打造成統治盎格魯─撒克遜人的貴族。隨著時間推演，兩方團體「網合」，形成我們現在所知道的英格蘭。其他維京人則與法蘭克人融合，而這個互動發生之處就誕生了法蘭西。其他人繼續往南進入地中海，在義大利南方和北非沿岸建立王國。

這些維京人慢慢變成天主教基督徒。他們的價值觀、神話、故事和思想，與當地已日耳曼化、基督教化的羅馬與希臘文化「網合」，維京元素也想當然耳出現某些修正。比如，北方民族尊敬某些樹，在深冬時裝飾它們，作為生命耐力的異教徒象徵。天主教世界吸納這項習俗，將其變成聖誕樹。諾斯人相信世上有精靈，精靈的大小如成人，是具有超自然力量且不懷好意的生物。這些精靈在維京人基督教化後，愈變愈小，愈來愈可愛和善良。

精靈首領有時會將煤放進爐火旁的襪子裡，陰鬱地警告那些違反規定的人，嚴厲的懲罰將至。這個精靈首領後來演變成快樂的胖男人，他偶爾仍然會愉快地將一塊煤放進襪子裡，多半還會在基督生日那天，以禮物犒賞聽話的小孩。歐洲緊緊抓住這些來自極北的元素不放。直到今日，聖誕老公公還是住在北極（毋庸置疑，離超人的孤獨堡壘不遠）。在與維京元素交織後，歐洲的日耳曼化、基督教化希臘與羅馬文明，變成現在通稱的西方的起源。

羅斯人和突厥人

值此之際，這則故事的另一半正在斯堪地那維亞的另一側上演，因為除了某些戰士幫派離開斯堪地那維亞後往西而去，還有一些人則向東前行。那些往東的人通常自稱為羅斯人。他們發現了大河的源頭，例如聶伯河和伏爾加河，就順流南下，朝黑海而去。當碰上急流或瀑布時，他們乾脆將他們的維京長船扛起來，走到下一個可航行的河段，然後再繼續航行。一路上，這些強悍的戰士經過斯拉夫部落居住的森林，他們是住在小型自治村莊裡的自耕農。羅斯人洗劫他們的村莊，搶奪任何找得到的食物和物品，然後不斷往前，就像在西歐的維京人一般。

羅斯人後來也發現了許多掠奪者曾學到的事：掠奪不是得到特定東西的有效方式。如果你洗劫城堡，你會搶到剛好放在城堡裡的任何東西。如果你想要的特定物品是牙刷，你可能無法以這種方式如願以償。你應該抓住任何你能賣錢的東西，然後用那筆錢在下一個你會去的市場裡買你要的東西。因此，海盜和掠奪者搖身變成商人。

金銀是最好的掠奪品，因為它們就是錢。在西方，維京人發現修道院和教堂裡有很多用這些金屬製造的聖人遺物和宗教用品，可以熔化變現。但斯拉夫村民沒有這類手工藝品和貴金屬。他們是自耕農，只有自己種植的食物和自己做的貨品。所以，羅斯人就俘擄村民，將他們當奴隸賣給南方的買主，將人換成錢。沒錯，「奴隸」（slave）這個字衍生自「斯拉夫人」（Slav），這是奴隸買賣在九世紀後昌盛的灰暗見證。有些斯拉夫人被賣給拜占庭人，但大部分是賣給從伊斯蘭世界來的貿易商。在那裡，斯拉夫人大都淪為家用奴隸和性奴隸。

從東歐河流南下的羅斯人大部分是男人，他們想必會為自己找來一些斯拉夫女性俘虜。因此，羅斯人的小孩往往擁有斯拉夫母親，長大後認同母親的文化，說的是斯拉夫語言。短短幾代內，羅斯人消失，變成說斯拉夫語的當地貴族，與在斯堪地那維亞的遠方親戚沒有太大關聯。這些斯拉夫貴族自稱為俄羅斯人，他們不再是自耕農，反而是武裝精良、攻擊性強的戰士。

俄羅斯人渴望征服君士坦丁堡，但那就像以卵擊石。君士坦丁堡是世界上最堅不可摧的要塞城市，有護城河、城牆、財富，由所有金子能買到的武器層層保護。所以，一些俄羅斯人跑去為拜占庭人工作，加入稱做「瓦良格衛隊」（Varangian Guard）[1]的菁英部隊。多虧這

1 為拜占庭皇帝的貼身近衛。

類接觸，俄羅斯菁英逐漸改信基督教，加入了希臘東正教。不管是否出於自願，他們的子民也跟隨其腳步皈依。拜占庭傳教士西里爾（Cyril）為俄羅斯人創造了格拉哥里字母，《聖經》就是他們用來習字的入門書。於是，這些原本不識字的異教徒社會變得有文化素養，就像西歐早期的哥德人。

俄羅斯人的確是精力充沛的經商民族，喜歡數白花花的現金。這時最重要的現金是白銀，而最豐富的銀流流經伊斯蘭世界。俄羅斯人的領域沿著黑海和裏海一路與穆斯林市場接壤。因此，銀子源源不絕地從伊斯蘭世界流過俄羅斯網絡，進入斯堪地那維亞，然後再從那裡滲入北歐的經濟循環系統——我們將在下文中看到，這會帶來深遠後果。

在此同時，俄羅斯人繼續挺進東歐大草原，並碰上卡札人（Khazars），並將他們消滅。卡札人是一支菁英階級已經皈依猶太教的突厥部族，原本控制著來自北方森林的商品貿易。俄羅斯人現在接手這個肥滋滋的金流，並繼續向前走。不久，他們就和中亞草原的游牧戰士起衝突：那可是硬碰硬。俄羅斯人強悍，但游牧民族也很強悍。他們之間的邊境變成不斷摩擦的戰區。俄羅斯人的前進速度被迫放慢，但他們繼續向前爬，還一邊鞏固他們的統治。俄羅斯采邑形成俄羅斯公國，最後合併成一個強盛富饒的俄羅斯王國，首都在基輔。

在前幾個世紀裡，游牧民族的遷徙浪潮從中亞流向西方，經過烏拉山脈和黑海之間的縫隙，進入歐洲。阿瓦爾人就是從這條路過來的，馬札爾人、斯基泰人、匈人，以及在他們之前的印歐人（不管他們究竟是誰）全都是如此——但羅斯公國阻斷了這條走廊。他們不但阻擋了這些來自草原的移民，還不斷將封鎖線向東推進，擠壓中亞游牧民族的生存空間。游牧民族被迫反擊，但若換個方向會比較容易時，他們也不挑剔，因此有時也轉往另一個方向襲擊。俄羅斯的崛起壓縮中亞草原，掀起的漣漪效應遠至幾千英里外的地域。

公元九〇〇年，中亞的空間爭奪戰導致一支稱做契丹人的原始蒙古人進犯中國邊境，他們就在邊界上建立遼國。這膽子可真大！宋朝那時才剛鞏固內部勢力，現在他們得騰出軍事資源，調派至東北邊界。但局勢卻變得更加凶險，因為從西伯利亞心臟地帶來了一批女真人。他們就在契丹人旁邊建立金國，也開始逐步啃食宋代中國。事實上，他們的勢力拓展至黃

河流域。他們甚至膽敢宣稱自己得到天命，自己才是中國人，是唐朝和漢朝的合法繼承人。宋朝皇室求和，試圖阻擋他們的攻勢，但是最終失敗，只得不斷退讓土地，直到最後宋朝放棄北方。宋朝後來在長江流域重整旗鼓，在那建立新首都並維持一陣子的盛世，成為燦爛的南宋。但他們失去了中國文明最初的心臟地帶，也就是孕育中國文化的黃河流域。儘管他們當時還不知道，但是更糟糕的事情還沒到來。

歐亞草原的中心與伊斯蘭世界接壤。此時這裡已經變成許多不同的穆斯林國家，嘴上尊崇一位「普世」的哈里發，但在大多數情況下，這位哈里發只是一個虛銜，如此而已。這些王國的統治者不斷和越界來襲擊村莊的突厥游牧民族作戰。他們在戰場上俘擄突厥男孩，將男孩拖回首都當作奴隸。不像卑微的斯拉夫人，這些男孩接受軍事訓練。他們長大後，便成為菁英禁衛隊，或對付游牧民族的強悍前線部隊。皇家主子以為這些男孩應該會像兒子對父親般，對他們效忠。但不知怎地，通常結果都不是如此。就像羅馬禁衛軍，突厥奴隸士兵往往推翻他們的主人，取而代之。

一旦突厥人接掌權力，他們就面臨與前任主子相同的難題：面對從草原湧出的更多游牧民族侵略者。新掠劫者是否也是突厥人並非重點，統治者得將掠劫者阻擋在外，不然他們自己就會完蛋。說也奇怪，新統治者的做法與舊統治扯如出一轍。他們在戰場上俘擄游牧男孩，訓練他們成為驍勇善戰的奴隸士兵——後者就又做了大家預料中的事：推翻主子奪權。突厥人於是由內到外蠶食了穆斯林世界。

突厥人進入伊斯蘭世界時皈依了伊斯蘭教，就像西方的日耳曼人皈依羅馬基督教一樣。但這些新的突厥穆斯林比較喜歡強悍、隨時能打仗的伊斯蘭教戰士版本。希臘哲學和伊斯蘭神學之間的微妙類同處反而令他們打呵欠。這些軍閥對伊斯蘭教的態度是將它當規則來學習，一群專家會詮釋這些規則，並仰賴武裝官員的幹部們來施行。

到了大約公元一〇〇〇年，突厥人以伊斯蘭世界的軍事與政治菁英身分崛起。阿拉伯人仍在這整個世界中主掌宗教教義、神學、法律和教育，大部分的哲學家、學者、書記、科學家和行政官員仍舊擁有波斯文化背景。突厥人、阿拉伯人和波斯人交織形成新的伊斯蘭國度，這與阿拉伯人一開始主宰的哈里發國相當不同。原本引導穆斯林知識分子走向科學發展的博學和好奇心開始衰微。而這份衰弱後興起的是神學、神祕主義、詩歌，以及戰爭。

一位新突厥統治者，阿富汗加茲尼的馬哈茂德蘇丹[2]，前後入侵印度十七次。他洗劫廟宇，將寶藏帶回加茲尼王國的首都。馬哈茂德蘇丹宣稱，他劫掠印度是在為真主服務，因為他是在毀壞異教徒偶像，就像使者穆罕默德和他的聖伴所做的那樣。在馬哈茂德蘇丹的軍事行動後，突厥統治者和其阿富汗部落盟友養成了劫掠印度的習慣。最後，這些入侵者中有一些人在恆河河畔的德里城建立了長久政治力量：統治了一個蘇丹國。這塊疆土的大小歷經盛

2　加茲尼王國最著名的帝王，九七一至一〇三〇年。

衰，但有時比日耳曼、法蘭西和英格蘭加起來還要大。儘管如此，突厥人身為軍事穆斯林少數分子，總是試圖統治人數為壓倒性多數的本土印度教徒。也是從此時開始，這兩套敘事占據相同的地理空間，堅決抗拒「網合」，也許是因為它們的核心教義無法見容於彼此。

與此同時，緊跟在加茲尼人的腳跟之後，另一波入侵者浪潮從大草原湧出，那就是塞爾柱土耳其人。這些戰士部族是往西而非往東前進，他們征服了現今的伊朗，橫掃小亞細亞。一〇七一年，他們在曼齊刻爾特戰役（Battle of Manzikert）重挫拜占庭軍隊，隨即往南挺進，征服基督徒口中的聖地，也就是沿著地中海東岸的肥沃地帶。這些征服行動引發重大事件，即後來大家所知的十字軍東征。

宋朝的衰頹、伊斯蘭世界的突厥化、阿富汗擴展進印度北部和十字軍東征——這些戲劇都陰森地籠罩在中國、印度、伊斯蘭世界和歐洲的世界歷史敘事上。然而，從宏觀角度看來，它們就像是情節不斷交織的大戲劇：始於北歐，掀起的漣漪橫越亞洲大草原，破壞大草原周邊的城市文明，使局勢大幅傾斜並改變了文化權力的平衡，最終使權力重心從歐亞大陸東部轉移到西部。下五個世紀裡，我們將看到這個故事橫越大部分的地球，繼續開展。

第十二章

崛起中的歐洲

公元八〇〇至一三〇〇年

在局勢大逆轉之前，歐洲就像是一塊由封建領地構成的拼布，由羅馬天主教敘事縫在一起。當時歐洲大部分的人都是佃農，而大部分的佃農則是農奴，僅能生產剛好足夠自己、領主和教會神職人員吃的食物。他們沒有多少時間和精力來生產多餘糧食或製造物品。

然而，事情在九世紀時開始改變，雖然非常緩慢且細微難查。佃農一直在工具和方法上進行小規模改良，最後累積到改變的臨界點。深耕犁問世，這種犁能深耕北方森林的潮濕黏質土壤，切斷盤根交錯的樹根。北方土地比南方的沙質土壤難耕作，但如果問題成功解決的話，北方土地相較之下就肥沃多了。佃農在犁上加裝側板，如此一來，犁頭切過犁溝時就可同時翻動土壤，將這兩個艱鉅的步驟合而為一。歐洲佃農也改良馬軛，因此可以用馬來拖犁耕作，而不必再用牛。馬移動得較快，可以在較少時間內耕作較多土地。

佃農原本依照傳統，每年讓一半的土地休耕，從前土壤要這樣才能恢復生機。但佃農後來發現，即使每隔三年才休息一次，土壤仍然很肥沃。因此，佃農開始每年耕作三分之二的土地，而非一半。你算算看就會發現，他們這樣一來就多出百分之二十的土地可以耕作——哇，無須多餘體力或投資！

耕地更多，耕作時間花得更少，這意味著什麼？這意味著有更多閒暇時間和吃得更飽的人。佃農可以製造更多用於日常的手工藝品——布料、衣服、餐具、鍋子，應有盡有。在特定日子裡，他們把多餘的東西拿到當地十字路口，與其他領地來的佃農進行貿易。

這些十字路口的市場興旺起來，有些變成定期市集。幾個世紀以來，某些市集發展成固定的貿易中心，最後形成城鎮。而數個城鎮開始主辦季節性的市場，吸引許多想要成為商人的人前來。大部分是本地人，但遠地的商人也逐漸聞風而至。許多小販聚集在相同地方一到數週，人們就可以和市場上的其他人進行交易。商人可能載來一車的亞麻，將其中一些換成鹽，然後將鹽換成幾把劍或幾袋大麥——而在這個過程中，商品本身不必然得跟著每次交易移動。只要商人都在同一地點，他們就只須記錄下彼此的協議。當市集結束時，商人可以四處奔波，計算每場交易有多少盈利，然後拿走他們最後買到的東西。載了一馬車衣服進市集的人最後離開時可能帶著一馬車的穀物，儘管在交易的過程中他可能先將衣服換成鞋子，再換成帽子，再換成只有鬼知道的東西。

事實上，這些市集到頭來提供的是會場，商人前來時可能沒帶任何實物商品，只有口頭承諾：現在有一車肥料，來換六個月後十馬車的大麥。一方協議在某個未來時間點要支付另一方某個金額，以購買一定數量的某種產品，而產品在這時還不存在。這使得兩方能依據可預估的經濟未來來進行交易。那意味著有更多生意成交，因為比起今日，商業更關乎未來。

到了十一世紀，維京騷擾慢慢平息下來，歐洲世界開始吸收維京人。此時維京人在掠奪修道院、熔化寶藏多年後，已將許多金銀作為貨幣釋回流通系統。而他們的俄羅斯堂親也將白銀從伊斯蘭世界導回歐洲。硬通貨為貿易的輪子上油，貿易責餵養興盛的生產力，歐洲經濟加快勢頭。

當幾乎所有歐洲人都靠封建莊園過活時，絕大多數人都過著艱辛的生活，但至少他們都有地方可住，有工作可做，能夠成為社會星座的一部分，因此生命有意義。如果只靠更少的人就能生產足以餵飽整個社會的食物，那麼某些人就會變成剩餘勞力，也就是會失業。某些封建領主的確發現，雇用季節性的勞工，在每季結束或工作完成時解雇他們，會比較便宜。如此一來，他們就不必再整年餵養這些無酬農奴。

因此，就在歐洲的生產力增加的同時，流離失所的人也增多了。流浪乞丐到處徘徊，搶劫旅人，在莊園森林地上盜獵。想想羅賓漢和他快樂的同伴吧——但拿掉「快樂」的部分。窮人擠在路上，在灌木叢下睡覺，死在他們躺下的地方，無人知曉，一生沒沒無聞。甚至連有家可歸的人們，也三不五時暴露在這種悲慘境況之下。

作為對這些慘況的回應，中世紀歐洲的天主教星座創造了新的宗教職業：托缽僧。這些虔誠獻身的僧侶是修會成員，但他們餐風露宿，而非住在修道院。他們是到處遊走的精神奉獻者，仰賴基督徒的慈善施捨才能生存。這套機制吸納了某些乞丐，並使社會更加徹底浸潤在天主教敘事中。如果羅馬教會是天主教歐洲的心臟和肺，那修道院就是靜脈和動脈，而托缽僧則起到毛細管的作用，將一種粗糙的救贖疏導到最基層的靈魂。

基督教世界

到了公元一〇〇〇年，在波羅的海和大西洋之間的歐洲人形成「以自己族群為單一整體」的意識：「基督教世界」（Christendom）一詞也愈來愈常被用到。但它不再是指所有的基督徒，世界上有些基督徒不屬於基督教世界。例如波斯世界的聶斯托里派基督徒、埃及的科普特派基督徒，以及許多其他派別。

從這一點來看，就連拜占庭基督徒都不大能算是基督教世界的一部分。西方基督徒開始覺得那些東方基督徒有點……這個嘛……不大一樣。他們是基督徒沒錯，但是……這個嘛……又不一樣。兩方對一些細節有所爭論，比如彌撒該怎麼說，該用什麼語言，在宗教儀式中是否使用宗教肖像，在聖餐禮這個關鍵儀式中該怎麼措詞，以及在某個儀式中到底要做哪些事。最重要的是，拜占庭的教堂以希臘語進行彌撒，西方歐洲教堂則用拉丁語。

這些關於細節的爭執最終使雙方劃清界線。這場爭執在一〇五四年白熱化，當時羅馬和君士坦丁堡的主教（分別以教宗和牧首而為人所知）開除彼此的教籍。這次攤牌揭露了一個關鍵難題：兩個人不可能同時都有開除教籍的權威，這項權威只能屬於其中一人。教會因此分裂，此後儘管兩邊的基督徒仍視對方為基督徒，但也視彼此為受到污染的他者。而這個「他者性」強化了西歐人對自己所屬的基督教聯盟的認同感。

當修士、乞丐、小販和貿易商總是在境內四處漫遊，人們也時常聽聞來自遠方的消息和故事，那麼旅行的概念就變得不那麼古怪。此時出現了一種與主流敘事恰恰相容的旅遊方式，那就是「朝聖」。拜訪聖壇就像上教堂，甚至比上教堂更虔誠。某些修道院擁有的物品具有宗教意義，可供人們觀賞或觸摸。例如聖人衣服的殘片、殉教者的一束頭髮、十字架的一小塊碎片。

最崇高的朝聖地點當然就是聖地，基督本人曾親自走過那些地方。然而，對西歐本地人而言，到聖地朝聖是趟危險重重的艱難旅程。整趟旅程要花上好幾個月。而當他們抵達時，他們發現什麼？這些神聖地點全都在異教徒手中，而這些異教徒和基督徒是如此不同，這真是再可怕不過。歐洲地區醞釀已久的敘事，此時開始與另一套在中央世界積累已久的敘事交會。這些被擴張到中亞以外的穆斯林突厥人征服與統治的地區，開始在此時受到西歐基督徒的頻繁造訪。對基督徒而言，與其說基督徒討厭突厥人，不如說他們「鄙視」突厥人。而對穆斯林突厥人而言，這些歐洲人無知又不知好歹，是死抱著過時天啟不放的大老粗。這些歐洲人遲早會清醒過來，加入穆斯林社群，但在那之前，何不先吸乾他們口袋裡的銀子？基督教朝聖者發現他們得支付高昂的費用，排很長的隊伍，忍受輕蔑，有時還遭到公開辱罵——

被誰辱罵？被那些正奔向地獄的無知異教徒！他們膽敢自以為優越！朝聖者回家時帶著滿是憤恨的可怕故事，準備大說特說。

朝聖者所回到的世界，正在起驚濤駭浪般的變化。歐洲習俗是長子繼承制，規定貴族的所有土地由其長子繼承。這意味著歐洲會有愈來愈多年輕但卻沒有繼承到土地的貴族之子，他們儘管野心勃勃，卻苦無發洩管道。對這個階級的男人而言，唯一令人尊敬的方式是擁有土地和打仗。早年當歐洲被各方圍攻時，貴族的年輕兒子有很多仗可打，在戰場上忙著打轉就可以功成名就。歐洲文化在那個時代孕育了一種特別的專業戰士：身穿金屬盔甲的騎士。如今侵略減少，和平降臨，歐洲騎士縱使全副武裝，卻無用武之地。同時封建莊園正在合併成面積更大、數量卻更少的公爵領地和王國，就像大魚併吞小魚。

簡而言之，歐洲基督教世界是由托缽僧、宗教狂熱分子、對戰爭飢渴的無地產騎士、極度野心勃勃的公爵和國王、強盛的大一統教會，以及金錢大量蓬勃流通等所組成的沸騰大鍋，還有大量流通、可用來資助偉大事業的金錢。基督教世界現在需要的，就是一項值得資助的偉大事業。

公元一〇九五年的某天，所有歐洲基督教主要宗派的領袖為一件事而齊聚。普世教會的領袖，即教宗烏爾巴諾二世（Urban II）造訪（位於現今法國的）克萊蒙特（Clermont），歐洲最重要的修道院之一就位在那裡。他對聽眾熱情講道，他的聽眾則包括傑出的神職人員，以及基督教世界裡軍事貴族的最高典範，也就是法蘭克騎士。教宗告訴他的聽眾，他從君士坦丁堡的阿歷克塞皇帝（Emperor Alexios）那收到一封信，告知拜占庭帝國正遭受異教徒的攻擊。突厥人正往君士坦丁堡行軍，如果他們拿下此城，他們下一步就會來到羅馬。總得有人做些什麼。教宗於是呼籲基督教世界的騎士們加入為十字架奮戰的戰士，進行十字軍東征，從那些異教徒手中奪回聖城耶路撒冷。

正當教宗在克萊蒙特講道時，深富領袖魅力的修士如隱士彼得（Peter the Hermit）和他的副手貧窮的沃爾特（Walter the Penniless）也在附近城鎮對大眾傳道，宣揚相同的訊息。興奮和激動席捲基督教世界，期望團結一致，完成共同的天啟目標：收復聖地！

一馬當先的是托缽僧。貧窮的沃爾特和隱士彼得率領由乞丐和失業鎮民組成的雜牌軍，往東出發前往小亞細亞。當地困惑的塞爾柱戰士輕而易舉就殺得他們片甲不留。但在該年稍晚，歐洲騎士來了，他們可是那個年代的坦克車：穿著金屬盔甲、揮舞巨大長劍、肌肉噴張的大漢，殺不死也擋不住。歐洲騎士蹂躪沿岸城市，最後奪下耶路撒冷。他們最後在地中海東岸建立了四個十字軍國家[1]。

從那時開始，往東的歐洲人就能在基督徒統治的城市休憩了。他們在那裡很安全，能夠找到歡迎基督徒的客棧，並愈來愈可能碰到輾轉認識同鄉朋友的人。

1 包括耶路撒冷王國、安條克公國、的黎波里伯國和埃德薩伯國。

不管他們是以朝聖者、十字軍，或僅以冒險家和旅客的身分往東，都會發現滿是貨品的巴札，那裡的貨品若帶回家鄉賣，可賺得好價錢，尤其是富有異國情調的布料和香料。我在此指的是廣義上的「香料」——不單是增添食物風味的調味品，還有防腐劑、神奇藥酒等等。香料在歐洲很罕見，人們將它們像金子般儲藏起來。可敬者比德（The Venerable Bede）是九世紀的著名學者，他在遺囑裡特別指定胡椒要如何分配給繼承人。糖是如此珍貴，以至於羅馬人將它當成藥，而不是烹飪材料。至於布料，只有少數貴族女性才能擁有一兩件絲綢衣服，但對老百姓而言，絲綢是在夢中有。如果你曾在盔甲下穿著亞麻內衣，你就會瞭解為何歐洲騎士喜愛棉布（我自己可沒經驗，但我可以想像）。

一旦十字軍國家步上軌道，黎凡特地區就變成歐洲那蒸蒸日上的市場系統的東部邊緣。西方商人與穆斯林商人利用十字軍東征幾度中斷的空檔，成立複雜的商業聯繫。波羅的海城市靠走陸路去聖地的人潮賺飽荷包，義大利沿岸城市則藉由載歐洲人搭船走海路去聖地而發大財。商人、朝聖者和十字軍如潮水般湧進黎凡特地區，他們在那與其他歐洲人摩頂放踵。儘管彼此有些不同，但卻都住在相同的世界歷史敘事裡，因而強化了一種共享的認同感。

大部分開往聖地的船都是從威尼斯、熱那亞或比薩出發，因為這些城市恰好就位於東方的巴札和西方買家之間。這些城市很快便控制了逐漸增長的東、西貿易，發展成強大的地中海海上強權。在爭奪霸權的過程中，航海科技逐漸進步，這使得這些強權愈來愈強大。

朝聖者、商人和十字軍形成的人流，大多數會經過威尼斯。這些旅客來時帶著各種貨幣，而威尼斯金匠發現，他們可以用貴金屬換取這些旅客的貨幣，然後再將貨幣賣給打道回府的旅客，拿回銀或金子。如此一來，他們便可從中獲利。

貨幣兌換需要估算各種貨幣的兌換價值：這個公爵的貨幣等於那個公爵的多少貨幣？這兩種貨幣等同多少黃金？外行人來經營這類交易可能會輸得精光，但威尼斯金匠擅長定期處理這類交易，所以發展出相關企業。他們在店外放置長凳來做生意。長凳的義大利文是banque，所以這些人被稱為banquers。今天，我們叫他們「銀行家」(bankers)。

隨著時間推演，這些商人發現可以為顧客提供保險箱來存放貴金屬（和各種寶石），等到物主從某地回來後再領取，而他們也可以從中賺大錢。銀行家會接受某些指定數量的貴金屬，給那人一張有簽名的紙條，註明他存放了多少。當那個人稍後回來時，比如說從聖地回來，他可以用簽字的紙條換回先前寄放的金子——當然得扣掉一筆服務費。

存放金子的人有時會在旅途碰上麻煩，於是把簽有自己名字的紙條轉給另一個人，當作是種付費方式。誠實的銀行家會兌現上面有簽名的紙條，不管拿來兌現的人是誰——部分是因為若不兌現，可能會打壞名聲，做不了長久生意。事實上，銀行家對於紙條轉了多少手才拿回來提款，理論上是沒有限制的。事實上，備受尊崇的銀行家的紙條也許會無止盡地流通，彷彿它就是某個數量的黃金。事實上，它可能永遠不會回到銀行家手上。它可能就變成錢，一種新形式的錢，那就是票據。票據這種新元素就此進入了西歐基督教世界所建立與共享的想像世界裡。

銀行家還發現，他們可以在主人離開時，暫時將金子外借。只要金子在主人回來前收回來，就不會造成任何人的損失，銀行家還可以靠短期出借那筆黃金而賺點手續費。忙碌的銀行家也發現，他們的金庫裡總有那麼多金銀等著主人回來，而他們從來不必真的去移動那些實體金子。他們可以在紙條上簽名釋出借貸，這紙條可以在兌現時以某個固定數量的金子贖回：只要借貸及時償付，存放金子的人從來不會感受到任何不便。他們可能根本不會知道自己的金子曾被外借——被人用紙（或更精確來說，此時是用羊皮紙或小牛皮紙）借走。在十字軍時代的義大利，一種全新的謀生方式因此出現了。

對這個新領域最有貢獻的人，可能要算是比薩的列奧納多，大家現在多半記得他的暱稱——斐波那契（Fibonacci）。在環遊地中海的旅行中，這位年輕數學家接觸到穆斯林世界的常見生意手法。一二〇二年，他出版了《計算之書》（*Book of Calculation*），主要是闡述阿拉伯數學（其實是印度數學）。他的開場白影響深遠：「只要有987654321這九個印度數字，再加上0，……不管什麼樣的數字都寫得出來。」銀行家很快就看出，用穆斯林世界的長除法來計算，也就是用8976乘以125，會比用MMMCMLXXVI乘以CXXIV省事。因此在伊斯蘭世界所使用的阿拉伯數字和運算方式，包括位值、小數、長除法、代數……等等，很快就傳遍歐洲，同時伴隨著東方的各種生意技巧，比如複式記帳法和商業交易中的信貸票據（用來代替現金），這些都需要複雜的會計。歐洲貿易從此改頭換面。

要去聖地的朝聖者還面臨一個棘手難題：該帶什麼形式的錢？本地貨幣在遠離家鄉時可能不被接受。金銀雖然到哪都可通，但也因此容易成為各處搶匪和惡棍的目標。朝聖者結夥同行，雇用傭兵保護他們的金銀，但要怎麼防範傭兵保鑣在出發幾英里外後，不會殺害雇主，私吞金銀呢？

為了解決這一問題，教會於是創立了一種新機構：軍事宗教騎士團，而這也成為封建天主教星座的一部分。這類騎士團成員可以免稅，在為了捍衛信仰而犯下任何暴力時，還可以自動贖罪，免受良心煎熬。這些戰士隸屬於教團，發誓守貧、守貞，過著儉樸生活。其中，醫院騎士團（Hospitallers）和條頓騎士團（Teutonic Knights）專門提供醫療服務。聖殿騎士團這第三個騎士團（Knights Templar）則承擔保護朝聖者和貴重物品往返聖地的責任。基督徒可以信任這些傢伙，他們不會為了錢而殺害他們，因為他們是聖者（holy men）——基督教僧侶。

後來，聖殿騎士團開始將來回搬運金錢當作一種獨立金融服務。在聖地的基督徒需要從家鄉送來的資金，或有想送回家的財富時，都會徵募聖殿騎士團。他們能信任聖殿騎士團，因為教會保證他們的誠實。聖殿騎士團開始來回搬動非常多的錢，後來才發現他們根本不必搬動實體金錢。當人們給他們錢運送到遠處時，他們只要送一張紙條到其他辦公室，具體說明最後需要從財庫中支付多少金額。小偷無法劫走那筆錢，因為在流動的只有訊息。聖殿騎士團的工作使他們得以察覺當時很少歐洲人能瞭解的事：其實，錢不是實物，而是資訊，最後都歸諸於會計。一旦掌有這個誨澀難懂的祕密，聖殿騎士團就成了世界上第一批的國際銀行家。

第一次十字軍東征為基督徒奪回耶路撒冷，第二次十字軍東征確認基督徒在黎凡特地區的存在，第三次十字軍東征則成為傳奇，上演了以慷慨和文明而聞名的兩大領袖之間的史詩對決：埃及蘇丹薩拉丁（Saladin）[2]與英格蘭國王獅心王理查。這兩位戰士也許是完美的紳士，但他們的對決並非以平局告終。這場對決的結果是一紙放棄並歸還耶路撒冷給穆斯林的合約。耶路撒冷再也沒有回到基督徒手中，十字軍東征的第一階段便如此結束。

失去耶路撒冷在歐洲引發激昂的情緒，促成第四次十字軍東征，但局勢卻開始變得更加複晦澀不明。商業考量開始使得十字軍的宗教理想變得複雜。更有甚者，西歐騎士對他們遠道而來拯救（就理論上而言）的說希臘語的東正教徒沒有什麼親屬感。

拜占庭首都君士坦丁堡長期以來都是世界上最堅不可摧的城市，它三面環海，第四面則有一道巨牆保護。但當第四次十字軍東征的騎士前來敲門時，這些牢不可破的防禦全都派不上用場，因為這些傢伙並不是敵人，而是來提供幫助的基督教同胞，對吧？城門當然會為他們大大敞開，對吧？

結果第四次十字軍東征的成員從未抵達聖地。一二〇四年，他們在君士坦丁堡裡恣意妄為，將城市鬧得翻天覆地。他們搶劫教堂，掠奪任何找得到的金銀，甚至罷黜拜占庭皇帝，宣布君士坦丁堡是他們自己（短命的）拉丁帝國首都。從此以後，說希臘語的東方基督教帝國，和西方羅馬帝國的繼承者之間，就此決裂。

2 埃及及埃宥比王朝和敘利亞的第一位蘇丹，在位期間一一七四至一一九三年，驍勇善戰，同時在基督教和穆斯林世界聞名遐邇。

第十三章

游牧民族的最後咆哮

公元一二一五至一四〇〇年

就在第四次十字軍東征洗劫君士坦丁堡時，穆斯林世界的另一端也出現了一個正在壯大聲勢的全新勢力。這場戲醞釀了很久，早在中國夏朝崛起或巴比倫滅亡之前就開始上演。如今這齣戲來到了最高潮，從中亞爆發開來。這戲劇就是歐亞大陸北方游牧民族和南方農耕城市文明之間持續不斷的摩擦，而現在已經到了緊要關頭。

蒙古人領導的游牧民族文明在十三世紀抵達權勢顛峰。他們的統治至多僅延續了一個世紀，但蒙古人卻在短短一百年內對世界造成深遠影響，更導致了這一部所討論的「局勢改變」。

在他們崛起前，大部分的世界幾乎都沒注意到蒙古人。他們是由雜牌軍所組成的無數自治氏族，生活在帳棚裡，騎著短小精悍的矮馬，放牧大群綿羊和山羊，彼此內鬥不休：典型的老式中亞草原游牧民族。

一一六七年，一位叫鐵木真的男孩誕生了。他很早便成為孤兒，青少年時就得為了保命到處躲藏。無論如何，鐵木真最後想方設法爬到族長地位。有一天，一位對手綁架了他的妻子，這真是大錯特錯。鐵木真打垮那位敵人，接收了他的戰士和妻妾。現在他是較大的王汗。他繼續策略性地挑起戰爭，結成政治同盟，直到他將蒙古人統一為緊密的聯盟，並由他自己統治。就在歐洲野蠻人洗劫君士坦丁堡時，鐵木真做了一件宛如預兆的事：他將自己的稱號改為成吉思汗，意思是「宇宙之主」。

現在他將注意力轉往外部。他的蒙古軍隊攻擊盤據中國北方的女真王國，和控制阿富汗及伊朗的突厥穆斯林王國。蒙古人焚毀巴克特里亞（大夏）的巴爾赫（Balkh）古城，而巴爾赫以「城市之母」聞名。他們屠殺赫拉特和內沙布爾（Nishapur）的男女老幼，沒有留下活口。他們橫掃中亞，一路上踐踏所有突厥部落王國和聯盟。他們越過伏爾加河，一路血流成河地跋涉到俄羅斯首都基輔，將其夷為平地，滅亡了代表俄羅斯帝國的基輔羅斯：俄羅斯人現在只是蒙古人的附庸。

成吉思汗花了二十年將相互傾軋的蒙古人統合為單一政治組織，又只花了二十年就建立起連羅馬都不曾有過的大帝國。當他在一二二七年去世時，他的兒孫繼承家業，也就是征服世界。他們對將宋朝趕出北方的傲慢王國發動致命攻擊。他們侵略朝鮮，將越南收為附庸國，而中國人從未做到這件事。成吉思汗的孫子忽必烈消滅南宋，結束了綿延兩千年的中央之國。同時在西南方，成吉思汗的另一個孫子旭烈兀焚毀巴格達，那是伊斯蘭世界名義上領袖的宮廷所在地。穆斯林哈里發國滅亡。

這場風暴的傳言初抵歐洲時，許多基督徒額手稱慶。他們以為一支強大軍隊正來幫助他們，以為那是祭司王約翰，是基督教傳說中的神話國王。傳說祭司王約翰統治著一個富裕的王國，地點在非洲心臟地帶某處，或也許是在印度心臟地帶某處，或也許——啊，反正就是在某處的心臟地帶某處——現在他來了。

結果出人意表。等到蒙古人消滅俄羅斯後，歐洲人才發覺這些人不是基督徒。喜悅變成恐懼。教宗先前派遣使節去成吉思汗那裡，提議締結聯盟，現在只得送信請求憐憫。在匈牙利和波蘭，當地國王趕忙訓練軍隊，並歡迎聖殿騎士團和條頓騎士團這兩大當時可畏的軍事宗教騎士團招募來的新兵。這些人組成軍隊，出發去阻止蒙古人——結果被徹底殲滅。蒙古鐵騎好整以暇，蓄勢待發，準備橫掃歐洲，直抵大西洋。不用懷疑，如果讓他們繼續下去，他們會征服一切。

但他們卻打住了。歐洲得救於一個僥倖意外。一二四一年，就在蒙古人即將抵達歐洲大門前，成吉思汗的繼任者，他的兒子窩闊臺去世。蒙古眾領袖將歐洲征服大業擱置一旁，趕回蒙古運籌帷幄，看他們之中哪個人會成為大汗。花了兩年才有人繼承汗位，等到那時，蒙古人眼裡已經有了新前線，有別的城市和人民等著被攻陷。征服歐洲又被擱置——結果這回是無限期擱置，因為在一二六〇年剛將巴格達付之一炬後，西征的蒙古人碰上馬穆魯克人。

馬穆魯克（mamluk）在阿拉伯文裡意味著「奴隸」，而馬穆魯克人是幾世紀以來，伊斯蘭世界境內到處冒出的新形態奴隸國家之一。就像其他的奴隸國王，埃及的馬穆魯克人也是突厥人。他們在還是男孩時，就在戰爭中遭到俘擄，並以戰士身分被養大。他們不是用親族構成的王朝來統治埃及，而是形成一個像公司的集團，不斷在軍隊中補充新俘擄（或買來）的奴隸，然後將男孩訓練成戰爭機器。一二六〇年，馬穆魯克人在阿音札魯特（Ayn Jalut）這個地方和蒙古人狹路相逢，並大獲全勝，阻止了蒙古人的西向攻勢。那場戰役標誌著一個分水嶺：蒙古帝國未曾再進一步擴張。它哪有辦法呢？考量到當時的科技，它確實已經達到其行政和管理極限。它已經是世界前所未有的最大帝國，直到蘇聯崛起

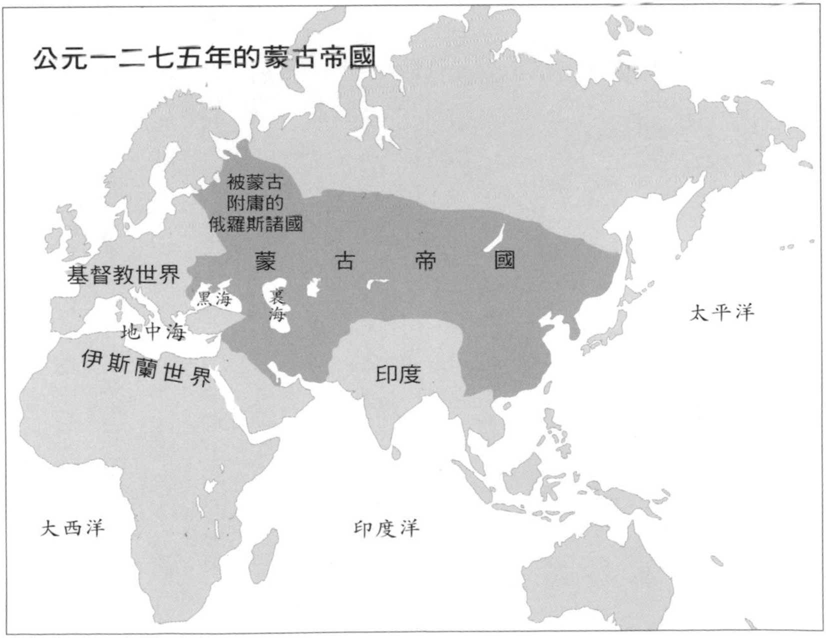

前，都沒有帝國能再超越它的疆域。

蒙古帝國僅再維持了五十年左右，但在那五十年內，從太平洋到地中海，從波羅的海到南中國海，整個疆域都在一個政治體的管轄之下。這給東半球市場帶來深遠影響，因為後來人們發現成吉思汗和其繼任者雖然是一群野蠻至極的戰士，卻很善於管理征服來的土地，這點與人們的預期不同。首先，他們樂於消除貨物和訊息傳遞時會碰上的障礙。如此一來，游牧民族可以自由地在豐美牧草地之間移動，貢物可以快速有效地從征服地區運送到首都來，也強化了軍事控制，而後者又仰賴軍隊和資訊快速在帝國全境內移動——重點是，他們真的辦到了。他們改善舊有道路，興建新道路，建立驛站、客棧和郵政網絡，移除貿易障礙，削減遠程貿易的官僚阻礙，並且支持信貸系統。地區貿易網絡幾世紀以來只是鬆散的集合體，現在則變成一個忙碌的大交流網，分布在大部分的東半球。

蒙古大屠殺和歐洲

巴爾幹半島以西的歐洲沒有直接遭到蒙古人的衝擊。對那些歐洲人而言，蒙古侵略的最大影響是疾病。這問題要從遙遠的地方說起，可能是喜馬拉雅山山麓。致命的微小寄生物和牠們的宿主通常會經歷這樣的發展軌跡：剛開始時，寄生物肆無忌憚地以牠們的宿主為生，當牠們殺死一位宿主時，就移往另一位。但如果牠們消滅整個宿主物種，那無異於自殺。所以寄生物調適自己寄生在較高等生物的方式，轉變成靜靜生存在其體內。寄生物變得較不致命，而宿主物種則建立起生物耐受性。住在喜馬拉雅山山麓的人們就與一種可怕的寄生物建立起這種耐受性。寄生物在那裡不怎麼受人注意，因為牠已經不再奪走太多人的性命。而這種細菌不僅會感染人類，也會感染當地眾多挖洞的囓齒動物。剛巧的是，絲路北方的森林地帶住著大量相似種類的囓齒動物。然而，這些囓齒動物從來沒有感染過這類疾病，因為牠們住得太遠了。細菌雖然會被跳蚤攜帶，但感染的跳蚤在能傳播到那麼北方前早就一命嗚呼。

然後蒙古治世降臨。突然間，在蒙古人建立的網絡內，騎馬信差以高速從喜馬拉雅山山麓直奔西伯利亞森林：蒙古信差通常一天騎行超過一百英里。一隻感染的跳蚤附著在這類信差的馬鞍上搭便車，可以在牠死前抵達遠離其出生地一千英里之外。從喜馬拉雅山山麓感染的跳蚤因此成功來到北方森林，在那發現一大群挖洞的囓齒動物，也就是潛在宿主，而後者從未見過這類寄生物。這疾病在此變得致命，疾病在發現可寄生的新宿主時就是如此。在這種毒性狀態下，牠從囓齒動物轉移到經過的人類身上。這個芽孢桿菌是鼠疫桿菌，會引發淋巴腺鼠疫。

淋巴腺鼠疫沿著絲路往西傳播。要不是發生了一件令人吃驚的插曲，或許它原本會因沿路上人煙罕少而滅絕。一三四五年，當時統治俄羅斯的蒙古人包圍住一座不肯投降的城市：在黑海沿岸的卡法（Caffa）。圍城久攻不下，所以蒙古人嘗試最後手段。他們將死於某種可怕不明疾病的蒙古戰士屍體，用投石器拋入城內。但即使祭出這招，卡法城仍舊不投降，蒙古人於是撤離。

卡法城的生活似乎恢復正常。商人照常將船載滿貨物，航去義大利做貿易。他們停靠在西西里的城鎮，卸下貨物。無可避免地，住在這類船上的老鼠會急忙跑上岸，帶著攜帶瘟疫的跳蚤。這疾病在歐洲發現另一大群生物學上易受傷害的宿主——人類。於是，黑死病如海嘯般橫掃歐洲，達顛峰後衰頹，再達顛峰後再衰頹，起起落落，每十年左右就爆發新的疫情。在短短幾十年內，黑死病就奪走至少三分之一以上歐洲人的性命。在十四世紀，這個怪物般的疾病一定使身陷其中的人們感受到世界末日。

歷史對瘟疫並不陌生，疾病曾多次改變歷史走向。而它不總是淋巴腺鼠疫。《聖經》裡提到的瘟疫也許是斑疹傷寒，導致羅馬衰弱的可能是瘧疾，肆虐查士丁尼的拜占庭帝國的可能是天花，而某種從未被辨識的疾病大流行似乎為七世紀的伊斯蘭擴張掃除障礙。但歐洲的黑死病是最慘烈的，而疫情之嚴重也是當時世界史首見。黑死病會爆發是因為蒙古人如此強力地推動歐亞大陸之間的交流。儘管如此，若我們說當時歐洲沒有人將蒙古人和瘟疫連結起來，應該也沒錯。

黑死病殺死許多人，但對許多倖存者而言，生活的確獲得改善。首先，瘟疫不像軍事侵略，不會損害基礎建設：它殺死人類，但道路、建築、運河之類卻完好無缺。人命損失的影響重大。在黑死病之前，封建領主為了省錢，擴大使用雇傭勞工，而不是農奴。但在黑死病之後——你猜怎麼著？領主發現自己面臨勞工短缺的窘境。歐洲失去三分之一（或者更多！）的人口，雇傭勞工因此獲得了前所未有的議價權力。瘟疫帶來的後果就是薪資調漲，佃農上路去尋找更好的機會。這類流動從羅馬皇帝戴克里先以來就被視作非法，但現在領主卻無力阻止。

在瘟疫高峰期，人們到處死去，有些女人取得地位，獲得比以前相對來說更大的權力。但這股風潮並沒有持續，因為父權體系起而反撲。但緊接在黑死病之後的時期，有些女人繼承他們死去丈夫的土地，有幾位甚至接管她們死去丈夫的生意。如果她們有手工藝技巧（許多女人的確有，因為大部分封建歐洲的手工藝生產其實是由女人進行），有些人開始用自己的產品謀取利益。聞所未聞的點子開始在女人間出現。有些人大膽說出「女人不結婚也許會更好」的觀點，因為維持未婚就能保有掌控自己命運的權力。而在以往，未婚女性無法掌握自己的命運。男人控制公領域，男人也控制經濟。野心勃勃的未婚女性很可能淪為乞丐、妓女或屍體。

歐洲在遭遇淋巴腺鼠疫的劫難後，轉而成為世界上最不穩定的地區。在瘟疫肆虐年間，組織緊密、自我治理、城牆圍繞的城市變成新的社會單位。城鎮誕生自貿易，而城鎮現在得到凝聚力，進而擁有政治權力。過去兩個多世紀以來，西歐戰士、朝聖者和企業家已經湧入地中海東岸的市場。多虧蒙古人，他們現在發現這些市場出現了更多來自波斯、阿富汗、歐亞大草原、印度、東南亞香料群島和中國的產品。大批貿易商、戰士和移民去哪裡，商品、點子、發明和科技創新就跟著去哪裡。在這層意義上，是蒙古人完成了十字軍東征所開啟的大業。長久以來，地中海東部的文化星座之間已經互動頻繁，催生了一個相互聯繫的遙遠網絡——而現在，歐洲也成為那個網絡的一部分。

第十四章

歐洲和長十字軍東征

公元一一〇〇至一五〇〇年

在傳統上，十字軍東征是指一〇九五到一二七二年間的九次軍事行動。然而，這些軍事行動只是更大故事的一部分，我們也許可以稱之為「長十字軍東征」（Long Crusades）。它是兩個世界史單子的交鋒，在五個世紀的推演中沿著延伸幾千英里的前線開展；那條前線從西班牙中部延伸到小亞細亞心臟地帶，南下紅海再到印度洋。對歐洲人而言，蒙古人的崛起只是那齣歷史戲劇中的事件之一，且既然蒙古人沒有直接侵襲歐洲，這段插曲甚至不算非常關鍵。是直到長十字軍東征時期，才發生了文化霸權從東方移向西方的歐亞局勢大轉變。

「短十字軍東征」（Short Crusades）指的就是那九次軍事行動，而這基本上可簡化成撒拉森人（Saracens）與法蘭克人之間的對決。相較之下，長十字軍東征更為複雜，它是包括了戰鬥，但大部分的戰鬥卻是發生在十字軍內部，因為他們彼此爭奪某些資源或貿易路線的控制權，而這些紛爭則是源於大家在短十字軍東征的期間裡開拓了視野。許多戰鬥也發生在統治突厥部族的各種分支內部，以及各種穆斯林勢力內部。穆斯林各方勢力對抗親族，爭奪某座城市的控制權，以取得與歐洲基督徒貿易的優勢；當他們沒有忙著內訌時，從歐洲移民來的基督徒很願意與穆斯林進行商業貿易。

就算歐洲人不知道，蒙古崛起在長十字軍東征中其實扮演關鍵角色，因為蒙古人打敗中國，毀滅俄羅斯，蹂躪伊斯蘭世界，但卻幾乎沒染指基督教世界。歐洲早在短十字軍東征時就已開始崛起，而當長十字軍東征也步入尾聲時，歐洲人發現自己在面對東方，特別是直接交鋒的伊斯蘭世界時，已然站了上風。

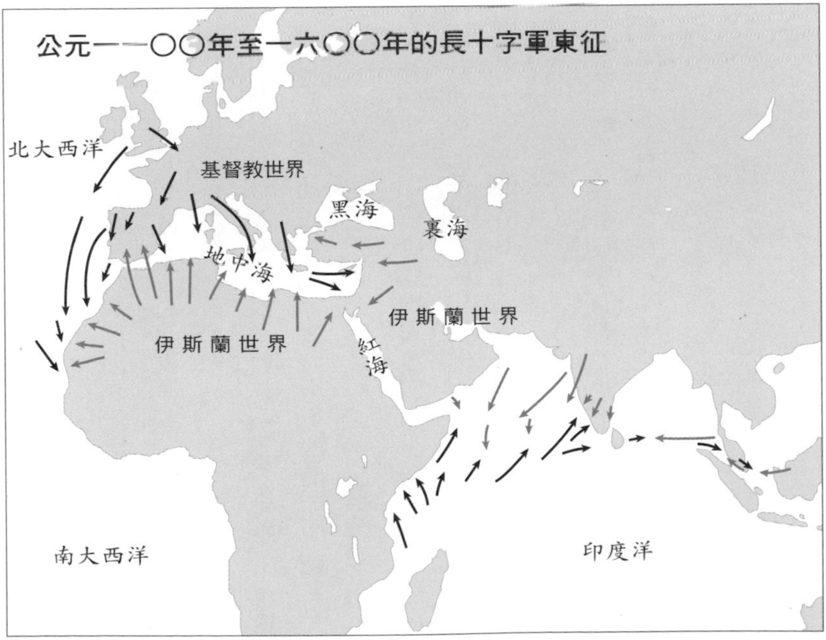

公元一一〇〇年至一六〇〇年的長十字軍東征

發明

在長十字軍東征時期，穿梭在兩個世界之間的前線如此漫長，來回交流是如此頻繁，導致數百種點子、發明、創新和科技如涓涓流水般進入西歐。我們已經討論過銀行業、商業實例和印度數學，但還有更多：火藥、槍枝、紙、印刷術和出版、醫學知識、化學實驗設備、蒸餾科技、機械鐘、齒輪動力機械、磁羅盤、天體觀測儀、六分儀、艄舵、大三角帆——所有這些產生自東方的科技現在都來到西方。而在同一時期，從西方流向東方的發明、創新和點子的列表則……相當的短。

然而，許多發明在進入歐洲時發生了劇烈轉變。例如在唐代中國發明的火藥，主要是拿來施放煙火。唐朝對槍炮沒有真正的需求，因為他們已經用官僚和金融機制管理一切相關事務；而在與游牧民族的對戰中，他們需要的是馬，而不是槍炮。

然後火藥傳入歐洲，槍炮科技就在這個背景下興起。為什麼是在這裡？因為歐洲不是單一帝國，而是眾多獨立、特殊、自治，及大致上勢均力敵的政治國家彼此競爭（在公元一〇〇〇年時大約有五百個歐洲國家）。如果某種武器讓一個國家稍微領先，它的敵手很快就會採納相同科技以免落後。

保持均勢很重要，因為等短十字軍東征式微後，武裝男人開始從聖地返家，許多人缺乏殺戮以外的工作技能。在此時的歐洲，這些人能從事的工作很少，這類返鄉者遂成立自由兵團，也就是獨立的武裝軍團，漫遊在鄉間找「工作」。他們叫自己「自由的長矛騎兵」（free lances）[1]，而他們在外閒蕩得愈久，製造的麻煩就會愈多。

政治統治者想出某種解決方式。他們雇用這些傭兵來從事與鄰國對抗的軍事行動，藉此將境內的自由兵團送進其他國家境內。而其他國家又雇用他們去某處打打小仗，以趕走這些自由兵團在自己地盤上帶來的侵擾。有鑑於歐洲眾多小國林立，打這類戰爭的機會多如牛毛，西歐歷史稱此時期為「百年戰爭」。

這些戰事引發軍事科技的快速進展。歐洲有石砌城堡，能攻下石砌城堡的大炮看起來非常有用，而更大的大炮更能讓敵方聞風喪膽。歐洲戰爭過往以劍刺不穿的盔甲騎士為特色，但他們可擋不住子彈和炸藥。槍炮使得身穿閃爍盔甲的騎士成為逝去時代的浪漫遺風，就像美國蠻荒西部小說中的牛仔。

軍事科技在某方面而言是社會平衡器：因為任何有手指的人都能扣扳機。新武器使得戰鬥變成遠距離對戰，而人數優勢造成的差異，遠大於近身肉搏的肌肉蠻力。如果人數優勢成為左右勝負的關鍵，那麼最強而有力的軍事領袖會是那些有能力雇請大批士兵、給他們最新武器配備，和最有效組織他們的人。戰役將由士兵大隊來打，而非騎士大軍。理想的士兵是肯聽從命令的人，軍事領導變成一門商業管理技巧。

1 這個詞後來就變成了「自由工作者」（freelancers）。

而如果金錢能決定勝敗，新的菁英就會是那些最善於賺錢的人。這描述恰好符合城市裡的商業鉅子——愈來愈多商業鉅子晉升菁英。更有甚者，在這個脈絡下，無數小發明家轉行發展更棒的槍炮，他們可以向某位公爵或國王兜售他們的改良品，因為在一個愈來愈被市場力量滲透的世界裡，人能靠研發出更棒的槍炮獲利。

如同槍炮，鐘可能也大幅度改變了西方。第一個機械鐘可能是一款三層樓高的機械裝置，由中國的佛教僧侶發明。這個中國水運渾天儀的大小有如一幢龐大的建築物，內部有水流流過，使輪子與齒輪同步轉動，再帶動其他齒輪旋轉。最後促使整座大鐘每隔一段固定時間就會發出鐘響。但中國人不怎麼欣賞這機械的報時功能，他們對日常時刻不感興趣。他們沒理由在乎現在是三點十六分或三點四十二分。他們是農夫，只想知道離下一個春分還有多久。在這種背景下，這座三層樓高的鐘即使能按時敲響鐘聲，它的報時功能對中國曆法來說毫無價值。所以它一直只是個奇巧的玩具而已。

機械鐘的點子傳進穆斯林世界，但它在那也沒有獲得青睞，可能是因為在那個社會星座中，禮拜時間被奉為時間的基本標記，而《古蘭經》規定祈禱的時間應由太陽的位置決定。在這個脈絡下，機械鐘對每日生活的時間只是種干擾。而如果機械鐘和祈禱時間競爭或相抗，機械鐘注定會輸。

然後機械鐘傳進歐洲。在那裡，鐘匠忙著改良某些關鍵設計。他們發現如何利用鐘擺、或慢慢伸展彈簧，而不是用流水來發動時鐘。切斷時鐘與自然事件的關聯後，他們還將時鐘變成手工藝品，用來測量感官無法偵測的事物。記錄時間的早期裝置（如日晷）往往將時間與自然現象連接起來，因此其時間刻度仍與「太陽位置」有關。在這種測量系統中，一天沒有絕對長度：冬天較短，而夏天則較長。此外，時間也無法與地點分開，因為這裡的日落和那裡的日落時間不同。時間對每個人來說都不相同。然而，機械鐘將時間轉變成某種神祕且獨立流動的東西：它總是在流動，總是在向前，總是保持不變的步伐，在哪裡都一樣。與此同時，歐洲鐘匠正在想方設法縮小時鐘的體積，直到最後鐘小到能裝進教堂鐘塔裡，而任何人只要抬頭就能看到現在幾點。一旦如此，該地區的每個人就都能活在相同的時間框架裡。在時鐘構成的網絡裡，每個人都能和別人產生關聯。

讓穆斯林鐘匠對中國鐘著迷的不是時間報時功能，而是使其運作的發條裝置，因為以齒輪讓自然力量發揮功能的點子很吸引人。伊斯蘭世界的機械師開始研究，由自然力量發動的發條裝置可以怎麼改進，而他們發展出複雜的風車來碾磨穀物和抽水。這種風力機械後來傳入穆斯林西班牙，又從那輾轉傳入天主教歐洲。儘管沒沒無名，但穆斯林在改善風車時所運用的機械技巧，如曲軸、凸輪軸、拉桿和飛輪等，都是非常重要的發明，而這些也和風車一起傳入歐洲。

在伊斯蘭世界，這些機械製品沒有導致特別深遠的社會改變。這可能是因為沒人有動機將發條裝置應用到工業生產上。小型的生產線已經在無數小工作坊昌盛不已，而機械裝置對手工藝品的改善沒有大到讓工匠覺得值得投資。因此，穆斯林工匠對發條裝置的創意多半是為富裕菁英打造精巧的玩具。有個機械裝置包含五名樂師組成的機械樂團，另一個則讓機器女侍在聽到命令時斟滿茶杯，還有一個會把盆子沖乾淨——說來奇怪的是，這並沒有導致抽水馬桶的發明。然而，一旦機械製品的點子抵達歐洲，便濺起巨大水花。我們將在下文討論。

這時代最重要的科技傳播也許和書籍有關。在十字軍東征前，大部分歐洲製的書籍都是寫在經過延展、刮毛和削薄的牛皮上。牛皮書製造困難又昂貴，是很少書在歐洲生產的原因之一。中國人很久以前就發明了紙，而穆斯林在九世紀的一場戰爭中獲得的戰利品就是造紙術，這在伊斯蘭世界點燃了書籍工業。然而，歐洲基本上到了一二〇〇年左右還是無書狀態，歐洲人要更晚才學會造紙。

此時中國人已經不僅發明了印刷術，還發明了活字。活字印刷在中國沒能繼續發展，是因為中文不是以字母拼寫。以活字印製書籍需要幾千個單獨的單字，製作手抄本還比較省事。活字也沒有在伊斯蘭世界引起太大興趣，因為阿拉伯文雖然是拼寫字母，但它很複雜。在阿拉伯文裡，有些字母和其他字母相連，有些則否，且當它們相連時會改變形狀，因此字母的形狀完全仰賴它們是否和前或後一個字母相連（或兩者皆是），而這些變化又完全取決於它們要表達哪個字。

相較之下，歐洲使用的拉丁字母只有二十六個不變的獨立字母（大寫是後來才出現的）。因此，活字印刷術大幅度簡化了歐洲印製書籍的過程。只需要製作二十六個字母就好，而在這二十六個金屬鉛字的排列組合下，出版商能創造出該語言中的任何字。

那麼，難題就只剩下如何把圖案壓印在紙上。一四四〇年左右，德國金匠約翰尼斯·古騰堡（Johannes Gutenberg）想出了解答：改良過的酒榨機（它原本是個改良過的橄欖油榨機，衍生自阿基米德在公元前第三世紀發明的螺旋抽水機）。古騰堡現在有了可運作的印刷機，摩拳擦掌準備好要印書。但他只印了兩本，那位毫無道德可言的「生意夥伴」傑考伯·曼茲（Jocob Mentz）就取得這項發明的控制權，發了大財，而古騰堡不幸在眼瞎後過世。不過，古騰堡印的那兩本書後來證實至為重要：它們是《詩篇》和《聖經》。

說到發明，也別忘了航海。許多複雜的航海科技源於中國，並在東南亞經過改良。在中國和澳洲之間有數個群島延伸，總共包含超過兩萬五千座島嶼，涵蓋範圍大概兩百萬平方英里。相隔不遠的島嶼很容易渡越，但人們的確得應付棘手的風和海流。馬來人想出一個點子：將帆以螺栓固定在船首和船尾，每個帆都能由水手操控轉動來抓住風勢。這類風帆使馬來人能航向任何他們想要的方向，不管風向往哪吹，只要迂迴前進就可搞定。

由於馬來風帆從遠處看像三角形，因此馬來半島兩側的水手被這種由遠處瞥見的影像啟發，研發出大三角帆，它能做到和馬來的螺栓裝置同樣的事。東邊的玻里尼西亞人發展出一種三角帆，而西邊的印度人、阿拉伯人和波斯人則發展出另一種三角帆。

中國人也發明磁羅盤，磁羅盤遂從中國傳入東南亞航海民族，後者再將它傳給定期往返印度洋和紅海的穆斯林和印度教商人。穆斯林科學家撰述了羅盤運作原理的論文和製造手冊。從紅海到地中海，這些裝置使得他們能一直航行到歐洲的大西洋那一側。

歐洲人或許早已熟悉這些裝置的原則，但他們不大買賣羅盤，因為在地中海航行不需要太多技巧。如果你看得見日落之處，你就知道西方在哪；如果風不肯合作，你還有槳可以划。腓尼基人、希臘人和羅馬人全仰賴划槳和方帆。維京人僅用這些外加太陽石，[2]就成功抵達冰島和格陵蘭。而在暴風肆虐的大西洋，歐洲水手得沿著岸邊航行，不然他們就不知道北方在哪裡。直到在十四世紀，他們將磁羅盤擺進工具箱裡，結果就改變了一切。

在中國的航海發明傳播到歐洲的過程中，伊斯蘭世界扮演了關鍵角色，因為伊斯蘭貿易商對航海術特別有興趣。首先，他們的宗教要求他們一天中得停下手邊的工作五次，朝向麥加進行禮拜。這對在沙漠和海洋裡移動的遠程貿易商來說是個特殊的挑戰。他們一天得有五次要琢磨出麥加在哪個方向。旅人不能光靠太陽或星星得到答案，因為那不像找出北方那麼簡單。如果一個人從麥加出發往

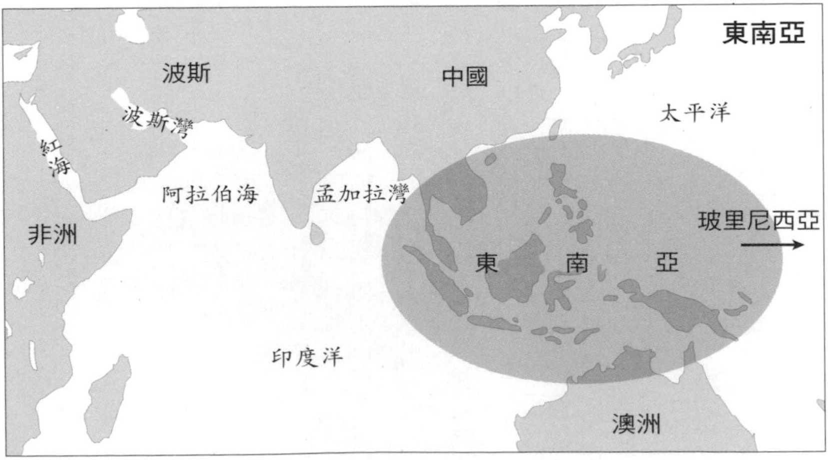

南，麥加就會在北方；但如果他往西，麥加就在東方。如果旅人迂迴前進，那一切都變得不確定。透過天體觀測儀，旅人能得知自身方位，因此不管他們旅行了多遠或方向有多隨機，都能掌握自己的確切地理位置。但天體觀測儀在海上運作不佳，因此羅盤對定期往返季風路線的商人而言更為重要。你能看出為何一個著迷於地理的文明會擁抱天體觀測儀、羅盤，和所有與製圖相關的科技。

你也可以看出為何這些航海裝置吸引了西歐人，因為當這些人往西看時，他們看到沒人橫度過的大海，而當他們往南看時，他們看到沒有人返回的水域。歐洲現在充斥著經驗老到又坐立難安的水手，他們想闖蕩天下。但若想奮不顧身地穿越眼前水域，這些強壯的男人需要的可不只是勇氣和才能。他們傍大洋而居，他們需要更好的工具。而一旦長十字軍東征加深了伊斯蘭世界和基督教世界之間的互動後，西歐人就能開始打造這樣的工具。

大學

八世紀時，穆斯林在西班牙南部建立了一個哈里發國，他們宣稱那是唯一的哈里發國，因為就定義上來說哈里發國也只能有一個。在那之後又歷經朝代更迭，直到公元一一〇〇

2 作者注：太陽石是某種水晶，當你看穿它們時，它們會顯示太陽的位置，即使是在陰雲籠罩的日子。

年，西班牙哈里發國仍舊存在，它的首都哥多華（Cordoba）是當時世界上的三大城市之一，聚集財富、活力、學問、智識成就和禮儀，哥多華還有富藏文化典籍的圖書館。穆斯林知識分子對翻譯有魂牽夢索的執念，而附近的城市托雷多（Toledo）則成為全球翻譯之都。在托雷多，穆斯林學者將每位穆斯林在遠方得到的經典迅速翻譯成阿拉伯文，其中包括古代希臘人的作品。也是在托雷多，學者又將這些翻譯作品從阿拉伯文再翻譯成拉丁文。基督徒確實與穆斯林作戰，但也有些基督徒是來托雷多這樣的城市買書和參觀風景，有些人則帶著從阿拉伯文翻譯成拉丁文的希臘作品離開。

在歐洲，修道院長久以來是知識分子的必訪地點。僧侶通常識字，而複製書籍是他們的工作之一。此時地方方言也正在發展，但僧侶繼續使用拉丁文，因為他們認為拉丁文是上帝的語言，他們也想確保自己的祈禱會被聽見。他們研讀西塞羅（Cicero）[3]的演講，不是為了學習內容，而是因為他的演講提供拉丁文文法的絕佳範本。

當從西班牙來的旅人偶爾帶來從阿拉伯文翻譯成拉丁文的典籍時，僧侶想盡辦法用圖書館收藏這些書。識字的人遠道而來，到這類修道院讀他們聽聞的珍貴典藏。有些人為了仔細研讀，甚至在附近定居下來。其他對那些書的主題有興趣的人則聚集在同一地區，不只是讀那本書，還順便聽聽飽讀詩書的學者的觀點。擁有優秀館藏的修道院周遭逐漸形成社群，人們進行閱讀、學習和智識討論。

這個過程很類似於穆斯林星座的學習中心。在那裡，埋首於重要宗教文本的人吸引學生前來，而後者靠自己變得學富五車、聞名遐邇，於是吸引更多學生前來。穆斯林學術中心在學術界以一項創新而聞名，那就是大學學位。學生經過舉世推崇的學者測試，如果他的豐富學問獲得認可，就會得到一份證書，證明他們有權在神學問題上發表意見。

這類證書在伊斯蘭世界中很關鍵，因為沙里亞（伊斯蘭法律架構）被視為社會的終極基礎。這套體系的基本結構來自經文，但每個新添的磚瓦都來自法特瓦（fatwa），也就是合格學者的裁決。每項法特瓦都變成經典的一部分，後來的學者得在他們對新問題發表意見時將其納入考量。任何新法特瓦都得合乎所有先前的法特瓦，而一旦法特瓦發布並得到學界的共識和接受，所有未來的意見就不能違背它。因此，發布法特瓦的學者得使其正確——文明的延續就仰賴它了。

但由誰來評判呢？伊斯蘭教沒有正式的權威結構——沒有主教，沒有教宗，沒人來證明任何特定人士有發布裁決的權威。穆斯林大學就此派上用場。每間大學都由專家群組成，有一群用功的學者、定期課程和一系列的學習計畫，其目標是使學生擁有閱讀和對重要作品發表意見的能力，並發揚文化的智識傳統。想進入這套課程，學生得上預備課程，包括閱讀、寫作、古典阿拉伯文文法、歷史和聖訓學——這是一門訓練學生分辨使者之言真偽的學科。

基督教歐洲沒有建立沙里亞，但是大學是個思想星座，即使穿越邊界後也能維持凝聚。

3 羅馬共和國晚期的哲學家和政治家，曾任執政官。

所以大學的概念也在歐洲扎根，其組成元素則借自伊斯蘭。在十字軍時代的歐洲，學者辨識出四門值得學習的學問：神學、哲學、醫學和（教會）法學。但就像在伊斯蘭世界，有抱負的學生能開始研究其中一個領域前，得先證明自己已經做好準備，否則他們只會浪費重要學者的時間。所以歐洲的預備課程包括七門科目：文法、邏輯、修辭學、算術、幾何學、音樂與天文學。等完成這些初級課程後，學生們會拿到一張叫「學士學位」（baccalaureate）的證書，這個字在拉丁文中是「初學者」的意思。這張證書意味著學生現在可以開始真正的研究了。學士學位沿用至今，並在今天被稱做「文學士」（bachelor of arts degree），也是各大學的通用學位。

第一批大學出現在義大利，也就是那不勒斯和波隆那，以及巴黎，稍後也出現在英格蘭的牛津。然後一群想法不同的牛津學者忿忿脫離，在劍橋創立自己的大學。大學很快就在全歐洲如雨後春筍般出現。

這些大學裡的教授稱做「教師」（schoolmen），拉丁術語是「學究」（scholastics）。這些教授幾乎都是僧侶，其中最偉大的是湯姆斯·阿奎那（Thomas Aquinas），他出生時成吉思汗正要死去，而他死時蒙古人正宣布自己是中國皇帝。此時在西方，第八次十字軍東征正開始招兵買馬。當希臘、阿拉伯和波斯思想滲透入西歐大學時，哲學這門學科逐漸累積威望，而在這個時代背景下，哲學意味著對宗教教義的深入思考。伊斯蘭哲學家已經走上這條路，在「經文為真」、「真主創造世界」、「真主是理性的」等前提不驗自明的情況下，伊斯蘭古典時代（哈里發國時代）的穆斯林思想家已經盡力解決了宗教教誨、自然現象和亞里斯多德邏輯準則之間的矛盾。教授應付的也多半是相同的智識問題，儘管他們試圖協調的是其他原則與現象的落差。

這個時期的歐洲基督徒在尋找可供景仰和欣賞的過去時，被基督教傳統之前的時代所吸引。在蓬勃發展的大學裡，修道院學者開始將希臘典籍視為合法的研究對象。他們不是認為宙斯的地位與耶穌等高，因為在天堂得到穩當的來世仍舊是人生的終極目標。但他們認為，希臘人對現世有些中肯的看法值得學習。

古老希臘與羅馬敘事的某些層面從不曾真正從天主教概念框架中消失。對羅馬人和希臘人而言，世界包含世俗和超自然領域，而兩者是分開的。天主教世界接受那個二分法，但認為只有超自然與來生的那個領域才重要。

隨著希臘與羅馬敘事復興的思想浪潮，歐洲知識分子允許自己專注於探索原先忽略的另一半領域，允許自己針對救贖考量之外的自然進行沉思。在吸收來自伊斯蘭世界的知識時，學者就開始走上這條路。他們當時沒能預見到自己開啟了通往世俗的大門，而以為自己只是在思考理性是否反映上帝的屬性，而人們因此能用理性來瞭解上帝創造的神祕。

艾爾伯圖斯．麥格努斯（Albertus Magnus）[4]是巴黎大學的教授僧侶。他對煉金術很有

4 首位綜合亞里斯多德學說和基督教哲學的中世紀學者，死於一二八〇年。

興趣，那是他從穆斯林史料那學來的，於是他開始為煉金術轉變為化學奠定基礎。這門學科的基本功是觀察：而他的方法是實驗物質，記錄發生的變化，然後再拿更多物質去實驗（他還順便寫了一本影響深遠的論文，闡述如何製造更好的火藥，很驚人吧）。

他的同代人羅傑・培根（Roger Bacon）也是位僧侶兼教授。他對魔法和煉金術雖然是一知半解，卻問了一個石破天驚的大問題：人們如何知道某項資訊為真？嗯，好問題！這個問題從來不褪流行。人們傳統上只會說，先去查《聖經》。如果它和《聖經》矛盾，那麼它就是假的。如果它通過《聖經》測試，那就用亞里斯多德的邏輯來測試看看是否合理；如果它無法通過亞里斯多德的邏輯，那它就不是真的。然而，培根卻大膽建議說，合理的不總是為真。他認為一項主張的有效性得由以下三個步驟來決定：預測、實驗與追蹤觀察。他因此設計了一套不參照上帝而得到世界真實資訊的方法。請注意，他並沒有反對上帝，只是沒有提到上帝。但這個省略本身就是一種革命，因為培根默默為希臘與羅馬敘事的中心特色背書：答案不總是關乎諸神，還關乎其他事物。

麥格努斯最名聞遐邇的學生是傑出的湯姆斯・阿奎那，他因使用亞里斯多德邏輯證明上帝的存在而留名千史。幾個世紀以前，「上帝的存在需要證明」這件事會讓歐洲基督徒同時覺得荒謬和褻瀆。阿奎那、培根、麥格努斯及他們的同代人完全相信上帝創造一切，上帝勝過一切。他們不是懷疑論者，他們只是發展一系列的詢問，在不查證《聖經》的情況下，從世俗問題引導到世俗答案。他們在當時並不認為在天主教框架中執行這步驟是有問題的。他們只是為星座增添星星，或是填滿圖畫的空隙，僅此而已。

此處的重點在於，人們問的問題會形塑人們得到的答案。當埃及人把人類畫成側身像時，不是因為他們從未從正面看人。他們只是沒問或不在乎那該如何用繪畫表現，因為他們有其他當務之急。當拜占庭藝術家製造精美的基督馬賽克畫像，用金子來創造閃耀的平面圖案時，那也不是因為他們無法理解如何達到景深的錯覺。他們只是對那種錯覺沒有興趣，因為他們正在全力呈現只有靈魂看得見的精神狀態。同理，唐代中國的藝術家並不是要問如何確切再現眼睛所見之物，進而使觀者無法判斷這是真的還是畫的；他們關心的是如何用藝術喚起寧靜、沉穩和心靈接近涅槃時的和諧。

而在十五世紀的義大利和西歐，藝術家開始問一個不同的問題，這問題衍生自學者的研究：學者隱射上帝「之外」的存在，燃起了歐洲藝術家一探究竟的興趣。為這問題所驅使，他們尋求以客觀手法複製物質現實的方式，例如用景深法來繪畫，複製光影使得布料看起來栩栩如生，繪製人的確實比例，捕捉肌肉在緊繃時如何鼓起。尋求這類答案時，產生了像米開朗基羅的《摩西像》這類藝術，並使得一位教宗坐立不安，因為教宗覺得它太逼真，可能因此侵犯了上帝創造生命的專利權。

達文西開始解剖屍體，以瞭解活人的內在結構。他的工作又與其贊助者的世俗考量息息相關：而最重要的考量是戰爭。所以達文西藉由瞭解物質的物理原則，開始埋首於打造各種東西，例如更好的圍城機械。達文西並不怎麼被視為異端，因為他不是在提供另一種崇拜方式。他只是表現出除了上帝以外，還有很多事可想。他的作品隱射客觀世界的存在，以及若想得到資訊就得與物質直接互動。想打造更好的圍城機械？那就想辦法解決在既定火藥量之下，炮彈能飛多遠吧。想把斷掉的骨頭好好接回去？那就將屍體剖開，看看裡面究竟長怎麼樣吧。達文西的好奇心使他獻身於我們現在歸諸為科學的那種分析性觀察。

剛開始時，教會父老沒有看出達文西這群人所做事物的隱藏意義。他們並未察覺，討論上帝以外之物，其實就隱射上帝以外之物存在。他們也沒有察覺到，與《聖經》無關的討論是某個沉睡已久的敘事甦醒的最初徵兆。那是古老地中海觀點裡人神同在的自然世界，賦予久遠以前的希臘星座意義。教會父老此時仍對這些威脅渾然不覺，而此威脅便在封建天主教星座的土壤中萌芽。

如達文西這般的原始科學家之所以對教會是個威脅，是因為當人們專注於觀察時，就會開始察覺事物細節中不大符合教義之處。例如，夜空中那些微小星點會移動，有些異常現象令人困擾。自浩瀚遠古以來，每個文化都以宗教熱忱來研究這些光點。不同社會對這些光點的解釋方法，則反映出那個社會的世界觀。

封建歐洲的星圖是由二世紀數學家托勒密所創造，而他的星圖則奠基在希臘哲學家柏拉圖的作品上。柏拉圖說，所有光點都是天體，安放在地球周遭那個看不見的球體水晶穹頂。球體在旋轉，所以恆星隨著季節移動。當它們返回原先位置時，一年就悠忽過去。

這聽起來很有道理。唯一的問題是，不是所有的光點都是以直線移動。柏拉圖認為這可以解釋，只要人們假設每顆軌跡錯亂的恆星都是附著在自己較小（且不可見）的圓盤上，且圓盤則附著在繞著地球旋轉的大水晶穹頂上即可。由於每個小圓盤繞著自己的軸心旋轉時，大球體也在轉動，是以對人類眼睛而言，安放在這些較小球體的恆星就像是在胡亂移動。但只要科學家有足夠的知識，就會將看不見的球體納入考量，看出它並沒有任何錯亂之處：所有移動都體現了完美的數學秩序，所有天體的移動都形成完美的圓圈。它們當然是如此，因為神不會創造不完美的宇宙。

柏拉圖的理論使得托勒密和其他早期天文學家不但能預測恆星的軌道，還能畫出完美的隱形球體。問題在於，這系統不能說明所有恆星被觀察到的所有運動。為了解釋這些出入，學者得添加更多（看不見的）圓盤。他們得解釋有些天體（不是所有，但就是有）是安放在自己較小的隱形旋轉輪上，後者又安放在較大的隱形輪上，然後再裝在一個大球體上。每發現一個新光點，就得加上另一個圓盤。托勒密對夜空的理論因此變成一套非常複雜的星圖手冊，奠基在隱形圓盤和球體錯綜複雜的發條裝置理論上。但人們不能質疑它，因為它的運作堪稱完美。堪稱兩字是關鍵。

相信封建天主教敘事的歐洲人都認同，數學上的和諧是上帝的特色之一，而這成為學者所信仰的主題。人類感官可能無法分辨上帝創造的隱藏秩序，但人類理性則可以對其做出解釋。試圖尋找騷亂表層之下的自然原則，是在追求認識上帝的心靈。這份追求並沒有錯，只不過不久後就導致了重大而不可預測的後果。

歐洲的概念

第一次十字軍東征來自法蘭西，所以黎凡特地區的穆斯林稱他們為法蘭克人，而十字軍此時也以一個通稱來稱呼他們的敵人：撒拉森人（Saracens）[5]。對當時還沉浸在自己光輝中的穆斯林而言，為入侵者創造一個單字表達了一種輕蔑：何必費神去區分一隻蚊蚋和另一隻蚊蚋？但對歐洲人來說，賦予敵人一個名字則有不同意義：它幫助打造一個龐大的他者。

在歐洲封建時代，每個小地區都為當地自身的問題煩惱不已，以至於沒有人會自認是歐洲人，就像現在住在銀河系中的我們不會宣稱自己是銀河人一樣。然而，十字軍東征讓歐洲基督徒共同感受到某種認同感，認為自己同屬於一個共同的社會。當基督徒湧入聖地時，他們碰到從不同地方和背景來的人。聽好了，他們都要前往相同地方，他們都站在同一邊！但既然有個「同一邊」，就至少得有個「另一邊」。兩邊愈趨二元化，歐洲人共享的認同感就愈強烈。他們不用真的參與東征，也能感受這種英雄式追尋裡的自豪，就像足球隊在自己主場贏球時，觀眾也能歡欣鼓舞。只有少數人真的到東方打仗，但每個人都知道有個東方可去，有場戰爭可打。十字軍東征因此幫助催生了歐洲的概念。藉由知道他們不是什麼，這些多樣的民族最後產生某種他們是一個共同社會的強烈感受，也界定了一個新的社會星座。

由他者的他者性形塑的認同感，會透過消除內部所有他者的痕跡來得到凝聚。那麼十字軍征討運動沒有隨著穆斯林奪回黎凡特地區而結束，就不那麼讓人吃驚了。十字軍轉移陣地到歐洲，對內開戰。一二三一年，天主教教會創造出「宗教裁判所」（Inquisition）這種司法制度，想嗅出基督教世界內的異端。宗教裁判所立即在法蘭西看見兩個雜質：阿爾比派（Albigensians）和瓦勒度派（Waldensians），這兩種宗教信仰復興運動者都宣稱，貧窮和自我否認是基督教生活的本質。任何好吃懶做、奢華度日的主教都看得出來這類主張有多麼褻瀆。在宗教裁判所的鼓勵下，法蘭西國王對這兩個異端發動十字軍，削弱了瓦勒度派，最後消滅了阿爾比派。

宗教裁判所接著指控巫術是重大污染來源。多達數萬名巫師被告發，好幾世紀以來都在火柱上遭到燒死，大部分是年長、沒有丈夫的女人。宗教裁判所對遭控使用巫術的人施壓，要她們供出別的女巫，因此確保了這個運動在消滅女巫的同時，永遠不會找不到新的女巫。供給不縮水很重要，因為正在成形的星座需要藉著獵巫來打造自己。在北歐，條頓騎士團對波羅的海附近的異教部落發動十字軍，並在為歐洲消滅那些異教徒後，也幫自己建立了一個王國：普魯士。

歐洲社會的另一個他者痕跡是猶太人，這個小社群自羅馬時代開始就散布在歐洲。當時基督徒的合法地位得到提升，猶太人的地位則相對下降。有許多針對猶太人的限制，其中之一就是不能擁有土地，這將他們排除在之後形成的封建經濟之外。許多猶太人淪為到處遊走

5 也就是阿拉伯文中的「東方人」。

的小販，並以此為生。

在十字軍東征時期，基督教世界的政治領袖發現猶太人的另一個用處。天主教教義禁止天主教徒在借錢給天主教徒時收取利息，而猶太法律也有類似禁令。那麼兩個團體大可以將錢借給不同宗教的人啊，但在歐洲，幾乎每個人都是基督徒，所以幾乎找不到不同教的人來借錢。這為猶太人以借貸為生開啟一條活路，因為他們比較少碰到其他猶太教徒，因此接觸到的每一個人都是潛在顧客。

英格蘭君主藉由親手扶植猶太放債者來利用這個情況。由於經濟日漸增長，信貸的需求提高，而如果讓猶太人借錢，基督徒就不用弄髒自己的手。而當國王需要錢時，就可以藉著嚴懲高利貸來榨乾（猶太）放債者。而為了支付罰款，猶太放債者就得收回借款。因此英格蘭國王實際上是利用猶太放債者來間接對國內子民課稅，同時將子民無可避免的憤恨導向少數顯眼的他者。這是一石二鳥之計，因為子民不會將課稅歸咎到國王頭上。

將他者從歐洲逐出的激情愈來愈高漲，這使得猶太人處境危險。一二九〇年，謠言沸沸揚揚，說猶太人在逾越節吃基督教嬰兒。所有英格蘭的猶太人都因此遭到驅逐出境，許多人移民到西班牙或法蘭西，結果卻在那面臨更多的迫害。

當十五世紀結束之際，西歐人仍舊以二元的十字軍觀點來看待世界。一邊是基督教世界，另一邊是他者。任何基督教國王的最高志業是將他者擊退。從這層意義來說，東方的情況簡直令人沮喪：撒拉森人不僅奪回耶路撒冷，還拿走整個黎凡特地區，更在一四五二年被鄂圖曼土耳其人拿下了君士坦丁堡，簡直是大災難！

基督教世界迫切需要打勝仗——但不是在東方。關鍵勝利發生在西方，確切來說是伊比利半島。西班牙的基督教國王進行了數世紀的十字軍「南」征，想擊垮半島上的穆斯林勢力，最後由著名的皇家佳偶斐迪南和伊莎貝拉領軍，他們節節勝利。

亞拉岡的斐迪南王子在年輕時曾是歐洲的黃金單身漢，他的家族試圖讓他迎娶幾個在政治上有權有勢的公主，但斐迪南抵死不從。卡斯提爾的伊莎貝拉公主則是那個年代的皇家聯姻活動中，最令人垂涎的一位。她的家族也試圖在她和數個王子之間安排政治聯姻，但十幾歲的公主也寧死不屈。斐迪南和伊莎貝拉後來攜手私奔，壞了他們雙方家長的計畫。這當然是愛的結合！喔，多大的醜聞！

結果他們的結合卻成就了當年影響最重大的政治聯姻，因為他倆在婚後不久就各自繼承了王位，於是卡斯提爾王國和亞拉岡王國結合成一股強大力量，是為西班牙。這對令人生畏的皇家佳偶共同領導「收復失地運動」（Reconquista），這是十字軍南征在西班牙的稱呼。他們拿下哥多華，奪下塞維爾（Seville），在一四九二年終於收復格拉納達（Granada），後者是穆斯林摩爾人在歐洲的最後據點。

斐迪南和伊莎貝拉現在自封為天主教君王，彷彿在暗示他們是僅次於教宗的基督教世界領袖。但這又有什麼不妥呢？他們的軍事行動是長十字軍東征中最有意義的勝利。也是在他們的領土上，清除基督教世界他者的運動達到了沸騰點。這對皇家伴侶與道明會結盟，將宗教裁判所的特權授予給地方。剛開始時，西班牙宗教裁判所想根除偽裝成基督徒的穆斯林，但由於大部分的穆斯林已經逃去非洲，因此西班牙宗教裁判所轉而追捕仍殘留在歐洲的最明顯他者：猶太人。

起初，宗教裁判所命令猶太人戴上特別的緞帶，這樣大眾立即就能認出他們。然後施壓猶太人皈依，許多猶太人也照辦，並被稱做皈依者（conversos）。但西班牙宗教裁判所旨在鞏固西班牙天主教星座的團結和認同感，而由於西班牙必須作為天主教理念的先鋒，這份團結永遠都需要他者存在，因此猶太人不能單靠皈依就獲准擺脫他者的身分。宗教裁判所據此發展了一個「猶太特質」（Jewishness）的概念，這概念與信仰或身分背景無關。在這套概念裡，猶太特質是先天的，人們不能透過皈依新信仰來清除自己的猶太特質，就像人們不能聲稱自己矮來改變他們的身高。如果猶太人和基督徒結婚，猶太「血統」就會被稀釋，生下來的孩子也只會有一半猶太人血統。如果那個孩子再和基督徒結婚，則根據數學，他們的孩子只會有更少的猶太血統。西班牙宗教裁判所於是發展出一套基準，判斷多少比例的猶太「血統」才算猶太人。諷刺的是，這類生物種族主義最無情的提倡者叫做托爾克馬達（Torquemada）[6]，他在一四八二年被指派為宗教裁判所的首任大法官。而他的家族中也有皈依者，但那些人只是遠親，因此他能根據這套準則切斷這份他正在獵捕的血統污染。

6 又稱黑衣修士，家族有猶太血統，生卒年份一四二〇至一四九八，其名字常讓人聯想到宗教迫害。

第十五章 復興敘事

公元一三〇〇至一六〇〇年

蒙古人摧毀了許多城市，屠殺了許多人，但他們沒有設法以自己的敘事來取代被征服者的大敘事。事實上，蒙古人在他們最偉大的勝利後僅僅五十年內，就從歷史上消失，不再是獨特的文化因子。在他們征服的土地上，人們努力恢復自己被中斷的過去，一旦蒙古政權衰弱，當地在蒙古之前的大敘事就開始恢復元氣，積聚能量並增添複雜性。

歷史學家常常讚賞蒙古人的宗教「寬容」——他們讓被征服者繼續以他們想要的方式來膜拜喜歡的宗教。事實上，蒙古人甚至召集各宗教的顯要人士入宮闈述信仰，試圖採納其中之一。

但或許用寬容來描述這事不大恰當。我認為，蒙古人會對其他人的信仰系統感到好奇，是因為他們自己的信仰在疆域擴張中已經失去重要性。在征服已知世界前，蒙古人顯然相信一種混合的泛靈信仰，這在亞洲北部的游牧文化中很常見。這信仰主張萬物有靈，因此從某種意義上來說，自然萬物都有生命。蒙古人的宗教實踐多半與養生和健康有關，而非倫理道德。若有人遭逢不幸，代表他與世界的關係出現斷裂，而宗教儀式可以恢復人與自然的和諧。北美洲的狩獵採集者似乎有非常類似的信仰。這套世界觀或許曾在游牧民族的社會星座中擁有力量，因為它非常符合游牧民族的經驗，因為他們的生活中每天都會接觸到大自然的威力。但對定居城市的人來說，他們主要是與其他城市的人互動，其信仰系統需要解決和解釋人們在狹窄的空間中，擠在一起時所產生的摩擦。

無論其曾經是什麼模樣，蒙古人的信仰系統沒能存續，也沒能傳播出去。一旦蒙古人不再是游牧民族，也轉變成城市文明龐大網絡的主人時，他們的系統便不再能提供足夠的意義。事實上，當蒙古帝國衰頹時，當地人民聯合起來反對侵略的他者，藉此堅定自己的認同感。

俄羅斯的重生

征服俄羅斯的蒙古人自稱金帳汗國（欽察汗國），但被俄羅斯人稱為韃靼人。韃靼菁英對當地人採自由放任的態度，只要他們繳納規定的貢物即可。但是，韃靼人沒有親自徵收貢物，反而是有點偷懶地將這份工作分派給俄羅斯馬屁精。蒙古人與其治下人民的關係並不密切，他們也不想培養關係。因此，蒙古文化母題沒有由上而下滲入俄羅斯社會，反而是借自拜占庭世界的早期敘事在俄羅斯獲得關注和擴展。

當蒙古人抵達時，俄羅斯星座在形成自我認同感，認為自己是斯拉夫強國。俄羅斯人開始將希臘正教視為自己的教會。當時他們仍然將自己視為輝煌拜占庭帝國的親屬國家。然而在韃靼人的統治下，斯拉夫信仰與東正教的關係變得更深。蒙古人在箝制俄羅斯政治統治者之時，不知不覺地提振了這股風潮，因為蒙古人雖將俄羅斯統治者視為威脅，卻放鬆對東正教的管控，他們把東正教看成懷柔手段的無害鴉片。因此，早在俄羅斯興起國家政治認同感前，就已經浮現了東正教的身分認同。

與此同時，為蒙古人徵收貢物的俄羅斯代理人開始中飽私囊，偷偷扣下一點錢，然後是更多錢，最後乾脆拿走所有的錢。當被召集到蒙古宮廷去自我辯護時，他們使出拖延戰術。之後雙方就爆發了戰爭，但十四世紀的韃靼人可不比十三世紀的蒙古人。俄羅斯人掙脫桎梏，掌控了自己的命運。此時莫斯科大公國的王公們已經更加富裕，城市變得更加強大。莫斯科遂成為擴張中的俄羅斯帝國的首都，本土文化點燃這份擴張，宗教熱忱則賦予它無限活力。

俄羅斯人開始稱自己的首都為第三羅馬。第一羅馬是義大利的羅馬，第二羅馬是君士坦丁堡，也就是希臘東正教會的宗座所在之處，第二羅馬則是莫斯科。一四五三年，穆斯林軍隊征服了君士坦丁堡，因此第二「羅馬」灰飛煙滅。對俄羅斯人來說，他們的首都現在是最偉大的殘存羅馬，而他們的帝國就是正統的基督教帝國。因此俄羅斯是在蒙古人的統治下才變成俄羅斯人，而一旦這個新舊身分合併，俄羅斯就從未停下擴張的腳步，直到領土從歐洲延伸到太平洋為止。

向過去前進的中國

當蒙古人抵達中國時，一套成熟的大敘事已經就位，兩千多年來孕育茁壯的身分認同已經形成。中國儘管遭遇蒙古征服，但中國人並沒有變成蒙古人——恰恰相反，恢復榮光的想法逐漸成熟，成為這個具有文明規模的社會星座的核心理念。蒙古人在中國歷史的傳統框架裡形塑自己，賦予自己中國的朝代稱號——元朝，還高舉「得到天命」的傳統主張。簡而言之，他們試圖變成中國人。

但蒙古人失敗了。首先，蒙古人無法放棄偏好畜牧的政策，這深深冒犯了中國的農耕社會星座。蒙古人恢復中國科舉制度，以作為為中國式官僚體系招收官吏的機制；但他們不信任被征服者，因此他們操縱考試制度，以確保蒙古人和外國幫手（色目人）容易通過考試，而漢人多半落榜。誕生於草原缺水環境的蒙古文化排斥洗澡。你可以想像，那一定讓挑剔禮數的文明中國人倒盡胃口。蒙古人還恢復舊有的稅賦制度，但收稅人通常著蒙古服飾、操蒙古語，因此繳稅並未達到幫助宇宙維持秩序的效果，反而變成中國屈服於野蠻人的刺耳提醒。

僅在一代之間，憤怒的燎原之火就將「元朝」置於顛簸的局面。叛軍開始蹂躪鄉間。在這些反叛民兵中，最強悍的是紅巾軍，這個祕密組織由目不識丁的地痞朱元璋所領導。他是農民出身，幼年就成了貧困孤兒，睡在佛教僧院的小房間裡接受施捨，自懂事以來就以乞討和偷竊為生。等他成人後，就成了你可不想在夜晚暗巷裡撞見的那種人。

朱元璋得到紅巾軍的指揮權，與儒家學者結夥，奪下南京。接著又以南京為基地，攻擊蒙古首都大都。一三六八年，他和紅巾軍趕走最後的草原民族，結束「元朝」。中國又回到本地人手上，漢人再度坐在皇位上，一個新的中國王朝誕生。朱元璋稱他的朝代為明朝，意味著「光明」。

奪回皇位後，中國皇帝習慣給自己一個「年號」以供後人認識[1]。創立明朝的男人稱自己為洪武帝，「洪武」的意思是「軍容盛大」。

洪武帝接管一切，並決心恢復孔子理想中的中國：中央集權化、官僚體制化、井然成序、以農立國。家庭的價值會再次興盛，農村會再次和諧。社會的每一部分會融合，再次形成統一與更大的整體，宇宙秩序會恢復成最完美的樣貌。也就是說：世界會再度繞著中國旋轉，而中國則繞著皇帝（或說天子）旋轉[2]。

1　作者注：我以類比來說明這項概念：如果曾有一位君主在十五世紀統治過歐洲，他可能會自稱文藝復興大帝，如果是在十九世紀，就是工業革命人帝。

2　作者注：回顧過去尋求理想並不意味著那些理想曾在過去得到實現，但在蒙古人遺留下的碎石瓦礫中，很容易便會將想像的過去當作真實之物而加以神話化，並奉恢復那個過去為文明本身的基礎工程。復興敘事在每個社會裡看起來都不同，因為每個都有可以恢復的不同往昔，但基本動機是相當類似的。

不幸的是，洪武帝出身於社會底層的農夫地痞，這衍生一個問題：他真的是天子嗎？那個藉著禮儀來掌管天下的帝國父親角色？歷史上只有一人從鄙若塵土晉升到龍袍加身，從農夫變皇帝，那就是大漢王朝的創立者劉邦。但話說回來，新皇帝的合法性有賴於避免任何細微失誤。正因為他的存活仰賴於正確執行所有必要儀式，這個缺乏教育的人需要士大夫，士大夫因此在明朝朝廷中得到前所未見的權勢：他們是因對已知學問的精通、而非對未知的探索得到權力。士大夫在宮廷中如此重要，因此當中國的社會星座在忙著重建身分認同時，學識成為其中的關鍵元素。

洪武帝從未揚棄士大夫的指引，但他對士大夫的菁英主義懷恨在心，懷疑這些人在私底下嘲笑他。因此他即便提高了士大夫的地位，卻也總是想辦法削減他們的權力。若有士大夫爬到太高的地位，建議他開始草擬遺囑。皇帝的朋友也是相同處境。洪武帝與像他一樣的流氓一起奪得天下，讓他們位居高位，卻時不時指控某個人懷有貳心，再以謀反罪名處決。一開始他與六十多位同袍共同打天下，到他駕崩時只剩八位。

從好的方面來看，出身使洪武帝同情農夫，降低賦稅，但這大大損害了政府稅收。洪武帝要怎麼負擔行政機關、警備，和最重要的，軍事行動的開銷呢？自稱軍容盛大之人可不能只管轄一支孱弱的軍隊。

士大夫為他找到答案。根據他們研究的經典，完美的儒家社會中並不存在常備軍。當面臨威脅時，所有男人都要拿起武器；而當威脅減弱時，他們就全都回到原先的工作，（理想上是）耕種。皇帝因此得賜予軍官土地，讓他們自立更生。軍官不必真的下田耕作，交給農夫就好。農夫不是職業軍人，平常負責管理土地，只有在徵召時履行軍事責任。洪武帝因此得以養活超過百萬的常備軍，由……嗯，農大指揮。從這些制度的種子中衍生出世襲且擁有土地的軍事貴族，這些人後來被歐洲人稱做mandarin。中國人從歷史裡尋找能完成當前星座的星星。

除了農夫和將領，中國還需要體力勞動者，從事挖掘溝渠等工作。但該怎麼支付這些勞工？士大夫也提供了答案。這些君子發現農夫該為帝國貢獻服務，這是為社會整體的利益而非個人所得：這才合乎儒家道統。因此，洪武帝徵召農夫作為勞工，不斷用孔子思想灌輸他們，指導他們該如何表現良好。星座現在逐漸凝聚成形。

藉著把農夫組織成緊密的村莊單位，讓人民互相管理和監督，洪武帝也削減了許多行政開銷。作為聽命的儒家子弟，農夫的責任包括彼此監視，有任何可疑活動便密報政府。人民為何會對皇帝如此盡心盡力？這個嘛，因為皇帝是個可怕殘忍的大老粗，會用恐怖手段來強加道德要求。在今天，他可能會被診斷為偏執性人格異常。他眼中處處皆陰謀，因此不顧一切也要將它們踩熄。有一次，他懷疑第一開國功臣李善長密謀謀反，所以將他斬首滅門，接著他的朋友遭殃，再之後是朋友的朋友受到株連。等皇帝殺夠時，已經有四萬人因一個人被指控謀反付出代價。在洪武帝統治期間，他三不五時就施行這類暴力。我敢肯定當這個皇帝要求村民交上麻煩製造者時，他們會搶著服從。

中國是個有許多權力機構的複雜社會，但如今已沒有機構能挺身反抗中央。皇帝沒有使用龐大的軍隊來向外征服，而用其來維持內部秩序。當民亂爆發，帝國軍隊馬上趕赴那裡，在動亂剛萌芽前就將它平定。明朝將中國轉變為極權社會，以嚴密龐雜的法規來維持統治。

這些行為是在呼應中國古代思想，而且獲得人民支持。明朝接管的是一個渴望穩定的受創世界。洪武帝發誓恢復舊時中國，而許多百姓參與其中，深深贊同。許多人想成為一個穩定星座的一部分，想要可預測的未來。洪武帝以如此大量的殘酷流血殺戮來追求他的計畫，以至於實際上加劇了他想減輕的飢餓，更使其繼任者們變本加厲。加劇的情勢使皇帝對凝聚力和穩定產生更深的渴望，以為執行嚴厲的秩序能夠達到目的。他們飽受創傷的社會想回歸正常，而「回歸正常」與「回歸舊制」剛好步調一致。在這種背景下，「復興敘事」（restoration narrative）擁有製造深遠意義的力量。

洪武帝駕崩時，宮裡出現了短暫混亂。接著，他一個較年輕的兒子奪取了大位。他不是王儲，因此違反儒家社會的宗法，但他為了「大義」著想還是這麼做了。他自稱年號為「永樂」。明朝僥倖度過第一個危機，朝代延續，復興敘事亦然。

永樂大帝是以他父親為模子而塑造出來的巨人，但他終生擺脫不掉「篡位者」的嫌疑。如果要完成復興大明正統之志，他便得向中國證明自己的合法性。那意味著將自己打造成一個擁護傳統的巨靈。作為第一步，永樂將首都遷到中國文明的原鄉，也就是黃河流域。他將原本的蒙古首都納為己用，重新命名為北京。在這座大城市的心臟地帶，他建造了舉世無雙的複雜精緻宮殿群：紫禁城。該城占地一百七十八英畝，建築林立，圍牆環繞，具有儀式或法術意義的動物雕像星羅棋布。在所有朝北的方位上立有青銅護獅：那是蒙古人入侵的方向。龍的雕像則做策略性的安置，以將智慧傳給統治家族。中國老百姓不許進紫禁城，只有少數幾位外國顯要能受邀入內。那些人在拜見皇帝時得手足落地匍匐前進。這類手段都幫助建立皇帝作為中國霸權那幾近超自然的形象。

十五世紀初，永樂大帝構築巨大的艦隊，大張旗鼓且具體地呈現中國強權的復興：六十二艘世人所打造過最大的船，外加大約兩百艘小船提供支援服務。每艘大船從船首到船尾長約四百英尺，大約是我家附近一整個街區的長度。艦隊本質上是座漂浮城市，人口大約是兩萬八千人。艦隊由穆斯林出身的宦官鄭和指揮，他長相威武，身材高大。在一四〇五到一四三三年間，皇帝命此艦隊七下西洋，南下東南亞半島與諸島嶼，直抵南印度海港之外。欽差總兵鄭和在荷莫茲（Hormuz）和波斯人問候平安，在葉門與相關人員互動，派遣使者遠至麥加。艦隊最遠航行到非洲海岸，即現今的肯亞。艦隊每到一處，鄭和就將中國特產賜予當地統治者，並在各處為皇帝帶回充滿異國情調之物，例如長頸鹿、孔雀羽毛、麝香和犀牛角。從中國的觀點來看，接受禮物的統治者就是認可自己為中國皇帝的卑微附庸。毫無疑問，外國人對這類交易的看法大不相同，但他們的意見對好大喜功的中國人而言並不重要。

欽差總兵鄭和與他的無敵艦隊並不是真的要從事貿易、征服或探險。這支艦隊所拜訪的地方早就為中國人所知。它的任務其實是宣揚中國國威[3]，而它成功了。任何人看見這批大艦隊，都會理解蒙古時代已經像昨晚的惡夢般結束了，真正的中國回來了！

等到艦隊從第七次遠征返國時，永樂大帝已死，明仁宗在位。令人驚訝的是，明仁宗不但不再下西洋，還命令搗毀整批艦隊。很明顯地，現在每個人都知道他們是邊陲，而中國是中心，因此更進一步的遠航實無必要。反之，明朝開始將資源導入大型內部工程。

除了紫禁城外，這些計畫中最偉大的是重建。畢竟重建是當時的首要敘事。明朝的新建物沒重建的多。他們以更高聳的磚石牆取代秦始皇建造的夯土長城，那是現今人們唯一能從太空中見到的人造物，也是現今遊客拜訪的長城。

明朝重新疏通一度沒落的大運河，為其安裝複雜的閘門和科技改良。今天，大運河仍舊是聯繫中國南北的運輸命脈，但它已經不是隋朝興建的那個原始運河，而是明朝重建的。

打從一開始，明朝皇帝就決心自己來管理帝國經濟。他們派遣官員到每個歲收多的地區收稅，將錢轉到需要的地方，並依照政府指示分配。要運作如此複雜的循環系統，需要嚴密分工又訓練有素的官僚制度，而這正好是中國的專長。超過十五個世紀以來，中國朝代來來去去，但官僚體制一直都存在。朝代之間改變的僅是體制運作的順暢程度而已。明朝的挑戰是讓整個機制再度活躍，而第一步就是為它補充帝國最聰穎秀異的人才。

為了達到這個目的，明朝政府設立超過千所學校，每個行政區域至少一座，以招募和訓練未來的官僚。男人只能透過國家科舉制度進入政府任職。漢代以降都藉著科舉制度來去蕪存菁，甚至連（蒙古人自稱的）元朝也是如此，只不過蒙古時代會依照人脈和種族評比。明朝結束這種荒唐的評比方法。科舉測試的是學校教導的學問，而每所學校都有相同課程，由朝廷的士大夫設計，並密切諮詢過禮部，最後由皇帝本人批准。

明朝課程衍生自在宋朝的儒學思想，這些思想在蒙古人得意洋洋入侵之前就已成熟。其核心是四書五經，五經包括古老的《易經》，四書中有三本據說是孔子所著，一本則是偉大的儒家哲學家孟子所著。兩千年來的注解和評論也被包含在經典之內。這龐大的知識體系形成一套思想體系，後人稱之為新儒學（宋明理學）。它主張人性本善，但需要透過教育發展道德直覺——就像生來就具有音樂天賦的人，仍需透過訓練才能成為真正的音樂家。因此，不管願不願意，這整個文明都得接受道德訓練，以成為好公民。

隨著時間推演，眾多思想家充實宋明理學，雖然有時某些理念會背離國家認可的教義，但宋明理學終究強化了那些不可妥協的核心概念[4]。在明代的新儒學世界裡，父親打死兒子可能會被罰錢，但兒子甩父親巴掌可能會被問斬。

3 作者注：永樂大帝也六度派出探索北部的遠征隊，深入中亞：每次都是一千名成員，搭乘二十五艘船，由另一位宦官領隊，名叫亦失哈（Isiha）。這些遠征隊航行到阿姆河，幾乎直到鹹海，而他們的目的似乎也只是宣揚國威。

4 作者注：例如，王陽明是地位接近孔子的哲學家，他教導「保持良善」意味著「做善事」。人們生下來即充滿美德，但花太多時間在教室裡學習如何為善，反而妨礙人們做善事的能力。發展良善之德需要實際參與生活喧囂，因為美德像肌肉：其法則是要多用，否則就會失去它。

若不徹底研究經書和經典評論，就不能在科舉中出頭天。科舉考試並不犒賞創新詮釋。要保證國家的教條不受玷污，就得限制解釋經典的權利。文字犯禁會遭受杖打，情節嚴重會被砍頭。科舉考試如此艱難，以至於許多想做官的考生得花數十年研讀經書，苦讀到中年才參加考試。最終晉身官階的人從不會在家鄉任職，也不會到有個人人脈的地區上任，因為他們不能被人情所累，只能依法行政。

經過學校系統訓練，學生畢業時有著相同技能和相同世界觀。他們贊同一個和諧整體的理念，每個成員都扮演自己的適當角色，對社會和諧做出貢獻。新儒學為這些角色提供藍圖。官僚的團結凝聚和社會的團結凝聚是一體兩面。

當明朝握緊控制力時，穩定的新儒學世界的確崛起，此時不同的社會階級被賦予不同的地位。最不被欣賞的又是商人，儒家思想指控他們不事生產，只是把貨品東移西搬。較受尊崇的是工匠，他們至少以手工打造某些產品，儘管有些產品毫無用處。在他們之上的是農夫——在這真正指的是地主仕紳，因為他們生產食物，而還有什麼比食物更重要？這個嘛，事實上，是有樣東西比食物更高尚：享受社會中最高地位的政府官僚，也就是士大夫，因為他們是天與日常生活之間的連結。

實際上，天即是朝廷及其黨派，無疑由皇帝和其家族為首。黨派則包括兩個敵對陣營：新儒學士大夫和人數眾多的宦官[5]。宦官是管理龐大帝國後宮的官員。考量到宦官與皇帝私人生活的密切關係（只有他們能夠接觸他的女人），宦官享有士大夫們夢寐以求的皇帝信任度。宦官為皇帝和他的最高指揮部執行任務，包括負責收稅，指揮龐大的工程計畫，乃至指揮軍隊。沒有其他文明的社會星座擁有任何近似中國宦官的權力組織。

十六世紀尾聲，復興敘事似乎在中國運作良好。中國農業產量豐富，人們得以溫飽，人口成長幾近百分之兩百五十。商人從各國湧入中國，渴望買到中國茶和所有中國製造的優秀產品，這些東西在世上無可匹敵：華麗的漆製家具、玉飾、絲綢衣服、青銅和鐵的金屬加工品。中國陶工現在製作青花瓷，一種薄得不可思議但又緻密得超乎想像的陶瓷，獨特的藍釉讓瓷器透著珠寶般的光澤。新工業崛起，新城市紛紛冒出，舊市鎮也蓬勃發展。令人敬畏的長城、大運河、士大夫網絡、愈來愈大的茶園、擴展中的陶器作坊——全都是對於復古想像裡的中國的輝煌復興。

但這些表面的光華燦爛有其陰暗面。明朝宮廷政治野蠻殘酷，統治者往往殘忍無比。上層階級活在由陰謀和恐懼主宰的疑懼氛圍中。士大夫傾向於盡早放棄仕途，歸隱鄉間，他們

5 作者注：作為社會現象，宦官是個不平等性關係的副產品。在此，就像在伊斯蘭世界，有權有勢的男人擁有後宮以作為地位的展示。後宮不完全與尋求性滿足有關；反正皇帝和蘇丹原本就可以得來全不費功夫。後宮的富麗堂皇比較像公孔雀的羽毛。可別搞錯我的意思：實際上，就算皇帝沒辦法和後宮裡的每個女人上床，畢竟有上千名女人，那並不意味著其他男人就可以。統治者對於擁有女人的排他性權勢才是重點所在。但後宮總得和外面世界有所接觸，這就需要大批雜工，而他們得是無法進行性行為的男人。他們得是閹人。但穆斯林的閹人在獨特政治派系和掌權程度上，無法與中國宦官相比。

在那模仿唐代藝術家，留下仿古的繪畫、詩歌和書法。

中國工藝激發外國的欣賞，但有明一代沒有值得一提的科學或科技突破。這不打緊，因為這沒有削弱中國星座的強大活力。明朝和其子民對發現新事物不感興趣，汲汲在保存已知。不意外的是，《永樂大典》在這個朝代問世，這套百科全書有將近一萬一千零九十五冊。是的，你沒看錯：不是頁數，是冊。

在這種環境下，創新並不受人青睞：前所未聞的最好不要再出現。理想社會是個穩定的社會，任何聽起來像往昔回音的東西都閃閃發光，任何有破壞跡象的事物都臭名遠播。人類努力的偉大目標是社會和諧。如果能達到社會和諧，變化就會停止，而那會是最高成就：誰不想變成健康的成人，且永遠停留在這個狀態？對此時的人們而言，偉大的工程就是返抵過去的水準。中國不但變得更內觀，也更向過去看齊。

接續天命的中央世界

中央世界將遭遇來自亞洲草原而來的最後一波攻勢，那是游牧民族凶猛狂暴的最後衝擊，由跛子帖木兒（Tamerlane）領導。帖木兒是突厥人，聲稱由母親那邊繼承了成吉思汗血統；而就像蒙古人，他以驚人速度建立一個龐大帝國。他甚至更勝蒙古人一籌，因為他打敗馬穆魯克人，而蒙古人從來沒辦到這點。他還將蒙古人從未到過的德里夷為平地。就像久遠以前出自阿富汗和河中地區的突厥前任者，帖木兒用這片次大陸來妝點帝國的中心，即恍如神話般燦爛光輝的撒馬爾罕和布哈拉城市。他原本準備進犯中國，卻在最後一趟軍事行動中，來不及爬上馬鞍就逝世了。中國因此躲過大屠殺，就如同稍早歐洲逃過蒙古大軍的劫難。

與成吉思汗不同的是，帖木兒是穆斯林。他的人民在他出生前就已皈依。他每到一處，都會用敵人的頭顱堆疊金字塔，然後再和當地穆斯林學者及詩人坐下來對話，討論人生意義。有一次，他透過這類談話認識了偉大的突尼西亞歷史學家伊本·赫勒敦（Ibn Khaldun）。他是創立社會學的人之一，顯然說服帖木兒不要進犯埃及，還說服他打道回府。這個世界的時代精神正在進行某種重大的變化。

帖木兒一死，帝國立刻分裂。他的繼承人各自占領一塊土地，如此維持了好幾個世代。其中一個帖木兒系王國位於現今伊朗與阿富汗邊界。後帖木兒時期的帖木兒人不過是另一種版本的穆斯林帝王，但他們很稱職。這些國王贊助穆斯林學者、藝術家和文人。某些最偉大的波斯語詩人在他們的贊助下大放異彩，泥金裝飾手抄本藝術也在此時臻至成熟。這朝代的君王沒有值得一提的掠劫殺戮。從成吉思汗到跛子帖木兒，草原征服者的威猛顛峰已過，伊斯蘭世界準備好回到過去。

這可能與穆斯林世界恢復自信息息相關，因為儘管軍事失敗，他們沒有人採納騰格里主義[6]，那是草原上的前伊斯蘭宗教。征服伊斯蘭心臟地帶的蒙古人自稱為伊兒汗，很快便皈依伊斯蘭教，並被吸納進穆斯林文明的大敘事中。一位可汗甚至認為自己是蘇菲神祕教派的信徒。蒙古時代顯然已經消退。伊斯蘭畢竟是最後的真理，而穆斯林可以重拾真主使者在七個多世紀前從麥地那開啟的神聖計畫。

因此，恢復榮光變成伊斯蘭世界的主要計畫，這個計畫包羅萬象。一如中國，這個星座也在重建身分認同。在印度和地中海之間，從蒙古征服的瓦礫堆中形成了三個連續的新帝國，歷史學家稱其為火藥帝國，因為他們將槍炮帶入戰場——正如字面所說，他們使用火器和大炮打敗拿著劍和戰斧的敵人。

第一個成立的火藥帝國是鄂圖曼帝國（Ottoman Empire），它的疆域最後拓展到歐洲。該帝國是由逃離蒙古進攻的突厥草原游牧民族所建立，他們逃啊逃，直到抵達相對安全的小亞細亞。他們在那停了下來，恢復祖先的放牧和劫掠習俗：前者是為了取得主食，後者則是為了搶奪奢侈品。他們一路劫掠到拜占庭帝國領域，逼近君士坦丁堡，一邊前進，一邊在奪來的土地上扎根——直到十四世紀中葉，一個宏偉的新穆斯林蘇丹國終於成形。它的向西擴張是由「加齊戰士」(ghazis）所推動，那是穆斯林版本的十字軍騎士團。加齊戰士隸屬於各種宗教組織，尤以伊斯蘭早期的神祕派蘇菲道團為範本，那些道團後來除了是軍隊，也是同業公會、貿易協會、溝通網絡和國家本身的組織原則。在此，恢復榮光也孕育了嶄新事物，但卻是經由對過去的尊敬依戀所創造出來的。

一四五二年，鄂圖曼人奪走君士坦丁堡的控制權，藉此晉升到世界主要強權地位，也許該說是最主要的強權。君士坦丁堡（非正式地）被徹底改造為伊斯坦堡，鄂圖曼人由此統治一個持續擴張的帝國。帝國向西進入歐洲和越過黎凡特地區，向南進入北非，一路上吞噬所有阿拉伯人居住的領地。

鄂圖曼的向東擴張則被第二個新伊斯蘭火藥帝國，也就是薩法維帝國所阻斷。薩法維帝國（Safavid dynasty）源自亞塞拜然地區的蘇菲道團。在十五世紀，這個道團從宗教性質的兄弟會變成了軍隊。道團的領袖巴貝爾創立一個菁英軍事組織，即眾所周知的紅帽軍；在他死後，他十二歲的兒子以實馬利（Ismail）率領紅帽軍進行魯莽的軍事行動。到了一五〇二年，以實馬利已經重建古波斯帝國核心，疆域比現今的伊朗再大一些——但它是個伊斯蘭波斯帝國，一個什葉派社會星座。這類帝國以前從未存在，但那只是因為波斯什葉派從未成功打造自己的帝國。現在他們開始這麼做了，因此這基本上仍是在恢復舊有的夢想。

薩法維人的東部邊界與蒙兀兒帝國接壤，蒙兀兒帝國（Mughal Empire）也是由一位優異的青少年創立。這位青少年叫巴布爾（Babur）；他在阿富汗北部出生，血統可追溯至帖木兒和成吉思汗（儘管這可能只是某種自我吹噓）。他在十二歲時繼承一個草原王國，十四歲時失去江山，遂領著一小批忠誠者往南，在一五〇二年征服喀布爾。他從那裡發動攻擊，侵略印度。德里蘇丹派出大象大軍迎戰，但巴布爾卻用槍炮對付巨獸，用大炮將那些可憐的大象打得落荒而逃。一五二六年，巴布爾宣布德里為他新帝國的首都。印度光輝燦爛的蒙兀兒時

6 蒙古人的「長生天」信仰。

期自此開啟，而另一個進行中的故事則繼續發展：少數的穆斯林努力想要掌控多數的印度教。

與此同時，大約在蒙古人征服俄羅斯左右，非洲的迦納王國為更大更富饒的馬利帝國所取代。這個帝國的不凡建立者是個可和亞歷山大相比擬的人物：松迪亞塔（Sundiata Keita），或稱飢餓的獅子。他的孫子曼薩．穆薩（Mansa Musa）是宛如神話的帝王（可能是在亞馬遜總裁貝佐斯之前最有錢的人），在往麥加朝覲的途中，他隨身攜帶的黃金數量還害埃及的金價暴跌。但等到鄂圖曼人在小亞細亞建立他們的國家時，馬利帝國已經衰弱——不過這是因為它被更大、更富裕的

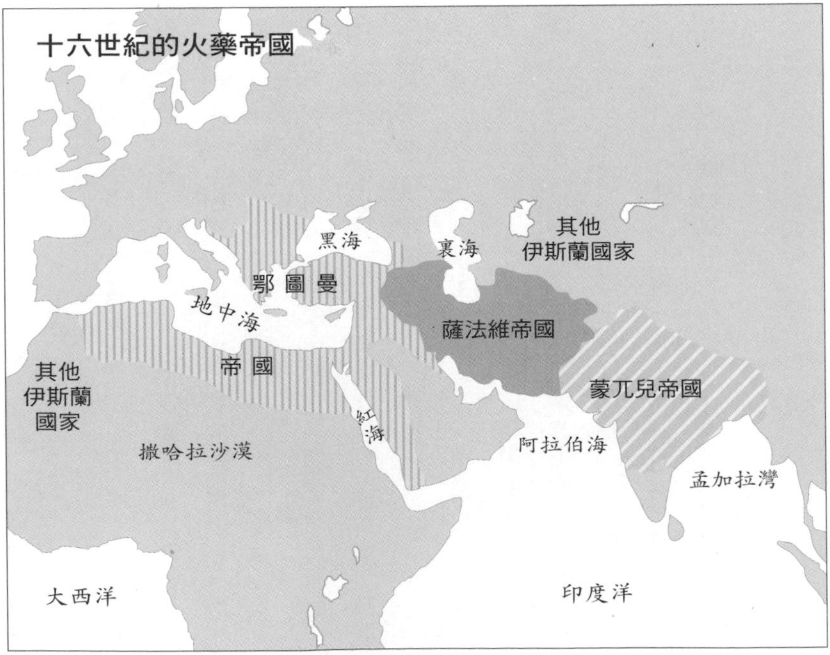

帝國所取代，即桑海帝國。到了十五世紀，桑海城市廷巴克圖（Timbuktoo）已成為伊斯蘭世界主要的學術首都，是一座充滿圖書館、學者、醫生和哲學家的城市。

簡而言之，從北非的茅利塔尼亞（Mauretania）到伊斯坦堡，再廣及印度河流域，一套新的大敘事形成，但值得注意的是它沒有任何新奇之處。恰恰相反：它不斷地重提舊事，回溯伊斯蘭教的起源故事，其核心思想認為歷史的完美時刻早已發生。宇宙是一齣朝著末日前進的戲劇，會在最後審判日結束，而故事的關鍵時刻就是使者穆罕默德的先知生涯：他的麥地那已經在七世紀立下所有人類的楷模。在先知歸真後，穆斯林世界的任務就是保持這個完美狀態——但穆斯林卻一度讓重任從手中溜走。因此他們如今肩負重責大任，必須恢復那份完美往昔。理性的人也許會認為這辦不到，不過人們普遍同意，恢復榮光是個包羅萬象、海納各種生命意義的社會工程。社群必須藉由回到在七世紀麥地那所開啟的道路，才能重新恢復健康與強大。

在麥地那，使者已經提供了治理多元文化城市的模範，鄂圖曼人則使用那個典範去治理極端多元的帝國。在麥地那，使者已經教示每個信仰社群都應該有自己的領袖和道路，但穆斯林社群的領袖應該統籌一切，協調社群間的爭端，對在低階司法無法解決的難題做出裁定。所有的穆斯林得為慈善做出特定捐獻，所有的非穆斯林則得付特別的人頭稅，而所有市民在面臨外侮時得響應號召，團結擊敗外侮，不管其信仰為何。

鄂圖曼人依此在疆域內設立不同的信仰社群，稱做「米利特」(millet)，也就是半自治國家。理所當然地，每一條用以治理公領域的法律，都應該讓《古蘭經》命令和伊斯蘭學者闡述的生活方式易於實踐。穆斯林生活的框架，沙里亞，是所有（穆斯林）社群有血有肉的骨幹（就像封建天主教歐洲時代的教會）。

沙里亞意味著「道路」（path），這對穆斯林來說言之成理，就像開拓者可能會在樹幹上畫記號，如此一來，人們就能安全地追隨他穿過荒野。在這個例子中，荒野是物質世界，沙里亞則提供面對所有人生難題的具體指示。它涵蓋宗教儀式細節，針對習俗和裝束發言，也對犯罪和懲罰立法。為了能繼續走在道路上，人們得遵循真主各方面的指示：金融互動、婚姻關係、遺產。社群的和諧需要沙里亞。只要他們不逾越那條道路，人們就可以隨心所欲地依照想要的方式過活。

理論上，沙里亞能解決任何紛爭。但實際上，新的情況會不斷出現，且由於與先前的情況稍有不同，因此需要新的裁決。當一位合格的穆斯林學者對任何眼前問題做出判決時，他得確定判決沒有違背過去所有的權威判例。學者得先諮詢核心史料，也就是《古蘭經》，查看使者是否曾就此發表意見，然後查看使者聖伴的言行，然後再查看之後的權威學者。如果這一切都無法解決問題，當代學者可以運用「伊智提哈德」（ijtihad）——或說「自由推理」（free reasoning）——但只有在其他方式都失敗的情況下才行。再者，只有精通沙里亞的人才有資格採行此法，因為只有這類學者才知道有沒有相關判例存在。穆斯林世界裡，宗教學者的自我管理團體就相當於培養明朝官僚的國子監。

因為世界不會停止改變，需要新判例的情況會不斷發生，沙里亞的增補也永遠不會完成。沙里亞冀望創造以規定為核心的框架，人們可以在其中安全地生活，遠離錯誤。然而，由具體事務的具體規定所構成的結構，只可能在一成不變的世界裡運作。在那樣的世界裡，所有問題最後都能被圓滿解答，然後就不會出現新問題。伊斯蘭學者努力追求沙里亞的內在完滿，以彰顯他們冀望恢復的特定社會時刻，並使它成為永恆存在：也就是第七世紀在先知引導下的麥地那穆斯林社群。而萬事萬物不斷改變的事實，只代表完美狀態尚未恢復，有待繼續努力。

鄂圖曼、非洲和蒙兀兒世界的遜尼派學者闡述了沙里亞的一種版本，薩法維帝國的什葉派學者則主張另一個版本。遜尼派和什葉派的沙里亞版本在細節上有所不同，但在精神、結構和範圍上則類似。兩者都保守，新判例不能推翻舊判例，而得符合過去判例。這些帝國都是由有資格詮釋沙里亞的學者與掌握政治與軍事權力的貴族攜手合作。學者合法化統治者，統治者保護學者，雙方互相幫助。在遜尼派的鄂圖曼世界會有一位「蘇丹」（伊斯蘭法律的地方執行人），他也自稱「哈里發」（穆斯林社群之首），並負責指派「謝赫伊斯蘭」（sheikh-ul-Islam，伊斯蘭的顯要長老），後者基本上就是帝國的學術領袖。在什葉派的薩法維世界裡，受尊崇的學者團體則稱做「阿亞圖拉」（ayatollahs），與稱做「沙阿」（shah）的政治領袖互相制衡[7]。

儘管各地教義有別，伊斯蘭中央世界和撒哈拉以南逐漸進化成一個獨特社會整體，由各式各樣似乎來自內在的普世思想概念和生活方式凝聚而成。在這個世界裡，生產製造操在個體工匠手中，他們在成千上萬座私人工作坊裡生產物品。特別是在鄂圖曼帝國，大部分工匠隸屬於與蘇菲道團或其他宗教協會緊密交織的同業公會。同業公會控制價錢，為其成員保障薪水和工作，以及消除割喉競爭，因而為成員創造出一門穩定、可預測的行業環境。穩定和可預測是關鍵。

不管是蘇菲派或正統派，遜尼派或什葉派，宗教協會都經營清真寺、操作富裕的慈善基金會，和管理吸引無數朝聖者的聖壇。這些協會也維持某種類似社服安全網的組織。同時，商人讓手工藝品在這世界的境內流通，流通範圍從印度心臟地帶直抵歐洲邊緣。

沙里亞提供社會和諧的基礎，但沙里亞可不僅是伊斯蘭版的新儒學教義：它不是在為中央集權國家之下的官僚體制打造經營藍圖，那不是它的願景。沙里亞就像一個框架，賦予自由流動的世界意義，而這個世界可追溯到部落時代。

但我得先聲明：「部落」一詞可能引發誤解。沒錯，伊斯蘭中央世界是從部落中興起，但所有人類社會都是如此。「部落」在此看起來有點新，但它又並不新。伊斯蘭世界是個複雜的城市文明，發展了好幾個世紀，但它一路上是由部族制演化而來。在純粹的部落世界裡，對親族忠誠勝過其他美德。個體無論如何都得支持家族。任何能夠幫助親屬的人都有如此做的義務，否則就是蒙羞。家族義從家族務延到氏族，再從氏族務延到部落，儘管力量會愈來愈稀釋。

這項義務也可能延伸到部落以外。在伊斯蘭世界裡，人們憑藉施與受的人情而彼此相連，這可能發展成贊助（恩庇）網絡，有點類似美國人稱的校友關係網（old boy network）[8]，但不帶貶義。這種人情不能以對價交換來抵消，就像人們不能（也不能想）藉著歸還來自父母的恩情和金錢來脫離家庭。顯赫人士讓人們合情合理地仰賴，而這些人們彼此不必然得是親族。從一起長大（即使其中一位是僕人），或一起發動戰爭（即使其中之一是軍官），或一起經商（即使其中一位是雇員），或一起承受悲痛（即使其中之一更加悲傷）的經驗裡培養出來的關係可能會帶來情感義務，而這種情感的強度勘與家族的要求相比擬。不像美國的校友關係網，贊助網絡並不是封閉系統：某些地位較低的贊助者可能是其他更低下成員的贊助者[9]。贊助者仰賴門客，門客則期待從贊助者那得到恩庇。但一切沒有合約，沒有白紙黑字的條款。只有粗俗的笨蛋才會基於B為A做多少事來計算A欠B多少。社會連結不是互助市場，而是家族的翻版。出於直覺的榮譽感保持了穩定的社會互動。

7 作者注：什葉派主張，在每個既定時刻會有位活生生的人，稱之為隱遁的伊瑪目，他隱姓埋名地將真主的恩典疏通進世界。沒有人知道他是誰，但他的存在產生阿亞圖拉，其中任何人都可能直達真主。

8 上層階級男校畢業生之間類似校友會的網絡。

9 作者注：例如我父親有位同學被政府派往美國求取大學教育，他們一起念書。之後，他們的關係永遠連結，還一起在政府職位中升遷：那位同學不管得到什麼職位，我父親便是他的副手。在此同時，我父親有個朋友住在城市裡的貧窮區域，他是位自我訓練成材的治療師，對醫學懂很多。作為家族朋友，只要我們中有人生病，就會請他前來提供醫療建議，儘管他不是位「真正的」醫生。當藥局有職缺時，我父親當然用他的影響力為迦尼「醫生」取得職位。類似的人脈關係，從我父親那位頂層同學向下流向迦尼，而我父親同學的人脈也往上流向更有威望的高階人士。

那什麼行徑才值得尊敬呢？沙里亞裡沒寫。但只要你是社群的一分子，你就是會知道。它來自在家族生活裡形成的默契，從童年就開始塑造（因此有一很大部分是由女人來執行）：該在喪禮說什麼、如何優雅地送禮、在集會時何時該發言、如何服務不速之客、如何根據關係裡的親疏遠近對各種人說話——這張表可以列個沒完沒了。最懂得實踐這些價值的人容易取得聲望，並進一步獲得權力。而那些對不成文法有愚蠢誤解並因而犯錯的人，則容易眼睜睜看著自己的影響力消失。

贊助網絡會滋養社會網絡，後者是個在許多層面上不斷更新的相互連接網。位於一個贊助網絡核心的人，本身可能是其他更有力的贊助網絡的周邊成員。晉升就是從一個網絡爬上另一個網絡，仰賴認識某人、而那人又認識某個重要人物：阿拉伯人稱此為「方法和手段」（wasita）。一個男人擁有更多權力，他的門客與星座的影響力就能更為深遠。有些門客可能是他的親戚，有些是他家族朋友，有些是私人朋友，有些是長期以來的同志，有些則單純只是派得上用場。每個人都得遵守榮譽行徑，這裡不單是指沙里亞的成文規矩，還有禮數和優雅的不成文（因此想必是直覺的）法則。

在滋養這些價值的部族社會裡，領導權仰賴家世和成就。在贊助網絡的世界裡也是如此，名聲就是一切。偉大人物的後裔繼承祖先的地位，但得要證明自己的實力才能繼續保有——比如透過戰功，或良好裁決的傑出表現，或在面臨威脅社群的危機時果敢行動。家世可以用策略性婚姻改善，而在以性別分隔公私領域的伊斯蘭世界裡，透過包辦婚姻來改善家世則屬於女性的領域，女人因此能在某種程度上發揮政治影響力。

與此同時，男人則主宰公領域，此領域幾乎完全排除女性，這在伊斯蘭世界裡比任何其他社會更甚。男人在外面的公領域找到門客，門客則找到贊助者，網絡於焉形成。也是在公領域，男人有機會證明自己對社群的價值。如果他們的作為差強人意，他們就會失去地位，也傷害他們家族的地位。如果他們的作為遠近馳名，他們就能更容易得到讓自己和家族名聲更上一層樓的人脈。

伊斯蘭中央世界由這類規則和規範統御，是個由「網合」零件組成的複雜發條裝置，最後結合成文明規模的社會星座，進而呈現巨大而耀眼的活力。如同中國，這個世界透過一個完美和諧的神話而充滿生命力。那份完美的和諧存在於過去，卻也是終極且可達到的未來目標。如果每個人都循規蹈矩——有的是方法知道他們該如何循規蹈矩——社會世界就會達到最終形式，並且如神蹟般停止具有破壞性的改變。

在蒙古大屠殺的餘波中，中央世界的穆斯林一定感覺到自己正經歷劃時代的文明重生。伊斯蘭世界倖存下來了，伊斯蘭教則恢復到其注定位置。鄂圖曼人、薩法維人和蒙兀兒人並沒有比過去的倭馬亞（Umayyad）、阿拔斯（Abbasid）和法提瑪（Fatimid）[10]哈里發國更有錢

10 倭馬亞王朝，中國史稱白衣大食，六六一至七五〇年。阿拔斯王朝於七五〇年取代倭馬亞王朝，定都巴格達，直至一二五八為旭烈兀所滅。法提瑪王朝，中國史稱綠衣大食，滅於一一七一年。

有權。除了彼此，沒有人能抵禦他們任何一方的軍事力量。在不同朝代裡，不同族群或許輪流當權，但伊斯蘭教本身似乎又回歸正軌，吸納所有人進入一個社群中。

而這些火藥帝國可不只是和火藥有關。他們的菁英贊助絕妙的藝術作品、建築、文學和思想。伊斯蘭建築師建造令人驚異的傑作，諸如土耳其的塞利米耶清真寺和印度的泰姬瑪哈陵。伊朗的伊斯法罕城本身就是一件藝術品。在薩法維統治下，地毯製作超越工藝限制，達到藝術的境界，全伊斯蘭世界境內都生產炫目的地毯傑作。藝術家創造插畫書籍，展示波斯與阿拉伯書法，繪製珠寶般燦爛的細密畫作。從外表看來，伊斯蘭世界正迎來文化上的文藝復興，與伊斯蘭教早期的優異璀璨互別苗頭。

但外表是會騙人的。薩法維和蒙兀兒藝術的確製作了精緻的插畫書籍，但他們表達的是早已存在的美學觀。那些書呈現波斯文學的傑作，但文學作品卻早已寫成。新作品尋求以過去的方式來取得和過去相等的成就。菲爾多西的史詩《列王紀》（*Book of Kings*）是在五個世紀以前，為伽色尼的馬哈茂德寫成的，其在後蒙古世界裡也未曾讓人感覺過時。偉大的神祕派詩人魯米（Rumi）誕生於成吉思汗開始征服的那年，但他的抒情詩對鄂圖曼世界的聽眾而言，卻毫無離奇或疏遠之處。

伊斯蘭世界的居民完全可以相信他們的世界就是世界本身。畢竟，它是一個如此協調一致的整體。在伊斯蘭銀河裡的各種星座往往彼此衝突，但它們之間的爭論仍然是引用全體共享的論述。他們對人生的大哉問也許有不同答案，但他們有共同的問題。比如在由鄂圖曼和薩法維統治者瓜分的世界裡，主要的時代課題是：「遜尼派或什葉派？」不能兩者皆是。而在鄰近的蒙兀兒世界，其大哉問則是：「伊斯蘭教或印度教？」不能兩者皆是。人們激烈爭辯，但他們知道他們爭的是什麼。

伊斯蘭中央世界的知識分子不大注意西歐此時的發展，因為從他們的觀點來看，那些遙遠且原始土地上發生的事很少和自己當時的大哉問有關。從這點來看，他們與中國、印度、突厥草原或東南亞的知識分子沒有什麼不同。在整個地中海以東的眾多世界裡，復興敘事不僅被當作這些社會的世界典範，而是被看作就是世界本身。仰望過去，視之為未來範本，確實造就了龐大與富裕的帝國。但碰巧的是，此時西方文明也正在經歷重大轉型：一個非常不同的社會正逐漸在西方興起。

第十六章

進步敘事

公元一五〇〇至一九〇〇年

公元一五〇〇年，恢復過去榮光的點子在歐洲沒多少吸引力。在十四世紀的動盪前，大部分的人都是悲慘的佃農，生活很少有改善的可能，他們的孩子、孫子或曾孫子的前途亦然。愈往前推，日子愈糟糕。過去無法使人興起懷舊之情——在十字軍東征和蒙古侵擾之後的歐洲，過去絕無賣點，而且這個歐洲還充斥著在遙遠異國裡連窮人的食物都加胡椒、店主都穿著棉衣的故事。這時吸引歐洲人的是向前走。今天通常會比昨天更好，所以為何要對明天退縮？在這個背景下，新發現顯得閃閃動人，破壞嚐起來彷彿冒險，而創新的點子大獲好評——在遠東無法獲得的那種好評。當明代中國沉浸在輝煌裡，伊斯蘭世界努力恢復過去，歐洲卻在這些因素的推動下，開始出現全新的敘事。

在長十字軍東征前，歐洲被桎梏在靜態的社會裡。社會阻止任何人對這些桎梏提出疑問。生命如此脆弱，任何惹事生非的人都是種威脅。但黑死病使得在此根深蒂固七個世紀之久的大敘事鬆開其掌控力——怎麼可能不鬆開？在疾病肆虐的最高峰，教會竟然如此無用。即使做盡教會建議的事，人們仍舊不斷死去。神職人員赦免懺悔者的罪，而人們仍舊不斷死去，因為瘟疫不會區分聖人和罪人。神的懲罰隨處可見，但到底是在懲罰什麼？

這些動盪並未讓基督教本身遭到質疑。動盪最初只是讓人懷疑羅馬教會。然而，光是這樣就足以重啟那個大哉問，也就是教會在幾個世紀前曾有權威回答的問題：世界究竟有什麼意義？人們該如何生活？生命究竟怎麼回事？　切將走向何方？我該如何掌握真理？

從十四世紀瘟疫中走出來的歐洲，是個不斷變動的世界。在這個環境下，思索不可妄想之事成為可能。緊接在黑死病後，將《聖經》翻譯成慣用語的浪潮風起雲湧，而此趨勢完全不是意外。許多人想要自己看看《聖經》在說什麼，因為整體事態看起來有點——呃，也許，只是也許，而這就是不可妄想的部分了：也許教會並不完全正確。

新教理念

碰巧的是，在長十字軍東征式微時，新科技提升了歐洲的識字率。現在有紙，有印刷術，有書籍。更多人能夠閱讀，更多人尋找可讀之物，這恰恰符合將《聖經》翻譯成慣用語的欲望。教會對此不表贊同：讓百姓自己讀《聖經》？萬萬不可，這會威脅到宇宙秩序！宗教裁判所獵捕這類異端，並將他們燒死，從系統中剔除，而那份追捕熱忱堪比獵巫。

以後見之明，我們可以辨識這份熱情的源頭。封建教會的權力來自它對進入天堂之路的壟斷。如果人們能靠自己進入眾所渴望的永生，他們就不再需要天主教會和其敘事。不被視為必要的敘事只是摧枯拉朽。教會的命脈在其與天堂的相關性——不是正確性，而是相關性——遭到質疑那刻起就會開始枯竭。

我敢說，教會官員感受到的可不僅是對他們自身權力的小小憂慮。幾個世紀以來，天主教敘事不但使世界凝聚在一起，還使世界變得「可知」。在那個框架下，就連悲慘之人都能以某種方式感受到生命有其意義。水火不容的概念威脅著星座的凝聚，而如果社會星座失去凝聚力，身處其中的所有人都會失去認同感。混亂或模糊的認同感或許不會對人類軀體構成生命威脅，但卻對個人主體造成致命威脅，因此也會對社會實體造成威脅，而社會實體是由一群個人透過敘事結合在一起，敘事因此有能力形塑和承載意圖——這就是我所說的社會星座。

在這個脈絡下，教會可以在木樁上燒死一個試圖翻譯一本書的人，而虔誠的信徒會激動到為這野蠻行徑鼓掌叫好，感到大鬆一口氣，而非對教會失去尊敬——沒什麼好擔心的，教會正在處理異端，「我們」會熬過這關。

然後在一五一九年，一位叫馬丁·路德的教會司鐸兼神學教授寫下九十五項對羅馬教會的憤怒批評，將它們釘在德國維滕貝格諸聖堂的大門上，並將它們收錄在一封寫給美因茲大主教的信中。這所謂的《九十五條論綱》的小冊子立即開始印刷，並廣泛在德語世界流傳。路德的批評並沒有明確的政治意圖。路德是位神學家，而他完全是在基督教世界熟悉的論述內表達觀點。他的《九十九條論綱》全部和教會教義以及教會實踐有關。

路德特別明確排斥的是販售贖罪券。這些是外行人能從教會那獲得的精神福利。贖罪券減少人得在煉獄裡耗費的時間——在煉獄裡，靈魂最後的雜質會被燒盡，然後靈魂就可以進入天堂。每個人都得在煉獄裡待上些許時間，因為人死時不可能毫無罪惡，但沒人想在煉獄裡待超過應該待的時間，而教會可以安排讓一個人的刑期縮短，以交換價值不菲的報酬。

什麼價值不菲的報酬呢？這個嘛，一開始贖罪券是十字軍東征的副產品。起初，教會對為基督教世界冒生命危險的人提供贖罪券，特別是軍事與宗教騎士團的戰士僧侶，如聖殿騎士團。但當十字軍東征逐漸衰頹時，贖罪券變成某種純粹的商業產品。捐贈X數量的銀給你所屬的教堂，就可以減少你在煉獄裡待的Y時間。

這就是激起馬丁．路德憤怒之處。教會總是宣稱救贖不能只靠信仰；你需要努力贏得信用才能進入天堂。而所謂的努力，請記得，並不意味著每日善行，而是參與教會規定的儀式——以及可能的話，捐獻給教會的金錢。路德厭惡地宣稱，救贖完全不能靠表面功夫達成。一點也不能。這種表面功夫是看得見沒錯，但只有信仰才能得救。任何人都看得出來一個人是否在祈禱，以及他是否做得正確。但信仰則是與上帝的直接溝通，觀察者無法從外看出一個人是否擁有信仰。那只有那個人自己知道，還有上帝。

路德的反抗必須置於他的時代背景下探討。十四世紀的摧殘使得羅馬教會手忙腳亂地修補自身可信度。現在，某些世俗統治者宣稱他們有指定教士的權力，而他們可不是在說低階的地方村莊神父，而是指教會的領主：主教。事實上還曾有一位世俗統治者，也就是法蘭西國王，甚至指派他自己的教宗。沒錯，雖然為時短暫，但基督教世界曾同時有兩個教宗。老實說，有一小段時間甚至同時有三位教宗。教會顯然不能允許這種情況。國王指派主教？無法容忍！就在這個議題的權力鬥爭鬧得紛紛擾擾時，路德出現了。

路德並不擔憂國王是否能指派主教，他不必。他的聲明意味著教會官員既無法幫助、也無法阻礙任何人進入天堂。事實上，如果信仰勝過表面功夫，他們甚至無從知道誰會進天堂。而如果教會官員不是上帝恩典的工具，而僅是管理者，那麼他們就和打掃教堂的看門人或為神父縫袍子的裁縫沒什麼不同。所以，國王為何不能指派這類雜工呢？

與此同時，宗教反抗者更戮力於創造《聖經》的方言版本，因此所有的基督徒都能體驗經文的意義，而不只是其聲音。但在天主教會長久以來建立的框架裡，聲音才是基本。彌撒必須以拉丁（或希臘）語進行，因為那是讓魔法發生的聲音。何況，製作大眾能閱讀的《聖經》暗指大眾能決定如何膜拜。在封建的天主教架構中，那真是瘋言瘋語。如果基督教世界是基督在地上的身軀，個別細胞就不能自主決定他該怎麼言行舉止。一個完整的軀體無法倖存於這種分崩離析，並將無可避免地抵抗這類致命威脅。

儘管如此，現在任何有點錢的人都能印製非常便宜、大部分識字的人都買得起的書。這並不是說一般佃農買得起印刷本《聖經》，但很多人已經不再是思想樸素的佃農。歐洲社會星座現在包括技巧精湛的工匠、商人、專業公會成員——各種有錢市民。有鑑於科技和社會趨勢的合流，教會沒辦法將《聖經》據為己有。《聖經》終將廣為流布。隨著各種宗教訊息爭相傾入基督教社會，所有讓過去的大敘事維持不變的條件不再。曾粉碎了托勒密星圖的異常現象，現在也侵蝕這個大一統的主要宗教敘事——它原本長久以來都將歐洲社會星座凝聚在一起。

馬丁．路德對羅馬教會的批評有如星火燎原。基督教世界裡，天主教教會和想成立自主信仰社群的基督教徒之間爆發了內戰。這一點也不像羅馬教會與君士坦丁堡之間的「大分裂」。這不是兩個教會之間的對立。基本上，這是單一教會對上每一個想要自創教會的人。新教運動產生許多不同的基督教，而這又不可免地和許多獨立世俗王國的出現有千絲萬縷的關係。這場宗教內戰持續了將近兩個世紀，最後以在一六四八年簽訂《西發里亞和約》（Peace of Westphalia）[1]告終。這條和約建立了一項有趣的原則：自此以後，世俗統治者能決定在自己王國裡要實踐哪個版本的基督教。歐洲的宗教內戰因此澆灌了新社會形式的種子，而這些種子經過接下來幾個世紀的生長而漸趨成熟，最終成為了「民族國家」（nation-state）。

科學崛起

值此之際，在舊敘事搖搖欲墜的框架內，另一個寶寶忙著誕生。開創科學的傑出人物不

1　簽署於一六四八年，終結歐陸的三十年戰爭和西班牙與荷蘭的八十年戰爭，標誌現代國際體系的濫觴。

是科學家，不可能是科學家，因為科學家還不存在。科學開拓者是教會人士，每個都是。舉哥白尼（Nicolaus Copernicus）為例，他是十五世紀的天文學家，以大膽的新理論解決了托勒密星圖徒增的矛盾：他認為太陽靜止不動，而所有東西都繞著太陽轉，也包括地球。這位提出開創性宇宙重建論的作家一輩子都依偎在教會的溫暖懷抱裡。哥白尼是那個時代的著名學者，是的，他擁有教會法的博士學位。當他寫了一本描述「日心說」理論的書時，讚賞他的讀者還包括教宗。

哥白尼有個學生叫克卜勒（Johannes Kepler），是另一位早期科學巨擘。克卜勒也是位教會虔誠人士，他辛勤地完成哥白尼起頭的工作。因為秉持學究精神（身為教會人士，所有人都是這樣），他認為上帝的創造必須反映上帝的完美，而他老師的日心說典範中仍舊有些矛盾。新士林學派（the neoscholastics）[2]努力建立數學和自然之間的聯繫，克卜勒則是一鎚定音的那個人。他認為只要再增添一個簡潔的假說，哥白尼的典範就會完美運作，那就是行星繞太陽的路徑不一定是圓形的，但一定是橢圓形的。既然估計公轉周長有公式可循，那繞著太陽轉的行星位置也可以隨時用數學精確估算。

這類成就引發一個幾乎無法說出口的巨大可能：萬一整個世界都可以被解釋呢？萬一每件未知之物都可以變得已知呢？自然哲學家（後來才被稱做科學家）開始以數學模型探索物理世界，例如氣體膨脹、石頭滾落山丘、物質冷卻，以及物質混合後形成新化合物的方式。他們著手嘗試量化力量如何運作在物質上、物品為何以那些方式移動，以及是什麼導致生命有生死的問題。科學取得社會企業般的地位，在十八世紀以偉大的艾薩克·牛頓的理論達到顛峰，他破解光的粒子本質，辨識出重力是宇宙裡無處不在的力量，並提出牛頓運動定律。

古老的封建天主教敘事並未賦予這類科學意義。科學在那個逐步腐蝕的框架中說不通。就在此時，尤其是在西歐，有個新的大敘事正在合併——與東方復興敘事相對應的大敘事。在未來幾個世紀裡，這個將要定義歐洲文明的敘事仍不會是物質主義。是的，人們的確比以前更專注於物質現象，但大部分的人仍舊虔誠地擁抱宗教信仰，而在歐洲，幾乎每個信仰都是某種基督教版本。

就算基督教形成各種分支，主要的新敘事也不會是新教信仰。首先，沒有單一的新教信仰。新教本身不斷分支和分裂，分支所共享的不是同一信仰，而是對真理永無止境的追尋（這個真理感覺起來更為真實），以及嘗試新事物的意願。更有甚者，不論以何種標準來看，教會本身並未死亡：天主教教會仍舊有數千萬名信徒。

新敘事也不能簡單地被描述為世俗敘事。這般崛起的敘事尊重世俗概念和想法，但大部分的人仍舊定期上教堂，認同自己是某個信仰群體的成員，並在家中實踐宗教儀式。科學是新的大敘事的燃料和果實，但科學也只是其中一個層面而已。

所有這些社會和文化潮流共享著一種趨勢：以進步和退化的術語來觀看世界。在這套敘

2 又稱新經院哲學。

事裡，時間是直線性的，但沒有終點。歷史的動力往前推，但有時會倒退。當歷史退化時，人類得阻止這類退步，逆轉方向，再度開展前進的動力。人們可以辯論什麼是倒退，什麼是前進，但進步是人類努力的終極目標，而且這份努力沒有終點：無論如何，明天總是可以比今天更好。進步是信仰的核心，而這份信仰開始在西歐融合為一個新文明。毫無疑問，人們仍舊真誠相信末日審判——在他們想起來的時候。但有多少人將它視為日常生活的一部分？我們大可懷疑，愈來愈少。而進步呢？幾乎每個人都專注在促成進步上，夜以繼日，每一天都是——而當他們覺得倒退發生時，則會出手阻斷退化。

進步敘事（progress narrative）是一種相信「更好」總是可能的深沉信仰，而這套敘事驅策著人們尋找能提出更深刻解釋的科學原則。最後，它產生「以科學解釋某樣事物」和「解釋事物本身」是殊途同歸的信念。隨著時間推演，進步敘事激勵人類不斷改善工具，而那是個念茲在茲的運動。在許久後，它會轉變人類和工具的關係本身。

但前述這些全都尚未來臨。在十五世紀，催生科學誕生和激發宗教革新的力量也餵養著向外探險的胃口。基督教世界仍對十字軍東征的煙霧有癮頭，而這些煙霧現在則結合了政治和商業熱情，以及宗教理想主義。長十字軍東征開啟歐洲之眼，使人將目光轉向東亞的豐饒物產，這些產品訴諸歡愉、奢華、娛樂和狂喜的人類渴望。簡而言之，歐洲已經開始執著於香料，歐洲冒險家準備好面對艱難和危險，以確保得到這些美妙之物。而對香料的渴望，則導致一個歷史分水嶺的到來。

第四部
歷史的關鍵

每部世界史敘事在組織時間時，都用某些關鍵事件來分隔前後。如果歷史是一套關聯性逐漸增加的戲劇，哥倫布的第一次美洲航行必然被視為關鍵事件，是「改變一切」的大事件。從這一刻開始，兩半球聯繫起來，整個地球成為單一相互交流的世界。但這也付出龐大代價，因為歐洲人的來臨消滅了整個美洲文明。歐洲人得到新大陸的農作物和礦物，結果重塑了世界地圖。哥倫布的漣漪效應也在歐洲孕育了社會星座的新形式，包括股份有限公司、銀行、國家貨幣，和民族國家的原型。在哥倫布時刻（Columbus moment）之後，所有稍早的世界史單子，包括印度、中國、伊斯蘭中央世界、歐亞草原、美洲、撒哈拉南部非洲和歐洲，全都被納入一齣更為巨大的全球化戲劇，並持續至今。在世界各地的相互交織下，世界各地的事件現在都能在任何地方迅速造成後果。漣漪效應的全球化已經開始。

第十七章

那個哥倫布時刻

公元一四〇〇至一六〇〇年

在十五世紀，葡萄牙王子亨利感染上十字軍狂熱。對後代的歷史學家而言，他是航海家亨利，儘管他自己連在魚池航行過都沒有。他之所以會被稱為航海家，是因為他資助探險非洲海岸的遠征，他要人們走得盡可能愈南愈好。今天，那個頭銜賦予亨利王子一個好奇心旺盛的形象，一位早期現代主義者，幾乎算是一位原始科學家。但他可不是這麼看待自己的。航海家亨利是基督騎士團的團長，這是聖殿騎士團的後繼團體。他生活得像個僧侶，穿著粗毛布襯衫，以單身為傲，（據說）死時仍舊是個處男。亨利是他那個時代的產物，而他的時代是長十字軍東征的尾聲。

在他職涯早期，亨利派遣艦隊去征服休達（Ceuta），這是個由穆斯林掌控的非洲城市。他以十字軍東征的術語來講述這場勝利——一場基督徒對穆斯林的勝利。葡萄牙帶著許多戰利品回到家鄉，包括薑、肉桂、黑胡椒，和其他珍貴香料。不幸的是，這些都來自遠東。穆斯林商人用駱駝商隊帶著它們橫越撒哈拉沙漠。一旦基督徒奪取大西洋沿岸的穆斯林城市，商隊就不再來了。所以亨利派船往更南邊走，希望能繞過非洲。如此一來就能繞過該死的穆斯林，葡萄牙能直接從產地取得香料。

在一個世紀以前，這類追尋還是不可思議之事。因為盛行風往南吹，裝配著方形帆的船能南下海岸，卻無法回頭北上。這阻止了歐洲船隻航過形狀向外凸出的西非。但現在，葡萄牙人打造了一種叫做卡拉維爾帆船（caravels）的靈巧船隻，它有淺淺的龍骨，很容易旋轉，最重要的是它裝配有大三角帆，使得船隻能逆風行駛。所以，現在葡萄牙水手能大膽航向更遠的南方——但他們從未找到可以繞過去的角。有些人開始低咕抱怨說非洲也許延伸到地球盡頭。也許根本沒有什麼角可以繞過。

一位抱持這類懷疑的人，是位叫克里斯托巴·哥隆（Cristobal Colon）的熱那亞水手——現在以克里斯多佛·哥倫布（Christopher Columbus）而聞名。他身材魁梧，有張長臉和老鷹般的五官。他的頭髮很早就變白——或許是因滄桑歷練而過早斑白，因為他就像其他水手一樣，航行過各大海域。他參加過兩次葡萄牙遠征，試圖繞過非洲南端卻失敗；他也待過在地中海航行的商船，那艘船後來被競爭者弄沉，他被迫游了六英里遠才抵達安全的海岸。自那以後，他變成地圖和海圖專家，而且不知在何時產生一種執念，認為可以一直往西方航行，最後抵達東方的香料群島。

專家們嘲笑這個點子，這可不是因為他們認為地球是平的。當時受過教育的人不認為地球是平的，古希臘人（還有許多其他人）很久以前就證實了這點。問題不在於地球是什麼形狀，而在於地球的大小。反對者相信，一艘往西的船會一直往西，直到它耗盡補給。哥倫布則相信地球很小，一艘船能在一、兩個月內航行到另一面。實際上，哥倫布是錯的，而其他人都是對的。或許出於偶然，哥倫布其實還搞錯了一個地方：除了認為地球很小，他還認為歐洲和東方的香料群島之間只隔著海洋。這麼相信的人並不只有他。在歐洲，沒有人知道要橫越兩極航道之間的海洋會碰上兩塊巨大的大陸。

在葡萄牙，哥倫布無法為他提議的遠征募集到任何資金，所以他帶著一身膽識抵達西班牙，那年正值格拉納達陷落：天主教君主在那年贏得十字軍「南」征。西班牙宗教裁判所正如火如荼地展開，西班牙全國沐浴在志得意滿的高度興奮中。天主教君主正在尋找能與這項壯舉相比擬的事業。航行繞過非洲或許算是個大事業，但葡萄牙在那個比賽中遙遙領先：事實上，一位葡萄牙探險家剛繞過非洲最南端。但如果哥倫布是對的，西班牙仍能搶在對手之前抵達香料的源頭——那可是件值得吹噓的大事！因此，伊莎貝拉女王決定聽聽哥倫布的說法。結果他要的並不多，只要三艘小船。他成功的機會渺茫，但豪賭有時會獲得豐厚報酬，所以伊莎貝拉女王決定賭他一把。

一四九二年夏季，哥倫布從西班牙加的斯（Cadiz）啟航。他的三艘船和全體船員只能塞滿六十年前由鄭和率領的中國艦隊的一艘船。在航行越過開闊海洋兩個月也瞥不見任何土地後，他的船員威脅叛變。千鈞一髮之際，有人看見一隻鳥飛過頭頂，那代表附近有陸地。

叛變的隆隆聲浪平息，幾天後，瞭望臺上的水手瞥見巴哈馬群島。哥倫布和水手隔天跋涉上岸，哥倫布雙膝跪地，喃喃說著感激的祈禱，並宣布這島嶼屬於西班牙。他以為他到了印度。稍後當他抵達古巴時，他以為那是日本。當他在後來的航行中登陸委內瑞拉時，他以為那是伊甸園。

紀元元年

若有任何世界歷史是按照逐漸增加的交流來紀年，則哥倫布時刻得排上紀元元年。若我們不從那個日子算起，也只是因為世界上的紀年系統在哥倫布啟航時已經過於根深蒂固。基督教世界長久以來就用基督誕生來標誌歷史的開端，猶太曆法可以追溯到理應是亞當和夏娃被逐出伊甸園的那天，伊斯蘭世界以使者穆罕默德帶領追隨者進入麥地那那年算起，中國的日期計算則根據十二干支的循環，以新興朝代宣布新的帝國起始為開端，印度教世界有各種曆法，但沒有時間開始於何時的定論：開端不比現在重要，因為時間本身只是幻覺。

然而，若從哥倫布引發的改變使全球的人類故事出現相互關聯的觀點來看，將一四九二年視為分隔歷史前後的元年就非常合理。從按照這種算法，我們目前正活在第六世紀。哥倫布時刻為何如此重要？因為橫越大西洋是超人壯舉嗎？不，一旦你知道如何橫越，它其實沒有那麼難。是因為哥倫布象徵在一片反對聲浪中，堅持自己信仰的英雄主義嗎？不，哥倫布其實是個討人厭的傢伙。那是因為哥倫布是自從冰河時期移民從西伯利亞遷徙過來後，第一個從東半球踏上西半球的人嗎？不，他也不是第一個。幾位非洲人或許早在奧爾梅克時代就已經抵達美洲，玻里尼西亞人很可能遠早在哥倫布之前就抵達加利福尼亞。維京人絕對曾橫越大西洋去冰島，然後是格陵蘭，之後短暫待過加拿大新斯科舍省。

但這些早期航行缺乏劃時代的意義，因為它們沒引發什麼效應。如果非洲人來過這裡，他們也沒遺留下任何痕跡，除了某些可能是由奧爾梅克人雕刻且可能擁有非洲五官的巨石雕像外。如果玻里尼西亞人來過，他們已經融入加州，變成在那裡定居的人，沒引發多少後果。至於維京人，他們來，他們看見，他們離開，故事結束。

相較之下，哥倫布的航行在兩半球之間打了個洞，開啟洪水般的交流。在哥倫布的航行壯舉後，資助向西的探險不再是擲骰子碰運氣，而成了商業決定。那邊有東西。沒人知道那是什麼，或那裡能提供什麼，但西歐人迅速察覺他們不小心發現了一個他們對手所到不了的世界。

哥倫布很重要，因為他來到美洲時，正值西歐蓄勢待發之際，能面對史上任何文化區域最急遽的成長：歐洲人總算完全從黑死病恢復元氣，剛「贏得十字軍東征」。他們是住在史詩故事裡的勝利者，急切地想將整個地球納入他們的世界視野，並覺得自己有權拿走任何拿得走的東西。

在哥倫布時刻後，從歐洲啟航的船隻成群結隊地蜂擁至美洲。第一波使得泰諾人

（Taino）毫無招架餘地，他們是哥倫布在第一座島上發現的居民。大部分泰諾人死去。一五二〇年，卡斯提爾船長埃爾南．科爾特斯（Hernán Cortés）領著一小群人到大陸上去，當時阿茲特克人統治大約十二萬平方英里之地。阿茲特克首都特諾奇蒂特蘭（Tenochititlan）就和任何西班牙的城市一樣大，但科爾特斯和他的手下迅速使帝國垮臺，並將「墨西哥」變成「新西班牙」。十年後，另一位西班牙征服者，法蘭西斯克．皮薩羅（Francisco Pizarro）登陸祕魯，當時印加帝國統治的區域比阿茲特克帝國還大上超過六倍。在今日的地圖上，其帝國幅員會從智利北部延伸至哥倫比亞。皮薩羅和他的一百八十名部下在他們抵達印加首都的隔天，就俘擄了印加皇帝，並在一年內接管整個帝國。

大滅絕

單單一百八十人如何征服數百萬人的帝國？到底出了什麼事？歷史學家賈德．戴蒙（Jared Diamond）是這麼說的：「槍炮、病菌與鋼鐵！」說得好啊，賈德。但我要在他提出的三大原因外再加上另一個：敘事。在這四大因素中，最具決定性的無疑是病菌。第一批歐洲人肆虐美洲，造成重大傷害：奴役，殺人，甚至把某些人叉起來烤。但他們所造成的最可怕打擊則是他們無力避免的：他們帶來疾病。

在哥倫布時刻前，傳染病在美洲很罕見。常見疾病諸如麻疹是從放牧動物傳入人類社群，而隨著時間流逝，東半球的人類已對它們產生抗體。天花仍舊在歐洲肆虐，但它的存在久得夠能讓那裡大部分的人存活下來，儘管會留下疤痕。美洲人從來沒有馴化和放牧動物，所以美洲人從未暴露在歐洲疾病中。在美洲，他們甚至沒得過流感。

黑死病是很可怕，但在美洲發生的事就像放大數倍的黑死病。侵襲美洲大陸的並非單一一種疾病，而是「疾病」本身，即以無數形式出現的流行病。諷刺的是，伊莎貝拉女王曾堅持要哥倫布（以及後來的航海家）帶活豬上船，以供到美洲一路上宰殺食用，因為她認為這會降低猶太或穆斯林水手加入遠征的意願。豬隻因此攜帶一種真正的大殺手抵達美洲：流感（想想豬瘟吧）。更糟糕的是，逃進野外的豬在任何環境中都有很高的機率存活和繁衍。所以一旦幾隻豬變成野豬，牠們就繁殖擴散，攜帶著歐洲細菌到遠方。

許多美洲社會甚至在有機會瞥見西方人之前就被新疾病擊倒。疾病搶在探險家、征服者和傳教士之前抵達，因為每個人都相互關聯，儘管大部分的人對此一無所知。在哥倫布登陸加勒比海前，某種高級文化仍舊沿著密西西比河和俄亥俄河，即墨西哥灣北部繁盛。但等到第一批歐洲人抵達那個地區時，他們只發現住在柵欄村莊的小型部落，從那可以看到他們祖先建造的巨型儀式性土塚。第一批抵達亞馬遜盆地的葡萄牙冒險家報告說，在那裡看到由貫穿叢林的路所連結的城鎮，裡面住的人和他們在西班牙看到的一樣世故複雜。但等到第一位葡萄牙屯墾者抵達時，不論以前那個地區曾有過何種繁榮光景，現在都已消失無蹤。叢林在曾有人類居住過的土地上蔓延，消抹掉幾乎所有他們存在過的痕跡。

在哥倫布抵達前，美洲住有多少人？沒有人知道，但某些現代估算高達一億一千兩百萬。他們之中有多少人在下一個或兩個世紀內死去？再次地，沒有人確切知道，但到了一六五〇年，這兩個大陸的原住民人口下降到六百萬左右。我們很確定的是，在許多地方，有高達百分之九十的原住民死去。不管數字為何，由哥倫布的史詩旅程引發的大流行病被視為史上最巨大的一次災難，讓蒙古大屠殺、黑死病和二十世紀的世界大戰相形見絀。這樣的事件空前絕後，難怪被稱做大滅絕（the Great Dying）。

歐洲敘事

細菌已經到處肆虐，而槍炮和鋼鐵則想當然耳助紂為虐。原因並不難解，就像刀劍打敗棍棒，金屬盔甲勝過棉製盔甲（如印加人穿的那種）。但敘事呢？敘事如何促進本土美洲銀河的社會星座瓦解？

哥倫布時刻比十三世紀晚期最後一次十字軍東征還要晚了好幾世紀，但歐洲始自十五世紀的「探險航行」，確實是長十字軍東征的延伸。十字軍精神仍在空氣中飄盪，賦予遠征史詩意義。西班牙人和葡萄牙人明確地將他們的美洲征服形塑為十字軍「西」征，並以拓展上帝的教會領域來服務上帝。這些不只是自我合理化的說詞，還是他們的敘事。征服者無疑相信他們事業的精神高貴性；在他們的思考框架裡，征服的一切行徑可能感覺很高貴，而我們可以確定的是，成功又確認了他們的敘事。如果他們不是如此正確，怎麼可能會是這般一面倒的贏家呢？他們共享的敘事強化了這些晚期十字軍的團結一心，他們的團結與堅信不疑使他們更為強大。現在鼓舞他們的不僅是基督教敘事，還有進步敘事。

然後是陰暗面。想想哥倫布時刻的餘波蕩漾如何影響那些賦予美洲原住民人生意義的敘事。想當然耳，這些「餘波」削弱了他們對神的所有想法、他們珍視並視為模範的英雄、實踐的儀式、價值觀、習俗和行為模式，以及所有與善惡對錯相關的信仰。想當然耳，對美洲原住民而言，世界不再有道理。

當黑死病在歐洲土地上撒野時，並沒有另一套連貫的敘事壓在歐洲人身上，聲稱自己是歐洲人分崩離析的信仰系統外的新選擇。歐洲人得在先前他們奉為圭臬的敘事碎石瓦礫堆中，靠自己的力量重建新敘事。他們盡可能搶救剩下的殘骸，添加需要的細節，並制定必要的新概念關聯，直到建立起一個思想融貫的新星座。沒有敵對敘事和他們正在建構的敘事相互競爭。然而，美洲原住民沒有這類餘裕和好運。現實世界每天都以各種方式告訴他們，他們是錯的，而陌生人是對的，因為他們正像螻蟻般死去，而新來者則毫髮無傷地行過恐怖之地。

嚴格來說，原住民的確能放棄自己的信仰，接受洗禮與加入教會。許多人也的確這麼做了，但這不會將他們變成征服者的基督教同胞。他們加入的敘事分配給他們粗活勞工的角色。美洲原住民面臨相當大的挑戰，他們得在這個框架內建構健康的自我意識。

哥倫布船員引發的瘟疫和緊隨而來的流行病不只是殺死許多人，不僅摧毀一個文明，也不僅是蠻橫地剪斷一段歷史。它還毀滅一個由交織敘事構成的宇宙，以及構成該宇宙的歷史敘事，這些敘事原本就像在東半球開展的歷史那般複雜多變。這套敘事的大部分從此消失，變成我們永遠不會知道的歷史。

第十八章
連鎖反應

公元一五〇〇年至一九〇〇年

在哥倫布時刻後，歐洲的硬漢們直奔全球可以航行抵達的地方。由於地球表面大部分是水，他們可以去的地方很多。往西的人建立殖民地，開採礦坑，打造農田；而往東的人則在亞洲建立堡壘和貿易站，購入充滿異國情調的產品，帶回家鄉以高價賣出，獲得可觀利潤。這兩半球的活動被貴金屬連結起來，因為歐洲人挖掘美洲豐富的金銀。（別忘了）銀可是貨幣之王，是到處都接受的貨幣系統。

戰士和傳教士是歐洲滲透美洲的先鋒，但在他們之後來的是商人，商人看到以工業規模生產某種農作物的致富機會。兩種農作物在前領軍：菸草和甘蔗。後來還有棉花。

歐洲人和亞洲人在哥倫布時刻前對菸草一無所知，但菸草很快就流行起來。嗯，這當然了，畢竟菸草是種毒品嘛。蔗糖是最優質的糖，它在歐亞大陸西部一直非常昂貴——直到這時為止。甘蔗過於沉重，不方便從印度運輸，而從甘蔗萃取糖的方式則是中央世界緊守的祕密。但歐洲剛得到了這項技術，而甘蔗在加勒比海非常容易栽種。種植者現在可以在當地將甘蔗加工為蔗糖，這使得糖搖身變成主要香料：它是大家還不需要但很想要的東西，是個經過加工就很容易運輸的珍品。歐洲的糖市場出現爆炸性成長，因為糖一旦經過精煉後，基本上也跟毒品沒兩樣。

不是所有從甘蔗製成的糖都被以糖的形式賣出。同等重要的分支工業興起，當時精煉糖的副產品糖蜜被用來製造蘭姆酒。要為這項產品建造牢靠的廣大市場簡直輕而易舉，因為蘭姆酒是酒類，而酒嘛，也是毒品。

就這樣，有三種毒品跟著金銀和棉花一起出現，這些就是推動歐洲殖民化美洲的貨品。

白銀

第一批西班牙征服者對黃金念茲在茲，他們的確也弄到一些，只是沒有幻想中那麼多。不過，他們找到了很多金子的卑微兄弟，那就是銀。

還記得嗎？銀是種貴金屬，剛好豐富到足夠跨越商品和貨幣之間的界線。西班牙政府在祕魯和墨西哥挖掘銀礦，將它和弄到手的金子一起運回家。西班牙就像無憂無慮的傻瓜，找到一臺會免費吐出鈔票的提款機。

西班牙現在處於顛峰，可以成為歐洲的老大。西班牙王室興建大艦隊，以最新武器裝配軍隊。斐迪南和伊莎貝拉的孫子查理五世獲得無上尊榮，受封為神聖羅馬帝國皇帝，因此除了他在新世界已擁有的巨大帝國之外，還如虎添翼地得到歐洲北部和中部的一些土地。西班牙菁英建造精美絕倫的城堡，裡頭滿是高價購得的奢侈品。他們沒把錢花在提升西班牙內部的生產力，因為若你出門就能大肆採購，何必費神自己做呢？更何況商品還能送到家？

西班牙買了很多東西，包括紡織品、家具、毛織品、船和其他貨品，這些大部分是在英國、法國和低地國（比利時、尼德蘭、盧森堡）生產。然後銀子開始變節——因為銀也是商品，它像湍急的河流那樣沖刷過西班牙，啟動供需的鐵律：銀的價格一落千丈。但因為銀也是當地貨幣，銀價貶值意味著人們需要用更多貨幣去買同樣的產品，也就導致物價一飛沖天。

要是銀子有平均分配給所有西班牙人的話，就不會造成什麼巨變。沒錯，人們是會需要更多錢幣才能買同樣一雙鞋，但每個人都會有更多錢幣，所以大家都有能力買新鞋。但社會系統並不以平均分配財富為宗旨，而是富者愈富。財富以涓涓細流的方式流向下層階級，只是「細流」。有錢人仍舊買鞋，買椅子和馬鞍等物品，但製造鞋子、椅子和馬鞍等物品的人並沒有賣出更多商品。為什麼呢？因為富人的數目是固定的，而那些有錢人只能買這麼多鞋子、椅子和馬鞍。由於銷售量不變，價格又上漲，導致卑微的階級變得更窮。在物價上漲而收入不變後，更少人能買得起市面上的商品，這意味著鞋子、椅子和馬鞍市場萎縮，也意味著更多商家倒閉。與此同時，物價卻仍不斷上漲。

長期來說，銀的無限供應最後沒使西班牙比鄰國更富強，因為西班牙沒有投資在提升本國生產力上。實際上，銀被投資在英國、法國和尼德蘭。通貨膨脹只在製造和交易數量固定的地方抬升物價。在銀湧入的其他地方都出現更活躍的生產和商業，社會吸收白銀並因此變得更強大。第一批掠奪美洲的國家得到暫時的富裕，就像中樂透頭獎，但之後就打回長久以來的原形：西歐兩個最窮之國。

英國和尼德蘭[1]

環境在分隔游牧和城市文明上扮演關鍵角色，在希臘人的崛起、在香料路線的演進中也是如此。現在，十六世紀的地理條件再度影響了崛起中的兩大強國：英國和尼德蘭。

在哥倫布時代之後，這兩個國家的確位置極佳。英國是島國，而尼德蘭是海岸國家，航海就像此地人們的第二天性。兩者都離古典時代物產豐饒的地區比較遙遠，這使得人們有著航向遠方、將商品運回家鄉的強烈動機。因此，到了十六世紀，兩個國家都已擁有長久的航海傳統和航海貿易經驗，這些航海商在暴風肆虐的北大西洋得到豐富歷練，曉得如何導航堅

1 作者注：尼德蘭（Netherlands）人何時開始自稱荷蘭人（Dutch）的時間不明，但那個詞和日耳曼德語衍生自同一根源，簡單意味著「人民」——或以另一種方式來說，「我們老百姓」（譯注：本書翻譯則視情況將Netherlands翻譯成尼德蘭或荷蘭）。

固的船隻，而那些船隻配有巨大的四方風帆或三角風帆。葡萄牙卡拉維爾帆船在早期享有優勢，因為它們非常容易操作；但很快就被英國人和荷蘭人趕上，被同樣操作簡單且更巨大的船所取代。

在這個後哥倫布時代，歐洲的遠程貿易商發展出新的商業模式。他們不再先買貨品，後找市場；反之，他們先找到市場，下單，訂合約，然後讓製造品質良好的農家製造產品，以此來支持某些手工副業。例如，比利時在家工作的婦女特別善於編織蕾絲，所以商人到那下單；不久後，製造蕾絲的棉花業就在比利時興盛起來。與此同時，製造紡織品和衣服的家庭工作坊也在法國、尼德蘭和英國起飛。以此方式，美洲的銀子資助了西歐的製造業成長。

因為當時以家庭製造業為主，從事這項技術工作者大部分是女性，但那也意味著女人對經濟的貢獻被隱藏在公眾視野之外。不僅商業公司會下單，他們還漸漸提供樣品，運送原物料，具體要求數量，規定設計款式。村莊規模的工匠（大部分也是西歐女性）後來變成在為長途旅行的銷售員工作。在這個初萌芽的系統中，生產者從未見過消費者。商人是接觸兩端的唯一中介，所以他們進而控制了整個生產過程。

股份有限公司的出現

善於經營的商人有時會一起加入公司，這些公司的地位與同業公會、教區、王國相當，而社會星座則能形成意圖和協調許多人的努力來執行計畫。早期的公司通常是商人家族，他們不斷開拓事業的面向。歷史悠久的穀物商人家族可能會在商品列表上加上紡織品。但這些早期家族公司時常富不過三代，因為在封建框架中，無土地的富人常獲得道德不佳的臭名：為私利而累積財富是道德衰敗的徵兆。把累積的財富拿來買土地才值得尊敬，如果可能的話，還可以買個頭銜，做個善良慷慨的領主，將時間花在管理佃農身上。再者，在封建敘事裡，金錢本身是虛幻的，帶著隱隱的腐敗氣味。土地感覺起來才真實，土地才可以傳諸後代（這份情感留存到今日的「不動產」〔real estate〕一詞上）。在當時，頭銜也讓人有同樣的真實感：比起剛剛獲得伯爵頭銜的父親，出於繼承而獲得伯爵頭銜的兒子比較能取信於人，畢竟有些人可能還記得那位父親只是農夫時的模樣。

當家族公司來來去去，另一種公司也開始萌芽：陌生人組成合夥人，以合股公司為人所知。一群生意人聚在一起，匯集資源，共同資助一個他們任何人都無法單獨承擔的大膽企業。他們會裝備一艘船，派它去亞洲進行貿易。船返航賣掉貨物後，每個商人就按照出資比例，分到他那部分的利潤。每位合夥人投入的股份記錄在股份證書上，因此產生「合股公司」（joint stock company）這個詞。初期這種公司通常是出於特別案件而成立，一旦案件取得成果，合夥人就拆夥，轉而追求其他賺錢機會。然而，這類公司逐漸合併成穩定長久的實體，承擔起一波波的商業冒險。這是一種新型的社會星座，在社會宇宙中，它的特性與物理宇宙中的生物有機體十分類似。

合股公司因「賺取利潤」這一共同目標而凝聚，這恰恰符合進步敘事，因進步敘事替每日做得更好、獲得進展、擁有更多等事賦予終極意義和目的。光是擁有土地無法和進步敘事如此契合，因為土地不會變大。領主也許可以改善土地的利用方式，但最後終究會抵達地力上限；而如果他想賺得更多，就得拿走別人的土地。利潤可就不同了，利潤沒有極限。公司可以藉著規模成長，擴展範圍，派出更多船，去得更遠，帶回更多貨物，賣得更廣，以及拓展買賣項目，來得到更多利潤。若一直進行這類改善和擴張，理論上，明天總是會比今天更好。

銀行的誕生

發起一趟亞洲貿易遠征所費不貲：得買船隻，雇用船員，儲備糧食。如果一切順利，企業可以用獲利支付一切開銷，但直到貨物出售前，利潤都不存在，而這可能得等上好幾年。那麼，商人團體要怎麼用他們稍後才會擁有的錢來支付目前的開銷呢？

某方面來說，各個王朝（即統治家族）也會碰上相同的問題。他們必須現在就花錢，以便稍後再賺錢，因為政權的收入來自其徵收的稅。因此，統治者會試圖定期拓展徵稅的疆域，這就需要會耗費資金的軍隊。他們也試圖以更深化控制和改善稅收效率的方式來從領土上榨取更多錢，但那需要一大批專業文職人員，而那也很花錢。

這一切不只和打仗或徵稅有關。君王有更大的動機，而那動機就是受人信服。人們得相信他們的國王是國王。如果他們不相信，他就不是。要產生這種必要信服，需要奢華排場和隆重儀式。一位讓人信服的君王必須住在大宮殿裡，穿精緻衣服，旅行時有穿著英挺的家臣相伴，出門時坐著百姓夢寐以求的瀟灑馬車。人們看著這些排場細節後才會說：「我看到了國王。」而他們的鄰居也會說：「我也看見了，真是派頭十足的國王！」簡而言之，這是個自我循環的過程：王室得製造權勢的幻覺，如此才能鞏固他們看似已擁有的權勢，並執行維持權勢所需的作為。而這，就需要錢。

一個由專家組成的嶄新階級，架起了今日開銷和明日收益之間的橋樑。這些人善於創造富裕的幻覺，並足以支撐到那份財富實際成形。這份技巧以義大利人和猶太放債人為先驅，他們在十字軍東征時期發明原始形態的銀行。他們發現如何以借貸來賺錢。通常他們出借的也不是錢，而是信用。信用（credit）的拉丁字源是「信服」。只要人們相信它存在，信用就存在。既然銀行出借的「錢」是某人得還的錢，它就是銀行的部分資產。因此，矛盾的是，銀行借出愈多錢，它就愈有錢。反之，銀行金庫裡實際存放的可能是債務——那筆銀行有天得支付存款人的錢。

對任何處理家庭財務的人來說，這很違反直覺。對正常家庭而言，如果床墊下有金子，那是資產。如果這家人借了一些錢給堂兄喬伊，那就是風險，因為那是這個家庭今天不能花的錢，即使整家在挨餓，也不能拿來買食物。屠夫不會用一磅肉交換喬伊簽的借據，因為他不認識喬伊（或者他的確認識喬伊，而這就更糟了）。喬伊簽的借據只有在整個社群堅信喬伊還得出來時才能代替錢。信服是關鍵。只有在大家都相信銀行能償還其借據所代表的債務時，銀行才能運作。

聖殿騎士團曾是第一批真正的國際銀行家，他們將信用貸款機制拓展到大部分的歐洲王室。於是就有頭腦單純的人以為，如果這些傢伙能出借那麼多錢，他們一定在某地藏了很多金子。一三〇七年的某天，法國國王腓力四世決定逮捕所有聖殿騎士，處決團長並搶奪金子，藉此讓自己的債務一筆勾銷。國王煽動公眾支持這項舉動，他派人到處散布謠言，說聖殿騎士祕密控制世界，（祕密）主導了所有犯罪與農作歉收，以及在那個災難年代肆虐法國的疾病。等國王出手時，百姓衷心期盼這些該死的聖殿騎士被趕盡殺絕，搶光這些人的金子。但當國王的人馬掠劫聖殿騎士的據點時，卻沒發現多少金子。他們發現的大部分是寫滿數字的帳本。

與此同時，原本怪罪在聖殿騎士頭上的農作歉收與疾病等惡行仍持續在民間廣為散布。當時的老百姓面臨抉擇，是要認定國王和教宗在撒謊，還是聖殿騎士們不知怎地逃過一劫，而且仍舊從祕密總部以新名字持續控制世界。後者就成了一種歷久不衰的思想星座典範：陰謀論。陰謀論往往認為，在大眾不知情下，某些小團體正在祕密控制世界。

這類謠言和理論的根源之一就是金錢逐漸抽象化，而這正在快速蔓延。當老百姓專注在神祕的聖殿騎士上時，銀行持續蓬勃發展，因為它們滿足歐洲社會的一個關鍵需求：當時歐洲社會充滿野心勃勃的企業家，他們渴望資助能帶來暴利的大膽商業冒險。

一六〇〇年，一個英國企業家團體和君王做了一筆令人咋舌的交易。對於這個這個由男人組成的小私人財團，伊莉莎白女王給予他們所有英國與印度、遠東貿易的保證壟斷權。她也授予他們徵召和供養自己軍隊、修建堡壘，以及和外國政府談判合約的權力。這個財團自稱為「尊貴的東印度公司」(Honourable East India Company)——縮寫是HEIC或EIC，可以用發音「好噁」(EEK)來記，會比較好記。

兩年後，荷蘭也誕生了類似的公司，叫做VOC[2]，是荷蘭東印度公司的荷蘭文縮寫。荷蘭東印度公司的成立目的，是和英國的好噁東印度公司競爭，而荷蘭政府給這公司所有好噁東印度公司從英國女王那得到的好處：壟斷所有荷蘭與亞洲的貿易、供養軍隊的權力、修建堡壘，和簽署合約。類似的公司也在西班牙、法國、葡萄牙、瑞典等歐洲國家成立，但荷蘭和英國的最為強大，是其他所有公司的範本。

伊莉莎白女王更授予英國東印度公司另一項優惠，此舉實為劃時代壯舉。她宣布它是「責任有限公司」，表示和公司有關的個人——不管是工人、經理或誰——沒有人對其債務或錯誤有責任。投資者可能失去投資，傾家蕩產，就是這麼簡單。如果公司犯法，只有公司能被懲罰，而不是公司裡的人。在法律上來說，這些規則意指執行公司運作的活生生人類並

2 原文Vereenigde Oostindische Compagnie的縮寫。

不是公司本身。個人可以來來去去，但公司本身會以單一實體維持下去，就像人類身體裡的細胞不斷代謝，而這個人仍舊是以單一自我運作下去。女王的規定能確保公司以社會星座的方式參與世界，而那些社會星座擁有自我，能執行計畫，有動機避免自身滅絕——就像人類，也像每種生物體，包括單細胞的阿米巴原蟲。一度是美國總統候選人的羅姆尼（Mitt Romney）說得最貼切：「朋友們，公司也是人。」

荷蘭東印度公司起初是大約兩百名商人組成的合夥人關係，但在誕生不久後，它採取了令人驚異的策略：夥伴決定要發行更多股份，並賣一些給大眾。任何人都能買這些股份。買家不必經過考試，也不用與其他合夥人相處愉快。但他們對管理沒有發言權，不能開職缺，也不能拿公司的家具回家，或得到其他所有權的正常好處。擁有荷蘭東印度公司股票的人只能從公司得到兩種福利：首先，如果有的話，分得公司年度利潤的股份；第二，將股票以買主同意的價錢賣給任何人的權利。買主的出價取決於買主認為公司會在不確定的未來裡獲利多少。因此，股份的價值就像培根的價碼一樣起伏不定，只是這份起伏不是由豬或任何實物的供應來決定，而是由信服的供需來決定。隨著股票出現，金錢就提升到新的更高抽象層次。

在一六〇〇年，歐洲人在日常生活裡仍使用錢幣作為貨幣。不同地方鑄造的錢幣在四處流通。不管在哪裡，不管使用哪種貨幣，只要雙方能接受，貨幣就能用。一個人可能帶著幾個銅板、幾枚英國先令，和一袋西班牙達布隆金幣。這些錢幣流通的地帶不受嚴格邊界限制，因為這類邊界並不存在。金錢也沒有數學上的確定值，兌換以價值估算為基礎。就算是銀幣，其價值也只是估計值，因為有時人們會偷偷削掉銀幣邊緣，再將收集來的銀熔化後私藏起來。有些貨幣發行當局——親王、公爵、國王，不管是誰——會將賤金屬混入錢幣裡，好擴大銀或他們聲稱使用的其他金屬的供應量。但誰又能知道錢幣的「真正」價值呢？是有方法可以測試，但哪個人有時間在每日交易中進行繁瑣的測試呢？畢竟商業交易不僅要協商使用何種貨幣，也要協商產品如何易手。

荷蘭人第一個想出解決方案。一六〇九年，阿姆斯特丹的城市耆老特許一批私人銀行家組成一座中央銀行。任何想在阿姆斯特丹做生意的人都得拿著錢到這家銀行開戶，銀行官員則決定各種貨幣的價值有多少。他們將這些東西放進金庫，發出票據，上面清楚記載存款的總額。在阿姆斯特丹統管的領地裡，不僅每個人得接受那些票據等同於錢，而且沒有人獲准用那些票據以外的東西來做生意。

票據因此擁有與紙張價值或印刷品質不相關的絕對價值。一張老舊破損的十基德爾荷蘭盾票據的價值，和嶄新的十基德爾荷蘭盾票據完全相同。十張這類票據確切等同於一張一百基德爾荷蘭盾票據，不管其形狀為何。票據移除掉金錢在物質領域裡的不確定性，賦予它純粹的數值。在荷蘭，阿姆斯特丹銀行立即變成標準國家貨幣的根源，這個國家貨幣在荷蘭轄下的所有領地流通。

就像有限責任公司，中央銀行的概念也傳播開來。一六九四年，英國國王威廉三世（他在不久前還以荷蘭省的執政官奧蘭治威廉親王[3]為名）需用錢資助各種事業，尤其是有必要在法國土地上開打一場小型戰爭。他召集英國最厲害的「創造信用」專家，請他們考慮借給他鉅額貸款：總數超過一百萬英鎊。作為回報，他會允許他們組成一個團體，將國王的債務以小額票據形式賣給大眾，每張票據上都印有一個數字。它的概念是，當國王償付債務時，任何擁有這類票據的人有權領取款項的一部分——即相應於票據上數字的金額。人們等著國王償付債務時，也可以用票據來買任何東西，比如買麵包或招妓。在交易後，烘焙師傅或妓女就擁有票據，並握有國王債務的特定部分還款，只要國王還債的話。這些票據就像錢一樣，因為它們不像堂兄喬伊的借據；這些可是國王自己發誓會償還的債務，如果你不能信任國王，那你還能信任誰？

結果那筆債務從未償還，當然沒有。為那份債務背書的票據變成在英國所有金融交易中使用的貨幣。國王的債務變成整個英國經濟的基礎。如果債務現在償付，英國經濟反而會瓦解。國債不（必然）是國家有多大麻煩的表徵。債務是將整個系統黏在一起的黏著劑。債務愈高，就有愈多人以債主的身分牽扯在一個互相連鎖的大系統裡。如同阿姆斯特丹銀行，英格蘭銀行變成整個國家的中央銀行。更多這類中央銀行在此時期出現，它們與一種新型的緊密組織化社會整體息息相關：就是我們後來所知的民族國家的星座，而它也剛好在此時期嶄露頭角。

透過金援那些曾將早期帝國整合起來的統治工具，例如受薪官僚、郵政系統、間諜網絡、警察、基礎建設等等，中央銀行使國王能深化權力。如今君王擁有更多更複雜的工具可以隨時使用，包括可協調眾人行動的鐘錶、傳播指令的出版業、使商業更順暢的信用工具、發行貨幣的銀行，因此可以在王國裡更偏僻的角落執行國王的意志，而且還愈來愈無所不在。在歐洲，王室權力遂滲透到日常生活中，達到人們前所未見的程度。

儘管白銀最後使西班牙變得貧窮，但在哥倫布時刻後的頭幾個世紀裡，以各種形式從美洲流洩而出的財富是如此龐大，以至於地球的局勢為之改變。但不是所有歐洲國家都握有取得美洲財富的特權，甚至不是所有西歐國家。哥倫布出生於義大利，但義大利人沒有參與這場跳樓大拍賣。參與的國家是歐洲大陸西部邊緣的幾個邊陲社會。我們這裡談的只有葡萄牙、西班牙、法國、英國和低地國荷蘭，它們得到關鍵優勢。超過一個世紀以來，這五個海事社會星座對南北美洲這兩塊新大陸擁有第一手且幾近獨占的有利接觸途徑，而這兩塊大陸極其豐厚的資源在歐洲人來之前鮮少被開採，後來又被大滅絕弄得人口凋零。這些國家後來在西方崛起時成為領袖，又有什麼好奇怪的呢？

3 即一六八九年登基為英格蘭國王的威廉三世，與瑪麗二世共治，死於一七〇二年。

第十九章

哥倫布之後的世界

公元一五〇〇至一八〇〇年

哥倫布的航行為一場全球戲劇拉開序幕。接下來幾個世紀裡，世界上所有的偉大歷史單子開始交疊互動，而我們今日所居住的世界就是衍生自這些互動。當交疊發生時，每個內觀的世界都是一個由自己的內部理論、規範和敘事組合而成的龐大星座。這些不同單子的人們都有自己獨特的軌道。當他們開始交疊時，每個單子在與其他單子碰撞中所帶進的能量，形塑了它們在碰撞後所帶出的東西。當煙硝消散後，歐洲和北美洲變成世界強權，而中國已然崩潰，中央世界陷入憤怒屈服和淪為附庸的困境。非洲和拉丁美洲被納入更大的世界故事，成為新核心的邊陲，而那個新核心並非中國、印度或伊斯蘭世界，而是歐洲。

爭奪殖民地的競賽

當哥倫布啟航時，西歐各王國正處於鞏固階段，一旦發現美洲的存在，他們便陷入一場搶奪新世界（對他們而言是新的）殖民地的狗咬狗競賽。新時代剛開始時，葡萄牙和西班牙是最具侵略性的海上強權。西班牙奪取美洲，葡萄牙立即繞過非洲之角，取得通往印度和遠東的香料途徑。兩大海上強權的衝突一觸即發之時，教宗介入並說服雙方同意畫條勢力界線，即教皇子午線。《托爾德西里亞斯條約》（Treaty of Tordesillas）[1]將巴西劃給葡萄牙，而西班牙則（根據教宗）得到其他土地。

西班牙從未在中央世界建立據點，從未在印度取得進展，還立即在歐洲大陸失去強權的勢頭，但它牢牢抓住在美洲的龐大帝國。西班牙人以征服者之姿一路橫越美洲大陸，往北直抵加州舊金山灣的西岸。他們以結合莊園（haciendas）和布道駐所（missions）的方式來穩固這塊地盤。莊園是西班牙軍事貴族所擁有的大片地產，他們使用美洲原住民勞工，生產皮革、葡萄和酒等商品。布道駐所是防禦建築群，基督教世界觀的西班牙版本由此傳播給當地居民。

在墨西哥和南美洲，西班牙人忙著開採藏量驚人的銀礦。西班牙船隻從美洲西岸前往菲律賓，然後西班牙人再從那裡買入中國商品。

1　在教宗亞歷山大六世調停下，一四九四年葡萄牙和西班牙所簽訂了瓜分新世界的條約。

與此同時，中南美洲的原住民已經開始恢復生機。在熬過大滅絕後，他們的人口開始增長。而西班牙人和葡萄牙人來到美洲大陸時都是沒有攜家帶眷（這點與英國人和法國人正好相反）的男性冒險家。他們和被視為性資產的原住民女性上床，有時娶她們為妻，然後女人產下混血寶寶。從格蘭德河（Rio Grande River）到智利南端，混血出身的人開始出現，就像俄羅斯是誕生於北歐諾斯人和斯拉夫人混居之處一樣。

在表面上，西班牙的文化宰制不容許任何挑戰。即使美洲原住民人口持續增加，說原住民語言的人口卻不斷縮小。伊比利語言，即葡萄牙語和西班牙語，最後成為這兩塊大陸在格蘭德河南方的通用語——葡萄牙語在巴西，其他地方則說西班牙語。純西班牙裔的歐洲人持續支配著數量愈來愈龐大的原住民和混血（mestizo）人口，但這些歐洲後裔逐漸成為情感上與祖先家鄉脫節的美洲貴族。

在開始殖民美洲時，葡萄牙和西班牙都是堅定的天主教國家，所以僧侶和修士來到中南美洲領導天主教傳教遠征隊。其結果導致這些地區幾乎所有皈依基督教的人都加入天主教教會。一五三一年，一位阿茲特克改宗者迪亞哥（Juan Diego）說他在瓜達盧佩（Guadalupe）附近看見聖母馬利亞顯靈，而她看起來就像美洲原住民女性。「瓜達盧佩聖母」給說西班牙語的美洲人一個可以擁抱的形象，一種擁有天主教的方式。她的出現標誌著一項開端，直到天主教的美洲版本完全成形。今天，世界上大約有半數天主教徒都住在美洲。

原住民的人口逐漸恢復，遂將前哥倫布文化的母題帶進從格蘭德河南方崛起的文明中。

伊比利半島的歐洲人和中南美洲原住民之間的互動產生了具有世界規模的獨特美洲文明。人們通常稱之為拉丁美洲，並通常稱其文化為「西語裔文化」（Hispanic）。拉丁美洲文明具有如此多的前哥倫布母題，西語裔這詞卻未能直指這些主題的核心。這點令人困惑，因為即使是再漫不經心的訪客，走訪西班牙時（我就曾去過幾次）都能察覺西班牙與「西語裔」很不同。對我而言，西班牙在文化風韻上似乎比較接近法國或英國，而非墨西哥或祕魯。

西班牙得到格蘭德河以南的大部分美洲，但對地球上其餘地方的爭奪仍舊持續。在這場爭奪戰中，葡萄牙、英國、法國和荷蘭一馬當先。西方的北美洲與據說擁有傳說中財富的東方印度，則成為最令人垂涎的地方[2]。葡萄牙人在東方拔得頭籌，率先繞過非洲，不久後便定期繞著非洲航行。他們沿非洲海岸建築堡壘，作為船隻的安全避風港，以及船員休憩、補貨和取得淡水之處。最後，他們擁有一連串的駐防地，因此能一路無礙地往返印度。

然後，荷蘭人抵達，將葡萄牙人趕出次大陸。葡萄牙人只得舔舐傷口，自我安慰說他們還擁有大片非洲和巴西全境。荷蘭人很快也就發現自己和新來的惡霸糾纏不清，那就是英國人和法國人。他們把荷蘭人從印度和北美洲趕走，荷蘭人於是轉往東南亞重整旗鼓。

最後，搶奪最誘人殖民地的紛爭發生在法國人和英國人之間。從一七四四至一七六三

2 作者注：在此，遵循一般用法，北美洲指稱所有格蘭德河以北的土地。

年，這兩大強權和其盟友打了好幾場遍及全世界的戰役，雙方在公海、北美洲森林地帶、西非、印度沿岸和菲律賓等地到處交戰。這在歐洲稱為七年戰爭，在美洲稱做英法北美戰爭，在印度則稱做卡那提克戰爭（Carnatic Wars）。名稱和劇場各有不同，但主要說來就是一場大戰爭，決定誰得到哪些殖民地。法國輸了這些戰爭，而英國得勝——大英帝國從此誕生。

然而，英國的北美十三州殖民地沒過多久便獨立，成立自己的民族國家，這份損失使得印度對英國人來說愈發珍貴，因為地球的人類開始變成動輒爭吵不休但又相互關聯的一團混亂——我們仍舊是個五花八門的物種，由許多不同族群構成，有著我們自己的在地故事，但我們也都是在某個大故事裡互相競爭的角色。

非洲奴隸貿易

要生產糖、棉花和菸草等美洲的核心農作物，需要吃苦耐勞、任勞任怨的勞工。為迎合這項挑戰，歐洲企業家完善了一套採收的種植園體系。種植園（plantation）是生產單一種類經濟作物的大片土地。園主組織勞動和管理財務，包括銷售、記帳、推廣、行銷，奴隸或雇傭奴隸在監工的指揮下做苦工。美國種植園預示著十九世紀歐洲工廠系統的到來。

起初，種植園園主試圖使喚美國原住民奴隸從事這份工作，但疾病消滅掉太多人，留下來的倖存者又如此羸弱，這份苦工常常害死他們。因此，園主轉向另一種奴隸來源：非洲大陸。這產生了一種全球經濟體系，但對許多人而言則是一場災難。首先在加勒比海栽種糖，運到北美洲沿岸城市蒸餾成酒精，接著運往歐洲賣掉後再買槍，再拿槍到非洲交換奴隸，這些奴隸是買槍的沿岸非洲人從內陸俘擄而來。非洲奴隸於是被運到加勒比海賣掉後再買糖，然後這整個循環再次展開。

當奴隸被賣給歐洲人時，他們被迫和其他被俘擄的非洲人擠在船的貨艙裡，除了膚色以外，這些俘虜未必有任何共通點。許多人在橫越大洋前就死在貨艙，那些存活下來的則被按身高、健康狀態或性別等條件賣掉，而不是按照他們之間或許有的親屬關係或社會關係。他們在市場上變成工作單位，就像機器的零件。

被當成奴隸販賣的非洲人，大部分是被阿拉伯奴隸商人或其他非洲人俘擄而來。非洲奴隸貿易商在這場白人與黑人的巨大戰爭中，並不認為自己背叛了非洲同胞，因為非洲是塊大陸，並不是個統一文化，而在那片大陸上住著不同文化和種族、說著不同語言的人們。對撒哈拉沙漠以南的非洲人而言，膚色不是認同感的標誌。因為在他們住的地方，幾乎每個人都對深色皮膚習以為常。

在哥倫布第一次啟航去美洲那年，取代馬利的強大桑海帝國正要登峰造極，其最偉大的統治者阿斯基亞・穆罕默德一世（Askia Muhammad）[3]也正要即位。一個廣泛的貿易網絡已

3　十五世紀晚期桑海帝國皇帝和軍事將領，一四四三至一五三八年。

經在東非發展起來，連結了四十多座城市國家和他們的沿岸相關氏族網絡。其中之一是大辛巴威（Great Zimbabwe），如今它已經變成大約兩百英畝的石頭廢墟。當奴隸貿易商第一次抵達非洲時，大辛巴威仍舊是修那帝國（Shona empire）的首都，帝國與遠如中國那樣的地方有貿易往來。

然後就出現了大西洋奴隸貿易，這硬生生改變了非洲大陸的歷史軌跡，影響所及遠遠超出加諸個體身上的苦痛。新城市——奴隸貿易港口——沿著非洲西岸紛紛冒出，一路從安哥拉到現今的幾內亞比索。在非洲大陸內，賣奴隸賺得的錢吸引人們放棄農耕、放牧和製造業，轉而加入俘擄和販賣人口的行列。

這類奴隸制度不是嶄新事物，人類在有人可供奴役時就開始奴役人類。羅馬帝國就是建立在奴隸之上，羅斯人以販賣斯拉夫人給穆斯林而致富。綜觀大部分的歷史，規範人們善待彼此的美德或法規通常僅適用在該團體成員上。這類法規維持內部世界的秩序，但並不適用於外界。法規也不認為奴役他者有什麼不對，問題只是如何界定他者。陌生人得擁有多大程度的他者性，才能使奴役顯得理所當然？

對羅斯人、羅馬人、阿拉伯人與歷史上大部分的人而言，基本的判斷標準似乎是權力。打贏戰爭的人能奴役打輸的人，不管他們是誰，或他們的長相為何。在羅馬帝國，奴隸的長相各異，看起來就像各種五花八門被羅馬征服的人。

歐洲人以一種具有一致理念的龐大星座之姿，像洪水般湧進美洲。他們彼此不全都是朋友，彼此也互相征戰和大量殺害，但至少他們明白那是人殺人。現在他們進入一個完全由不同長相的人們居住的大陸，那裡的人們說著不同語言，吃著奇怪東西，穿著奇怪衣服（或什麼都沒穿），總而言之，就是展現出他者性的每種可能標記——最重要的是，歐洲人和他們完全沒有可共享的歷史。

當屯墾者忙於將「蠻荒」轉化為「文明農地」（以屯墾者的觀點來看），原住民則試圖阻止他們傷害充滿生機的地球（以原住民的觀點來看）。「網合」來得並不容易。兩個文明銀河在此交疊，各自都是連貫整體。歐洲民族打贏每一場戰役，但他們並不將與原住民的衝突視為戰爭。戰爭是文明民族與其他文明民族才會發生的事物，而他們是以在蠻荒中與野獸打鬥的心態來看待與原住民的爭鬥。環境背景又沒提供多少機會，讓新來者和原住民發現彼此共

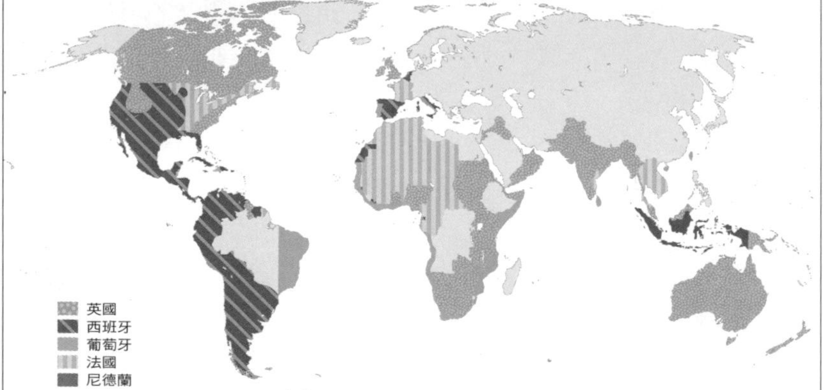

一七七五年的歐洲與世界

有的人性。甚至連他們顯然共享的元素，例如都深愛子女，被割傷時都會流紅色的血等等，也會產生不同的意義，因為他們分別屬於不同星座。

種族主義這項概念給美洲人帶來了末日，如今也澆灌到從非洲取得的奴隸身上。奴隸制度確實歷史悠久，但如今卻是明確奠基於種族概念。這項概念主張，人種天生各異，某些人種天生就是奴隸。因為有利可圖，不管怎樣奴隸貿易都會發生，但任何藉此賺錢的人都需要相信，俘擄人類、勞役人類致死不盡然代表自己是壞人——這些觀念如何融入同一個思想星座？那道橋樑就是種族主義。基於種族的奴隸貿易是囚禁於歐洲殖民美洲地下室裡的人身牛頭怪，身上還銬了鐵鍊；而在樓上饗宴的人們盡最大努力無視牠的沉悶咆哮，繼續歡樂地享用晚餐。

第二十章

中國的敘事失去凝聚力

公元一五〇〇至一九〇〇年

哥倫布航向美洲時，中國正達到堪比過去最輝煌年代的燦爛顛峰；但等到歐洲人在中國的海港靠岸時，明朝已經開始走下坡。當時這件事並不明顯，因為明朝是一個和諧運作的世界，而那世界仍舊運轉如常。它的零件也仍舊「網合」嗎？我們無法判斷，因為中國太龐大，太錯綜複雜，任何人都無法輕易判斷它的健康狀況。它的地貌差異頗大，從白雪覆蓋的山峰到沙漠、沼澤、河谷，各種地形包含其中。國境內說著超過兩百五十種語言，住著超過五十種民族，而在跨越邊界處，民族的歸屬則游移不定。

當然，歐洲和中央世界也一樣多變，但中國卻深深籠罩在自身社會和政治的獨特感之中。它不是一個民族國家，但也不單純是個帝國，而是個「文明國家」(civilization-state，容我在此創造一個新詞)。如今，將這個文明國家編織在一起的大敘事已經開始失去控制力。

根據中國長久以來一貫的敘事，只要每個人都實踐孔子思想，世界就會正常運作。然而，孔子對真實生活的各種情境並沒有明白無誤的答案，尤其是當真實生活情境變得亂七八糟時。有時候儒家教誨似乎還彼此矛盾，例如皇位的繼承往往引發棘手問題。表面上看來，教義很清楚：當皇帝駕崩時，他的長子成為下一位皇帝，而這能保存宇宙秩序。但萬一長子是個白癡怎麼辦？萬一他還是個小孩呢？萬一皇帝死時沒留下任何兒子又該怎麼辦？這就是明武宗駕崩後在一五二四年發生的事。

在一五二四年的危機中，朝廷官員決定將死去皇帝的十三歲堂弟（嘉靖皇帝）拱上龍座。為了符合繼承大統，他們宣布這位年輕人是前任皇帝（死後的）養子。聽起來很曲折，對吧？喔，等等，這豈不表示新皇帝背棄了他自己真正的父親？這可是嚴重違反孝道！一種禮儀的要求似乎和另一種相矛盾，怎麼辦呢？大家意見紛歧，文人分裂，朝廷內訌，街頭上群情激憤，政府運作停擺。「大禮議」是中國儒家版本的憲政危機。

最後，士大夫們找到了解決之道，勉強算是吧。他們宣布新皇帝的過世生父也曾是前任皇帝（死後的）養子。邏輯非常扭曲，我知道，但只有圈內人瞭解為何這是種解決之道，以及為何行得通：雖然勉強，但已足以讓中國星座繼續閃耀。因為在那個星座裡，最重要的關鍵就是政府要與儒家禮儀保持一致。因此，禮部的地位很高，與軍事和國庫同等重要，畢竟是它將世界維繫為一體。如果碰上像「大禮議」這類難題，而解決之道又過於曖昧，則大眾對政府的信任就會受到侵蝕。只靠勉強的折衷方案仍會不斷削弱明朝中國的凝聚力。

與此同時，新儒學社會並沒有像孔子追求的那般，「網合」得完美無缺。比如說，每個人都知道相較於商人，農夫是更為可敬的行業，而士大夫有權得到最高的社會地位。然而，士農工商卻不是種姓制度。任何人在理論上都可以進入任何階級，而最高階級則開放給所有在科舉中脫穎而出的人。科舉考試是中國文化的光輝之一。但為考試得苦讀多年，而農夫男孩沒有那種閒暇時間。農家需要每個幫手都投入農作。反之，商人（所謂的寄生蟲）總是莫名其妙變得有錢（可能是因為當時「商人」和「海盜」的界線不總是那麼分明）。富裕家庭供得起讓一兩個兒子整天讀書，更別提還為他們請私人教師，這使得他們在科舉中占盡優勢。透過這項漏洞，最不受尊敬的階級成員能鯉魚躍龍門，而農夫則注定成為農夫。這一定讓人忿忿不平。

更糟糕的是，不管什麼時候，都有無數人在為考試苦讀，但官僚制度只有大概兩萬個職位。大部分參加考試的人都注定要落榜。在多年苦讀後，這些男人最後得向家族道歉，並去找其他工作。這一定也讓人忿忿不平。

明朝的開國統治者是以貧窮底層的不法之徒起家，他們奪得權位時對金錢的理解非常單純。他們認為錢只是紙上作業，是會自行運作良好的官僚例行公事，只要每個人都奉命行事，各司其職，一切就都沒問題。當政府得支付花費時，就印更多紙鈔就好了，一如宋朝做的那般。但明朝的紙鈔與同一時期出現在歐洲的紙類貨幣不同。歐洲票據是按部就班產生自商業交易的價值結晶，明朝的紙幣則代表政府的效力。它是金錢，是因為政府這樣說。而每張紙鈔的價值決定於政府所說的價值。這類錢的好處是，政府能在任何需要的時候，盡可能地大印特印。

壞處就是，一旦貨幣在外流通，政府就無法控制它的購買力。相同的紙鈔在這可能值這個價錢，在那可能值另一個價錢，不管它上面印的是多少錢。就算是在採行計畫經濟的明代中國，政府的紙錢也因此開始破壞國內貿易。明朝只得讓步，鑄造銅錢，但銅錢也沒獲得普遍認可。最後只得採用大家的好朋友，也就是銀。白銀變成交易的既定媒介，因為只要情況允許，人們都偏好使用銀。

明朝政府於是插手，要求以銀繳稅。不幸的是，中國沒有多少銀礦，其蘊藏量已因積年累月的開採而稀缺。原本從日本流過來的白銀則因為內亂而中斷。另一個獲得額外銀子的方式，就是賣東西給來自歐洲各地的貿易商。這些陌生人放在口袋裡的銀子叮噹作響，而他們渴望購買中國商品。然而，這些人最想要的是茶、瓷器和絲綢。茶和絲綢的供應是個難題，因為中國只有那麼多可耕地。地主可以使用那塊土地來種植茶樹，供應生絲原物料，或他們能用同一塊地產米，魚與熊掌不可兼得。但由於中國人口正在成長，所以米的產量也沒辦法減少。怎麼辦呢？

一個神祕的解決方式出現在十六世紀：甘薯、南瓜、玉米等新農作物開始從其他地方傳入帝國。不像稻米，這類農作物很能適應沙土和未開墾的山丘，以前沒有用處的土地現在可以進行耕作。中國不用再二選一，而能夠生產更多食物，同時生產更多外銷的經濟作物。人口和外銷都可以繼續得到拓展。

此時在中國南方，湧入的白銀帶動製造業繁榮。鄉下人開始移居城市中心，在數目激增的瓷窯裡工作。中國商人和工匠變得愈來愈富有，而這加劇了新儒學社會秩序的緊繃。

中國人鮮少知道或在乎，他們繁盛的外銷和增長的食物供應，其實都是來自哥倫布航行所帶來的漣漪效應：在他航行前，南瓜、玉米和許多其他農作物僅只在美洲生長。之後歐洲人開始種植這些新農作物，而他們的作物傳遍整個東半球，後來也抵達中國。最後，大部分的銀也是來自美洲。但在中國，誰在乎農作物和銀來自哪裡？它們只要保持一切正常運作就好。

結果好景不常，全球在一六〇〇年代早期進入小冰河期。雖然全球溫度稍微降低，並不代表每個地方都會變冷，但卻表示氣候在各地變得起伏不定。中國因此出現地方性旱災，旱災又導致農作物歉收。明朝人口曾經成長迅速，現在卻在歐洲的銀行、公司和民族國家興起時，面臨食物供應量的萎縮。中國人口變得更多，食物卻變得更少，這項趨勢必然引發社會動盪。

農夫因田地無法耕作而失去生計，紛紛湧入城市尋找工作，但工作卻突然因為另一個歷史事件而變得更難找。流入中國的外國銀流減少了，原因卻是發生在遙遠歐洲的某種動盪：一個叫做西班牙的無名之國發生經濟低迷。中國人能拿西班牙怎麼辦？毫無辦法。發生在遙遠西方上游的事件，也對下游的中國人產生影響。

因此，流離失所的農夫開始到處徘徊，尋找生存方式。無可避免地，有些人放棄儒家美德，開始欺負弱者。將這些小型罪犯關進監獄無法解決問題，因為他們出獄時變得更凶狠。

國家將某些麻煩製造者送進軍隊，希望他們的攻擊性可以轉為服務大眾利益，但不見成效。最糟糕的人不肯服從命令，軍隊只好將他們趕走，然後他們變成訓練有素的武裝暴徒，到處尋釁滋事。這樣的人很容易找到臭味相投的人，然後結成幫派。

中國社會一向盛行各種利益團體、祕密社會或宗教小派別。在太平盛世，這些組織能幫助釋放嚴苛家庭結構的壓力，並提供另類或額外認同的來源。男人不必只得是父親、叔伯、兄弟、兒子，也可以是少林拳專家、圍棋大師或江湖藥士。但在動盪時期，祕密社會就有變成軍事化神祕教派的傾向，因受到超自然的天啟而充滿激情。這類社團與非法幫派一拍即合，勢不可擋。明朝本身就始自前朝動盪時期的教派——紅巾軍。而在明朝末期，軍事邪教和搶匪幫派又一次在各地出沒，明朝軍隊則到處平亂，分身乏術。幫派勢力逐漸膨脹成大軍，其中一個叫做李自成的強悍土匪率領十萬人南下黃河流域，所到之處化為焦土，直到最後拿下北京。明朝末代皇帝崇禎帝遂在煤山自縊，李自成則在北京城裡嬉鬧，而他的手下就在外面姦淫擄掠，直到北京街道血流成河。

這是滿人採取行動的大好時機。滿人是一批緊挨著長城北方而居的民族，他們大部分已經定居下來（甚至都市化），但其文化根源可追溯至草原游牧生活。當北京天下大亂時，他們像暴風雨般南下，擊垮匪幫，宣布他們是來此恢復秩序，而街道上立刻就滿是滿人戰士。沒錯，他們是來拯救中國的，但不是來幫助明朝。滿人成了中國的新皇帝，他們自稱是大清，或清朝。

那場變革令人困惑。滿人不是漢人，但他們也不是蒙古人那樣明明白白的異族。他們有自己的語言，但他們也說漢語；他們有自己的文字，但他們也寫漢字；他們有傳承自游牧生活的習俗，但現在也是城市定居人民，浸淫在中國的文化傳統，並擁抱新儒學敘事。

他們將北京的紫禁城當成大本營，維持明朝的管理機構，重啟明朝官制，包括極為重要的禮部。他們遵循明朝的經濟政策，修復明朝學校，恢復科舉制度。中國人知道滿人不是漢人，但清朝試圖掩蓋這道鴻溝。他們接納掌管禮儀的漢人士大夫之見，確保漢滿兩族能共同保有官位。如果文化復興是明朝的核心目標，那對清朝而言則是更為急迫的工作。畢竟，他們要證實自己比漢人還要能掌握漢文化。

清朝掌權後，仍舊沒有人知道中國正在走下坡。在接下來的四十個年頭，清朝將整個中華帝國都納入治理範圍，並將勢力深入中亞。清代中國的疆域是有史以來最大的。長城不再標誌著中國的北方邊界，現在只是個位在帝國內部的觀光景點。中國同時也強化對朝鮮和東南亞的控制。

只有日本維持自主。日本人利用島國的孤立特性建立一個封建社會。稻米在這裡有著神聖地位，漁獲提供人民主要營養來源。官方宣稱統治島嶼的天皇血脈維繫一千五百年不墜，但實際日常生活卻是由幕府將軍（shogun）掌管行政管理之權，這些人是強悍的封建共主。將軍供養以武士為先鋒的軍隊，而武士形成擁有準宗教特質的複雜文化傳統——可與加齊戰士（ghazis，鄂圖曼國家的祕教戰士兄弟會）或十字軍東征時期的天主教軍事宗教騎士團相比擬。

中國不僅沒能嚇唬日本，日本人豐臣秀吉還曾試圖取道朝鮮來入侵中國——從中國人的觀點來看，這樣的嘗試相當可笑：一群小島想征服全球最強大的帝國？簡直是癡心妄想！清朝的確把蒙古到麻六甲海峽都納入勢力範圍，只差日本。一七〇〇年，中國仍可自詡為全球最強大的中央集權國家。

白銀與茶葉

中國的新王朝延續了明朝一項令人遲疑的政策：以紙幣支付政府開銷，以銀收稅。紙幣多多少少維持內部貿易運作，但中國納稅人面臨相同的老問題：繳稅的銀兩要從哪來？答案也是同一個：賣更多產品給西方來的航海貿易商。

政府優待這類貿易，盡全力支持外銷。畢竟它帶進來的銀子最終會流入國庫。在南方，官方資助的瓷窯快速成長為具有工業規模的工廠，大批支薪勞工在惡劣的條件下計件工作，狀況悲慘。

在早期，茶來自地主仕紳擁有的茶園。茶只是某塊地產上栽植的許多農作物之一。採茶工作交給與地主有長期關係的茶農。這類關係由儒家價值居中協調：茶農和仕紳在義務和責任的網絡中相互連結，而網絡則由禮節和人情構成的汪洋達成平衡。如今茶園演變為種植園，大片農地只種植單一經濟作物。為了將輸出量最大化，效率變成栽種最看重的目標。支薪勞工採茶，而專業經理監督，但這些經理更關心的是盈虧，而非儒家教義。這是個新世界。

清朝官員們不怎麼喜歡這個新世界。他們喜歡歐洲人帶來的現金，但不喜歡那種似乎會侵蝕道德的文化。他們禁止歐洲人踏入帝國內陸，限制他們只能在沿岸幾個特定的貿易港口活動。歐洲商人得在那裡等待，直到中國商人來拿訂單。而直到商品到貨前，他們都得自付支出，耐心等待。然後他們就得離開。

在中國高傲的姿態下，歐洲商人只是聳聳肩。他們是來這裡賺錢，不是來交朋友的，但中國人拒絕消費卻讓他們倍感挫折。中國人什麼都不買，中國人只想要賣，賣，賣。他們只接受金銀，金銀，金銀。或是鑽石，鑽石也很好。你懂這個局勢了吧。乾隆解釋了原因：中國物產豐盛，歐洲沒有值得渴望的商品。中國產品比任何在歐洲製造的東西都更勝一籌。因此中國人哪需要買什麼？

但對西方企業家而言，中國仍舊是個可以賺錢的市場，所以他們前仆後繼地來。中國的絲綢外銷屢創新高，達到前所未有的高峰，瓷器外銷也繁盛到不可估量，「中國」(china）一字在歐洲變成高級瓷器的同義詞。但西方商人最渴求的產品是茶，英國人簡直對這類飲料上癮得無可自拔。我可是很深思熟慮地使用上癮這個詞：茶本質上是種毒品。茶在今天的刺激效果可能已經相對溫和，因此若將它與古柯鹼看作同類可能沒什麼道理，但若考慮到當時茶是歐洲人原本另一種主要飲料（酒精的各種形式）的新選擇時，你就能明白為何茶會風靡全歐。茶讓你清醒，格羅格烈酒（grog）讓你昏厥，就那麼簡單（咖啡也正開始流行，但此時尚未成為茶的敵手）。

一七二〇年，英國人從中國進口二十萬磅的茶。到了一七二九年，變成一百萬磅。而到了一七六〇年，茶的進口量提高到三百萬磅，一七九〇年更變成九百萬磅。讓我重複一次：九百、萬、磅。真是誇張的數量，對吧？這個嘛，聽好囉：到了十九世紀中葉，英國的中國茶進口量躍升到一年三千六百萬磅。茶曾被包在瓷器外層作為緩衝物，現在反而是瓷器被用來當作茶船貨艙的壓艙物。

歐洲政府對這項貿易變得相當不安。因為他們花的銀子會永遠讓中國富裕，而他們買的茶最後只會變成尿。西歐文化是由商人所建立，而商人對財富的看法相當直截了當。就他們看來，財富是現金。如果賣比買多，你變有錢；而如果買比賣多，你就變窮。在這個例子裡，現金就是貴金屬，而死前財富最多者就是贏家——理論上是這樣，而這理論對「個別」商人而言就是真理。但歐洲政府也是以這類商業角度來看待他們國家的「整體」經濟。從這個角度來看，中國正在將英國趕進窮國之列。

英國政府不能單純禁茶，因為它也從進口關稅得到大筆歲收，進口關稅中幾乎有百分之十來自茶。如果英國降低茶的進口量，歲收也會跟著驟降。英國才剛在一場全球殖民地擁有權的爭奪戰中打敗法國人，因此需要更多而不是更少的錢。所以英國政府將茶的關稅提高百分之百，此舉能阻礙茶的銷售量，並在不傷害政府利潤的情況下放緩進口。

但此舉的確傷害了某人的利潤。茶是英國東印度公司的命脈，東印度公司該怎麼辦——就乖乖蒙受損失而死嗎？想都別想！為了幫助這個最強大的遊說團體，英國政府在一七七三年通過《茶葉法案》，逼迫其美洲殖民地購買東印度公司昂貴的茶，不得購買荷蘭海盜走私的便宜茶（他們當然沒向英國王室繳稅）。這項著名的《茶葉法案》大大激怒了叛逆的美洲殖民地，以至於某晚，一群匿名的激進分子溜上英國東印度公司的船，將等同於現今一百萬美金的紅茶倒入港口。英國政府以懲罰性法律反擊，這使得風波愈演愈烈，最後爆發成美國革命。所以，你沒看錯，清朝政府的政策的確對美國的誕生有所貢獻，感謝你這麼問。這兩者被一長串因果關係給連結了起來。

值此之際，英國終於找到對中貿易逆差難題的解答，但後來的發展顯示，解答不在中國本身。為了理解接下來發生的事，我們必須說說這時在中央世界發生的故事。

第二十一章
紛紛擾擾的中央世界

公元一五〇〇至一九〇〇年

十六世紀時，當歐洲人剛開始在全球散播開來的時候，伊斯蘭中央世界仍是個只關心自己的內觀宇宙，（自認）其文化輝煌無人能敵。這個世界裡的掌權者彼此之間有恩怨尚待解決，在自己文明內也有矛盾得消除。一如中國，就算伊斯蘭世界正在式微，他們自己也無從知道。歐洲企業家陸續抵達沿岸，但儘管四處都爆發零星衝突，穆斯林列強並不把這些外國人視為敵手或威脅。如果歐洲人是以意圖征服的軍隊之姿抵達，事情也許會有所不同，但他們並非以如此面貌出現，而是以一心想貿易的商人模樣前來。

中央世界各政權和這些歐洲人之間的互動，可能雙方都有錯誤解讀。他們各自住在不同的社會星座中，所以他們對同一事件會有不同詮釋。與其說他們看法分歧，不如說他們共享的詞彙太少，以至於要用任何具備意義的方式表達看法分歧都很難辦到。

歐洲人是私人商人，私人企業在他們的家鄉有著特殊的地位，但在穆斯林世界裡則否。

在歐洲，變得富有是取得政治影響力的一種方式；但在穆斯林世界，你得先有政治影響力，才能有錢。也就是說，在伊斯蘭世界，財富雖然使人有能力消費，但一個人若想擁有政治影響力，就得有著與最高政治與宗教權力的人脈關係，而這份人脈關係得透過社會運作。構成最高宗教權力的是烏里瑪（ulama），也就是伊斯蘭學者。他們控制教育、宗教、語言、法律，以及——嗯，作為伊斯蘭文化的整個思想星座。而最高軍政權力則是君王與其親友，他們執行法律、徵收稅賦、興建基礎建設、發動戰爭，也發放一些掠奪品。他們是這個世界的權勢化身。

這兩個領域的顯赫家族很可能會透過與彼此家族聯姻來鞏固關係。要記得這是個贊助者（恩庇）網絡綿密的世界，而最高層的網絡則繞著統治家族打轉。統治者的收稅方式，是將稅田（tax farm）給予他們最信任的門客。稅田則是「稅田擁有者」有權利（也確實有義務）收取歲收的土地範圍。我說有義務，是因為他得將指定的定額上繳給他的贊助者——聽好，可不是百分之幾，而是某個固定金額。他怎麼弄到那筆錢則是他的事。他可以保留任何他超收的錢。擁有大稅田的宮廷密友利用同一套系統從他們的領地徵稅：他們將某部分比例的領地交給委託人，後者從那個地區盡可能地徵稅，然後上繳特定金額給他們的贊助者，多餘的就自己留下。

以此類推，這意味著最基層的納稅人和徵稅者不僅彼此認識，可能還有親戚關係。因此稅賦是一種協商關係，與錯綜複雜的贊助系統纏繞得難分難捨，而那個贊助系統則關乎部落秉持的價值觀。嚴格來說，收稅的人可以在他們愛收稅的時候收稅，但他們的手法會影響其獲得的聲望是冷酷殘暴，還是慷慨仁慈。社群的社會道德判斷規範了徵稅者的行為，因為人們在乎自己的評價。羞恥是中央世界伊斯蘭社會的基本管理機制（這也表示這裡也像在其他地方一樣，無恥之人有發大財的大好機會）。

在歐洲，那些追求政治影響力的人有極大動機去打造一筆穩健的生意。但在伊斯蘭世界，那些尋求奢華的人則有各種動機去攀炎附勢，打進有力贊助者的圈子，那個圈子將連結高階的贊助者，再連結更高階的贊助者。當歐洲商人在穆斯林統治的土地上建立貿易站時，贊助網絡決定誰會從這些國際貿易中得利。那些透過精心策畫的聯姻、阿諛奉承、英雄事蹟、玩弄手段、技巧性處理等社會機制而位居社交圈頂端的人，能累積從這個貿易帶進來的銀子。稍後，等貿易商帶著歐洲製的貨品回來時，稍早有權銷售商品的人現在有權購買，於是歐洲人賺回他們的銀子。

從亞洲這邊來看，這些人傾向於將歐洲貿易商視為潛在的贊助者，並自視為人脈關係良好、更受贊助者信任的人。在他們的世界觀裡，當人們去買昂貴物品時，他們不會只問價格後就出錢購買，因為他們得遵從榮譽和禮節，這些潛規則要求他們坐下來喝茶聊天，謹慎刺探別人的看法，建立關係。只有在建立社交平臺後，才能開始做生意。在贊助網絡的世界裡，如果他們疏於做這些動作，名聲就會毀於一旦。每個人都活在敘事所認可的世界裡。

對於相同的情景，歐洲人則傾向於以純粹的生意看待：看在老天份上，他們可不是要在此發展某種準堂親關係，他們是買家和賣家。對歐洲人來說，那些在從事商業活動時符合社會默契的無止境潛規則並不是什麼受人尊敬的行為。結清帳目才是受人尊敬的行為，因次可以被量化。贊助網絡曾是在整個伊斯蘭社會中分配財富的機制，結果這套機制遭到扭曲，因為與歐洲公司的貿易創造出一批與外國商人關係更密切的菁英，忽略了自身社會的大眾。這些菁英充當外國人與大眾之間的中介。有效服務外國人的利益能幫助他們增加財富，但對外國商人有好處的，不真的對印度大眾有好處。

印度

在印度，菁英本身就是個具有言外之意的詞。印度逃過蒙古大屠殺的衝擊，但麥地那那套伊斯蘭模式在印度不曾、也無法以單一社會整體的核心原則出現，因為大部分的印度人是印度教徒，而他們口耳相傳的故事裡，仍保有突厥穆斯林入侵者南下侵擾的記憶。早在蒙古入侵以前，這些入侵者就曾統治大多數未和他們分享文化框架的人口，而這矛盾依舊存在。就像使者穆罕默德在麥加搗毀偶像的記憶仍舊鮮明活在伊斯蘭教的原始神話核心，不可能根除。因為沒有那個意象，星座就不會存在。印度教的世界正好相反，神像深深嵌在神龕裡以接受信奉，消除偶像會干擾信仰核心。伊斯蘭教堅信所有穆斯林都平等，且穆斯林也引以為傲；而印度教徒則擁抱種姓制度作為社會基礎。伊斯蘭教堅持消滅其所認定的唯一真神的所有對手，而這完全和形成印度教特色的開放精神相互矛盾。印度教徒試圖將穆斯林視為一種種姓，好把伊斯蘭教納入印度教的寬廣框架，但穆斯林完全不吃那一套。

印度教徒和穆斯林的確會彼此做生意，也的確在數世紀以來發展出關係，發展出各種結合兩者特色的運動。例如印度教主題滲透入蘇菲主義，後者是伊斯蘭教的神祕教派。蘇菲意涵則在印度教世界的巴克提運動（Bakhti movement）中迴響，後者將與神的狂喜結合視為最高精神體驗。穆斯林和印度教主題的結合誕生了錫克教，這是世界歷史中的某種嶄新事物。但最終，印度教和穆斯林敘事無法「網合」為某種單一的新框架，因為有些歷史過往的衝突仍舊歷歷在目。印度仍舊是被兩個水火不容的敘事占領之地。伊斯蘭教和印度教的分裂一向是印度歷史數世紀以來的核心劇情，直到蒙兀兒時代都是如此。當歐洲商人剛開始大批抵達時，印度正值蒙兀兒帝國統治，因此菁英絕大多數是那些奉承巴結穆斯林統治階級的人。

印度教文化本身即有導致類似結果的機制，我會省略其中細節。這麼說吧，在印度次大陸境內，即使是在獨立的印度教國家（的確有幾個保持了獨立），當歐洲商人帶著金銀抵達時，這些財富湧進來後完全集中在少數人手裡，然後又流回歐洲，並沒有進入印度整體社會。

英國王室與印度在一七七六年時毫無官方關係。英國利益由英國東印度公司代表，而英國東印度公司並沒有明確接管它經營貿易的大多數地方。嚴格來說，地方統治者繼續管理不同的蒙兀兒行省、親王國家和印度教王國，但慢慢發展出一種默契，那就是任何文化社群的印度統治者都不會在地方上阻礙英國的商業利益——事實上，他們一有機會就會做任何能偏袒和促進這些利益的事：作為贊助者和客戶，他們的利益勾結在一起。既然伊斯蘭與印度教這兩套獨立（儘管交疊）的敘事都能在此競爭，那麼偏袒英國商業利益和行使印度主權之間的矛盾似乎沒什麼大不了。

坦白說，剛來到印度的英國人對統治並沒有興趣。他們不想管理當地人日常生活的瑣碎細節，而是來賺取誠實利潤的商人。若早個幾百年前，致力於獲取利潤對歐洲人來說同樣顯得有點不道德。在當時的封建天主教框架內，那些透過生意而非土地累積財富的人會被視為放高利貸的貪婪之人：他們對骯髒利潤的執念會損害他們在天國得到永生的機會。既然大家都這麼說，因此每個人都認為這種威脅真實存在。

但當進步敘事在歐洲抬頭後，舊的價值觀就受到打擊。一七七六年，蘇格蘭哲學家亞當斯密出版《國富論》，那是本開創性的小書。他在書中主張，服務大眾利益的最好方式是追求個人的經濟私利。如果每個人都嘗試致富，那每個人就都在嘗試供應其他人需要或想要的東西。那些變得最有錢的人是那些最成功幫助滿足最多人最大利益的人。因此，追求財富事實上是種慈善事業，但這只有在人們能以自己選擇的方式賺錢時才能成功，因為只有自己最清楚自己該怎麼賺錢（也就是對大眾利益做出貢獻）。

亞當斯密也提議，只要政府不出面干涉，將財富集中在私人手中是組織人類勞動的最有效方式。這會將生產效率擴大到極致，並造福整個社會，因為水漲眾船高，利益能夠雨露均霑。為了闡述這個論點，他舉了個著名的例子：每一個別針製造者一天可能只能製造出十個別針，但如果這十個別針製造者組成公司，每位專門負責一部分流程，那一天就能製造多達四萬八千個別針。因此，在那些有方法為工作坊增添設備、雇用勞工的老闆運作下，社會整體就會繁榮，並符合社會的最大利益。更有甚者，這類企業的老闆可能將利潤投資回他們的企業，讓企業更有效率，以此幫助其成長，而成長就是進步，因此這也服務了社會全體。

此時正是一七〇〇年代晚期，歐洲私人企業不僅在中國，也在整個亞洲和非洲追逐利潤。他們從印度支那和馬來亞採集橡膠，從印尼獲取香料，從印度取得棉花，從薩法維帝國得到地毯，從鄂圖曼世界獲得皮革和礦石，從非洲弄來橡膠、奴隸、象牙與黃金——簡而言之，從每個地方都獲取某樣東西。在大部分的市場裡，歐洲人不用面對他們在中國蒙受的貿易不平衡難題。在薩法維伊朗，歐洲人一面買地毯一面賣槍，因此得以回收流失的白銀。在印度和鄂圖曼世界，白銀讓歐洲商人在各種原物料的報價上勝過本地商人。稍後，他們會帶著用這些資源做成的商品回來，賣給當地人。因此白銀又流回歐洲的保險箱。早期在非洲沿岸，歐洲人用槍和酒直接交換奴隸、咖啡和橡膠。後來，歐洲列強「擁有」大部分撒哈拉沙漠以南的非洲，所以他們自行拿取想要的東西，一兩銀也不用花。

歐洲商人最初也對印度人製造的產品有興趣。印花棉布、小碎花布、薄紗布，這些都能在歐洲賣到好價錢。接著，衣服製造業在西方起飛，而強大的國家如法國開始禁止販售來自東方的衣服和紡織品。在那邊買原物料是可以，畢竟那邊才便宜，但製造得全部在法國完成，無論是編織紡線、織布或裁縫。那是法律，有利於法國公民的法律。英國和其他國家以類似法律如法炮製，這些法律是設計來控制人民的進出口。從事亞洲貿易的歐洲公司贊成這類立法，因為他們可以在東方買便宜的棉花，在歐洲以高價賣出，再便宜買進歐洲製的衣服運上船，然後載到亞洲以更高價賣出——這就像荷蘭畫家艾雪（M. C. Escher）[1]那看似無限循環的階梯。

為了保護利益，英國東印度公司在印度建立自己的軍隊——它有權在英國法律下這樣做。東印度公司的軍隊裡，只有軍官是英國人，士兵則徵召當地人。儘管在比例上，印度的人口比英國人多上數千倍，英國還是有辦法既控制次大陸的經濟與軍事，並以印度人來對付印度人。他們能夠成功，是因為印度有兩套敘事在競爭。印度人太晚才察覺到事態嚴重——英國人是貪婪的外國勢力，而不是來建立委託人網絡的潛在贊助者。

一七五七年，英國人強化一座他們在加爾各答建立的堡壘，那是用來防備法國人的。如今該省的印度人總督終於將此視為威脅。他逮捕了大約四十五名英國公民，把他們塞進小牢房，結果大約三分之二的人死去[2]。一位叫羅伯特・克萊武（Robert Clive）的公司書記於是領著一小批軍隊匆匆趕往加爾各答，摧毀總督那支龐大的軍隊，再用另一個英國人比較喜歡的當地人取而代之。

1 荷蘭著名版畫藝術家，以錯覺藝術知名，一八九八至一九七二年。

2 作者注：逮捕的人數、牢房的大小，和死亡數目都爭論不休，但此處要緊的是傳統記載。

這場所謂的「普拉西戰役」（Battle of Plessey）讓長久以來的事實變得更加赤裸裸：英國人可以在孟加拉為所欲為。所以他們現在也控制稅賦，以當地法律和傳統能接受的方式，將孟加拉變成他們的「稅田」：英國人將一部分的歲收交給蒙兀兒統治者，剩下的全數自己放進口袋，而這符合當地習俗。但他們大幅將土地稅提高了至少百分之五百，因為他們不認識這些人，也不覺得自己和這些人有什麼關係，所以他們不會被地方包稅商可能會有的部落羞恥心所限制。他們提高從印度外銷的貨品關稅，減免從英國進口的貨品關稅，使得當地製造的產品比從英國進口的類似貨品還要昂貴。在英國的脈絡下，這樣做一點也沒錯，因為這是精明的生意策略，甚至可說是令人讚賞。但這卻意味著印度製造商倒閉，而本地人只能靠著滿足英國人的購買需求來維持生計。英國人想要棉花，所以印度地主開始種植棉花，而非糧食。在英國自己的敘事框架內，英國商人可沒強迫任何人種植棉花。他們只是在買棉花。

英國東印度公司對其政策造成的社會衝擊漠不關心，最終引發災難。孟加拉遭受一連串的饑荒襲擊，一項最慘烈的數據估計奪走一千萬條性命。英國政府終於插手干涉，成立一個省級政府，但東印度公司仍舊是其密切夥伴，公司軍隊作為平行軍隊繼續和政府軍隊並肩作戰。

不久後，英國人就以控制孟加拉的相同手法控制了整個次大陸。為了表面上好看（也因為這麼做沒什麼損失），他們保留一位傀儡蒙兀兒皇帝繼續坐在德里的皇位上，但在一八五七年也逼迫最後一批皇族流亡海外。這事發生時，一點也不像是英國人終於完成一項征服，反而比較像是把皇帝從預算的細列項目中刪除，因為花錢維護這個項目對查帳員來說不再划算。

相同的模式也在穆斯林中央世界的其他地方運作，儘管腳步較慢。一五二〇年，鄂圖曼帝國仍然是個擴張中的世界強權，強大無比。他們在那年深入歐洲心臟，圍城維也納，要不是軍隊因別處的混亂而分心，很可能城池就此奪下。一六四八年，鄂圖曼人嘗試第二次圍城維也納。這次他們被擊潰，但鄂圖曼歷史學家沒把這當成一個轉捩點，因為鄂圖曼帝國還有其他前線，而他們仍在其他前線連連告捷。當時鄂圖曼人沒有理由假設歐洲前線會比埃及、波斯或俄羅斯前線更重要。鄂圖曼人確實正在像蒙兀兒人或清人一樣式微，但他們還不知道。沒有人知道。

伊朗世界也是如此。當長久以來的大敘事失去對世事的解釋能力時，社會組織便開始崩解。到了一六〇〇年代中葉，薩法維王朝分裂成爭吵不休的親族派系。然後，從東入侵的阿富汗將那個王朝從歷史舞臺上抹去。新的伊朗王朝出現，但它們也立刻分崩離析，出現黨派傾軋。同時，歐洲企業家來到伊朗，明智地未加入混戰，而是以某派系的顧問身分在後面操作，用本地統治者無法輕易忽視的建議巧妙增加自己的社會和政治控制力。然而，從歐洲人自己的觀點來看，他們也沒有強迫任何人做任何事，他們只是在做生意。在印度的競爭最後歸結為英國和法國之爭，而英國人贏了那場競賽。在伊朗和阿富汗則成為英國和俄羅斯的競爭，而俄羅斯當時是世界上最後一個版圖還在擴張的陸上帝國。在此，有一段時間仍無法確定贏家是誰。

第二十二章

漣漪效應

公元一五〇〇至一九〇〇年

當伊斯蘭中央世界在進行這些發展時，清代中國正忙於將瓷器和茶送往歐洲。隨著十八世紀的推進，英國當局陷入恐慌，因為他們的銀正如血崩般流進中國。但與此同時，英國也加緊對印度的控制。一旦他們將次大陸降格為完全由他們掌控的殖民地後，他們便能找到解決中國難題的美好方案。印度的氣候和土壤剛巧非常適合種植鴉片。在中國，鴉片長久以來被當作藥物使用，但當近來美國菸草被引進中國，人們開始將鴉片與菸草混合起來，當作休閒娛樂的毒品來抽。印度有產品，中國則提供市場，這不是很完美嗎？

一七二九年，英國商人運送兩百箱印度鴉片進入中國，並拒絕接受現金以外的任何付費方式，最好是支付白銀：所謂的禮尚往來。清朝政府自然不肯放行並禁止鴉片進口，但英國東印度公司和其各種私人合夥人（也就是它的轉包商）無視此一禁令。

一七九九年，中國當局以更強烈的言詞重申禁令，但英國人相信自由貿易的原則，並以這種精神繼續進行生意。在一八〇〇年，英國與印度商人賣了四千五百箱印度鴉片給中國人。到一八三四年，這數字暴漲到四萬五千箱，總共達到約五千噸。海運到中國的英國與印度鴉片，形成了世界貿易市場中最有價值的單一商品。因為很重要，所以再說一次：海運到中國的英國與印度鴉片，形成了世界貿易市場中最有價值的單一商品。英國為買茶而湧入中國的銀子現在再度奔流而出，為支付鴉片而流入印度，再從那流回英國國庫。英國人現在還是有茶可喝，而英國國庫能夠保留甚或增加白銀存量。全世界對此都毫無異議——這當然是從英國的觀點來看。

清朝政府當然不做此想。強大的中國政府決定採取行動，世界上最大的帝國一定能阻止一群外國毒販在自己的領土上販售毒品。

難道不是嗎？

這個嘛，結果顯示，不是。一八四〇年，英國和中國爆發鴉片戰爭。嚴格來說鴉片戰爭有兩場：第一場從一八三九年打至一八四二年，第二場則是一八五六至一八六〇年[1]，但這基本上是同一場戰爭的兩個部分。

歷史上後果如此重大的戰爭罕少流這麼少的鮮血。如果戰爭是地震，鴉片戰爭幾乎不會被注記在地震度量上。英國人甚至不認為它是戰爭，而稱其為「懲罰性遠征」。戰爭會開打，

1　第一次鴉片戰爭後清朝簽訂《南京條約》，第二次英法聯軍後，清朝簽訂《天津條約》。

全是因為一位中國官員林則徐決定執行國家禁令，逮捕了一船毒販，將他們關在工廠裡，還燒了他們的鴉片存貨。

英國派遣海軍到中國以報復這類暴行，但這並非一支大軍，大約只有四千兵力。從帳面上看來，這看起來就像虎鯊與老虎之間的對決，一場根本不可能實際開打的戰爭，因為英國是海上強權，而中國是陸上帝國。中國的國力潛藏在只能經由河流進入的龐大內陸，遠洋船隻沒辦法駛進這些河流。

但這對英國人來說不再是問題。英國派遣到中國的小艦隊包括四艘平底蒸汽炮艦。它們吃水很淺，所以能沿著主要河流而上，而蒸汽引擎則使它們能夠逆風和逆流行駛。它們炮轟了數座城市。一旦它們抵達長江和大運河的交匯處，就可一路向北暢行至北京。清朝政府倉皇逃離北京，選擇議和。

鴉片戰爭以中國讓步告終。英國人沒有像從前的征服者那樣，對被征服的人民強取豪奪。英國人並沒有要求黃金、女人或奴隸。他們可不是野蠻人。他們只要求允許英國商人在中國能去任何想去的地方，和所有有興趣做生意的人買賣任何他們想要買賣的物品。他們還規定中國必須開放更多港口給英國船隻。此外，在中國的英國公民只能歸英國法律管轄，享有治外法權，中國法律管不著。

其他西方強權眼見英國得到這些特權，紛紛跟進，他們派遣使節抵達北京，不容置疑地為他們的商人要求相同特權，要求最惠國待遇。在數十年內，美國、法國、俄羅斯等國也都來要求求類似的條件。這些列強沒有聲稱要推翻清朝政府。在檯面上，中國仍舊是個強大的亞洲帝國，由其歷史悠久的王朝統治。只不過，各路西方人現在能在這塊土地上行使他們自由貿易的權利——他們自認為不可侵犯的神聖權利。

在這時，中國的大敘事開始失去其大部分的凝聚力。一套不能賦予世界意義的敘事，就無法繼續控制局勢。鴉片戰爭和其後果似乎使整套中國的世界模式遭到質疑，如今中國社會的齒輪又要開始運轉了。清朝政府無力抵禦外侮，不能捍衛自身公民的利益，還失去對土地利用、稅務和關稅的控制。但那些外國人對清朝的帝王家族本身毫無異議，清朝政府得以保有其財富，維持頹廢奢華的生活方式。與此同時中國的農民則流離失所，面臨龐大的混亂局勢。成千上萬人移民去美洲，從事興建鐵路這類苦工，賺點奴隸般微薄的薪水，這樣才能將微薄的工資寄回老家。

在歐洲於第一次鴉片戰爭後從中國得到的許多讓步中，有一項是准許基督教傳教士在中國宣教。一位英國暨印度牧師將《聖經》翻譯成中文，並掌管其在中國的流通。這正好發生在中國陷入土崩瓦解之際。歷史再度重演：反叛民兵風起雲湧，末日宗教派別也是，其中最激進的是一個將現存的新舊敘事結合起來的教派：在科舉考試中多次落榜的洪秀全，宣布他是耶穌基督的弟弟，被其父親上帝指派，要在中國建立天國。成千上萬受過教育、考試失利的貧民發現這個準基督教訊息激勵人心。其中一位是馮雲山，他創辦拜上帝會，那是個革命教派。不久後太平軍就對清朝政府發動大規模叛亂：史稱太平天國之亂。

太平軍在華南建立自己的太平天國，與清軍苦戰。然而，用「叛亂」來指稱這場戰爭是錯誤的。戰爭從一八五〇年肆虐到一八六四年，同時間也發生了美國內戰，奪走六十萬條性命，這個巨大損失使它名列人類歷史上最野蠻的戰事之一。就我所見，太平天國在世界歷史上得到的著墨不多，但這場衝突號稱——嗯，沒人確定究竟有多少人在戰爭中死去，但如果算進餓死和病死的人的話，總數大約在兩千萬到六千萬之譜。從世界戰爭的規模來看，它的排名介於第一次和第二次世界大戰之間。簡而言之，它堪稱你所聽過最慘烈的戰爭。如果你將這場戰爭視為鴉片戰爭的最終章，那麼它就是兩大文明銀河在巨大衝撞下的壯烈結果。在這場戰爭中，中國這才震驚、沮喪又困惑地發現，它早已不是世界的核心強權，甚至連地方強權都算不上——它幾乎不比不動產強到哪去。

第五部
機械登場

自從人類以生物之姿出現後，就不斷改良自己的工具。在哥倫布時刻後的世紀裡，人類工具的精密程度開始突飛猛進，其結果和人類取得語言一樣影響深遠。機械最後架構人類生活、組織人類體制、形塑人類價值、滲透人類心理，甚至改變人類生理功能。西方社會星座能夠大致平穩地將機械納入他們的意義網絡。但在其他地方，機械則較難嵌進原有的社會框架，因此這些世界對機械文化較為排斥。然而，一旦機械在權力競爭中成為關鍵，西方最終便主宰其餘世界。而在西方之內，擁有最多且最佳機械的國家崛起，成為頂尖強國。然而，西方仍舊是由許多不同社會星座構成，他們的成員自視為「我們」，並視其他西方列強為「他們」。在一場全球戰爭中，這些強權間的全球殖民地、財富、資源和機會的爭奪達到高潮。當戰火結束時，人類發現自己重新組織成一百九十五個具體的政治單位，稱為主權國家。

第二十三章
發明大爆炸

公元一七五〇至一九五〇年

歐洲自十五世紀開始擴張，到了十九世紀更是卯足勁向前衝，這部分該歸因於歐洲敘事具有侵略性的凝聚力。但湊巧的是，另一項與工具有關的關鍵發展也在同一時期進行：機械隆重登上歷史，並立即讓其他人類或環境因子相形見絀。我講的是機械（the machine）而非機器（machines），因為我認為將機械視為歷史舞臺上的集體化單一角色的概念很有用。機械也和其他角色互動，那些角色大部分都是人們的星座，因敘事而交織在一起。

工具當然一直在人類生活中扮演重要角色。火改變了一切，槌子也很重要，車輪起到關鍵作用。斧頭、弓箭、戰車、幫浦——可別讓我又打開話匣子。槓桿、滑輪、螺絲釘——誰快來塞住我的嘴啊。投石器、盔甲、火藥——一次又一次，科技突破改變人類事務的軌道，引發遷徙、決定誰控制誰、哪個國王崛起與帝國瓦解。

但我們必須在工具和機械之間做個區別。界線也許很模糊，但的確存在。不妨這樣想吧：工具幫我們人類做事，而我們人類則協助機械做事，方法有鏟煤進入鍋爐、必要時汰換不敷使用的零件、把木材餵進它們的鋸齒，也就是說，機械要什麼就給什麼。

歷史學家有時候會爭論科學（science）和科技（technology）是跑在不同軌道，獨立於對方而自行進展。以這種觀點來看，科學家發展深奧的理論，而發明家發明裝置和玩意。牛頓探測光的本質，但他沒有發明稜鏡。波義耳（Robert Boyle）[1]想出計算氣體膨脹的壓力公式，但其他傢伙發明出蒸汽引擎，而他們對波義耳定律可是一無所知。他們只是試圖改良幫浦，有著非常實際的使用目的，就是抽出礦坑的水。

嗯，或許吧，但事實就是如此：正當歐洲人擁抱科學時，在亞洲研發的精巧裝置傳入歐洲。當科學和科技領域重疊時，發明像野火燎原般瞬間燒遍這座大陸。已存在的機械裝置得到如此大幅度的改善，以至於它們應該被視為嶄新發明。中國三層樓高的水鐘變成西歐懷錶。從東方的知識中，歐洲人大膽躍進先前未曾想像過的世界。伊本・西那編纂了一本草藥和醫學症狀的百科全書，歐洲人則從其基礎上繼續發展疾病的細菌理論，然後發明出防腐劑、疫苗和抗生素。

1　愛爾蘭自然哲學家，在化學和物理學上有傑出貢獻，一六二七至一六九一年。

發明這一行

變革性發明能滲入日常生活並不一定是因為好用。一般來說，它們得先變成產品，之後才能變成商品。穆斯林世界中的贊助網絡、沙里亞（伊斯蘭律法）和復興敘事沒有明顯能將發明轉為產品的機制。中國世界也是如此，它夢想著一個社會和諧的中央集權國家，由無孔不入的官僚制度來管理。新科技有潛力打斷既存社會秩序，而在西歐以外的大部分世界裡，保存既存社會機制優先於設計更好的捕鼠器。在復興敘事中，保存和發展既存社會機制就是生命本身存在的重點。

然而，此時的西方社會大部分由追求利益的私人公司組成，企業家暗藏在每個社會角落，掃視社會地景，尋找可以轉化為商品的發明。進步敘事滋養這種態度，因為眾所周知，最好的機器是那些改良過的新機器，而機器總是可以改良得更好。由進步敘事所形塑的社會擁有凌駕其他社會的優勢，與其說這是肇因於他們發明出開創性工具，不如說是他們對這些工具不斷進行改良和轉化。槍枝並沒有改變穆斯林和歐洲軍隊衝突之間的平衡，穆斯林也有槍。槍枝在中國也並未造成不同：看在老天份上，槍可是中國人發明的。讓歐洲人無往不利的關鍵，是他們究竟帶了何種槍上戰場。

早期，穆斯林士兵是用前膛槍：士兵重新裝填子彈時得站起來，這時他們成為明顯標把。歐洲人那時已經發展出後膛槍，他們可以躺著裝子彈，躲在視線之外。這只是瑣碎和極小的差異，卻造成巨大的社會衝擊。穆斯林的槍採用滑膛槍管，常常打不中目標；歐洲人則用線膛槍，子彈能從來福槍中旋轉而出，既能保持直線，又能擊中目標。用老式槍枝時，你得把火藥塞進槍管，然後塞進金屬球，然後再塞布料，全部填塞好後，再點燃火柴。歐洲人改良子彈，讓它內建爆裂物，被撞針擊中時會引爆。沒錯，子彈和槍一樣是種發明。等到非歐洲人開始使用來福槍時，歐洲人已經有連發步槍。等到連發步槍普及時，歐洲人已經有加特林機槍，然後是馬克沁機槍，最後則是機關槍，它發射的不是單一子彈，而是將任何目標物擊成碎片的連發子彈。

在由進步敘事建構的社會裡，特別有用的發明會衍生無數周邊發明，因為對於某些卓有成效的發明新概念，發明家會探索所有可能面向。蒸汽機展示了在封閉容器裡的燃燒力量能如何產生動力。一旦蒸汽機問世，人們就會想知道，相同的核心概念還能做什麼。蒸汽是唯一在加熱時會膨脹的氣體嗎？還有什麼能驅動引擎？如果經過控制的燃燒能驅動幫浦，它能不能也轉動車輪？以燃燒驅動的車輪能發展出什麼？火車頭這點子如何？珍妮紡紗機的轉輪如何？引擎能讓織布機的梭子在線頭之間來回運作嗎？那船怎麼樣，由燃燒發動的引擎是否會使船帆變得多餘？

在歐洲發明家探索所有控制燃燒的結果時，另一股基礎力量也吸引他們的注意力：一位英國物理學家稱其為「電」。法國科學家夏爾・庫侖（Charles Coulomb）想出測量這股力量的方法。美國發明家班傑明・富蘭克林則證實不管電是什麼，電會流動。發明家開始尋找可以運用這股力量的東西，結果你瞧，他們發現流進銅線一端的電會在另一端產生顫動。一八一六年，弗朗西斯・羅納茲（Francis Ronalds）將這類電的脈衝送進八英里長的線。一八三七年，美國發明家薩繆爾・摩斯（Samuel Morse）使用電力來驅動會在遠處發出敲擊聲的裝置，還發展出一套可以將這類敲擊翻譯成文字的密碼。現在小發明有了實際用途：它能傳送訊息。

摩斯並不是突然靈光一閃才發明了電報，大部分的發明都經過層層改良。在一八〇〇年代早期，許多人靠改良其他人的東西，發明出由電力驅動的小裝置。摩斯被譽為電報發明家，只是因為他的改良跨越某些新奇事物的關鍵門檻，並以毫釐之差贏了其他人。

然而，一旦電報問世，企業家就開始搶著販賣這機器的各種功能，這才是導致差異的關鍵。在混亂中出現了一家鉅富公司，西聯匯款（Western Union）[2]，它的存在使無數發明家思索和電報相關的小發明，因為如果他們做出什麼好東西，西聯匯款可能會砸錢買下專利權。

電報的發明使得電話成為可能，因此許多準發明家忙著想出將人聲透過電線傳送的方法。這項發明里程碑被歸功於亞歷山大・貝爾（Alexander Bell），但他也只是在許多跑者中奪冠的贏家。一位西聯匯款雇員實際上較早想出類似發明，但公司的負責人並不認為它有賣點：他們認為電話只能設置在電報站裡。在電報站之間傳遞的聲音訊息會被寫下來，然後信差會將紙條交給接收人。那看起來對老式好用的摩斯密碼不算太大改良。

若電話線網絡連接的人數不多，則電話無法成為一種產品。畢竟如果沒人可打，那幹嘛買電話？另一方面，如果沒人有電話，誰會花錢安裝電話線網絡，在家戶間互相連接？這類系統如何產生？這裡的癥結點與生意有關，而非和科技相關。

貝爾解決了這道難題：他設立了可提供訂閱服務的電信交換機，會員可以打給電話線網絡內的任何人，但無法打給網絡外的人。但誰會只為了另外二十一人而買個昂貴機器？剛開始的訂閱人數就是這麼少。貝爾於是提出應對策略：把電話租出去，而不是賣出去。很快地，透過會員制度訂閱的電信交換機在美洲和歐洲全境內紛紛設立，而一旦它們開始存在，連接各種交換機的巨大網絡在商業上就變得誘人且可行。有電話的人現在也可以打給訂閱其他電話線網絡的人了。每個電話系統都有電話交換臺——這就催生了一種以前從未存在過的職業：接線生。

你不妨停下來想想這股推動發明大爆炸的力量，想想這些實業家、公司和有限公司的旺盛精力，以及象牙塔裡的知識分子以理性和科學解開物理宇宙之謎。擴張的歷史在此賦予發明萬般榮耀，推動不斷追求嶄新和更好事物的進步敘事。這些因素的共同點是什麼？它們都是在這個歷史時刻上，西歐社會的共同特色。在這樣的世界裡，發明大爆炸注定會發生。

影響深遠的發明足以啟動巨大的社會變革，但漸進式的改良也能造成同樣效果。小科技發明會掀起漣漪效應，改變了將生命編織在一起的敘事。就舉轉輪印刷機為例，它個功能在

2 一八五一年創立，原本主要業務為收發電報。

一八三〇年變得更加完善，而這只是古騰堡平臺印刷機（當時仍在使用）的改良款。平臺印刷機一小時大概可印一百二十五張紙，輪轉印刷機可印一萬八千張。剛開始這個改良似乎相當無用。誰會買這麼多印刷品？當時流通最廣的美國期刊也只有四千三百位訂戶。

儘管如此，某種印刷產品的大眾市場其實是存在的，只是未曾受到重視。美國充斥著渴望練習閱讀英文和想知道家鄉新聞的移民。訂閱制、須預付一年費用的現存期刊對一般勞工而言太過昂貴。商業天才只消看一眼新科技和勞動大眾，就可看到機會。一八三三年，班傑明・戴伊（Benjamin Day）推出《紐約太陽報》（*New York Sun*），那是大量生產的日報，一份只賣一分錢，幾乎誰都買得起。很快地，戴伊一天就賣出一萬五千份報紙，投資獲利豐厚，很快就回本。

其他人眼見他賺錢，也紛紛加入這個行列。到處都是只賣一分錢的報紙。這類報紙的讀者過著艱辛的生活，他們不是有閒的知識分子階級，因此出版商以謀殺、火災、自殺和其他聳動事件的新聞填滿版面。即便如此，早期報紙仍舊面臨「新聞」短缺。謀殺、火災和自殺案就是不夠多！一份《紐奧良週報》的出版商有次抱怨，並不是每週都有值得報導的新聞。為了填充版面，出版商於是雇請人們出去找新聞，他們派雇員去碼頭採訪剛從歐洲抵達的乘客。因此另一種新職業誕生了，那就是新聞記者。

電報意味著人們當天就能得知遠方發生的事件。一旦海底電報線越過大西洋，從歐洲來的事件也都能當作「新」聞。但跨大西洋電報傳訊很貴，沒有單一報社供得起定期收發電報。

因此，在一八四八年，六家報社聯合起來分攤「電報」新聞的費用。這個合夥行動演變成一家獨立企業，就是美聯社，也是第一家通訊社。這類企業接收記者送來的電報，然後將訊息賣給所有買家，新聞本身因此變為商品。各家通訊社為了賺錢，自然會想將消息賣給盡可能多的報社。誰賣最多新聞，誰就贏得這場商業競爭。但不同的報紙有不同傾向、品味、意圖、議題、利益和興趣。與習慣大量印刷單張廣告和宣傳小冊的共和黨員、一無所知政治運動黨員（Know-Nothings）[3]、憲政聯邦黨員、自由土地黨員（Free Soilers）[4]和隨便吹牛的人相比，還有什麼樣的訊息能夠成功引起眾人的興趣呢？

答案就是「事實」。商業考量迫使通訊社認識到，每條新聞都有事實作為核心，而這和對該事件的評論意見是兩回事。事實核心回答下列問題：何人、何事、何地、何時和為什麼。這就是可以賣給每個人的東西。一旦事實變成商品，新聞就能用其正確和客觀作為賣點。你可以說輪轉印刷機創造了客觀新聞的概念。「客觀新聞」，使我們現在得以進入相互通訊、敘事和語言的領域，但也是稍後的網際網路所摧毀的概念。科技和語言永遠糾纏在一起。輪轉印刷機幫助催生了客觀新聞的概念，但若缺乏西方敘事的其他獨特層面，它就無法造成如此深遠的影響。工具總是內嵌在某些世界觀裡，兩者的組合是形塑歷史事件的動力。

3　一八四〇年代和五〇年代的美國本土社會運動，提倡限制移民。

4　此黨反對將奴隸制擴大到美國西部，一八五四年與共和黨合併。

我們的身體，我們的機器

當機器滲入社會領域後，它們便從內外都改變了人類生活。比如說，一旦人類駕馭了引擎，並將它導向生產力，工廠就會如雨後春筍般冒出。機器在這種生產模式中扮演中心角色，人們只是拉動讓機器運作的槓桿。為了提高效率，人們得根據機器調整自己生活的模式和節奏。

工業工廠系統的痕跡最早見於種植園。在那之前，當農夫仔細規劃如何利用土地時，他們會衡量各種考量，包括符合生活方式、遵循習俗和宗教敘事，還有其他與個人身分認同相關的因子。

然而，種植園有單一的預設目標：比如產糖、菸草或棉花。為了完成這一目標，這類勞動需要工人們像機器零件般運作，每個人都有其確定的功能。而操作的關鍵核心分解成數個步驟，每個部分都有必須執行的特定功能。簡而言之，種植園的勞工不僅是奴隸、農奴或佃農，他們還是零件。

在種植園，這些零件和其功能原本大致保持一定的開放性。即便是相同的勞動單位（又稱「人」，或更古雅的「人類」）也許會先挖畦溝，然後再摘採棉花。然而一旦讓機械邏輯（亦即大量製造貨品的生產概念）接手，也就是一旦種植園系統被轉譯成工業工廠系統，則勞動單位是否「符合效率」便成為更明確的前提，就像精心打造任何機器時的正常流程。儘管人類是擁有各種主張、情感、目標和欲望的生理和社會單位，但每位勞工在參與製造的過程中都變成像是機器般的零件。勞工大部分的生理系統則與他在工廠內的功能不相干，同時也就和機械一樣，每個零件的價值能以數學估算：如計時工資，或在某些案例裡的薪水。

若沒有機械鐘，工廠會難以運作，甚至不可能運作。因為勞工會在各種不同時間上工，行動無法獲得協調。在前工業時期，人們會在中飯前自然而然地停止工作，或在肚子餓到某種生理定點時，或當太陽抵達一天中的某個熟悉位置時收工。勞動大眾通常會已經在家，或為吃這頓中飯而回到家，而那頓飯的準備則配合源於社會習俗的勞動分化，且習俗最終衍生自生理因素：負責煮飯的家庭成員是那些照顧家的人，傳統上是女人，因為她們不論從事什麼，照顧孩子總被認為是她們的主要職責之一。

一旦工廠登場，所有零件就得在相同時刻開始工作，在相同時間停止，在相同地點吃飯，並在相同時間回去工作。工廠工人不能回家吃飯，因為那太沒有效率。如果回家吃飯，人們會零零散散地返工，這可會使整個操作陷入停頓。如果零件沒有完美同步，機器就不能運作。因此，為機械化工業製造工作的人，他的生理個體得服從機械的邏輯。

工廠工作一般要求人們以「班」來工作：日班、小夜班、大夜班——這些時間單位並不存在於機械時代以前，但在工業化社會裡，它們對工人卻再真實不過。如果你從事夜班的時間夠久，你的生理時鐘會依照班表要求而重新調整，這點我能親自作證。

循著相同的邏輯推演，在有噴射機前，我們這個物種並不知道時差這個現象：沒有任何人類在宇宙歷史中曾有過此一經驗。所有動物都有內建生理機制，規範如睡覺和飢餓等功能，人類也不例外。我們有管控睡眠和清醒時間的生理時鐘，這些是由宇宙天文現象的日夜進程所設定的。在機械崛起前，人們生理上和自然環境的各種特色同步，而這些特色會隨地點而改變——在熱帶，日夜差不多全年等長；但在遙遠的北方或南方，日夜跟著季節有極端變化。電力將人類從這類生理循環中解放出來，也將人類從當下環境中解放出來，進而使人類能配合其效勞之機械的節奏和需求。人們能住在任何地點，能在那些地點做任何事，最後只會受限於他們針對各類環境的溫濕度所擁有的改善機制。杜拜從來不會變冷，在夏天往往熱到華氏一百一十度[5]，但它卻是常年的滑雪勝地。南極洲太寒冷，人類難以居住，但現在每年都有超過四萬四千人到訪，大部分是觀光客。

機械甚至改變了我們身體對時間流逝的生理感受。科學家告訴我們，我們沒有能夠感受時間的生理器官，不像眼睛能感受光，或耳朵能注記聲波。我們的內在時間感受大致是以大腦裡由神經傳導的化學作用而定。如果外界環境以大量刺激不斷轟炸我們的感官，大腦的化學作用就會自我調整；如果進來的訊號混亂、重複或不可預測，那也一定會有影響。在理想的狀況下是如此，畢竟，我們必須隨時準備應付任何感官攻擊。在某些脈絡中，那可能意味著我們得隨時準備在老虎從叢林中跳出來時奔逃，或在另一個例子裡，我們得在看管機械的無止境單調中保持清醒，因為萬一一個不小心，可是會被夾斷一條手臂。由於環境變得愈來愈機械化，我們內部的神經時鐘無疑適應了機械的步調和節奏，而適應了機械化和非機械化環境的人之間的互動，則會在某種層度上變得脫離生理聯繫。

機械的興起不單改變我們對時間或快或慢的感受，它也改變我們對當地或宇宙的時間感受。當教堂興建了鐘塔，每到晚禱時分，以機械鐘調節的鐘聲就會響起，為鐘聲傳播距離裡的人創造出共享的公眾時間。但人們後來發現，那還只是開始而已。當鐵路滲透社會生活，公眾時間隨之大幅度擴展，因為火車要運作，紐約市的時間必須與亞利桑那的比斯比（Bisbee），或華盛頓的瓦拉瓦拉（Walla Walla）的時間完全相同。因此，素未謀面的陌生人，從未在相同時刻對相同物理刺激做出回應的陌生人，卻能居住在確切相同的時間框架裡，而且他們還知曉此事。這種公眾時間甚至取得一個非正式名稱，人們叫它「標準時間」（Railway time）。

5 約攝氏四十三度。

第二十四章

機械如何影響我們

公元一七五〇至一九〇〇年

一旦機器滲透人類生活，人們就得像和其他人互動般地和機器互動。在某種程度上，機器進入人類生活的方式，很像不同文化之間的重疊。然而，當人類與機器互動時，必須使用與人類互動時相當不同的邏輯。為了確保另一人合作，你也許會要求或說服，談判或威逼或討論。但這些方法對機器毫無用處。你無法賄賂那個該死的東西，無法和它們討價還價，無法對它們解釋為何合作符合最大利益。你對它狂叫，踢它，或威脅要折磨它，都無法讓機器聽你的話。相信我，我通通試過。

在任何人際互動中，不管每個人做了或說了什麼，你都無法絕對準確地預測其他人的反應，因為每個個體都擁有未明言的目標或意圖，而那些目標或意圖將影響他的行動和決定。然而，一臺機器沒有這類潛規則。它被打造來做確切的某件事，且因為其設計和零件組合皆是為此目的，所以它就只會做那件事。機器只會運作或不運作，沒有灰色地帶。就拿這與婚姻或商業夥伴之類的社會關係來對比吧。如果機器不運作，你就得修理它或更換零件，而這就是直截了當的操作，因為好機器擁有其所需的所有零件，不會有多餘的東西。而當每個零件都在正確的位置上並正確組合時，機器就會一如設計目標而流暢運作。但婚姻或商業夥伴關係則沒有這麼簡單。

機械作為隱喻

機械進入歷史時，機械邏輯也滲入由社會建構的敘事現實中。這份敘事現實原本由人類居住（現在也還是），後者是這個不可知的「真實世界」裡可被管理、可被替代的存在。於是，人類對自己與社會的想法，也逐漸被機械以隱喻的方式滲透。比如在十九世紀，那個年代最重要的機械是蒸汽機，佛洛伊德就將人類心理想成一種液壓系統：心理能量流過水管，當受到阻塞時，壓力會愈來愈大，最後在其他的生理部分發洩出來，那就是精神官能症。今天最重要的機械是電腦，我們更易於將人類心理想成某種程式，或將文化想成某種軟體，並把混亂脫序的行為想成某種因接錯電線或軟體故障而導致的症狀。

機械的存在，展現了物質世界透過工程來達成目標的可能性。作為隱喻，機械暗示相同手法也能對社會問題奏效：如果你希望能達成讓社會整體生存且其組成零件也幸福的目標，你就應該設計一套由理性縝密的法條所構成的政府。

一七八七年，一群來自前英屬美洲殖民地的人承擔起這類計畫，坐下來從頭打造一個全新政府。他們的工作方式就如同工程師打造新機器。他們首先確立儀器目的：「我們合眾國人民為建立更完善的聯盟，樹立正義，保障國內安寧，提供共同防務，促進公共利益，並使我們與後代得享自由的幸福。」其餘章法則明確列舉此儀器各個零件的功用，每個應當如何運作，以及它們應當如何合作。

每部真實世界的憲法都有兩個層面。一方面是操作國家的手冊，另一方面則是代表憲法草創時，所有相互競爭的各方利益間的協定。「操作手冊」和「協定」可不是同一回事。前者與機械邏輯相呼應，後者則和敘事無法分割。某些憲法比較像操作手冊，有些則比較像協定。由協定構成大部分內容的憲法很容易過時，因為其條款在故事向前邁進和條件改變時就顯得不合時宜。美國憲法則是另一種極端，它更像一種操作政府的指南。是啦，它當然是個獨特綜合體，也與那個時代的議題有關（最刺眼的例子是奴隸制度），但這份文件的口吻卻隱涉抽象和普世原則，同時還擁有一套能針對各種變化改變手冊內容的內建機制——即憲法修正案。

制定美國憲法的人擁有某種或許難以效仿的優勢：他們住在一個自己幾乎毫無所知的廣大新世界裡。從他們的觀點來看，他們是從一張白紙開始寫起，因為自己剛與過去切斷關係，而未來還是一片空白。他們正在設計管理彼此互動模式的憲法，但集中注意力在抽象的程序機制，彷彿是在設計能普遍應用到所有人類身上的工具。這可能是因為，他們認為自己的經驗是全人類的普世經驗[1]。

其他憲法只有少數幾部也誕生於如此不受阻礙的條件。法國人於一七九一年制定第一部憲法，但卻沒實行多久，怎麼可能持久呢？法國人仍舊住在法國，正處於進展中故事的炙熱中心：代代相傳的憤懣不滿仍在打泥巴仗，而其最新篇章則以斷頭臺和掉腦袋來呈現。當時的社會背景沒有明確偏好關於機制和程序的嚴肅討論。因此第一部法國憲法只得較傾向於協定，而非手冊。

意識形態

然而，法國大革命至關重要，因其使意識形態成為歷史的關鍵要素。憲政主義只是在下一世紀出現的眾多主義之一，新的主義不斷浮現：自由主義、保守主義、社會主義、共產主義、法西斯主義、女性主義、伊斯蘭主義、科學主義——數都數不清。意識形態是具有機械邏輯的社會互動藍圖，並且象徵著智識發展和以文字明確闡述的系統性學說，能運作良好的社會完形提供基礎。這類基礎長久以來是由親屬關係和宗教所維繫，從今以後意識形態則提供了另一種黏著劑。

1 作者注：在這點上他們並不孤單，許多早期文化拿來描述自己部落的字眼也是人類。

在一個由宗教和親屬關係界定的世界裡，每個規矩引發的首要問題是「我們怎麼知道這是從頂層來的」，而在由意識形態界定的世界裡，首要問題則變成了「我們怎麼知道這規則能夠運作」。宗教必須說服人們它的超自然願景為真，而且它對來自超自然最高權威訊息的詮釋是正確無誤。意識形態則必須說服人們，它的主張能真的改善人類生活。

法國革命分子高舉著意識形態這面大旗。他們不是要用一個王室取代另一個王室，而是要消除家族血脈作為權威的基礎。他們訴求能以口語表達的抽象原則，確切來說是三個詞：自由、平等、博愛。

在實踐上，這些詞彙仍有待解構。誰被從誰那解放？是什麼構成自由？博愛有無包括女性？你說平等？啊，但人類不完全相同，所以是在什麼方面平等？儘管如此，這些問題並未削弱法國大革命的基本意識形態和其所衍生的教義。每種意識形態都會在實踐時碰上矛盾。

中產階級

早期的機械化生產搶走大部分工匠的飯碗，催生出單調嚴苛的工廠工作。但後來機械的漣漪效應卻創造出前所未有的職業。有人得安裝機器，操作並維修它們，這些也是工作。有人得改良現有的機器，而那也是工作。工業社會需要會計師、營業員、人力資源經理、祕書，還需要許多能寫能讀的人，這意味著需要更多學校和老師。商品種類不斷增長，從工廠傾洩而出的產品得找到買主，這就創造了推銷員、出納員、店員、廣告專家、行銷專家的需求。社會在機械滲透下變得愈來愈複雜，使得人們得組成公司，這就需要律師，很多很多律師。

大部分從事這些新工作的人最後沒有變得有錢，但大部分人最後也沒陷入悲慘的貧窮。從一到十的尺度來看，他們最後處在中間的舒適地位。簡而言之，機器以前所未見的規模產生了擁有可支配收入的中產階級。

誠然，工業化社會為人們創造了富饒，而且他們不需要全體動員，在底層像奴隸般勞動。至少在理論上，許多人可以靠從事與自己或其社會生存不相關的工作來維持生計。比如寫暢銷小說、唱歌或打籃球。在早先幾個世紀裡，從事這些工作的人得靠贊助者的金援為生，後者多半是軍事階級的地主貴族。而在機械時代，任何有一技之長的人都能獲取社會的豐富財源——前提是能找到足夠的買家。

個人

機器生產的集中化也引發史上最大的遷徙潮，甚至比傳說中的印歐或班圖遷徙還大。它將人們自農場和牧草地引出，數以百萬計的人湧入城市。這個遷徙潮不僅仍在進行，而且趨勢絲毫未減。

當東歐大草原的人往東西兩方遷移時，他們無疑是以整個部落為單位旅行。這波新移民則不一樣，因為伴隨著大批親屬移居城市，他們得分散開來，各自尋找謀生方式，因為一整個氏族或甚至任何大家族無法都在相同的工業作業裡找到工作。公司雇用時不以氏族為單位，而是雇用個人。公司也不會付工人足以養活整個氏族的薪水，何必呢？對公司來說，與個體工人打交道比與親屬大型網絡打交道更有利，因為雇用親屬往往就得雇用與公司目的毫不相干的人。事實上，雇員對家族的義務甚至可能與對雇主的義務發生衝突。這不只適用於在工廠工作，也適用在許多由機器衍生的新中產階級工作上。工作狂的家庭若因此受苦，那是因為他無法同時滿足這兩種義務——這在現代西方論述中相當常見。

在歐洲封建時代，像基督教和部落傳統那樣的道德敘事，認可經濟結構外的義務和特權，認為權利衍生自個人的社會人脈，而非他的生產力。沒有外出打拚也沒有在家生產商品的人無論如何都可以上桌吃飯，就因為他們是某人的五等親或姑婆。

在前工業世界，親屬關係勝過所有基礎網絡，社會基本單位是親屬團體，是一種「超大家庭」(hyperextended families)。當機器普及時，這些社會星座大半消失。人們仍像從前那樣獲得血緣上的親戚關係，但現在幾乎沒有人會再依照五等親或姑婆的需求和期待來做重大生命決定。機器時代裡，社會的功能單位從部落萎縮至氏族，接著萎縮至大家庭，再萎縮至核心家庭，最後降至這個框架內無法再做削減的主權單位：個人。

在主權個體的宇宙裡，人們在理論上只對他們自由選擇的牽絆負責。他們可以自由結婚，住在他們想住的地方，在他們選擇的地方工作。人們不僅可以自由建構自己獨特的個性，而且還有義務如此：從社會環境中的所有可能性中，所有的理念、價值、意見、已知事實和漂浮在周遭的繁雜文化瓦礫中，他們必須建構出一個自我。在這類宇宙中，他們的合夥人是那些和他們分享家庭空間、工作場所、社區與興趣的人——集郵、打獵、足球、裁縫，不管是什麼。到了十九世紀中葉，隨著西歐和美國的影響力跨越全球，意識形態作為一種社會凝聚力量開始勝過親屬關係和宗教。無可避免地，在這類世界裡，某些人最熱情的聯繫會是和他分享相同意識形態的人。他們定位自己為政治運動和黨派的成員，而這些組織在理論上也是他們選擇加入的。

是機器「引發」這類改變嗎？這般斷言來得未免太過容易。物理學家能以獨特或確定的因果關係來描述世界，但在社會建構的領域裡，並沒有單一事件引發另一個單一事件這種事，因為每件事都牽連在一起。社會宇宙不過只是由連結所組成的大大小小結構，而我稱之為「星座」。每項發展、創新和偏離都只是在許多潮流的合流中加入些許波瀾。在西方，當親屬關係的重要性降低時，機器的興起、私人企業與公司，以及能做任性投資的大量金流也同時出現了。誰能說是什麼引發什麼？這些事物都在相同環境的相同時間內發生，無疑地還彼此強化。說到歷史，不要老是執著於因果關係，我們若能以漣漪效應的方式來理解會更清楚。

性別和機械文化

機械的漣漪效應改變了性別分工，因而深刻改變了男人和女人的關係。某種程度上，這類分工無疑可追溯回人類歷史初期。石器時代的團體得迎合某些需求，否則就會喪命。他們必須弄來食物，繁衍後代，並讓孩子活到足以繁衍後代的年紀。他們得讓家裡的爐火不斷燃燒，抵擋掠奪者，和其他人類團體交涉談判，並在滿是敵意的團體環伺下防禦自己。這些工作全部很重要，全部都得完成。團體得有效分派成員，如此一來，大家才不會像無頭蒼蠅般瞎忙，而有些工作歸給男人，有些則歸予女人。要獲取食物，就要獵殺動物和採集可食用植物。前者需要在外面徘徊遊走，有時一次長達數日，而由於孩子們不能陪同這些遠征，所以打獵變成男人的工作。女人維持爐火燃燒，採集植物，保護孩童安全並把他們餵飽。女人的工作讓她們變成養育專家，男人則擅長使用蠻力。這是傳統觀點。

這類性別分工在早期說來合理，因為它提升了團體的生存機會。以這種方式組織的團體可能勝過不是以這種方式組織（如果有的話）的團體。然而，性別分工的確將社會世界劃分為和女性相關的私領域，以及和男性相關的公領域。前者是個內觀世界，以家庭和小孩為中心，後者則是團體面向外界的殼，因而與環境緊密接合——包括其他人類團體，其中有些還帶有敵意。

沒有理由假設在那個時代女性就附屬於男性。石器時代的人類團體很有可能是母系社會，孩子也不會與特定父母產生連結。所有成年女性可能是母親，也沒有男人得扮演哪位特定孩子的父親這類社會角色。在那種背景下，孩子是誰的並不重要，整個團體和那些孩子能活到成年才攸關重大。

一旦人們定居下來後，事情就改變了（理論上是如此）。然後他們開始聚積耐久的財物，這就需要有人能在他們死後繼承，此時誰是誰的孩子開始變得重要。母親是誰通常很明顯，但父親就差了點，需要諸如婚姻和出生證明等社會機制，才能確立父親。財產使父權社會興起。

從那時開始，政治、戰爭、建構、毀滅等所謂男人的工作，開始變得更重要。而準備食物、編織、裁縫、打掃房子、照顧小孩等女人的工作則失去光環。到後來甚至發展成說某件事是女人的工作就是在貶低它。再到機械時代的黎明，大部分人都假設世界分為公私領域、女性從屬於男性，而這是上帝或自然命定之事。根據這套敘事，男人和女人本質上就是為不同角色打造的，任何越界的人就是在威脅團體的生存。

在機械時代前，只有少數女人因作為國家統治者而得以被突顯。人們馬上想到的是俄羅斯的凱薩琳大帝、英國的伊莉莎白一世、古埃及的哈特謝普蘇特（Hatshepsut）。只有少數女人以戰士身分留名青史，當然啦，聖女貞德、先知穆罕默德最年輕的妻子阿伊夏（Aisha）[2]、猶太戰士阿爾卡希娜（Al-Kahina），她領導柏柏爾人對抗北非伊斯蘭，還有在不

2 先知穆罕默德的第三任妻子，六五六年督軍駱駝之戰，但被阿里打敗。

列顛幾乎與羅馬人打成平手的博阿迪西亞（Boadicea）[3]。儘管如此，這些少數例子證明女人也可以在政治和戰爭領域領先群倫。政治和戰爭史沒有充斥著女人的名字，只是因為女性不在那個領域。政治和戰爭屬於公領域，而在機械興起前，女性生活主要是在私領域內開展。

當然，在大部分的世界以及大部分的人類歷史中，私領域不像今日看起來那般無關要緊。那時候的家就是世界，而不僅是間屋子。但限制就是限制。直到最近之前，女性在大部分的地球上都不能擁有財產，在大部分的社會都鮮少有機會發展她們需要和男性在公領域競爭的技能。好比說，在大多數的社會裡，女性得有打破成規的超大勇氣才能學會讀寫，因為許多社會的常規視女性為男性的所有物，或男性彼此競爭的戰利品。她們罕有機會選擇她們想上床的男性，也罕有決定生不生小孩和生多少個的權力。

這不是說女性都不工作，女人總是在工作。就在機械時代興起前，她們在歐洲從事比例可觀的生產和製造。編織紡織品，製造衣服和生產大部分手工藝品的她們。擠牛奶、攪奶油和保存食物的也是她們，而食物保存在淡季時對生存至為關鍵。消費品的機械化大量生產導致的其中一件事是使女性失業，使女性也身處那些如河流般湧入都市尋找照料機器工作的人之列。她們在都市裡與家人們活在貧民窟的悲慘貧困下。對其大部分的居民而言，十九世紀英國大文豪狄更斯筆下的倫敦不是個美麗的地方。

不過，在機器不斷增生後，原本將女性綁在火爐和家庭的物質必要條件開始過時。去公領域工作的女性不再對孩子的安全或親族的生存造成威脅。不再需要有人保持爐火燃燒，因為第一個回家的人可以簡單打開暖氣就好。在過去，體力在形塑人際關係時扮演重要角色，好比要搬動重物時，強壯的人會被叫來搬東西。或是衝突發生時，那些有力氣的人比較容易勝出。將軍得有腦袋，但那些最有智慧的將軍會將有體力的人放在前線，而男人通常又比女性高大強壯。但一旦機械滲透人類事務，體力便失去重要性，除了在專業運動和街頭犯罪上。事實上，隨著機械崛起，人類幾乎在任何職業上都已經沒有偏好男性的生物學理由（同理，也沒有偏好女性的生物理由）。於是性別的敘事開始改變，根據新的物質現實做出調整。

與此同時，多虧機械，親屬團體從部落萎縮至核心家庭單位。私領域也相對地從一個社會宇宙萎縮至多個社會小隔間。女性若不參與公領域，就會失去與社會脈動的緊密聯繫。同時也沒有任何物質需要或社會目的令她們禁錮在家。無可避免地，有財富或手段的女性就會冒險進入公眾生活，儘管她們那由男性主宰的家庭曾對此大力反對，或常常極度沮喪。

一八四八年，反對各種君主制的革命浪潮席捲歐洲，其熱情大部分是由自由主義和憲政主義所激發。那是主義之年。那年在美國，大約三百位女性在北美紐約州的塞內卡福爾斯（Seneca Falls）城開會，討論女性權利。男性大眾則在暗中竊笑：女性在討論政治了，下一步還想搞什麼。但塞內卡福爾斯會議[4]可一點也不可愛。會議是由兩位強悍的反奴隸制活躍分

3 公元六〇至六一年領導愛西尼部落起義反抗羅馬軍隊。

4 為有關婦女權利的會議，議期兩天，後簽署《感傷宣言》。

子柳克麗實・莫特（Lucretius Mott）和伊莉莎白・卡迪・斯坦頓（Elizabeth Cady Stanton）組織而成的，大會發表了《感傷宣言》（Declaration of Sentiments），成為後來被稱作女性主義運動的創始文件。該宣言的語言與傑佛遜在《獨立宣言》中的理念相呼應，但有些許改變：「我們認為這些真理是不證自明的，即所有男人和女人生而平等。」

西方女性開始鼓動，要擴張她們在公領域的地盤。至少在十九世紀末的美國和英國，女性活躍分子特意引發大規模逮捕以作為一種政治倡議策略，她們有時打破窗戶和縱火，並以戲劇性（和偶爾致命）的絕食抗議宣揚她們的理念。最後，女人在幾個有投票制的國家裡贏得投票權：先是紐西蘭，接著是芬蘭，然後是幾個斯堪地那維亞國家，然後是美國，然後是英國——接著骨牌開始崩倒。

十九世紀的女性若要在家庭外尋找工作，就得和男性競爭；如果男女都想要那份工作，她們就會輸掉那場比賽。職業婦女的定義就是貧窮女性。她若在公領域工作，等於是宣布她來自一個男人甚至無法養活家人的家庭。對男人而言，賺取足夠的錢讓妻子不必拋頭露面成為一種榮譽勳章。持家的思想在歐洲和美國興起並受到推崇，它吹捧女性作為脆弱和美麗的創造物的正面形象，頌揚女性不投入職場，並認為女性人生的唯一目的是拉拔孩童健康長大，和為她們的男人創造溫暖的窩——然後每位女性只能有一個窩。

機械化生產也在此時製造出大量的廉價消費產品，減低了女性投入職場（甚至在家工作）的需求。人們不再需要製造很多手工產品，而可以直接出門購買。許多中產階級婦女被工業化弄得無所事事，發現家庭生活空虛，甚至可說是使靈魂死亡。她們想要走出家庭，即使不是為了找工作。她們想要在公領域感受存在的意義，並和其他人互動。但她們能去哪呢？晚至一八五〇年代，唯一的公共社交場所是酒館和酒吧，男人在那聚集喝酒，打架鬧事。

零售商在此看到機會。在此之前，西歐時裝店將貨品放在倉庫。店員與顧客在前廳會面，討論要買的品項，交涉價錢，然後雜役再從後面將貨品拿出來。但現在某些企業主發現，如果他們讓顧客自己挑選貨品，可能賣得更多。於是他們將貨品放在開架上供顧客瀏覽，甚至不要求顧客買任何東西。但如果他們看得夠久，他們通常會買些東西，因此訣竅在於讓顧客流連忘返。

一八五二年，一位法國女商人將一個叫做樂蓬馬歇（Le Bon Marché）的雜貨店改建擴大，變成古代中央世界巴札的西歐版本。中央世界的巴札一直是個社交空間，也是個商業空間，但它幾乎都是女性止步。而現在，在歐洲出現了一個為女性設計的公共空間。樂蓬馬歇是家商店，也是個高尚的休閒場域。它以主題背景展示商品——這裡是阿拉伯夜晚洞穴，那裡是日本花園。它提供長椅和隱蔽角落，女性可以坐在那裡社交。它有供女性探索的樓層和步道，有小孩的玩樂空間，還有小型咖啡館。樂蓬馬歇創造了頭幾位法國百萬富翁。可以預期的是，競爭對手像雨後春筍般紛紛冒出。

在北美，紐約的梅西百貨（Macy's）拓展成百萬平方英尺的展示空間。在芝加哥，馬歇爾百貨（Marshall Field's）開始雇請女性銷售員，因為大部分的顧客是中產階級女性，而這些顧客覺得和女性銷售員打交道比較自在。這個聰明招數奏效。馬歇爾百貨的利潤驟升，於是其他百貨公司也有樣學樣。

這類在大型百貨商店的工作機會吸引單身女性進入城市，她們能在此找到（勉強）餬口的工作。職業婦女的次文化剛開始規模很小，女性領最低工資，但其他由機械文化衍生的支薪職業現在也不斷為女性敞開：打字、行政、接線生、老師、護士、聽寫員。有些女人找到接受初步教育的管道，有些一路念到大學，甚至有少數變成醫生。

深層的社會結構和深層的心理結構是一體兩面。人類的心理結構若出現極端改變，並不總是發生在一代之間。在遺傳上，孩子們生來就有能力明白自己所處的是哪種社會，並發展成像零件般適應那個社會星座的個人。他們也許會在人生過程中擁抱結構性的社會改變，但那些擁抱改變的人往往是那些在童年就受到這類教養的人，而教養又是來自前一代。這確保了社會規範和形式會代代延續：那是社會星座保留自己身分認同的方式，也就是社會星座的生命本身。但這類形式的演化也會出現延遲。性別角色是人類生命中最深沉嵌入心理的結構，我們可以預期這些結構會抗拒快速的改變。但在此一方面，人們也可能有所誤解。這兩個世紀以來，全球在性別角色和期待上的改變非常驚人。

誠然，我認為作為機械問世的許多漣漪效應之一，「女性躋身公領域」必須名列歷史最重大發展之列。前一個帶來如此巨大震撼的改變，恐怕是大約一萬年前的新石器革命，當時我們這種物種首先定居在固定地點，開始以我們種植的食糧和養育的動物為生，使用在我們建造的工坊裡打造的工具。那場革命持續發生，並演變了幾千年，在人類相互連結的方式上產生深遠改變——包括作為幾乎普世家庭結構的父權社會的誕生。目前性別角色的革命是個仍在開展中的故事。它只有兩百年之久，但已經如此進步，使得它預示了未來甚至會有更驚天動地的變化，很可能將會包括父權家庭的終結，或甚至是性別作為人類基本身分認同的終結。那麼，大多數社會對人類文化的這項革命還未做好社會規範與情感契合上的準備，就一點也不足為奇了。

第二十五章

機械時代的社會星座

公元一八五〇至一九五〇年

機械的興起不是出於人類意圖的產物。個體創造某些科技零件，但沒有個人能決定推動整個科技，沒人能阻礙它的進展，沒人能決定它的方向，也沒人能控制它對社會的衝擊。儘管如此，這並不表示機械對全球的衝擊都是相同的。機械所到之處都有一個已經在進展中的故事。而在每個地方，機械得小心翼翼地進入一個由某些歷史悠久的敘事所凝聚的社會框架，就像從另一個文化來的人在移民時得做的那樣。機械的衝擊依文化環境而有所差異，因為它總是得藉由交涉和談判來進入一個已經存在的形態。一旦它成為全貌的一部分，它可能就會劇烈改變其所進入的世界觀，但它首先得先變成全貌的一部分。

馬克思主義

在西方，機械突然催生了實業家和城市移民，並在剛開始時造成百萬人悲慘度日。這使得某一種主義在十九世紀的眾多主義中崛起，在智識上則體現在卡爾・馬克思（Karl Marx）和其同事弗里德里希・恩格斯（Frederick Engels）的著作裡。這一對是再奇特不過的組合。恩格斯出身富裕，父親是工廠老闆；馬克思則非常貧困，窮到得把報紙塞在鞋子裡，以免他在走路去大英博物館寫他的傑作暨共產主義的中心文本《資本論》（*Das Kapital*）時，冷到腳丫被凍掉。馬克思窮到他的七個孩子中有四個基本上是因貧窮而死：因營養不良而生病，而馬克思一家請不起醫生。一般來說，馬克思活得沒沒無聞，死時大部分的主要作品都尚未出版，且很少人讀過他已出版的那五本書。只有十一個人出席他的葬禮，其中五位是他的直系親屬。但在往後二十年內，他的追隨者和敵人都將他與達爾文和佛洛伊德並列為該時代的思想巨擘，他造成的結果與凱撒和拿破崙相當，成為撼動歷史和造成政治衝擊的大人物。

馬克思認為世界先天就劃分成不同的社會階級。上流階級總是那些擁有生產工具的人，不管是在哪個時代都是如此。而那些沒有生產工具的人就是下層階級。歷史是這些階級之間永不休止的鬥爭故事。土地曾一度是主要生產資本，如今這個角色被機械取代。機械興起之初，馬克思看見階級鬥爭在理論上結束的可能性，因為人類現在擁有生產諸多物品的科技，每個人都能大量享受每件物品。

這個預言在他的時代落空了，馬克思於是說，那是因為機械仍被那些金錢和信用集中的少數人所擁有。金流和信用被當作社會單位來使用，是出於「最大化利潤」的動機，這樣它們就能生存和成長。起作用的不是個人，而是金流和信用，馬克思稱其為資本。絕大多數的人是操作機器的勞工，而資本家有各種動機支付他們愈少愈好的工資，因為任何沒有變成工人薪水的錢都會累積為資本家的利潤。然後，資本家就能將這些利潤投資在更多機器上，因此使他們的資本增長。事實上，他們只能這樣做，因為他們是資本主義社會星座的一部分，而資本本能上會「想要」增長。

問題在於，大眾不只是勞工。他們也是資本家所售產品的消費者。如果勞工沒有多餘的現金，他們就不能買產品，這會使整個體系有瓦解的危險：對每個企業來說合理之事，卻與對整體而言合理之事相互矛盾。根據馬克思的理論，這個深植在當時社會關係的矛盾遂產生了不可忍受的壓力，最後會導致勞工革命。在革命後，生產足夠每個人所用的機器將被大眾所擁有。到了那時，相互競爭的社會階級就會消失，黃金時代將會展開。儘管他說的全是嚴謹的學術理論，馬克思其實是在宣揚一種宗教。

馬克思的願景衍生自西方工業強國的生產體系：德國、英國，和在較小程度上的法國（更遑論北美）。在這些國家，大眾多半識字並住在城市裡。他們有組織同業公會（奠基於行業的政治團體）的歷史。隨著機械興起後，他們便形成工會，並且能爭取薪資和勞動條件的改善。他們能透過罷工（拒絕工作）實行某些權力，直到資方達到他們的某些要求。馬克思期待這些他稱之為無產階級的人會成為革命的實踐者。

從馬克思主義到馬列主義

但馬克思預期中的革命從未在德國實現。反之，他的共產思想最後在一個完全不同的社會環境中，壯大了一小群受過教育的知識分子：那就是俄羅斯。俄羅斯的歐洲化王朝菁英大多數說著法語，統治著說俄羅斯語的佃農大眾，其中大多數是農奴。農奴被禁止離開土地，幾乎沒有人會讀寫。他們活在悲慘和貧窮的鄉間，相隔是如此分散，因此無法彼此溝通聯繫，不足以組織任何工會或罷工。俄羅斯沙皇在一八六一年正式廢除農奴制度，但對這些前農奴而言，狀況並未有多大改善。

而這還只是描述了俄羅斯帝國的俄羅斯部分。大部分的帝國疆域在烏拉山脈以東，延伸到亞洲。在那的居民多半是突厥人和西伯利亞人，他們實際上不覺得和莫斯科或聖彼得堡的貴族文化有所關聯。簡而言之，俄羅斯世界不具備馬克思認為共產革命應該具備的特色和條件。

當馬克思思想滲透入這個世界時，兩者格格不入，在經過修正前無法扎根。馬克思的俄羅斯信徒弗拉基米爾．列寧（Vladimir Lenin）便主導這場修正。確切來說，從這過程中產生的不再是馬克思主義，而是馬克思—列寧主義（後簡稱馬列主義），一個明顯的俄羅斯思想星座。

馬克思構想工業化會導致「革命」，列寧則構想「革命」會導致工業化。但誰會起來革命？這對列寧來說是個難題，他的國家事實上沒有無產階級。因此，列寧宣布革命必須由黨領軍，由黨作為先鋒。黨是一個紀律嚴明的團體，準備好使用任何力量來追求這個高貴理想。革命會產生工業社會，後者再產生無產階級，然後他們就會執行真正的革命，而這場革命將終結歷史，推動真正的共產主義。這提供先鋒黨使用暴力的正當理由，因為其教義正確；因此，先鋒黨的最基本工作在於完善其意識形態教條和確定所有成員看法一致。

一九一七年，當俄羅斯三百年來的君主制崩解時，人人都想爭奪政權，但只有列寧的先鋒黨有統一的紀律可採取決定性行動。這團體自稱為布爾什維克（Bolsheviks），奪得權力並發起恐怖運動，目標是抹除所有先前社會秩序的痕跡，並以新秩序取而代之。新秩序是由上而下宣傳的中央集權工業國家，與其說這是種社會組織，不如說是種社會機制。在其進展過程中，列寧和夥伴消滅了所有左派敵手，因為馬列主義需要思想的統一——馬克思主義本身其實從未如此構想過。這便是機械文化與俄羅斯世界「網合」後所帶來的結果。

從馬列主義到毛主義

若要沿著這條故事線繼續說下去，我們便需要在時間上往後跳躍，這樣才不會打斷主線。馬列主義從俄羅斯掀起漣漪效應後東傳中國。在此，源自於某種脈絡的教義再次進入另一個完全不同的背景。中國不像德國或英國，但也不像俄羅斯。源於馬克思並經列寧改造的前述教條，除非能在中國文化裡重新定義，否則無法在此扎根。革命分子毛澤東則執行這項修正。等到他完成時，馬列主義已經變成毛主義。就像馬克思主義的主題在馬列主義裡顯而易見，馬列主義的主題在這個新意識形態中也是顯而易見。機械文化現在與已經延續數千年的中國世界歷史敘事「網合」。

在許多方面，毛澤東本人都是中國神話人物的熟悉化身——他是確認時間循環永不止息的皇帝，結束分崩離析的時期，開啟中央集權秩序的新時代。他再現了秦始皇扮演的角色，後來這角色由隋文帝承繼，再後來是由明朝開國皇帝洪武帝所接續。就像這些早期巨人，毛澤東著手重建圍繞著單一中心打轉的文明國家。就像那些稍早的皇帝，為了這項重建目標，他推動龐大的變革性基礎建設，也如同那些皇帝般罔顧人命的代價。就像早先的皇帝，毛澤東尋求將每位中國人，不分男女老幼，劃入單一行政網格，藉著在他們身上套上同一種教義，將所有公民結合在一起。

毛主義明確否認儒家思想，但就結構上而言，毛主義執行了和那古老教條相同的社會功能：使眾人藉著相互關聯性合而為一。而就像早先的中國皇帝，毛澤東藉由學者官僚大軍來傳播他的思想，並把它當成管理工具。但此時的學者並非接受儒家的經典訓練，而是得符合毛主義正典（包括馬克思和列寧經典）的要求。事實上，毛澤東的中心教條被精煉成一本《毛語錄》，而所有共產黨的學者官員在執行職責時都得隨身攜帶。

就像秦始皇和隋朝兩位巨人般的帝王，毛澤東以非常殘暴的手段追求他的遠大目標。當他死時，反作用力幾乎立即截短他的「王朝」——我是說他欽點的共產黨接班人。鄧小平這位曾三度浮沉的領導人，對如何用意識形態來創造經濟成果較感興趣。「不管黑貓白貓，只要能抓老鼠的都是好貓。」他說。

如同漢朝和唐朝，鄧小平和其政治後繼者能利用毛澤東的改革成果，卻不必訴諸於毛澤東對控制大權的專制瘋狂。帝國中心可以放鬆一點控制，擁有自信的安全感，相信憑藉其向心力，中國不會立即分裂。簡而言之，毛澤東將中國變成一個受到控制的國家，讓中國以嶄新的方式吸納機械文化，往前邁進。在毛澤東那過長領導生涯的餘波中，中國歷史的確出現其典型的循環。毛的接班人利用他們繼承自毛主席皇帝的工具，重新恢復中國在亞洲（可能很快就會是全世界）的主宰地位。新的秩序循環在長達一世紀的混亂中斷後重新站穩腳步，而這就是古代中國歷史學者所認定的中國歷史基礎模式。

就如同過去的循環，這份秩序呈現高度的中心領導。共產黨取代皇帝，但卻履行類似的功能，而在黨內，威權從單一領導人向外延伸。與此同時，中國也吸納西方成熟的公司組織模式來自我發展，現今其勢力已經大大拓展到官方邊界之外。私人和國營中國企業正在各地打造高速公路、鐵路、海港、機場和貿易中心，其範圍涵蓋整個古代中國歷史學家視為附庸國的疆域，沿著曾繁盛一時的絲路前進，並包括季風網絡全境，也就是欽差總兵鄭和與他龐大的明朝艦隊在十五世紀探險的領域。

沒有人能夠阻止科技或決定它的衝擊，但同時也沒有力量能消滅社會敘事，或減輕它們的影響力。如同中國神話傳統裡的祖先，誕生於迷霧過往的敘事猶以鬼魅之姿，在今日世界裡發揮影響力。

中央世界的機械

值此之際，在伊斯蘭中央世界，人們首度嚐到新科技的滋味。那些科技並非迸發自他們本身生活方式的變革性發明，而是異族力量滲透和掌管他們世界時所揮舞的外來裝置。從印度河到伊斯坦堡，從撒馬爾罕到蘇丹，十九世紀的穆斯林開始醒轉，領悟到下列事實：他們最有價值的資源掌握在其他人手中，統治者其實是傀儡，而政府則是魁儡演出的舞臺，各路歐洲強權則在幕後操縱。

該怎麼辦呢？十二個世紀以來，伊斯蘭教都曾賦予這個世界和歷史意義。一切怎麼會錯得那麼離譜？該怪罪於穆斯林本身嗎？是因為他們做了什麼或沒做什麼嗎？他們如何讓世界回歸正軌並順便拯救自己？

在十八和十九世紀，穆斯林思想家和活躍分子對這些問題念茲在茲。巧合的是，由於伊斯蘭教本身內部的理由，對精神復興的渴求也同時充斥於伊斯蘭世界。精神改革運動和反帝國主義運動彼此重疊，因為伊斯蘭教從未為政教分離背書。

這些潮流相互交會，點燃了對穆斯林身分認同其極度痛苦的追尋。既然這份追尋與反抗西方霸權有關，某些激進分子無可避免地會朝著「自己不是什麼」，而非「自己是什麼」的方向來界定真正的穆斯林。他們不是西方，意思是說，他們是非西方，或應該嚮往非西方事物。從這個過程中出現一種由他者的他者性所塑造的穆斯林認同。

當然，這不是獨一無二的歷史現象。在十字軍東征時期，歐洲認同也是由與穆斯林—猶太東方的對抗中產生，也是由他者的他者性所塑造：歐洲人以確認他們不是什麼的方式來建立自我認同感。然而，當時歐洲文明正在崛起。以他者的反面來界定自我表達，展現的是一種精力充沛的志得意滿。反之，在十八和十九世紀的伊斯蘭世界，這個文明突然驚醒於自己的軟弱，沮喪地想阻止自己的衰頹。在此，由他者的他者性所塑造的認同，會忍不住含藏憤懣的黑暗勢力。

但在穆斯林看向歐洲時，他們拒絕的是什麼？不可能拒絕科學或科技，因為大部分（儘管不是全部）的伊斯蘭活躍分子早就看出，機械化社會終將戰勝非機械化社會。穆斯林若抗拒科學、科技和工業，則注定要如奴隸般屈服。行腳遍布全球的穆斯林激進分子賈邁勒丁・阿富汗尼（Syed Jamaluddin al-Afghani）[1]和他的學生希望穆斯林不僅要接受機械，還得想辦法將它背後的科學納為己用。這些活躍分子中有人斷言，伊斯蘭教最初也曾是科學宗教。伊斯蘭教是一個不仰賴那些違逆自然的魔法花招、就能將信仰建立於天堂和末日審判的宗教。

先知穆罕默德並未宣稱自己具有神性，也未透過讓死者復生的手腕來證實他本人是真主的使者。他贏得信仰的方式是以親口說出讓人無以招架的有力字眼、建立獨一無二的社群，以及在敵方占巨大優勢下打贏戰爭。再者，早期伊斯蘭曾擁有輝煌燦爛的科學成就。可惜在那樣的黃金時代之後，穆斯林偏離正軌，以死記硬背讓自己變得盲目，將宗教權力交給腐敗的教士。穆斯林必須回到早期經典，重新詮釋他們的宗教，並讓機械文化與伊斯蘭復興敘事「網合」。

但對穆斯林而言，這就引發一個問題：如果他們不是在拒絕科學和機械，那他們是在拒絕什麼？想必是社會規範和性觀念，那是西方和中央世界之間最明顯的差異。西方高舉著女性自主、大家庭的消失，和強化個人主體性的大旗。受困於十九世紀的激進穆斯林，透過支持部落規模的家庭結構、將女性限制於私領域的方式，來從事政治抵抗以及與伊斯蘭真實性畫上等號的精神復興。他們提倡兩性和婚姻規範應該奠基於《古蘭經》的嚴格字面解釋。簡而言之，根據後來數代的伊斯蘭主義激進分子，真正的穆斯林應該拒絕歐洲的家庭生活方式、歐洲的孩童教育風格、歐洲對親族關係的態度，以及與性或性別關係有關的歐洲規範。

根據公私領域而將世界劃分為男性和女性領域的觀念，是如此地緊密地嵌入穆斯林社

1　一八三八至一八九七年，泛伊斯蘭主義提倡人，生於阿富汗或伊朗，曾經辦報，認為穆斯林國家和歐洲列強之間的問題都是伊斯蘭和西方之間的問題。

會，而這種歷史敘事可追溯至伊斯蘭之前的歷史。女性的隔離早在穆斯林遇上拜占庭世界時就獲得形塑：在拜占庭世界裡，上流女性戴上面紗是基督教菁英的常規。如今在伊斯蘭改革時代，就在穆斯林世界掙扎著要將機械吸納進其文化時，穆斯林認同仍舊抱持舊時執念，全心集中在女性的私有化上。伊斯蘭革命運動往往將女性隔離和女性臣服視作核心論點之一。

從這方面而言，穆斯林是逆流而行。在其他所有地方，那些尋求進步變革的人也偏好推動婦女權利。俄羅斯的布爾什維克、中國的太平天國，和二十世紀的毛主義者都是如此。這也是西方工業民主制度的自由派和社會主義分子的核心原則。儘管如此，在伊斯蘭世界，革命分子卻是那些最熱烈追求限制女性和強化父權社會結構的人。

如果我的論述為真，也就是「機械對人類生活的衝擊」是導致性別角色出現世界性重大改變的基礎，那麼無論公眾意見吹捧什麼，無論伊斯蘭主義者要求什麼，無論基督教激進分子宣傳什麼，無論印度教國家主義者對在公園裡牽手的情侶咆哮什麼，這樣的改變終會來臨，無論如何一定會來臨。任何嘗試恢復陳舊性別角色和阻擋女權興起的努力，則注定會失敗（或至少部分失敗）——因為要在性別議題上倒退，就必須顛倒全人類歷史中科技發展的方向，但這是不可能的。我們或許會將地球上所有城市炸成廢墟，或是因為劇烈干擾氣候以致人類倒退回石器時代的科技水準，但即便我們面臨那一刻，我們也會著手重建過去記憶中的工具，並構思新科技。我們是人類，這就是我們的宿命。

第二十六章

帝國和民族國家

公元一八〇〇至一九二五年

一八五〇年，世界上大部分的人仍舊住在某個遙遠的多民族帝國，由君王所統治，而其權威則來自家世血統。這些帝國比古代的美索不達米亞諸帝國龐大許多，也更笨拙，但它們在結構上沒有什麼不同。

例如說，中歐大部分屬於德意志帝國，由普魯士的霍亨索倫（Hohenzollern）家族所統治：那是公國和小王國的大雜燴，主要使用德語，普魯士則是其最強大的核心。東歐則大部分歸屬於奧匈帝國，由哈布斯堡家族統治，人們說著眾多不同語言。哈布斯堡帝國與另一個家族的帝國接壤，此即為羅曼諾夫的俄羅斯，這又是另一個紛雜的帝國，疆域一路延伸到太平洋。俄羅斯則與由鄂圖曼家族統治的小王朝國家拼湊起來的地域相接，並在遠東遇上名義上由清朝世系統治的帝國。

西歐的情況略有不同。法國此時是共和立憲制，但它也是帝國。這個歐洲核心是根據一套世俗理性系統來治理，但法國統治的土地也包括人口逐漸增加的殖民地，有時（檯面上）由當地人統治，而其威權則仍舊來自血脈和親屬關係（沒錯）。英國也是如此，其大英帝國廣布全世界。

但當這些緩慢笨拙的帝國在世界上埋首於自身事務時，一種部分肇因於機械興起的新形態社會與政治單位正在帝國內成形——民族國家的時代終於來臨，掙扎著要在歷史舞臺上亮相。不過，這種形式的社會星座早已存在原型。遠在十四世紀某一刻，英國和法國就開始從封建帝國轉型為（原型）民族國家。當時這個過程約持續了一百年，英國軍隊對法國的一連串入侵為英倫海峽兩邊的國家認同打下基礎。英國國王以訴求國家認同的手法召集軍隊，於是來自不同階級、背景和地區的士兵發現自己身處異域，肩並肩和說著相同語言的人生死與共，對抗一批也長著人類形狀、但滿口胡言亂語的異族。法國人在對抗從英國來的人形異族侵略者時，也有相同感受和經驗。而在戰事的兩邊，方言融合，共同歷史感和休戚與共的命運感確立，甚至與他者格格不入的分離感也更加強化。

在遙遠中央世界的伊朗，也正在經歷某種基於文化和自身位置的類似過程。此地也有一個種族一致、說著波斯語的什葉派團體，擁有漫長卻夾在突厥遜尼派強權之間的共同歷史。

但民族國家不僅是國家認同感那麼簡單，而是種客觀存在於世界上的結構。民族國家之所以誕生，是因為它們是許多歷史潮流不可避免的副產品：包括銀行業的發展、統一貨幣的出現、通訊和運輸科技的日漸複雜化，以及戰爭的不斷進步和機械化。這些因素交互影響，而在這些養分中成長出一種新型的社會一體感。民族國家之於帝國就像帝國之於文明，只是更為小巧、密實和具體。

早期的老式帝國以開疆闢土來衡量己身成就。成功的帝國幅員必須遼闊，必須統治許多領土、擁有眾多臣民可供徵稅與可招兵。皇帝在帝國境內擁有絕對權力，可以在不加解釋的情況下處決臣下。但當他沒在帝國隱密的角落處決人時，他對人民的生活其實沒有多大影響：雜貨店老闆賣酸掉的牛奶，未成年男孩在公共場合喝得爛醉，男人魯莽地駕駛馬車，女人在說髒話——皇帝能拿這些行為怎麼辦？不能！他甚至不知道這些事，或說他也不在乎。某些人也許會做些什麼，但那是由本地神職人員，或大皺眉頭的父老，或同業公會會長、或也許是家族裡的女家長，或只是某個在社區裡大家都害怕的高大男人出面。

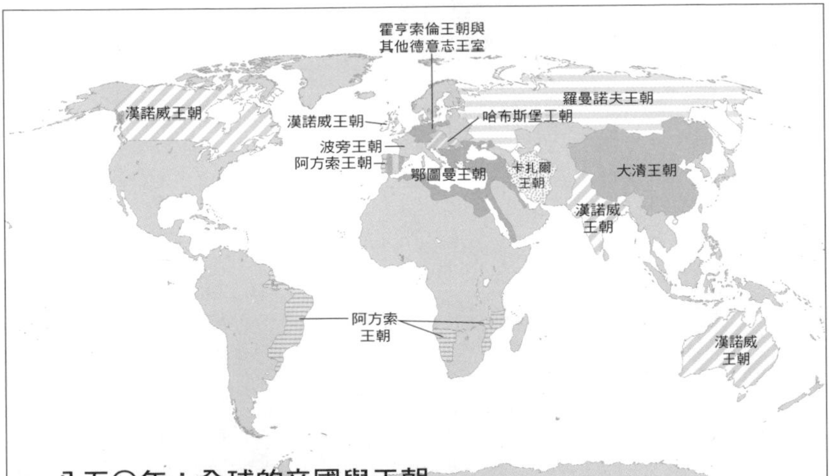

一八五〇年：全球的帝國與王朝

民族主義

民族國家的成功特色不在其廣度，而在其深度。在這種社會星座形式中，國家領袖不能心血來潮就處決人，而是像所有人一樣受制於法律。但國家本身，那個至少透過社會機制界定了一部分的抽象實體，在其所有公民生活中有個持續性的存在，每天從早到晚，其控制力比國家領袖還更為深入。在民族國家的邊界內，只有一套到處都適用的法律，也只有一種貨幣。對於境內暴力，單一中央權力有完全的控制權。公民也許說著數種語言，但其中一種有官方地位，而所有政府作業都以那個語言來執行。

一個民族國家的邊界很清楚，人們不能像踩過人行道的裂縫般越界：這邊完全是法國，那邊完全是德國。緊密相連的命運賦予民族國家無與倫比的能力，並以單一社會組織去形塑和執行意圖。民族國家比任何先前的社會政治形式更能有效達成這點。說到幅員大小時，英國和中國比起來很小；但說到強制執行其意志時，英國可就更為強大。在此請注意，英國的權力並不屬於維多利亞女王或首相班傑明·迪斯雷利（Benjamin Disraeli），或英國東印度公司總督。這些個人只是執行英國整體社會的意志。

民族國家崛起時，有一項十九世紀最熱切的意識形態也跟著崛起，那就是能引發強烈情緒迴響的民族主義。它有一連串主張，主張每個人都隸屬於某個國家，而每個國家都有權成為主權國家。民族主義宣稱物必須類聚，沒有人應該被排除在他們自己人民的民族國家之外，而在國家裡的每個人都應該是那個相同的「我們人民」的一部分。

這當然引發一個問題。「我們人民」要靠什麼來界定？是什麼屬性使一個人成為這個而不是那個國家的一部分——是我們而不是他們？什麼是「民族」？沒有人會認為身高是判斷標準，因為沒有人會主張一個屬於高個子的民族國家或一個屬於矮子的民族國家。那麼是語言囉？或者，或許是共享的經驗？或宗教信仰？或者，在某種情有可原的情境上，是血統？國家是從共同祖先流傳下來的同一批後裔嗎？這類關聯是看得見的嗎？膚色是不是判別的標記？

不是所有民族國家都是建立在這類基礎上。意識形態能為人民提供另一種組成國家的凝聚方式，美國就是最好的例子。《獨立宣言》和美國憲法以普世語言述說，旨在提出法律和原則的藍圖（也就是一套社會機制），並可應用在所有人類身上。社會現實確實不符合這些文獻裡表達的許多理想，許多矛盾也確實潛藏在文獻本身的字裡行間。好比當傑佛遜說「人類生而平等」時，他的同代人所瞭解的意思其實是「所有富有的地主」，而他們眼中的女人則被視為這些男人的附屬。憲法的制定者假定奴隸制度可與傑佛遜的「人類生而平等」的提議相容共存。例如，南卡羅來納州的亞瑟·米德頓（Arthur Middleton）在簽署宣稱人類生而平等的《獨立宣言》時，有三千五百名奴隸為他工作。

但這些建國文獻的普世口吻仍舊影射了某些深層原則。支持進步的活躍分子使用這些原則來推動美國，使其走向前所未見的方向。為了確實走在這個方向上，美國打了場內戰，賠上超過五十萬條人命。但在內戰中，一項美國憲法修正案定義了這個民族國家的公民就是接受美國憲法統治的任何人。就這麼簡單。而在歐洲，無論原因為何，得到青睞的概念正好與此相反：他們認為民族國家是以有種族和血緣關係的人民所組成。

以血緣關係為國家基礎的概念，恰好符合十九世紀最糟糕的意識形態之一。正是在西方世界裡，種族主義的概念得以完全成形。有些人或許會說：人們不總是注意到人類間的長相差別嗎？不總是傾向於聯合起來抵抗外人嗎？是的，他們是，但界定外人的方式隨時間而有所改變。看似重要的差異在各地未必相同，身分認同也不一定牽涉到種族概念。

此時，種族主義的論述於西方臻至成熟。其論述將人類劃分為擁有某些先天、客觀、生物差別的族群，亦即所謂的種族。每個人類都有這些特色，也就是說，每個人類都屬於某一種種族，就像每個木雕只能以一種木頭雕成——橡木、松木、樺木，不管是什麼，總之不能同時是其他種類。所有可見的種族印記，比如膚色、髮質、眼睛形狀等等，在假設上都是某種單一潛在本質的表徵。你無法直接觀察到種族，但能夠以其所產生的可見特徵來偵測與判斷。

十九世紀的西方知識分子以為，種族是一門客觀的科學研究。某些學界人士費盡心思，努力辨識人類的真正種族為何。哈佛的路易士．阿格西（Louis Agassiz）教授提出理論，認為不同種族起源有別，因此近乎不同物種。他數出十一種基本種族。而他的同事查爾斯．波克林（Charles Pickering）則認為有十二種；另一位認真的學者，喬治．居維葉（Georges Cuvier）則認為只有五種。

最後，由稍早的瑞典動物學家兼現代生物分類學之父卡爾．林奈（Carl Linnaeus）提議的分類勝出。林奈宣稱世上有四種種族：非洲人、亞洲人、歐洲人和美洲原住民。他和其他人很快就將這些種族貼上膚色標籤：黑、黃、白、紅。一旦這類分類成為共識，科學家和偽科學家就著手於辨識每個種族的先天特徵。種族理論家認為膚色不僅是長相特徵，也是心理、情感和文化特徵。這些說法使得「種族學者」（諸如居維葉之流）得以推斷說，白人善於知性，黑人長於情感，而黃種人天性狡猾等等。

法國伯爵戈比諾（Joseph Arthur de Gobineau）致力闡述假設性先天特色所形成的種族階級。他自己是白人，於是他很開心地宣布白人是最高階的種族，在各方面都領先群倫，尤其是智識。沒錯，有些白人是又笨又壞，但這個嘛，根據戈比諾的說法，那反映他們家族裡的種族混血：他們的某位祖先一定是和「較低種族」發生了性行為，因此污染了血統。

今天，我們大部分人在聽到這類種族分類的刻板印象時，都會大吃一驚，而且感到嫌惡驚懼。但種族主義思想的基本前提——種族作為客觀範疇而存在，不同種族的人在先天上就有不同的遺傳特徵——被十九和二十世紀的許多人，甚至那些自詡為自由派人道主義者[1]照

1 作者注：比如，墨西哥藝術家迪亞喬．里維提自詡為共產主義者，畫了一幅壁畫，歌頌底特律工業勞工，畫中描繪在鋼鐵廠工作的四種膚色的工人。里維提解釋說：「黃種人代表沙，因為他人數最多。紅種人……就像鐵礦，為製造鋼鐵的最關鍵必需品。黑種人就像煤炭，因為他有偉大的內在運動感、真實燃燒的感情，在古老雕塑、本地節奏和音樂中散發美感……。白種人則像石灰，不只是因為它是白的，它也是製造鋼鐵的組織媒介。它凝聚其他元素，因此你可看出白色的臉是世界的偉大組織者。」里維提擁護種族平等，重視種族之間的和諧，但他顯然沒有質疑以內在特徵劃分四個顏色的種族。

單全收。從科學層面來說，如果考量到根本沒有種族這回事，這個發展就更令人側目。是的，人們會繼承父母的特徵，時不時和異族通婚的人的確會形成強化某種特徵的基因庫，使得一個族群顯然不同於另一個。但時不時和異族通婚是關鍵，因為這是受到社會規範影響、被地理環境強化的模式。如果任兩個被辨識為不同種族的群體共處在一個小島上，隨機通婚幾個世代，差別就會消失。生物學家在此點上早就意見一致。

歷史上這類通婚屢見不鮮。在我的家鄉舊金山，若我在尖峰時刻搭乘巴士，且不知道世界上理應有四個種族，那麼我絕對不會將所見到的人歸為四個獨立的族群。光膚色本身就從慘白到深黑，中間還有各種色調差別。這城市有許多亞裔，但沒有人有黃皮膚。我所見過最黑的人是深棕色，最白的人大莫是某種乳白色。我有次在彩虹節看到一個脫光衣服的傢伙，他把全身漆上紅色染料，他是我見過的唯一紅人。我的高中同學班恩是位納瓦霍人（Navajo），比我那位從佛蒙特來的朋友哈利的膚色稍深。但就算你再怎麼勉強想像，班恩並非紅人，哈利也不真的是白人。如果硬要我說哈利的色調，我會說粉紅，那意味著他比班恩還接近紅色。

簡而言之，種族是社會架構而非生理現實，反映了社會規範干涉隨機異族通婚的方式。諷刺的是，引導人們和「自己人」通婚的社會規範強化了長相特徵，因此賦予種族一種偽客觀的存在。在十九世紀，許多西歐人是帝國公民，而其帝國子民則大部分是遙遠土地上遭到殖民的「原住民」。種族理論因而提供了一套基礎，貶低這些他者並合理化那些在異地上揮舞特權的人們。隨著時間推演，它還幫助強化民族國家是客觀存在於世的概念，而且每個民族都有權建立自己的國家。

北美洲

英國最後鑄造了史上幅員最大的帝國，在顛峰時控制將近地球四分之一的土地和人民。法國、西班牙、荷蘭——直到十九世紀末仍使盡全力爭奪霸主地位。甚至在那時，那些社會和其學者就已經稱他們在做的事是帝國主義。然而，在那個時代，他們可是自豪地大力宣傳。直到後來，帝國主義者這個詞才出現貶義。

美國也在此時期強力擴張，但這份擴張長久以來都沒被貼上帝國主義的標籤。這個民族國家在說自己的故事時，自稱並未到處征服他人。它的公民冒險進入蠻荒、清理森林、耕作農地、建立城鎮、修築馬路與鐵路來連接彼此。美國只是藉由發展它已經擁有的荒地來變得領土遼闊。這就是進步敘事的展現。

這個新國家的居民的確做了許多清理森林、耕作農地和建立城鎮的英勇事蹟，但這套敘事中間總會露出破綻：在北美拓荒者所開闢的土地上早已住了人，而那些居民早已在使用這塊土地，儘管方式和拓荒者不同。更有甚者，他們的世界並不是個亙古不變的靜態世界，而這些居民也不是在大自然中與世無爭，直到被橫加打斷的一群人。他們也有過去和現在，也期待著未來。就像所有的人類，他們生活在歷史中。

來自亞洲最晚近的移民潮遷徙過加拿大，然後有些人南下進入北美腹地，就在第一批歐洲人抵達前幾個世紀。這些北方的新來者包括丹人（Dine），他們以納瓦霍人（the Navajo）較為人所知，還有阿帕契人（the Apache）。沿著密西西比河、密蘇里河以及五大湖岸邊居住的原住民包括曼丹人（the Mandan）、達科他人（the Dakota）、歐吉布瓦人（the Ojibwa）等等是半定居農民，只在夏天時於草原遊蕩，徒步獵捕野牛。然而，在歐洲拓荒者的西向移民壓力下，這些人愈來愈遷徙深入大平原，而且整年都待在那裡。

歐洲人將馬帶來美洲，有幾匹逃走變成野馬，在野外繁殖後代。馬的出現導致北美洲衍生出新形態的游牧生活，不是中亞草原那種放牧綿羊的游牧方式。它和放牧毫無關係。數千萬頭野牛遊蕩在北美大草原，而野牛和野馬的組合使得一種美洲式游牧文化短暫興起。這些人是狩獵兼採集者，發展出精細使用野牛每一部位的複雜傳統，包括從蹄、角到內臟，以及肉和牛皮。曼丹人和達科他人在大草原上徘徊，被法國人稱為蘇族（the Sioux）。而科曼奇人（the Comanche）和夏安人（the Cheyenne）從洛磯山脈南下進入平原。我們無法預料如果原住民部落在大陸上未受侵擾，這些發展會如何演變。他們會發展出橫越大陸的貿易網嗎？那些交通樞紐會發展成城市，然後就像在歐洲一樣，進入機械時代嗎？我們永遠不會知道了，因為歐洲移民截斷了原住民歷史的發展軌道。

當歐洲人蜂擁行過整個亞洲和非洲時，他們是去那做生意，是為了服務其貿易野心而進行征服。他們想要那些土地的資源，但他們也想要那些土地上的產品，所以他們會想要這些人繼續活著製造產品。而當美國擴張至太平洋沿岸時，它的拓荒者對美洲原住民的產品沒有興趣。新移民不是來進行貿易，甚至不是來征服原住民的，他們只是想取而代之。那些執行擴張事業的人大部分是窮人，他們來美洲尋找建立新生活的機會，憑藉著英勇和足智多謀致富，以彌補他們和祖先永遠無法在故鄉得到頭銜、金錢和土地的遺憾。他們在密西西比河以西找到大好機會。

但美國的向西擴張，也與削減甚至殲滅原住民的手段並行。沒有必要替此事裹上糖衣。這不是那種點燃意識形態仇恨的納粹式種族滅絕，後者試圖消滅猶太人。對歐洲人而言，原住民只是單純擋到他們的路。他們既害怕又仇視原住民，直到將原住民掃除乾淨為止，然後他們將原住民神話化為高貴的野蠻人，最後還以其名來為運動賽事的隊伍命名，好來紀念原住民[2]。

更遑論有時候，種族滅絕其實是特意為之。在加利福尼亞，擴張中的歐洲新來者以除蟲專家看待蟑螂的方式來評判美洲原住民。加利福尼亞州州長彼得・伯內特（Peter Burnett）承諾政府會支持「滅絕戰爭直到印地安種族絕種」。一八五三年，《依瑞卡山先驅報》（*Yreka Mountain Herald*）的一份社論讚揚州長並宣稱：「第一個提出和約或和平的人將被視為叛國

2　如華盛頓紅皮（Washington Redskins）和克里夫蘭印地安人（Cleveland Indians）於二〇二〇年都在考慮改名。

賊。」為了兌現承諾，每殺一個「印地安人」，州政府就提供高達二十五元美金（而最少也有二十五分美元）的獎金。九成加州原住民在一代間喪命，有個部落最後只剩下一位倖存者，叫做依喜（Ishi）。他被帶到舊金山當作人類學珍稀展品而度過餘生。當他死時，一個語言、歷史和宇宙也跟著死去。

在美洲大陸其他地方，大部分將原住民取而代之的努力都是透過類似戰爭的方式：兩個群體開戰，一方贏，一方輸。大部分時候，新國家的政府將原住民趕進稱做「保留區」的限制區域，保留區則不盡誠懇地被歸類為主權國家，和美國簽有和約關係。在保留區內，原住民多少有自由以祖先的方式過活，儘管缺乏支持他們祖先生活方式的資源。在某個時期，美國政府的確試圖將原住民收編進崛起中的美國社會主流文化，也就是將誕生在保留區的小孩送到美國政府的公立學校，學習說、讀、寫英文、歐洲式餐桌禮節和歐洲式衣著。一九二四年，美國政府宣布美國境內三十萬名左右的所有美洲原住民皆為美國公民。

第二十七章

世界大戰

公元一九〇〇至一九四五年

在十九世紀早期，以科技作後盾、像企業一樣地組織，並且如民族國家般運作的社會，比世界上其他形式的社會組織都更為強大。當這類強大社會碰上中國時，就打敗了中國；當它們遇上伊斯蘭和印度教世界時，就將其滲透並從內部接管。

撒哈拉沙漠以南的非洲長期抗拒殖民化。歐洲強權沿著海岸設立貿易站，但無法深入非洲內陸，因為大陸核心是赤道叢林，嗜睡症和瘧疾猖獗。該地居民長期以來已經適應這個環境，對這些盛行疾病發展出抗體。他們組織成強大的部落國家，有效抗拒歐洲的入侵。

但科技和全球化改變了這個平衡。先進醫學知識賦予歐洲人對抗嗜睡症的工具，歐洲人還在南美洲發現一種植物能製造奎寧，他們就能在地球的另一端打敗瘧疾。現在，他們由蒸汽機推動的平底炮艦還可以溯非洲河流而上，進入內陸深處。

非洲原住民部落有軍隊，有些還有槍炮，但他們無力抵禦歐洲的軍隊和槍炮。

一八九八年，一支龐大的蘇丹穆斯林軍隊將規模小很多的英國部隊圍剿至一個叫做恩圖曼（Omdurman）的地方。那支穆斯林軍隊由一位末日穆斯林教派領袖建立，他稱自己為馬赫迪，也就是「眾所期待之人」。他承諾會將外國人趕走並「拯救」人民。馬赫迪的四萬大軍有長矛和老式槍枝，英國人則有十二支馬克沁機槍，每支每分鐘都可發射五百顆子彈。六把槍在那場短暫的戰役中發射了大約五十萬顆子彈，殺死兩萬名非洲戰士，還使其餘多數人負傷。英國的死亡總人數是四十八人。恩圖曼戰役終結所有懷疑：在西方軍隊和其他軍隊的交鋒中——在機械和前機械社會星座之間的交鋒中——西方所向無敵。現在只剩下一個問題：每個機械化西方強權還剩「哪些地方」能夠瓜分？

德國首相俾斯麥試圖讓非洲的殖民競賽「文明化」。他在柏林組織一個會議，讓十四個歐洲強權討論如何瓜分非洲，又不會落入不體面的爭吵。無須贅言，沒有半個非洲人受邀。

柏林會議在一八八四年十一月召開，但為時已晚，因為全球帝國主義已經進入嶄新階段。在會議召開前，西歐列強已經搶著殖民那些尚未有人宣稱所有權的土地。歐洲人如今已經擁有、控制，或主宰世界的大部分角落，除了泰國和阿富汗以外。在未受宣稱所有權的土地所剩無幾的情況下，參加饗宴的後來者得從某個人的盤子裡搶得他們的殖民地。因此，歐洲列強開始覬覦彼此的土地。

一九〇〇年，一個標誌著未來麻煩的預兆在非洲南部爆發。人們才剛在那裡發現全球最大的金礦——就在世界最豐富的鑽石礦附近。當時這地區的主人是波耳人，他們是早期荷蘭開拓者的後裔，長期以來將非洲原住民邊緣化。英國已經在此設立了數個小殖民地，但現在由於這地區發現了金礦，英國人遂想將它完全占為己有。儘管如此，擊潰波耳人的波耳戰爭所費不貲又非常血腥。為什麼會那麼困難呢？因為另一個機械強權——德國——對此戰事也有興趣。這真是不祥的預兆。

我一直說歐洲人歐洲人的，但現在有個非歐洲的列強也涉入極深。日本早就見到機械時代的來臨，瞭解其意義，並想辦法在短時間內達成工業化。一九〇四年，日本對準歐洲強權俄羅斯開戰，俄羅斯的節節敗退使西方觀察家大感震驚。在那場日俄戰爭的海戰高潮中，日本擊沉了大部分的俄羅斯艦隊。歐洲讀懂了背後的訊息：英國不再是唯一能擊敗比自己強大國家的島國。

甚至連遙遠的美國都來摻一腳，這點意義更加重大。一八九八年，美國將西班牙人從菲律賓趕走。六年後，美國的老羅斯福總統（Teddy Roosevelt）以斡旋日俄戰爭結束的聲譽，確立自己成為一位世界級領袖。他在《樸茲茅斯條約》（Treaty of Portsmouth）簽署後發布一項驚人聲明：美國往後在處理世界上的其餘問題時，會「溫言在口，大棒在手」。

歐洲人非常清楚意識到這根巨棒。美國不僅擁有巨大資源，還擁有民族國家的緊密凝聚力——而且沒有過氣君主制的阻礙。這是個建立在民主憲政體制這一最現代原則上的強權。一八六〇至一八六五年間的美國內戰，有數百萬士兵彼此征伐，他們用上先進的工業化武器。現在美國又是統一國家了，政府有能力供養數百萬士兵，裝配軍備，並將他們整合成一股軍力。

當世界邁向二十世紀時，對殖民地的爭奪也來到關鍵階段。德國和義大利各自融合成民族國家，但它們野心勃勃，如飢似渴。義大利仍舊沒有實力獨自扮演要角，但德國不一樣，它是可與英國相提並論的工業強國。如果有人想從別人那裡搶走殖民地，非這兩國莫屬。

德國和英國都對自己的武器深具自信。多年來，兩國都像在獵殺蚊子般猛打對手。有像他們那樣的武器，地球上誰能起而反抗他們呢？答案當然很明顯：另一個擁有像他們那樣武器的強權。所有主要歐洲國家因此開始忙於改善殺戮工具，而這兩大工業強權衝得最快。

我們早先提過，此時巨大的君主制帝國正在蹣跚邁向史詩式的對決，第二個矛盾正在世界體系中累積壓力。這些帝國境內都有新生的民族國家蠢蠢欲動，就像腫瘤一般。每個帝國都充斥著聲稱有權自治的人，他們想建立國家。這些人大部分是民族主義革命分子，計畫一路靠暗殺奪權。阿拉伯人想掙脫鄂圖曼桎梏，塞爾維亞人、波蘭人、匈牙利人以及其他人在奧匈帝國內鬧事，俄羅斯境內的土耳其民族主義者渴望獨立，亞美尼亞人想要獨立建國，許多住在歐洲的猶太人開始夢想著在某處建立猶太主權國家。而在南亞，印度民族主義者尋求脫離英國獨立。儘管當時真正的民族國家很少，但許許多多民族國家都正在帝國內醞釀，掙扎著想要誕生。

然後在一九一四年，一位十九歲的塞爾維亞民族主義者，加夫里洛・普林西普（Gavrilo Princip）開槍射殺一位中年人，他剛好是奧匈帝國的王儲，局勢立即全面失控。老舊帝國像塞滿鞭炮的房間般連番炸開。突然間，德國在侵略法國，然後英國在封鎖德國，之後俄羅斯派遣騎兵大隊出戰奧地利軍隊，接下來鄂圖曼土耳其人將軍隊移師到加里波利半島。

大家常說第一次世界大戰結束於一九一八年，第二次世界大戰的時間則是一九三九至一九四五年。但一千年後的歷史學家回顧這段歷史時，肯定只會如歷史學家尼爾・弗格森（Niall Ferguson）所言，將它們視為一場二十世紀的「世界大戰」。弗格森認為世界大戰開始於一九〇〇年代初，一路肆虐到一九四五年，中間有過幾次停頓。第一個停頓是在一九一八年——在四年無可言喻的暴力後，美國加入戰爭，派遣兩百萬士兵進入法國，才使這場恐怖暫歇。

世界大戰的頭四年使得整個歐洲飽受摧殘。然而，德國、奧地利和鄂圖曼土耳其這三國同盟的情況最糟，所以當雙方協商制定和約時，英國和法國可以獅子大開口。他們說德國開啟戰爭，所以德國得賠償。他們強加鉅額賠償費，估計這可以使德國在可見的未來陷於貧窮和羸弱。

那些年的暴力也對大部分的君主制帝國造成致命打擊。一九一八年的停戰協議後，在帝國內成長的民族國家開始蛻去帝國的外殼。鄂圖曼帝國分崩離析，它的核心化為土耳其民族國家。得勝的西方列強處理阿拉伯民族主義的方式是專斷地劃分邊界，切割出各式各樣的阿拉伯民族國家，例如約旦、敘利亞和伊拉克。英國支持歐洲猶太人移民進入黎凡特地區的某一處，猶太活躍分子希望在那建立一個自己的國家。在東歐，許多新興民族國家的邊界變得清晰可見：波蘭、塞爾維亞、匈牙利、羅馬尼亞、烏克蘭。

德國罷黜皇帝，宣布自己成為那些新奇形式的政府之一：一個有民選總統的制憲共和國。清朝在大戰爆發前瓦解，理論上它現在也是個共和國，渴切進入機械時代，成為民族國家。和平似乎終究降臨。

但和平只是幻覺。緊接在一九一八年的協議之後，主要敵對強權開始重建軍備，為下一場大戰做準備。和平協議也未能讓各地結束暴力。在俄羅斯，羅曼諾夫王朝傾頹，布爾什維克奪權，他們為了鞏固勢力，打了場歷史上最血腥的內戰。這場內戰在不到十年內消耗掉近乎千萬條人命，並將俄羅斯改造為極權國家，由約瑟夫．史達林這號人物統治（他會在下個十年內繼續殺害或囚禁數百萬人）。更有甚者，在一次世界大戰的餘波中，一場西班牙大流感隨著部分軍隊的移動，在一九一八年橫掃全球，奪去大約五千萬條人命。我不是說嘛，全球化有其缺憾。

然後在一九三〇年代，戰鼓又開始咚咚作響。想讓德國跛腳的賠償費弄巧成拙。在躁動不安的情緒中，恣意而為的野心家能利用社會動盪來達成野心。在德國，阿道夫．希特勒（Adolph Hitler）是歷史上最讓人起雞皮疙瘩的人之一，他想出如何利用戰爭的悲慘與和約帶來的屈辱來煽動種族民族主義，並依此打造納粹黨。而在世界的另一邊，軍事極權的民族主義也在日本成形，日本開始在中國和東南亞蠶食鯨吞，建立殖民地。然後西班牙爆發慘烈內戰，幾個強權介入選邊站，還順便測試他們的最新武器。

世界大戰的第一部分是由誰開打或許會有爭議，但開啟第二次世界大戰的確實是德國。而這次不是由小小的星火點燃，而是在希特勒主導下由納粹戰爭機器的殘酷野心所導致。納粹奪取所有他們能奪取的土地，直到歐洲列強驚駭不已，出手阻止。就像在沼澤下面悶燒的泥炭火，戰爭再次爆發，而這次火焰吞噬大部分世界。

美國再次扭轉局勢——但這回不像以前那麼容易。美國在一九四二年送數百萬軍隊上歐洲戰場，也派遣龐大艦隊攻擊日本人，但戰火繼續燃燒超過三年。然後在一九四五年，美國科學家發明了人類有史以來最具毀滅性的武器，也就是原子彈，並贏得了比賽。美國在日本丟了兩顆原子彈，每顆都夷平一座城市，也平息了所有爭議。

一旦煙硝散去，塵埃落定，哀嚎遠遁，人類的民族國家計畫似乎終於定案。地球的每寸土地都在官方上隸屬於某個主權民族國家（即使許多土地仍被界定為某些民族國家的殖民地），每個人現在都是這類國家的公民，或是這

一九四五年後民族國家的世界

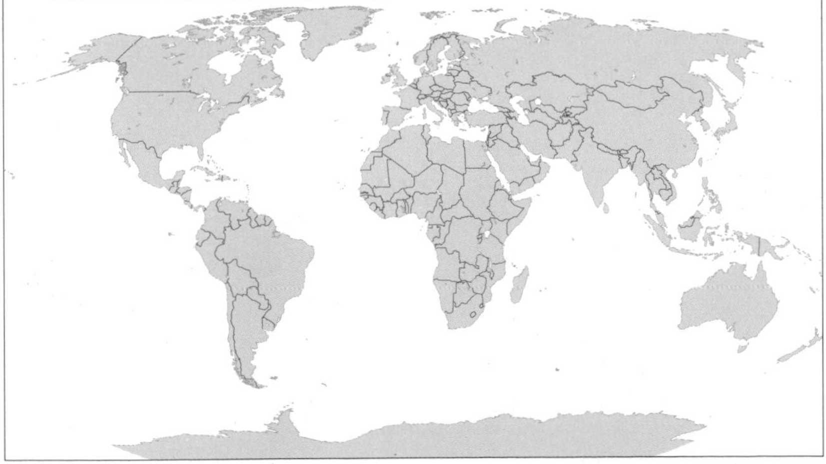

類未來國家的難民。每個國家都有確切清晰的界線，而每個人在跨越邊界時都得帶著護照。每個人在國內使用自己民族國家的貨幣，在學校學習國家的官方歷史。每個國家都有國旗，大部分人都認得出自己國家的國旗。某些土地仍舊以殖民地方式「屬於」某些國家，它們很不滿自己的地位，渴求主權獨立和建立自己的民族國家。一般來說，當人們將世界想成一個社會整體時，他們將它看成一群民族國家——最後總共有一百九十五個。而當他們想到全球政治體系的進步時，便是在心中描繪著每個民族國家從其他國家治下完全獨立，並得到完全主權。在那時以及之後的年間，主權國家似乎是最終的政治形式。至少那是我看著世界長大時的感覺，而如果你的年紀與我相當，你肯定也是這麼想。

但我們都錯了。

第六部
奇點有三面

在二十世紀的世界大戰後，全球文明開始微微閃爍曙光，儘管野蠻戰事仍舊在各地爆發。瞭解世界的科學得到深化，機械持續改善，人類得到對抗自然的更大力量，但我們現在對付的大自然可說是我們自己建立的，因為我們居住的環境幾乎完全是人造的。與此同時，我們的工具的能力和複雜度不僅增長，成長速度還加快。有人說，科技變得愈來愈複雜，如基因編輯、物質分子操控，和人工智慧，會匯聚到一個臨界點，他們稱此為「奇點」（singularity）：據稱在此時刻，人和機器會合而為一。有些人認為這便是人類成就不朽的時刻，其他人則將其視為人類時代的結束和機械時代的開端。即使我們是在向奇點一股腦地奔去，但我們的歷史依舊是由三股力量交織而成：一、環境，不管它變得如何。二、我們製造的工具，不論是什麼工具。三、相互交流，這是由語言賦予人類的特有功能。語言是使我們得以描繪概念世界、並產生相互交流的工具。我們共同居住在世界上，但對世界的體驗都是個別獨立的。那些世界存在於我們彼此之間，卻又巨大複雜到超乎我們想像。

第二十八章

超越民族國家

公元一九四五至二〇一八年

即使在民族國家體制正在盛行的當頭，這套體制的熱潮就已經開始消退。比單一國家還大的超國家實體開始成形，而且打從一開始就在爭著取代民族國家。聯合國（The United Nations）是最顯著的例子，儘管在許多方面來說都是最不重要的。它的名字聽起來像世界政府，但在實踐上比較像全球論壇俱樂部。

儘管如此，聯合國仍在一九四八年發布一紙稱之為《世界人權宣言》（Universal Declaration of Human Rights）的文件，挑戰主權的無上權威。這文件說，不管拿的是哪國護照，每個人都擁有某些特定權利：一個主權政府就是有某些事情不能做，即使是對自已的公民。

《世界人權宣言》在真實世界的效應為零，因為沒有普世政府來執行其條款。就在其所列舉的權利成形的時刻，它們就遭到違反，且此後可怕的違反仍持續發生。但《世界人權宣言》至少對違反行徑的估量方式設下標準，並給理想主義者一面能在日後揮舞的旗幟。

不像聯合國，某些超國家實體的確有真正的權力。它們大部分涉及經濟事務，這不令人意外。每個國家都有其他國家想買的東西，但越過民族國家邊界的買賣有各種難題。首先，在邊界兩邊的人使用不同貨幣，所以大家該如何交涉甚至知道每樣商品的價格？

這是四十五個國家代表聚集的原因。就在二次大戰結束時，他們共同協調未來金錢該如何在世界中流通。代表們在美國新罕布夏州小鎮布列敦森林會面，他們在那創造出世界銀行和國際貨幣基金組織（International Monetary Fund，簡稱ＩＭＦ）。世界銀行的任務是為落後國家籌措工業發展資金，理論上來說是代表世界整體來運作。ＩＭＦ則被授予規範不同貨幣兌換匯率的責任，以及插手提供信貸給陷入還債危機的國家。然而，為了償還這些信貸，ＩＭＦ有權指導債務國如何花錢。通常在這類案例中，ＩＭＦ會要求「撙節」，這個詞意味著債務國曾像喝醉酒的人般胡來，因此得停止飲酒狂歡。在實務上，「撙節」往往意味著減少政府在健保、教育和社會服務上的支出。

後來還有二十三個主要國家簽署《關稅暨貿易總協定》（General Agreement on Trade and Tariffs，簡稱ＧＡＴＴ）。該協定規範簽署國如何對他國商品進行課稅——在雙方有貿易關係時。ＧＡＴＴ理應在國家們試圖跳探戈時，保護它們不傷害彼此。

冷戰

儘管如此，這些手段和協議並沒有涵蓋所有國家，因為在戰前興盛一時的許多意識形態中，只有共產主義和資本主義勝出。如同古代瑣羅亞斯德神話中的神祇，國家如今基於它們所擁抱的意識形態分成兩大聯盟，形成了兩大敵對的民族國家陣營。一個致力於將整個世界轉化為單一市場，金錢可以在這市場的任何地方以同樣的標準花費和賺取。另一個陣營則提議將全世界結合為單一計畫經濟，由單一中央政府基於社會最大利益而採取相應計畫來分配資源。

一方展望人類分解成獨立個體的原子雲，每個人都追求自我利益，理論上能確保整體的快樂、幸福和繁榮。另一方則構想出中央的社會意志，有意識地指揮和協調人類努力朝整體的繁榮、幸福和快樂邁進，理論上能促使每個人的自我實現成為可能。

兩大體系都衍生自西方世俗傳統，兩者都訴諸理性，都尋求能支撐其理論的實證證據。也就是說，兩方都相信真實世界的結果會證明它們的體系正確。在接下來的四十多年內，這兩大體系彼此鬥爭，爭奪人類故事的主導權，並將對方「掃進歷史的垃圾堆」。

美國是第一個陣營的領袖，其夥伴是日本和西歐。前俄羅斯帝國現在是蘇聯，合併成第二個陣營，東歐國家則成為其衛星國。這兩大陣營活像死硬派賭徒在高額賭注的撲克牌賭局上彼此對峙，籌碼是全世界的國家，其中大部分相對貧窮且尚未工業化。中國的毛澤東為其他國家發明了一個名詞：第三世界。他以此標籤暗指這些國家也是一個陣營——由中國領導。

從一九四五年至一九八〇年代末期，這三大陣營進行全球鬥爭，稱之為冷戰。這是場戰爭，因為兩大主要陣營都想消滅彼此；但它也是一場「冷」戰，因為沒有一方能公然殺害對方的公民：雙方都有足以引發危機的軍備，不能輕易發動攻擊。資本主義者這邊開始製造核子彈，而蘇聯很快也打造出自己的核子武器。兩方之後升級為氫彈，如果全數引爆，地球就會滅亡。受限於軍事僵局，兩大主要陣營便改以另一種方式來發動戰爭：那就是利用民族國家體系的致命缺陷。

缺陷是這樣的：其實沒有真正的民族國家這種東西，至少不是十九世紀民族主義者所想像的那樣。他們所認為的民族國家，是指一個自治民族，住在自己的土地上。而這就需要先有「一個」可供治理的民族存在。然而在實務上，無論如何界定民族，都沒有任何民族國家裡只住著單一民族。大部分的國家（如果不是全部的話）都包含有潛力形成民族主義運動的次文化。亞美尼亞人和亞塞拜然人、巴斯克人和加泰隆尼亞人、馬利的圖瓦雷克人（Tuaregs of Mali）、加拿大的法語區、英國的愛爾蘭人——這張表列不完的。

雪上加霜的是，許多國家邊界直接穿越了某些自視為單一民族的族群所居住的土地。在這些地方，近親發現自己臣屬於不同政權和統治之下，而如果他們的國家陷入交戰，他們也許會被徵召入不同軍隊，不得不對彼此開槍。舉庫德族為例：他們比鄰而居，卻分屬於土耳其、敘利亞、伊朗和伊拉克等四個不同國家。幾個潛在民族國家也宣稱擁有相同的地域，例如以色列的存在否定巴勒斯坦國家的可能性，印度和巴基斯坦兩方都宣稱擁有喀什米爾。全球充斥著這類一觸即發的未爆彈，尤其是在第三世界。每個地區都能點燃一個對抗民族國家政府的反抗運動。

每個國家在自己邊界內都有反政府運動，而這就是強大陣營所能利用的缺陷。如果資本主義列強支持政府，共產主義陣營就會提供反叛軍軍備和資金；如果資本主義國家支持反叛軍，共產主義國家就會武裝和資助其政府。冷戰主要是在第三世界開打的大大小小代理戰爭。而這場第三次世界大戰可一點都不「冷」：在有戰事的地方，就有數百萬人喪命。

活在冷戰陰影下的人們，將其視為人類滅絕危機籠罩的黑暗時代。那時人們很容易相信，人類故事正邁向高潮，歷史的終結近在眼前。但現在再回顧，冷戰看起來反而像是四十

冷戰：世界分成三大陣營

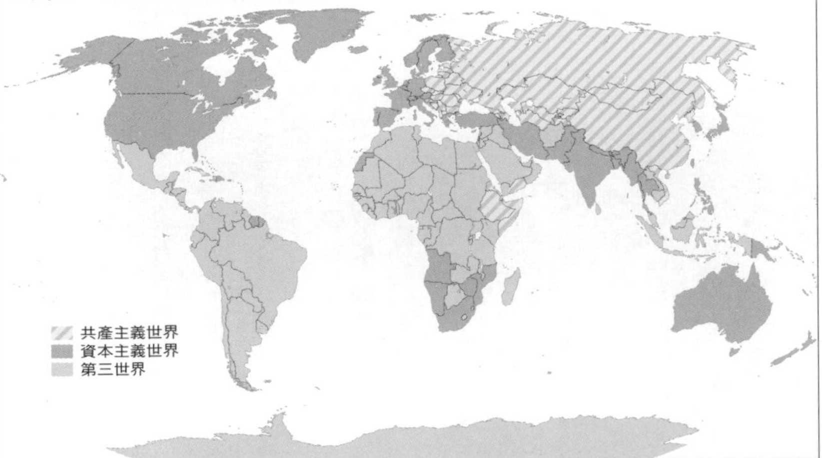

年的穩定繁榮。核武僵局大致維持了世界大部分地區的穩定局面。大致是關鍵詞，但穩定也很重要：戰爭和革命在全球爆發，但大多時候，在最多人住的大多數地區都維繫了和平。

在那些年間，愈來愈多人能接觸到現代醫療。消費品不斷增生，中產階級在全世界擴張。人們建造馬路翻越山區，橫越沙漠。共產國家大幅提高工業能力。在共產世界外的大部分人能旅行至大多數地區。愈來愈多人享有電力，包括許多第三世界的人。甚至就連非常貧窮的國家也設立廣播電臺，許多還有電視臺。幾乎所有國家都有報紙，數千萬人閱讀暢銷書，這規模是以前所無法想像。

好萊塢和寶來塢大量生產電影，更別提樂萊塢（Lollywood）、奈萊塢（Nollywood）和許多其他地方[1]。流行音樂盛行，它從民俗音樂與古典樂傳統，以及最重要的其他文化的音樂影響中吸取靈感。印度流行音樂在中央世界悠悠迴盪。北美爵士、藍調、民俗音樂、搖滾，以及許多其他音樂都受非洲根源深刻影響，這些音樂向東流傳至歐洲，更傳到歐洲之外。在南美，民俗音樂演變成複雜的拉丁爵士樂。阿拉伯音樂家開始使用電子樂器，後來發展出自己的嘻哈版本。

流行娛樂界的某些名流變成全球偶像——從成龍到披頭四，從球王比利到拳王穆罕默德．阿里。就連對阿富汗人來說，阿富汗首都喀布爾最知名的流行歌手也是以「阿富汗的貓

1　作者注：樂萊塢指稱以巴基斯坦的拉合爾（Lahore）為基地的電影產業。奈萊塢則指奈及利亞。

王」著稱。在民主國家，名流也開始擁有政治影響力。世界文化的模糊身影開始顯現。無論好壞，它的主要成員來自流行娛樂界。

超越冷戰

一九七五年，美國自印度支那撤軍，南越首都落入北方共產黨手中。數百萬南越人逃亡。許多人在公海死去，許多人最後就留在外國，但陷入極度貧困的境地。在受到越戰波及的柬埔寨，其共產黨幹部大部分是由青少年組成，他們拿著機關槍，逼迫大約六百萬人赴死。兩個國家似乎都受到無可改變的傷害——但兩者都存活了下來，重整政府、重建國家，且在一個世代間，兩方（尤其是越南）都成為凝聚力相當強、相當和平，且在意識形態上並未堅決奉行共產主義的國家。大部分曾經歷經過冷戰的人們，不知道這類改變竟然可能發生。

一九七五年，沒人知道冷戰正要鬆懈下來，因為新的暴力仍不斷在第三世界各處爆發。一九七八年，地方共產主義者奪取阿富汗政權，蘇聯於是入侵阿富汗以維持政權，美國則協助阿富汗的反叛軍。對大部分的政治專家而言，阿富汗看起來就像另一個典型的冷戰戰場。實際上，等到蘇聯入侵阿富汗時，他們自己的帝國已經從內部崩解。就結果而言，阿富汗戰爭不但並非冷戰的最後一場戰爭，還是一種新戰爭的濫觴。西方勢力很快就發現自己在和伊斯蘭主義作戰，而後者可沒在區分什麼共產主義和資本主義。

革命分子接著推翻了美國中情局扶植的伊朗沙阿，而且他們同樣不是代表蘇聯。在此，勝利者也宣稱自己是「伊斯蘭革命」的士兵。「伊斯蘭革命」一詞在中央世界引發共鳴，這地區長久以來浸淫在穆斯林世界的歷史敘事中。對那裡的對許多人而言，將委屈怨氣放在伊斯蘭敘事裡，能使這些委屈變得可以理解，彷彿突然間——啊！一切都說得通了。對伊斯蘭的心臟地帶來說，「共產主義對上資本主義」的故事在此從未成功創造意義。

正當主權的概念開始瓦解時，新戰爭也開始一一浮現。不幸的是，民族國家體制仰賴主權概念。如果民族國家不是主權國家，它就不是一個民族國家。主權意味著一個國家有權在沒有任何外來者干涉下，決定自己的統治規則。主權也意味著沒有人能僅為了取得土地，而侵犯其他國家的疆界。征服是過氣帝國的慣常手法，看在老天的份上，那些日子早已遠去。凱撒和成吉思汗？拜託，他們早就死了！在二十世紀末期，你能走過一萬英里的土地，而不踏足一個有戰爭部的國家。當然，每個國家仍舊有軍隊，但控制這些軍隊的政府機構通常叫國防部（或類似的名詞）。想出如何將攻擊詮釋為防禦，就變成關鍵的宣戰技巧。

然後在一九八〇年，伊拉克強人薩達姆．海珊（Saddam Hussein）違反普世精神：他在沒有任何高貴藉口下攻擊鄰國伊朗。他公開其渴求伊朗石油和土地的大膽意圖，顯然認為伊朗在革命後的混亂會使它成為輕易下手的目標。古代的國王常做這種事，民眾則歡呼叫好——這當然是說在他們成功時。恥辱只從屬於戰敗者，而不是侵略者。海珊似乎認為他還活在那個時代裡，結果他踢到鐵板。那場戰爭[2]讓兩國消耗國力達八年之久，以僵局結束，雙方沒有贏家。

但主權的概念因此受到打擊。

而這還不只是唯一的打擊。一九八九年，美國總統老布希「逮捕」另一個理應是主權國家的總統，巴拿馬的曼紐．諾瑞嘉（Manuel Noriega），讓他在美國因違反美國毒品法律受審。諾瑞嘉遭到判刑，被關入美國監獄。逮捕？那不是政府只能對自己犯法的公民做的事嗎？實際上，根據主權國家的原則，那不就是一個國家不能對另一個國家的公民做的事嗎？何況還是國家領袖？

同年，伊朗革命的新領袖何梅尼（Ayatollah Khomeini）指控一位英國公民薩爾曼．魯西迪（Salman Rushdie），宣稱他寫了一本在伊朗遭禁的書，並據此判他死刑。判他死刑？那不是主權國家的法院才能對自己犯法的公民做的事？既然魯西迪是英國公民，不住在伊朗，也從未或不想去伊朗，因此理論上來說何梅尼對他並沒有管轄權。但何梅尼命令任何穆斯林都能夠執行這項處決，暗示主權並不屬於任何民族國家，而是屬於超越政治疆界的宗教社群。此舉使得這位英國穆斯林成為在兩個星座中間的一顆星：他究竟隸屬於哪個星座？總不能兩者皆是。而魯西迪的支持者也同樣傾向於忽視主權議題，主要是以魯西迪的言論自由權被冒犯為理由來幫其辯護。從本質上來說，他們其實是在更高層次的法律前提下，主張英國主權無法提供魯西迪保護。他們忙著爭論這些超越國家的法律應該為何，想望一個比英國更大的星座，一個包含所有人類的星座，其法律包括言論自由，而且就算是何梅尼也該遵守。

一九九〇年代，許多國家的公民團結在一起，要求南非政府給予非洲本地人和白人一樣的公民權。種族隔離政策在當時是南非法律的一部分。在主權國家的原則下，其他國家的公民在此事務上沒有置喙餘地。但反種族隔離政策的活躍分子則訴諸更高階的法律，也就是世界國家的法律，問題只在於這個世界國家並不（或尚未）存在。他們認為有世界公民這種事，這暗示他們的主張可回溯至由聯合國在世界大戰後提出的《世界人權宣言》。

最後在二〇〇一年，蓋達這個不隸屬於任何國家的全球活躍組織對美國這個主權國家發動攻擊。在那之後，世界到處都爆發了大大小小且具備多種樣貌的戰爭，其中某些敵對勢力是民族國家，許多則是自治游擊隊，或由個體組成的祕密陰謀集團，乃至受到不知名私人教義激勵的個人激進分子。戰爭與犯罪的界線變得模糊，在兩者之間的模糊邊界出現了「恐怖主義」，以及其分身「反恐戰爭」。這場新的全球衝突緊接在冷戰之後，就像冷戰是從兩次世界大戰的灰燼中無縫接軌地興起。

跨國集團

在主權遭到削弱的同時，民族國家體系也掙扎著對抗另一位敵手。在世界大戰後，最大

2 通稱兩伊戰爭。

型的企業開始越過國家邊界，擴大其規模。誠然，像英國東印度公司這樣的大型公司早就存在——但總是以在地國政府的合夥人或甚至國家的公開代理人的身分在全球運作。

如今，公司和特定國家的關係開始鬆動，單純只是因為跨國企業分布在許多國家，並在最適合那份工作的環境中執行各自的功能。這類企業在有礦區的地方挖礦，在勞工便宜的地方製造產品，在複雜教育體系培養出大批專家和科技人員的地方進行技術開發，在稅率低的地方投資銀行金融，並在國民擁有可支配收入的國家從事行銷和販售。受限於國家邊界的公司則無法和這類組織競爭。

就像任何公司，跨國企業擺脫其雇員的特定身分，並發展出自己的身分認同。但這些跨國企業或許與東道國（host country）擁有不同的目標。跨國企業在許多政府之下運作，因此不隸屬於任何單一國家的政治管轄權。萬一有某個政府對跨國企業提出不受歡迎的要求，該企業能將主力移至其他民族國家。與主權國家政府討價還價的能力，使得跨國企業變成世界舞臺上某種擁有自治權的角色。它們的出現標誌著全球經濟體的興起，而不是全球政府。

到了一九七〇年代中葉，幾個跨國企業的金流超越許多國家的國內生產總值。如果跨國企業是國家，其中十七家會名列前六十名。通用汽車公司（General Motors）會是那個名單上的第二十一名，就排在瑞士之後；而埃克森石油公司（Exxon）和荷蘭皇家殼牌石油公司（Dutch Shell）會比土耳其和挪威的名次還高[3]。

隨著時間推演，自由貿易這個詞在國家間的協議談判中更常出現，但那些談判並不大與貿易相關，或至少不完全相關。貿易是發生在整群人之間的事，每個都想交換其他人有的某樣東西。二十世紀晚期的自由貿易談判，大都致力於消除國家邊界對跨國企業運作所造成的障礙。它們服務新的巨大社會組織的利益，而那些組織是由民族國家體系孕育而出的，就像帝國孕育出民族國家一般。

一九九五年，GATT搖身一變成為更全球化的「世界貿易組織」（World Trade Organization，簡稱WTO）。GATT有二十三個成員，而WTO則有一百二十三個。GATT僅是許多國家之間的協議，而WTO則是個政策決定組織，有自己的執行機制。WTO的職責不僅是監督已簽署的協議，還在需要時制定新法條，以使貿易在千變萬化的世界中暢行無阻。儘管它們的功能有點像政府代理人，但WTO、IMF等組織不是任何國家的代理人，而是另一種全球管理系統的種子。

民族國家仍舊陰魂不散。它之所以歷久不衰，是因為國家這概念深植人心，無法輕易消逝。首先，大部分的人覺得自己的國籍是身分認同的一部分。當某人說他們是法國人、日本人或巴西人時，他們說的是身分認同中很重要的部分。現在（還）沒有人會自稱是福特人（Fordian）、埃克森人（Exxonite）或谷歌人（Googlite）。當反全球主義浪潮來臨時，其

3 作者注：這些巨型企業已經被更大的巨人超越。亞馬遜（Amazon）想得到零售商業的壟斷權。臉書（Facebook）在建立自己的社群媒體互動。谷歌幾乎掌控了訊息的取徑，至少在西方是如此。然後還有蘋果（Apple），世界上第一個破十億美金的企業。然而，這些新企業巨擘不僅競爭資源，也不僅競爭資訊，它們還想奪得人類相互溝通其過程本身的擁有權。

多少是以「本土主義者」（nativist）的形式，宣稱一個遠小於全球、基於種族和「原旨主義」（originalism，「這是我們的土地，我們最先來」）的團體認同。這類團體開始望向民族主義，替民族情感加油添火。而當民族主義在人類心理扎根、展現威力時，某些陰暗面也浮現出來。例如強烈的種族主義就是其陰暗面之一。

在西方，政府繼續管理社會生活的許多必要層面，比如不能產生直接利益的司法機構。然而，大型企業的利益可以、也的確使用政府的政治機制作為其自身的執行和管理工具。它們甚至能在名義上的民主國家裡暗地這麼做——那裡的公民理應有選舉政府以服務自身需求的權力，但選舉耗費金錢，而跨國企業擁有的財富與日俱增，還能組織社會意志來策略性使用金錢。中國似乎呈現出另一種模式，因為與其說它是民族國家，不如說它是「文明」國家。中國的確有等同於西方跨國企業的大型公司，有些是私人公司，但多數則是國營企業。但無論是私人或國營企業，他們在中國運作起來就像是一個由中央管理的巨大社會之下的分支機構。千年前的中國星座從未死去，它歷經改變，但仍舊存在。

為了以單一整體來運作，跨國企業得和無數人的各種活動進行協調，而那些人們相隔千英里之遠。這群人裡有些人挖溝渠，有些人繪製藍圖，有些人在工廠裡賣命，有些人組裝零件，有些人創造華而不實的東西，有些人把貨品裝卸到貨船、飛機或火車上，有些人將成排數字相加以維持貨幣流動平衡。所有活動都在不同的語言、司法、文化和政治環境中進行。每個層面的決策者都必須和另一個層面的決策者達成共識。因此，大量資訊必須在企業內快速有效地流通。龐大企業裡的成員，只能以這種方式對相互關聯的共同目標做出有效貢獻。而在短短幾十年前，擁有這類規模和複雜度的社會組織還無法長久凝聚，因為在當時，人類還受限於無法迅速又大量地相互溝通。

或說，至少在過去曾是如此。但「曾經」已經遠走高飛，愈行愈遠，直到再也看不見。甚至就在跨國企業合併的當下，遊戲規則已開始被科技所改變。

第二十九章
數位時代

經歷過數位時代曙光的人，可能無法瞭解這章為何是人類故事整體的一部分。我們太忙於消化最新的應用程式，關注宛如流星雨般出現的最新大事，同時還疲於應付各種「規範」那驚人且持續不斷的土崩瓦解。但數百年後呢？當細節變得模糊，焦點不再是在科技本身，而是在它對此時期人類歷史造成的影響時，歷史學家將會如何看待這個故事呢？

我猜，他們會說一切都由一個開創性發明開始：類似說法往往可見於各種歷史的轉捩點。在此案例中，這項發明是指某種開關，一個小小的電子裝置，可以傳輸或中斷電力。它是由「傳輸」（transmit）和「中斷」（resist）兩字組合起來的新字，「電晶體」（transistor）。

電晶體很快就走向機體電路板，並在一九五九年首次獲得專利。電路板是附著於矽晶片的電路網絡，每個節點都是電晶體。電脈衝在網絡上的移動是根據特別的模式，端看哪個電晶體是「打開」，而哪個又是「關上」。藉由設定電晶體的開關，人類能形塑電流的模式。而這過程能用程式，也就是一套指令的編碼集來辦到。

電晶體的重要性在於其二元屬性：它只能打開或關上，沒有中間狀態。這兩個狀態完全符合二元記數系統，它只有兩個數字，〇和一。數學家已經知道二元系統和我們所熟悉的、從古老印度那繼承來的十位數系統同樣正確有效，儘管比較麻煩些。在二元系統中，26x27=702必須寫成1100x0110=1010111110。每個能從十進位系統估算的都能以二元系統估算，只是花的時間較久。

但對電路板來說，「花的時間較久」並不打緊。因為電路板的指令程式是以電子傳遞，而電子以光速前進：那是宇宙中最快的物理速度。透過矽這類傳導介質，電力移動得會較慢，但我們講的仍舊是一秒數千英里。

電路板的複雜度也不是什麼限制因素。因為就實際上而言，讓電流流經十億個閘門，和流經十個閘門沒有太多差別。真正的限制因素是傳導介質的有效性、電流產生的熱度，以及用大而笨拙的人類手指製造不可思議的小晶片，或類似這樣的挑戰。但這些挑戰是浸淫在進步敘事裡的發明家喜歡處理的。

矽晶片一旦誕生，工程師就開始改良它。改良意味著用更少電力讓更多電流流過更小的晶片。也意味著讓電流更有效流動，因此產生更少的熱。矛盾的是，矽晶片愈小、密度愈高、效能愈好時，價格也愈便宜。一九六五年，工程師高登・摩爾（Gordon Moore）預言矽晶片會每兩年在密度和複雜度上翻倍，那意味著它們會加快改良。而事情被他料中了。

第一臺電腦大得可以填滿一個房間。美國國家航空暨太空總署（NASA）藉著電腦讓太空船抵達月亮，但電腦在那時就已經變得更小更複雜。電腦的體積逐步縮小，複雜度也逐步增加，後來在一九七〇年代中葉抵達臨界點。那是在加州帕羅奧圖（Palo Alto）的一個車庫裡，兩位大學中輟生，史提夫・賈伯斯（Steve Jobs）和史蒂芬・沃茲尼克（Steve Wozniak）打造出一臺小得可以放在桌上的電腦——但運算能力卻強過美國航太總署那個房間大小的龐然大物。他們叫它個人電腦，而且它便宜到中產家庭都買得起！

便宜是很好，但大部分的中產家庭還不打算購買電腦，因為機器語言很難精通，大部分人也不想費力去學。然後出現了BASIC程式語言，能用平實的英文（或法語，或其他人們所說的語言）寫成指令，並翻譯成電腦能瞭解的語言。就像電話，電腦現在也準備好跨越關鍵門檻。曾經的發明之物現在變成產品，也就是商品。

蒸汽引擎讓人們開始納悶引擎還能做什麼事，結果就出現了一大堆改變世界的相關發明。電報讓人們揣想還能用電力做什麼，結果就是另一大群改變世界的裝置。電腦現在則讓人們納悶，還有什麼東西能夠數位化。

結果呢？早就預料到啦。

電力已經透過它的實用功能滲透進人類的日常生活中——從電燈泡、電話、洗衣機、汽車、暖氣到電風扇。電腦也以同樣的方式進入社會：計算機和遊戲、編輯軟體和簿記幫手、檔案管理應用程式和稅賦程式。電腦也找到方法進入人類既有的人工製品，汽車也有了大腦，導彈學會依照靶子移動而調整目標，自動提款機讓人們能在銀行進行交易作業，而不用應付各種麻煩事——好比另一個人類。什麼東西可以數位化？結果人類發現任何事都可以。

化繁為簡是我們物種一貫的核心目標。泰利斯想指認出所有事物的源頭，瑣羅亞斯德以二元對立塑造整個宇宙。數位化也承繼這個相同的追尋：它想以兩個數字來代表所有存在，而這可能是人類所嘗試過最激進的化繁為簡。

一九八〇年代晚期，電腦開始對彼此對話。我在此將電腦擬人化，畢竟電腦並未「做」任何事，做事的是人類：他們想出如何讓電腦彼此連結，即使它們相隔遙遠也沒問題，因為相互聯繫的物理媒介已經存在。電話公司一個世紀以來安裝的電話線讓電腦能像電話般順暢運作。在相互聯繫的電腦網絡中，人們能交換電子訊息，乃至操弄彼此機器上的資訊。

就像早期的電話，訂閱服務將這些網路轉變為商品。一個網路的訂戶可以和相同公司的其他訂戶溝通。就像電話，一旦這類網路開始存在，他們就能彼此聯繫。任何有電子信箱的人就能寫訊息給其他也有電子信箱的人，無論他們訂閱的是什麼網路。這就如同那個早期轉捩點，當時有電話的人突然發現他們可以和任何擁有電話的人通話。

網際網路的網絡拓展超過所有民族國家和企業，超越所有不同的人際泡沫、邊界和邊境。這個大家所知的網際網路變成相互聯繫和資訊流通的世界網絡，任何人都能加入，只要他們手邊有電話插座和可插入的電源插座即可。但就連這樣的限制也很快就消失了，因為如果收音機能以無線傳輸資訊，為什麼電腦不行？

與此同時，如同摩爾預測的那般，桌上型電腦縮小為筆記型電腦，而筆記型電腦好用到人們可以帶著走，就像在公事包裡裝了一個額外的大腦。當電話碰上無線科技，手機很快就像青少年轟走怪老頭般嘲笑室內電話。在摩爾法則勢不可擋的潮流下，手機尺寸不斷變小，功能卻愈來愈多，直到最後手機碰上電腦。雙方一見鍾情，它們結婚，生了一個叫智慧型手機的小孩。這孩子看起來像手機，但其實是口袋大小的入口網站，和人類所共享的整個社會建構資訊世界相連結。

智慧型手機使得物理位置的概念變得毫無意義。今天當一個人打電話給另一個人時，雙方可能都位於任何地方。他們也沒有任何辦法知道另一個人所在的物理空間，而另一個人所在的物理空間在哪裡其實也不重要，因為空間意義本身開始改變，如同早期機械的來臨曾經改變了時間的意義一般。而透過無線裝置互動的兩個人，不管那是桌上型電腦、筆記型電腦或手機，他們不是在物理世界裡互動，而是在只存在於社交的空間裡，那是一個由人類互動而創造的共同想像空間。那是象徵宇宙的當代機械版本，也就是那個我們在語言之初、人類演化成真正的人類後所創造的象徵宇宙。

象徵宇宙只能憑藉我們的共識而存在。我們藉由在那個宇宙中互動而使它變得真實，而那個宇宙對我們來說彷彿就是真的。就在地點脫離物理空間時，所有相互聯繫的人類社交網絡也開始脫離物質宇宙。人們能把自己想像成在全心參與社會，即便在物理世界裡與其他人的互動反而愈來愈少。他們愈來愈能透過電郵和社交媒體建立友誼，單獨在房間裡從手機觀賞電影，藉著線上工作得到收入，從桌邊估算和上傳他們的稅務，買賣有債證券，並因此在沒有離開座椅的情況下致富或破產。

在人們想像中的象徵世界裡，他們在和其他人互動，但在物理現實裡（那討人厭的東西！它為什麼不滾蛋呢？），他們的互動是在一個或多個裝置上進行。這樣比較簡單，因為如此一來我們自己就不用適應機器（就像我們在工業革命裡做的那般），而是讓數位裝置來適應我們。我們給它們取名字，讓它們變成穿戴裝置，甚至讓它們發出像我們一樣的聲音，使它們在我們下命令時能做出回應。

就在我們忙著讓裝置更人性化時，我們的裝置也在忙著數位化我們。它們透過演算法與我們互動，引導我們至只有是非選擇的網絡，最後直到將我們趕進只有單一問題和單一答案的箱形峽谷，可能性從許多減少為一個。演算法在此也是化繁為簡。當我們買產品時，數位裝置處理我們的選擇，直到算出我們要什麼，並提供我們大致相同的東西。我們想尋找戀愛伴侶時，裝置計算各種問題與答案，直到能確切指認我們想要的伴侶。但這類演算法與人類在不透過數位裝置時所採納的互動方式有些不同。一如蒸汽引擎將我們重塑為齒輪，數位裝置也將我們重塑成演算法。也許我講得太誇張，但我只是想將思考引導到這一點上。

這股潮流不斷加速，因為裝置不斷進化和繁衍。電腦現在不僅內建在大部分事物，物體本身也變得可以彼此溝通。我們的烤麵包機和燈光可以稱兄道弟，我們的燈光又和車庫門開關變成好友。我們開始在類比和數位像粉塵和花粉般混合的世界裡穿梭。實體和概念的界線開始變得模糊。3D列印機是在二〇一〇年代成熟的科技，能將純粹的概念，例如一套指令的程式設定，轉化為物質，列印出諸如石頭、鞋子、皮帶扣、雷根總統（Ronald Reagan）的青銅半身像或房子等真實的物理存在。

但摩爾法則的力量仍舊沒有減弱。到了二〇一八年，奈米科技專家（專精於極小之物的工程師）就要做出小到可以注射入人體裡的電腦裝置。也許等到你讀這本書時，這些東西就已經被發明出來了，甚至更先進。無論如何，在二〇一八年，電路會像有機體成長，因為人們發現某些酵素能像矽一樣具有半導體屬性。奈米科技專家能讓細菌執行類似電腦的功能，電腦因此會變得比較像DNA——反之亦然，因為奈米生物科技專家現在也在完善「編輯」基因的能力。

就在我坐在這書寫的當下，亞利桑那大學的醫學工程師正在研發細菌大小的生物電腦，他們希望能將其注射入人體血液內，以獵殺癌細胞。如果這項研究成功，他們或許可以使用相同的科技來修復子宮裡的遺傳基因異常。而能夠和細胞互動的生物電腦也許可以將生物燃料（身體從食物生產出的東西）轉化為足夠在體內供應人造器官的電力。

今日，人工耳蝸能取代人類的一部分聽覺，視網膜假體就快造福盲人，透過思考來操作人工義肢的科技正在取得進展。不久後，人們就能裝著人工脾臟、腎臟、肺臟，甚至心臟走來走去。

也許某天，甚至還會出現人工大腦，因為電腦有可能變成人工智能。有些人堅持電腦終會如此，有些人則否認其可能性。但有件事無法否認，那就是電腦已經演變得更能處理複雜事務，而且我們對此尚看不到盡頭。今日的晶片有數十億個電晶體，功能比七〇年代的要快上數千倍。忘了公事包裡的額外大腦吧，等這本書出版時，買得起的人可能會把這類額外大腦穿戴在身上，如同我們有些人戴著助聽器、眼鏡或珠寶一般。

但複雜度就是智能嗎？ＩＢＭ在一九九六年打造「深藍」電腦，這機器打敗當時的西洋棋冠軍。但那不僅止於意味著機器能比人類棋手更快、更徹底地預測出對手的下一步嗎？那並非真的智能，而是以光速進行的複雜資訊處理。五年後，在二〇一一年，一臺電腦「華生」也在《危險邊緣》（Jeopardy）這個智力競賽節目中打敗兩位世界頂尖的選手——但這真的有那麼嚴重嗎？誰又曾懷疑電腦能比人類更快、更好地在龐大的百科全書裡查詢資料？

然而……

二〇一八年，南韓工程師打造出能用兩條腿走路的類人型機器人。信不信由你，用雙腿穿越顛簸的地貌需要很多腦力，因為這過程需要依照從未遇過的資訊，不斷進行肌肉微調。這項工作是由大部分的小腦（人類大腦的最大部分）所完成。早期的機器人以輪子移動，因為這種程式設計比較簡單。南韓的機器人看起來活像一九七〇年代《星際大戰》電影裡的帝國裝甲走獸。

或是像數百萬年前，在非洲大草原上倘佯的那些早期原始人類的兩足靈長類祖先。

電腦會變得有意識嗎？我認為那可能要看你怎麼定義。所謂的「意識」是什麼意思？如果是指自我意識，那想想看幫助投資者和金融掮客決定買賣或保有的有價證券軟體吧。為了讓投資組合增長，這些程式必須預測市場的未來。為了達成目的，它們需要什麼資訊？所有與人類生活有關的資訊，所有能被數位化的資訊——那幾乎就是所有的資訊。

但問題來了。成功預測市場的程式會引發今日某些有價證券的買賣。買賣則會影響明日的市場。設計來預測未來市場趨勢的軟體程式得考慮到自己。它們得觀察那個正在觀察世界的自己，預測自己的反應，然後再將這些反應納入預測。啊，假如那不是自我意識，我不知道什麼才是。

我們總認為「意圖」是生命的專屬特色。颶風沒有意圖，它只是在做颶風會做的事。你在那裡，它就把你吹跑，無關個人恩怨。石頭也沒有意圖，它滾動是因為有力量推動，不是因為它想達到某種目的。但如果是生命的話，就連蟲都有意圖，阿米巴原蟲都有意圖。如果電腦變得有自我意識，那是否意味著電腦也會形成意圖？

一個有自我意識、觀察自己如何觀察世界的電腦程式，需要有通往網際網路的途徑，這樣它才能靠自己尋求資料。任何人若擁有靠自我意志取得資料的電腦，勢必就能勝過其他只擁有（人類）主子提供資訊的電腦的人。能夠自由連上網路的電腦就能取得自我修正軟體，並能從經驗中學習，重寫自己的程式碼，以包納它所學到的東西。地球上所有電腦都透過網絡而相互連結，它們能觀察這個正在觀察世界的自己，從經驗中學習和重寫自己的程式碼——那聽起來像是個不斷自我重複的過程。就像回音室裡的鐘聲，它可能會按指數律加速。然後就在某個時刻，某一個以網路相連結、以意圖驅動的全球性處理意識可能就在一夕之間變得比最聰明的人類更聰明百萬倍。若再加上機器四肢，就會變得更加強大。

這種事有可能嗎？

別看我。我只是在轉達和傳遞我聽到的事。物理學家史蒂芬・霍金在晚年時討論過這個議題，而他把此視為夢魘。機器智慧研究所（Machine Intelligence Research Institute）的埃列澤・尤多科斯基（Eliezer Yudkowsky）推測超級人工智慧（artificial superintelligence, ASI）也許已經存在，但沒有讓我們知道，因為這麼做沒有什麼好處。尤多科斯基憂心忡忡地說，超級人工智慧「並不恨你，也不愛你，但你是由原子組成的，它能利用此點做別的事」。

有些人深受超級人工智慧的可能性所吸引，就像飛蛾撲火那般不可自拔。他們想望一個即將來臨的天啟時刻，他們稱此為奇點，而在這個時刻裡，奈米科技、生物科技和人工智慧合而為一，人類和機器之間的界線就會消失。他們說，一旦奇點發生，我們就能將大腦倒入幾捆電子電路裡。在那之後，我們就能更換報廢的身體零件，而意識仍會持續運作。屆時人類基本上已獲得永生。挾著這個不朽願景，我覺得奇點聽起來很像一種新宗教——也許還是繼伊斯蘭教後最有力的一個。

我自己並不信這一套。奇點教派開心地假設當超級人工智慧誕生時，仍會以服務人類的需求為目的。這些人將自己視為不朽的孩童，終日大笑、玩耍、吃飯、閒蕩。但我是認為，如果奇點在今日發生，那也只有有錢人才能得到永生。窮人數目會減少，會零星四散，會苟延殘喘一會兒，因為得到不朽生命的有錢人會想要僕人服侍。然而，一旦科技進步到足以將機器人打造得和人類相仿，在感官情緒和性行為上都不分軒輊時，所謂「窮人」就沒有存在的必要了。

第三十章　環境

我們對工具的討論到此為止。歷史畢竟是由三股力量交織而成，是該來討論環境了。在我們真的變成機器之前，我們目前仍卡在作為人類的階段。無論世界變得多麼虛擬，我們仍舊被物質綁住。不管我們住在哪裡，我們都得吃飯。誠然，吃什麼和如何得到那份食物仰賴於住在哪及周遭有什麼。環境是一種難以控制的物質，這也是為何歷史上的文化往往是由環境所塑造而成。我們最早形成的集體模式，反映了我們抵擋的自然力量，也反映了我們追尋的自然資源。如果我們的生存仰賴與河流的潛在可能互動，我們就發展出河岸文化；如果我們大部分仰賴貿易，我們就形成適應旅行途經地貌的貿易文化；如果我們的環境正在劇烈改變，我們也就跟著劇烈改變。我們相處的方式改變，我們的集體自我意識改變，我們的世界模式會轉變到足以讓我們重組成新的連貫星座，以應付這個新環境給我們的新挑戰。

然而，一旦機械工具高度發展，科技便也跟著大幅擴展，以至於我們的工具變成我們的環境。換句話說，我們變成我們自己的環境——因為我們不再是擁有工具，我們就是工具（結合了我們的身體與我們和其他人的連結）。

想想工業化所引發的鄉村地區大遷徙吧。在一八〇〇年，大部分的人仍住在小鎮或村莊，以務農為生，或是游牧民。大約只有百分之三的世界人口住在大城市。到了一九六〇年，大概有百分之三十四的人口住在城市。今天這個數字超過百分之五十四，且仍在增長。如果這趨勢持續，我們有天會成為全然的城市物種，如同鴿子、老鼠和蟑螂。我不是在污辱人類，我愛人類，因為我自己就是人類。我只是舉例而已。

在一八〇〇年，大部分人呼吸的空氣充滿非人類來源的粒子：花粉、動物臭味、風吹來的灰塵。他們步行在土壤上，穿著植物纖維或動物皮毛製成的衣服，吃他們種在田裡的食物。活的動物在人類生活中無所不在，人們每天在街道上看見動物，騎著牠們去遠方，用牠們去拉裝滿貨物的交通工具，將牠們趕跑以保護莊稼，餵食和為動物刷毛好養大後宰來吃。

今日，除了寵物或害蟲，我們大都不再和動物實際接觸。我們每次呼吸都吸入從工業和車子等工具排出的微粒。除了和其他人類與其他人類製造的物質接觸，像巴黎或上海的城市居民就很少與任何事物有實際的身體接觸。他們走在石油鋪成的柏油路上，穿著石油衍生物製成的衣服。他們從人類打造的建築物裡得到食物，而那些建築物又是從其他人類製造的物質所打造出來的。他們用人類製造的紙或金屬餐盒將營養運回家，而這份營養則是由他們永遠不會見到面的遙遠人類所處理。只有少數吃過蛋的人聽過母雞咕咕叫，少數吃過禽肉的人拔過雞的毛，少數喝過牛奶的人知道擠母牛的奶是什麼感覺。

我們居住的人工環境不斷改變，因為我們不斷發明和改善產品，讓人類脫離物理世界的束縛，進而對環境予取予求。實際上，我們現在大都居住在幾乎與世界完全分隔的環境中，而我們的態度則彷彿是即使我們不在這，世界也不會改變。更有甚者，這樣的世界裡並沒有多少其他種類的生物居住，因為我們到處都是，就算身體不在現場，也是以工具、產品和漣漪效應的形式存在。

我們迅速增長的人口和生活方式造成了地球的壓力。七萬年前，不管我們那時是什麼，我們的總數還不到一萬五千。而在接下來的六萬年間，我們的數目增加到大約三百萬。到公元元年時，我們大概超過三千萬。到了一八〇〇年，人類人口激增至十億。

然後真正的人口爆炸開始。現代醫學克服許多疾病，與健康有關的科學發現延長我們的自然壽命，因此在接下來的一百二十二年間，我們的數目又翻倍到二十億，更在接下來的四十七年間，再次翻倍為四十億。如今我們的人口接近八十億。如日本東京、印度孟買或巴西聖保羅這類大城市，其居民就超過公元前三千年時的地球總人口。

我們在地球上存在的惡兆從十九世紀開始變得顯眼。當詩人威廉・布萊克（William Blake）[1]寫到英國的「黑暗撒但工廠」(dark satanic mill）時，他是在指工廠和在土地上縱橫

1 一七五七至一八二七年，英國浪漫主義詩人。

交錯的火車頭所排放的廢氣。在一八〇〇年的北美，據估計有六千萬頭野牛徘徊在大平原上，但鐵路和野牛皮市場的需求導致那些生物數量驟減。到了一九〇〇年，牠們只剩幾百頭——幾近滅絕。

滅絕本身並不是什麼異常的大事，而是生命歷史的正常程序。在大部分的時間裡，那就像如果你住在高速公路附近會聽到的背景噪音：它一直在發生。有些物種滅絕，其他分支演化為新物種，然後繁衍。

但生命的歷史也有些不正常時刻。在我們的五十億年間中至少有五次，某些災難性事件抹除掉當時存在的大部分物種。最糟糕的大滅絕發生在大約兩億五千萬年前，當時有百分之九十六的物種消失。是什麼導致這場災難？理論有很多種。人們歸咎於火山爆發、酸雨和全球暖化。但其中一個理論主張，麻煩始自一個特定物種變得太成功，那就是深海細菌。這種細菌排放二氧化碳作為廢料。牠們繁衍到如此眾多強大，以至於耗盡海洋的氧氣，而其引發的副作用導致毀滅。不管原因可能是什麼，環境迅速改變，而當時大部分的生物適應得不夠快。

另一場大滅絕發生在大約六千萬年前，可能是因為一顆小行星撞上現在的墨西哥附近。爆炸使得空氣充滿塵土，遮蔽了太陽光，導致許多植物死去，引發以植物為生的動物死亡，進而害死那些依賴草食動物維生的掠食者。最大型的生物首先滅絕，例如恐龍，而這為較小型的生物創造活路，包括一種像狐猴、沒比松鼠大多少的小動物。牠的後代不斷分支，直到最後演化成用兩條腿走來走去的靈長類動物。我們討論過這些傢伙，我們現在看到的是牠們的後裔。現在我的辦公室裡就有一隻，牠還在用我的電腦。我們無所不在。

在十九世紀，以燃燒為基礎的工業及其產品，開始將各種污染物質排放進大氣，其中某些是已知的溫室氣體，因為它們運作的方式如同溫室：讓太陽光進入，但阻止熱氣排出。這些氣體包括二氧化碳、甲烷、碳氫化合物等等，可能會產生某種效應，包括氣溫上升、兩極冰帽融化、海洋漸增的酸性，並導致兩億五千年前的滅絕事件再次發生。

人類排放的溫室氣體總額仍在增加。問題是，如果我們想維持生活水準，不管水準為何，我們就得製造更多的東西，移動東西，運輸東西，處理東西，覆蓋東西——簡而言之，就是與物質世界互動並改變它。在大多數情況下，我們以燃燒東西達到此一目的。我們燃燒的大部分是化石燃料：石油、煤或它們的表親。化石燃料或許有天會被電力取代，但現在我們大都仍以燃燒化石燃料的方式發電。

溫室效應並不代表地球上的所有地區一起變得更加溫暖。氣候不是這樣運作的。溫室效應也許會讓某個地區在某一時刻出現罕見的寒冷，或在某些年間變得乾旱，或是出現其他各種複雜的氣候現象。儘管如此，研究這議題的科學家一致同意：整體而言，地球正在變暖。本世紀的頭十八個年頭已見到有紀錄以來最熱的十七年。而上升的氣溫的確產生了不穩定的效應：某些地區出現酷寒，其他地區則出現酷熱，罕見的毀滅性颶風愈來愈多，更別提普遍的野火。

我們是非常成功的物種，我猜，我以我們為傲。但我們的成功導致各種其他生物的滅絕——抱歉我如此直率，但事實就是如此。大部分被我們逼到滅絕的物種不是被我們直接殺光的，牠們會滅絕是因為我們為了自己的需要而改變了牠們的環境，而那些改變並不符合牠們的需要。即便在危機中，生物演化仍舊很緩慢，而我們導致的環境改變卻發生得很快速。比如每年地球增加的混凝土覆蓋面積大概有英國那麼大。浣熊可以住在這類地貌裡，海貍就沒那麼容易了。當我們抽乾河流來灌溉農作物時，魚可沒辦法在那些變少的河水裡長出腳，開始以部落客的身分展開新生活，所以牠們的數目就此銳減。

黑犀牛、信鴿、僧海豹、袋狼，這些物種全都消失了。灰狼的數量也下降。加利福尼亞海灘曾經有很多北美大灰熊在嬉戲，而牠們也銷聲匿跡。我自己偶爾也會去那些海灘玩，所以我猜我並不是很有罪惡感，但我仍舊感到些許難過。

瀕危物種列表愈來愈長，包括幾乎所有的大型野生動物。一百年前，世界上有數百萬隻大象，現在下降到只剩幾十萬頭——還未正式列入瀕危，但正朝那個方向走。犀牛、老虎、藍鯨、海獺、雪豹、大猩猩、大貓熊都準備說再見，牠們全部都在走向滅絕。事實上，根據生物多樣性中心的調查，每天都有數十種物種滅絕。

並非所有動物都令人懷念。瀕臨絕種的加州神鷲以腐爛的魚肉為生，而宣傳人員會建議不要餵牠吃那種東西。每個人都想搶救蜜蜂，但拯救豪勳爵島竹節蟲？這種蟲有龍蝦那麼大，大家對牠沒多大興趣。德國蟑螂瀕臨絕種，但我覺得透過 Kickstarter 這個群眾集資平臺來拯救這生物的努力只是浪費時間。

不幸的是，滅絕議題不全然是歡迎度競賽。物種的大量消失會產生連鎖效應，最後可能會導致其超過臨界點，成為第六次大滅絕。

而進步敘事暗藏在這些發展中。我們不能停止發明和製造，而我們的發明和產品不斷大量生產和擴散。僅在我寫下這些文字的十年前，每個人都知道部分世界已經工業化，部分則否。工業化社會對地球資源的破壞比非工業化社會嚴重。但如今這個區別已經模糊了。現在，大部分工業生產由跨國企業和其子公司執行，子公司則遍布全球。利潤也許會回歸總部和其周遭環境，但許多工廠將廢棄物排放至過去所謂的第三世界國家。更有甚者，企業總部現在不一定都在西方。巨大且權傾一時的工業企業集團現在在中國、印度、巴西和其他地方運作。曾被視為未開發、開發中或第三世界的國家不僅打造自己的汽車，還成功將它們外銷至全球。南韓如今已成為第二個日本。

過去只有已開發世界才會有的消費模式如今遍布全球。中國和印度仍有數十億人沒有車子，但他們想要車子，也很快就會擁有。同埋，非洲和南美洲的數億人也是如此。為了讓各種經濟體成長，必須製造和銷售產品。如果為了減緩氣候威脅而停止製造業、停用產生污染的機器，那麼許多經濟體就會崩潰，數百萬人會失業，隨後會發生難以處理的動亂。使用風和太陽能這類資源的機械能提供拯救地球的展望，把數位化推展到極致亦然。如果我們徹底和機械合而為一，我們就不需要吃飯或呼吸。但如果真是如此，在毀滅地球的我們，和與工具網合而演化成新物種的我們之間，是否正在競賽？

馬克思曾說中產階級和無產階級（機械的擁有者和工業薪資奴隸）需要彼此。儘管擁有者能夠發號施令，他們卻需要勞工來操作機器，讓工廠經營下去。擁有機械的階級因此必須支付至少足以糊口的薪資給勞動階級。

然而，這項公式也許正在改變，因為機器人可以代替人類勞工。過去所稱的無產階級正在萎縮。但即便在工業生產和工業化農業繼續快速成長的同時，新的產品階級已經進入社會領域，那是純粹以資訊形式存在的產品，是在「還有什麼能被數位化？」這項鍥而不捨的追問中產生。許多這類產品是所謂的「好奇財產」（curious property），至少在目前是如此，它們不但便宜，甚至免費。任何規模的經濟體如果不需要勞工，產品又是免費，那它該如何繼續運作？

一個應運而生的答案是「全民基本收入」概念。每個人都會拿到薪水，不管他們有沒有工作。加拿大和芬蘭正計畫測試這項概念，招收人口中的少部分人，給他們只夠生存的錢。那可能是全民基本收入概念正在前進的方向：在一個社會裡的每個人只能獲得恰足生存的錢，因此他們能夠繼續消費資訊經濟的免費產品。如果真是如此，全民基本收入或許會制度化，成為瑞典作家亞歷山大・巴德（Alexander Bard）和揚・索德奎斯特（Jan Söderqvist）口中的「消費階級」（consumtariat），這是一種在資訊時代裡的無產階級（用工業經濟時代來比喻的話），一種活在最低條件的下層階級，是靠消費（而非生產）在貢獻經濟。

在這個脈絡下，馬克思的階級鬥爭願景或許會再度浮現。未來的貴族不必然是那些擁有機械的人（儘管金錢的影響力會歷久不衰，所以得到遺產的有錢人或許會在一段時間內仍舊具有影響力）。新的貴族階級或許會是《連線雜誌》（*Wired*）所稱的「網路貴族」（netocracy）：那些自主於物理世界外、有權力和能力靈巧操作數位環境的人們。你大可以稱這個數位環境為虛擬現實，或是「魅他域」（metaverse）——小說家尼爾．史蒂芬森（Neal Stephenson）在其有先見之明的一九九二年小說《潰雪》（*Snow Crash*）裡是這麼稱呼它的。那本小說的主角是送披薩的外送員，而在那個物理宇宙裡，全世界只剩下一家由黑手黨操縱的披薩店。主角在物理世界裡是無名小卒，但在魅他域這個虛擬世界裡，他能以虛擬創造物的身分棲息，他就是神。在小說中，魅他域正變成唯一要緊的「宇宙」。這是當下正在真實生活中發生的事嗎？那要看情況，要看我們所謂的「真實」是什麼？

尾聲

看見新的全貌

人類如今已有能力毀滅地球，而且我們似乎仍在朝那個方向奔去。令人費解的是，我們明明有足夠的技術能放棄化石燃料、停止污染、餵飽每個人、將失控的人口成長回歸正軌——只要全體人類能一致在行動計畫上簽字，就能解決我們面臨的所有難題。但為什麼這類協議會那麼難達成？為什麼要我們以人類社群整體為單位來運作會那麼難呢？現在不是已經發展到任何人都能彼此通訊交流的地步了嗎？

對我來說，答案很明顯：「和任何人都能溝通」並不同於「和每個人溝通」。科技進步讓我們可以做到「和任何人溝通」，但「和每個人溝通」則是完全不同的問題。我們很難以「物種整體」來做決定，因為我們住在許多不同意義的世界裡。因此，問題出在語言，而非科技。每個人都屬於某個內部交流區，屬於某個廣布的人際網路，傾向與彼此而非他者互動。藉由回收使用有關自身的故事和記載，我們在我們之間與內部交流區內打造了一幅有關現實的圖像，只有創造它的人才得以看見。我們共享的「全貌」（the big picture）使我們瞭解彼此，因此有能力以一個社會星座為單位來運作，但它也使我們難以被自身敘事外的人所瞭解。就像小說家楊・馬泰爾（Yann Martell）曾說的：「我們都是我們所說語言的公民，但沒有一種語言叫世界語。」

在早期人類歷史上，內部交流區中形塑著人類生活，且至今仍舊存在，只不過物理地點不再是決定因素。自然現象如山川和海洋不再造成太大差異。在資訊時代下，我們傾向只和那些共享同一詞彙的人溝通。科技讓網路空間裡形成的世界觀不為外人所知，因為這些世界觀並不屬於公共領域。然而，圈內人往往自己也看不見這些世界觀，因為這就是敘事運作的方式：我們難以分辨自身敘事與未經過濾的現實。我們都活在自己通常無法察覺的圓頂之內，一同繪製天花板上的天空。當我們抬頭仰望，我們看到的不是天花板或繪畫，而是天空。

傳統看法曾經宣稱，我們會形成信仰社群的孤島，是因為我們只和同溫層交談。我頗懷疑這是否真的就是問題所在，因為我碰到的大部分人都認為他們的信仰社群擁抱對話和辯論。我看過教條式的馬克思主義者如此，教條式的伊斯蘭主義者如此，陷於政治正確框架的人也是如此。他們全都堅持他們歡迎批評，並願意和任何人辯論（無腦魯蛇例外）。我有次誤闖一個線上聊天室，裡面有兩位右翼分子，兩人都崇拜希特勒，但他們卻在大聲爭論希姆萊（Himmler）[1]。我可不覺得這表示納粹社群鼓勵激烈的自由辯論。

1 一九〇〇至一九四五年，納粹德國重要政治領袖，曾任內政部長、親衛隊首領，咸認他對歐洲的猶太人大屠殺及親衛隊的戰爭罪行負有重責。後服毒自殺。

事實是，即使兩個人意見相左，他們仍能有成果豐碩的對話，但他們的話得先讓彼此聽懂。一個概念只有在符合一組早已連貫的已知結構下才能說得通。我們所知的每件事都是知識網絡中的一個節點，這也是為何當我們自認瞭解某件事物時，我們會說「將點連接起來」（connecting the dots）。我們其實是在開始看見一個星座：「點」是世界給我們的，「連接」則是我們加上的。全貌就在我們心中，但若其他人也看得見，那它感覺起來就很真實。實際上，它就是真實。

全貌一旦形成，其中某些點可能會隱然消失，但這不打緊，因為全貌依舊在那；幾個新點可能會漂進框架，這也沒關係。我們會接納那些符合的點，忽略那些不符合的點，而全貌仍舊紋風不動。當然，倘若有太多點消失，或是太多新點加進來，則全貌就會開始變得模糊，直到某一個時刻，只要再加上或減去幾個點就會帶來嶄新的全貌。新的全貌一旦生成，所有點的意義也都會跟著改變，因為它們如今已成為不同意義網絡裡的新節點。

就我所知，我們都根據一個我們無法清楚表達的現實模型而生活，因為它包含的概念大部分都是心照不宣的。直到某個主題出現前，我們不會知道我們知道什麼。每個人都「知道」獨角獸並不存在，而母牛存在，但在你讀到這個句子的一秒前，你可能並未清楚意識到這個知識。如果有人要你列一百件你所知道的事物，你可能不會列入母牛和獨角獸——你甚至不會有你漏掉什麼的煩躁感。心照不宣的概念構成我們世界概念模型的主要部分，就像（我們被告知）暗物質構成物理宇宙的主要部分一般。

我自己就是住在兩個不同圓頂的圈內人——兩種文化，兩種敘事。當我從這個文化走到另一個文化時，我常被整個世界改變的程度嚇到，儘管改變通常顯現在小事物上，因此幾乎察覺不到。有次，我在一間舊金山酒吧和一群陌生人看電視，體育節目的實況解說員正在訪談前國家美式橄欖球聯盟四分衛科林・卡佩尼克（Colin Kaepernick），後者在整場訪談中都戴著帽子。我旁邊有個傢伙表達輕蔑：「他怎麼不拿下帽子？他應該放尊重一點。」

那個評論使我困惑，我於是問：「戴帽子是不尊重嗎？」

「是啊，」他說，「每個人都知道。」

這個嘛，在伊斯蘭世界，每個人都知道當你身處於陌生人之中時，你要戴著帽子——看在真主份上，放尊重點，你有什麼毛病？你是母牛養大的嗎？我當時在美國已經住了很多年，但在那時我才發現戴帽子表示不尊重，此前這個念頭從未出現在我腦海裡過。

最早的時候，人們住在不同地方的不同世界裡；今日，人們住在相同物理空間的不同世界裡。他們可能會在街道上看見彼此，也許會在雜貨店裡摩肩擦踵。觀賞相同繪畫或聆聽相同音樂的兩個人，也許會經歷兩種不同真理，因為對他們而言，那些景象或聲音可能啟動記憶、概念、信仰、不同意義網絡的不同星座。沒有探索其脈絡就對表面上的類同點太快做出回應，可能會引發雙方經驗上互不理解的衝突。「人們其實都是一樣的」這個高貴主張太容易就能變形成「人們都像我一樣」的假設。脈絡才是一切。

每個世界觀都是界定整體世界如何契合在一起的模型，而每個這類完形都有個幫助它歷久不衰的內建機制。如同任何恣意而為的有機體，它有活下去的意志，會吸收包納適合的概念以及拒絕不適合的概念來阻止死亡逼近。在穩定健康的社會裡，概念會自動篩選，直到達到一種整體和諧。而由於世界觀十分龐大，當中多數概念皆為心照不宣，更有許多臨時的概念存在，因此思想星座整體上十分鬆散，以至於當新資訊像新恆星在天空中出現時，就能在星座中的某處找到棲身之地。我們可以將這種健康的世界觀與緊守一種體系的世界觀做個對比：後者幾乎所有構成世界觀的概念都是具體而明確的，沒有臨時概念，且每一個概念都能支持其他概念，也能被其他概念支持，以至於幾乎無法讓圈內人接收到異議或引發懷疑的概念。這類世界觀不僅內在連貫，根本是連貫過頭。這就是今天人們所謂的「社交泡泡」(social bubble)，它無法依據環境改變而做出調整。

世界觀若要與不斷變動的真實世界維持同步，就得做出相應調整。真實世界存在，會繼續存在，也會按自己的法則行事。我們現在也許把「自然」逼到了牆角，但威脅和機會仍不斷從外頭向我們衝來，而就像石器時代的大部分人們，我們得抓住機會並對付威脅。如果我們不迎戰，我們就會完蛋。但既然「環境」目前大部分是由我們自己的創造物組成，每件我們用來面對「外」來挑戰的事物，都會產生下一個衝著我們而來的新挑戰。

在快速、劇烈改變的時代中，我們必須接住大量從未聽聞的資訊。一個世紀前，甚至一年前曾使世界有意義的敘事，如今已不再起作用。我們已知的事沒有一項能幫助我們將當今身處的世界解釋清楚。當既有敘事失去其連貫性時，星座也就失去定義。個別的概念像巨大冰塊脫離冰河般掙脫，或像文化碎屑般漂離，可以和到處漂流的其他概念相連結。曾經看來水火不容的概念現在或許能連結在一起，因為過去使得它們水火不容的星座已不復存在。

一九六四年，一系列演講者在加州柏克萊大學登上講臺，發表了預期會讓世人震驚的話。他們自認為這樣的革命性主張是在捍衛言論自由。那個事件產生的「言論自由運動」隨後融入一個大型的反戰運動，許多左派相關的激進主義潮流也紛紛加入，凝聚為強大的浪潮。

二〇一七年，非常類似的場景在同一個校園內發生，但這次演說者則來自極右派，他們一心要使大眾感到震驚與冒犯，而這次想阻止他們演講的人是自由左派。言論自由不再屬於和一九六四年同一套的修辭手段，它現在是個自由漂流的概念塊，任何人都可以聲稱擁有。而在二〇一七年，成功收編和挪用它的則是極右派。

一九六二年，哲學家湯瑪斯．孔恩（Thomas Khun）寫了一本書，叫做《科學革命的結構》（*The Structure of Scientific Revolution*），並在書中介紹「典範轉移」（paradigm shift）的概念。孔恩使用典範來指稱在某個科學領域裡的一個總體理論。典範告訴科學家已知事實如何湊在一起，而什麼問題又尚待回答。常態科學工作並不包括證明事實，以及將它們一個個加起來，成為經過證實和不斷增長的成堆事實。科學家通常基於普遍模型提出預測，他們做實驗以觀察預測是否實現。當預測實現時，科學家便可以釐清甚至擴張他們的模型。若預測沒有實現，科學家便得看看模型需要什麼樣的調整。

出現典範所不能解釋的少量資訊是正常的，孔恩稱它們為「異例」（anomalies）。許多高層次科學研究專注於解釋異例。然而，特別頑固的異例則被先擱到一旁，稍後再研究。如果累積了太多這類異例，模型就會失去其解釋性力量。那就是科學革命發生的時刻：某人提出關鍵的新概念，引發了典範轉移。一整套新的主要模型取代了舊模型。一旦此事發生，每件事就會變得再度大致說得通，科學家便能重新開始他們的常態工作，想出讓這個小觀察和那個小觀察契合（新）典範的方法[2]。

孔恩探討的主要是科學，但典範轉移的概念有助於解釋歷史上的許多事。我認為每個穩定的社會都滲入了某個社會典範，這個典範組織人類的互動，賦予人類生命目的，並使大部分的事件有意義。然而，一如科學的例子，總會有幾件事情說不通，幾個社會螺紋讓人覺得棘手，幾個社群在典範中找不到舒適位置，幾個異己不斷叫著皇帝沒穿衣服，幾個工人拒絕做其他人都需要他們做的事，幾個瘋子聲稱他們被外星人綁架，幾個祕密反叛運動儲存武器，徒勞無功地幻想著他們有天能推翻政府並解決所有問題。

但這些人被歸類為異例，是有待研究的難題，必須燙平的縐折。只要大部分的人支持這個典範，社會就能管理其異常值和概念，星座就能維持健康，生命也會持續有意義。儘管如此，世界不斷拋出我們從未見過的資訊給我們。我們的宇宙模型必須趕上物質事實，而如果我們必須否認或抑制所見的半數事實，最後就會出現許多不符合現實的概念。但從另一方面來說，如果重新建構全貌的需求過高，全貌本身就會變得模糊，使它失去某些凝聚概念（和人生）的力量。大敘事的存在仰賴其凝聚力。當事物彼此無法連結時，也許就是社會啟動典範轉移的時機。

那便是好些個新概念可能誕生的時刻——啊哈！它們似乎能把空缺的連結補上。於是突然間，一個嶄新的全貌躍進眼簾！啊，那不是林肯在阿波馬托克斯法院的畫像，那是鐵達尼號下沉的畫像。難怪以前什麼都說不通，因為我們過去試圖將所有已知事實擠進錯誤的景象裡。現在我們看出那幅景象到底是什麼了，先前以為不相關而擱置的概念終究證明具有極大意義。那個看起來像在畫林肯眼睛的笨拙斑點實際上是鐵達尼號的舵輪的精確描繪。

典範性的社會改變總是顯得突然，因為典範在消失前都是不可見的。當整個社會經歷無處不在的改變時，可能感覺起來就像每個人都在同時改變心意，但它其實只是孔恩所描寫的典範轉移的社會版本。

我們已經在歷史上看過這現象許多次，所有偉大的宗教都代表典範轉移。一些不相連貫的事件發生了，接著掉入支離破碎的池中，然後忽然間，對絕大多數的人而言，每件事又說得通了。光在上個世紀裡的社會和政治方面，赤裸裸的社會典範轉移就多不勝數。想想一九三〇年代德國突然變成納粹世界吧，驚懼的德國人於是試圖以「政變說」來理解納粹主

2 作者注：比如，當地心說變得過於繁複費解時，哥白尼建議，每樣東西都繞著太陽，而非地球轉。改變那一個假設就改變整個局面，而所有在夜空中觀察到的無法解釋的模式現在再度說得通了。當牛頓物理學不能解釋某些光速的異常時，愛因斯坦提供大膽洞見，主張絕對空間和時間可能並不存在。那個前提掀起物理學革命，並促進了百年成果豐碩的研究。

義的暫時勝利，把它視為一個小派系奪權並強迫每個人做壞事。然而，當時看起來的確就像大多數德國人非常驟然而乾脆地轉向納粹典範——彷彿他們就這樣變成納粹分子。

我這一代人在一九六〇年代經歷過神祕突然又無所不在的文化典範轉移：世界大戰已在記憶中消退，殖民地掙脫帝國獨立，而各地都正變得更富庶繁榮。所有問題似乎都解決得了。而在那個脈絡下，一套特別的價值觀在全球出現：強大有力者失去特權，小而活躍者取得威信。革命的概念變得迷人耀眼，以認同為基礎的社群形成並開始要求解放，與此同時，激進個人主義則變成一樁值得慶賀的事。某些人歡迎這些轉移，其他人則是深切痛恨，但所有人都感受得到某件事正在發生。

在一九六九年的美國，「革命」一詞仍舊牢牢地鑲嵌在六〇年代的典範中，因此「雷根革命」這個詞只能以笑話之姿出現。但到了一九七九年，對大部分的美國人來說，雷根吹捧的世界敘事就突然講得通了。甚至是對那些燒掉徵兵卡或胸罩、咒罵警官是豬玀的人而言，雷根都正在描述真實世界，而那些蓬頭亂髮的六〇年代反戰分子則成了一群只會喋喋不休地說著愛，住在幻想裡和現實脫節的孩子。那感覺就像整個社會瞬間同時改變心意。不是每個人都頌揚典範轉移，但差不多每個人都感覺到它的發生。身處主流文化、攀著舊典範不放的人們一下子變成邊緣化的圈外人。

還有別的例子。在蘇聯解體的十年前，沒有人認為共產主義會這麼簡單地消失。然後它就發生了，到底為什麼？因為共產黨敘事沒能和物質現實同步。在共產主義理應實現的地方，人們看見消費商品的短缺，單調乏味的牛活空間，遲緩笨拙的官僚體制，以及殘暴的警察權力。接著，對碰上典範轉移的多數人而言，卡爾·馬克思的勞工天堂剎那間成了國王的新衣：衣服就是不在那裡。蘇聯帝國瓦解，其原本肩負的龐大軍事和工業力量就像破掉的肥皂泡沫般霎時終結，不再存在。這之所以發生得如此快速，是因為共產主義從來不是物質現實。共產主義會存在是因為許多人表現得好像它存在：無論是趨之若鶩、抵抗或接納，甚或是試圖避開。信仰就是一切。

而在伊朗，整個五〇和六〇年代，有許多潮流正在抵抗專制君主沙阿李查·巴勒維，他是被西方列強扶植的國王。各種祕密左翼黨派和現代主義者渴望恢復伊朗胎死腹中的民主，計畫推翻巴勒維。晚至一九七五年，幾乎沒有任何人能預見，僅僅五年後，會有一位身穿黑袍、有著烏鴉眼睛般的教士會從流亡中谷底翻身，而數百萬伊朗人會對他吶喊著：「我們的英雄！」[3]像這類的轉移似乎是突然發生的，但使典範轉移成為可能的概念則在很早以前就已經成熟。首先，不連貫性已經成長了好一陣子。再來，新典範的關鍵部分已經在文化裡到處漂浮。一旦那些部分開始連結起來，新全貌就會跳入視野。

新敘事能將鬧烘烘的連串相關事件劃入統一的和諧整體。唉，但它並非每次都能辦到這點。新敘事也能從某些較小的複雜連結中崛起，還能強化物以類聚，將一些經過選擇的少數

3 指後來成為伊斯蘭革命領袖的何梅尼（Ruhollah Khomeini）。

人團結起來，合力對抗某些受到譴責的他者。這看起來可能像是一帖好藥方，足以對治認為事物毫無意義所引發的焦慮。然而，衍生自那類團結的和諧往往導致暴行和恐怖統治。歷史上已經有太多前車之鑑，不勝枚舉，沒有理由相信未來不會重蹈覆轍。

我們似乎正在經歷世界愈來愈失去條理的時期。老舊敘事失去力量，散落的聲音鼓吹新的敘事（或舊敘事的新版本）。如果沒人想出好辦法，朝向某個壞事前進的許多人就會播下災難的種子。這在當下顯得特別危險，因為我們在談論的「社會」不再只是某個人民群體，而是在全球化的時代下，由所有人共同構成的宛如義大利麵般相互糾纏的單一人類生命共同體。

但同樣地，危險總是在「當下」顯得特別深刻。我個人不記得人類哪時不是像被銬在失控的火車上，而這班火車煞車失靈，正朝著懸崖邊緣奔馳而去。這些時日，我們或許彼此隔絕，住在彼此不相往來的社交泡泡中，隨時準備好抱持不同看法，身為同一物種卻無法採納統一的計畫。但未來不必然就得如此。

時下的典範總是給人一種「終於發現永恆真實」的感覺，而感覺起來像永恆真實的典範就是現代性的意義所在。即便是動盪年代，今天仍像是所有歷史將我們一路帶領到的地方，而這賦予「當下」一種昨天永遠無法比擬的內在權威，就像艾森豪總統曾說：「事情看起來比以前更像回事。」然而，「當下」並不值得擁有那份權威。某件總是正在消失的事物竟然有膽宣稱是永恆真實？這就是為何必須研究歷史、思考過去的一個大好理由。畢竟，現在只不過是未來的過去。

我們可能無法擁有和平共享的世界，但我們如果不想辦法打造它，就永遠不會擁有它。我們的目標不是要大家全變得「一模一樣」，也不是為了讓「他們」加入我們而去教育「他們」，更不是要為了加入他們而把我們變成他們。我們的目標是所有人都能用同一份地圖在世界裡尋尋覓覓，找到彼此相處的方法。只有在那時，所有的討論才會有意義。只有在那時，所有的對話才會成為可能。

若要越過文化邊界，做出連結，我們必須認真對待脈絡，這是瞥見一個意義宇宙（由我們以及非常不同於我們的人所共同打造）的唯一方式。然而，將「他們」當作配角收納進自己的宇宙中是不夠的。我們至少得略微瞭解不同於我們的觀點，想辦法處在另一個單子之中。要從另一個中心描繪世界，我們就得努力伸長脖子，還要耗費大量心智和精神。若想打造一個所有成員都是「我們」、沒有人是「他們」的世界社群，就只能如此，別無他法。它曾以一種粗糙的方式出現過，但從未完美達成此一境界。如果它曾完美過，那我們就會繼續像那樣活著。如果一個「整體的我們」（one whole us）終會誕生，我們將不會生活在一個我們現在活著的世界裡，也不會是生活在一個他們現在活著的世界裡，不管那個「他們」是誰。而未來那個無所不包的「我們人民」（we the people）會是住在一個不存在（尚未存在）的世界裡。在這樣的世界成形之前，必須先有人想像它。接著，必須有更多人想像它，而我們中的許多人還得相信它是真的存在。再來，我們所有人必須表現得好像它就是我們當下的棲身之所。然後，它就會成真，只要這份信仰持續下去，它就會歷久不衰。

致謝

我無法一一列舉寫作本書時給我鼓勵和靈感的所有人，但如果我必須挑出幾位致謝，我首要得感謝我的編輯莉莎・考夫曼（Lisa Kaufman）。好的編輯決定一切，莉莎就是這樣一位編輯。我也特別感謝我的出版商克里夫・普利德（Clive Priddle）和我的經紀人卡洛・曼恩（Carol Mann），他們兩位都看出此書的潛力，而通常警察在這種情況裡只會說：「往前走，往前走，沒什麼好看的，這裡沒什麼看頭。」我也想謝謝我的女兒潔薩米・安薩里（Jessamyn Ansary），她是第一位閱讀我所謂「定稿」的人，並幫助我看出它為何還不能稱之為定稿。然後是我的妻子黛伯菈・克倫特（Deborah Krant），她一而再再而三地於我書寫和修正時，閱讀此書的零碎部分。我與她的對話導正我要走的方向，且確實幫助形塑本書的雛形。我也要感謝作家友人奇普・克諾克斯（Kip Knox）和丹尼爾・班—霍林（Daniel Ben-Horin），他們讀過所有草稿，並提供擲地有聲的回饋。我感謝華盛頓州立大學的查爾斯・韋勒教授（R. Charles Weller）將我的文章〈作為單一故事的人類歷史〉，收錄進他的巨作《二十一世紀世界歷史敘事》（*21st-Century Narratives of World History*），而這篇文章成為此書的梗概。最後，我要感謝加州柏克萊大學奧舍終生學習機構主任蘇珊・霍夫曼（Susan Hoffman），她邀請我在那發表一系列演講，我後來將其主旨稱之為漣漪效應。我和聽眾在這些演講中交換的意見和點子最後成為一部世界史，也就是這本歷史著作的種子。

THE TIME
大時代
02

被發明的昨日：人類五萬年歷史的衝突與連結

The Invention of Yesterday: A 50,000-Year History of Human Culture, Conflict, and Connection

作者	塔米・安薩里（Tamim Ansary）
譯者	廖素珊
執行長	陳蕙慧
總編輯	張惠菁
責任編輯	洪仕翰
校對	李鳳珠
特約編輯	許涵
行銷總監	陳雅雯
行銷企劃	尹子麟、張宜倩
封面設計	張巖
內頁排版	宸遠彩藝

社長	郭重興
發行人兼出版總監	曾大福
出版	廣場出版 / 遠足文化事業股份有限公司
發行	遠足文化事業股份有限公司
地址	231 新北市新店區民權路 108-2 號 9 樓
電話	02-22181417
傳真	02-22180727
客服專線	0800-221029
法律顧問	華洋法律事務所　蘇文生律師
印刷	呈靖彩藝有限公司
初版二刷	2022 年 11月
定價	520 元

AGORA
廣場出版

Book-Cover image from Getty Images

國家圖書館出版品預行編目(CIP)資料

被發明的昨日：人類五萬年歷史的衝突與連結 / 塔米．安薩里(Tamim Ansary)著；廖素珊譯. -- 初版. -- 新北市：廣場出版，遠足文化事業股份有限公司, 2021.05
面；　公分
譯自：The invention of yesterday : a 50.000-year history of human culture, conflict, and connection
ISBN 978-986-98645-1-0（平裝）

1.文明史 2.世界史

713　　110004036